データ戦略と法律

攻めのビジネスQ&A

改訂版

弁護士
中崎隆
安藤広人
板倉陽一郎
永井徳人
吉峯耕平
編著

日経BP

「はじめに」　筆者らの想い

第1版の企画を始めた2014年の段階で、筆者らは「このままでは、日本はデータ戦略で海外のトップ企業等に大きく後れを取って、埋没してしまうのではないか」との危機感があった。筆者の経験においても、海外のトップ企業との契約交渉等を通じて、彼我（ひが）の大きな差を感じる場面が少なからずあり、特に、法務面において、その違いは顕著に感じることができた。

そして、企業の経営陣や、データ戦略担当者に、筆者らの危機意識（特に法務面の危機意識）を共有することができないかと考えたことが、本書企画の動機になっている。

この危機意識に、20人以上の弁護士が共鳴し、様々な研究を経た上で本書の発刊に至ることができた。

出版社については、経営陣、データ戦略担当者を主たる読者層として意識したために、いつもお世話になっている法律系の出版社ではなく、日経BPに発刊をお願いした。

その後、経済産業省が、デジタルトランスフォーメーション（DX）の重要性を強く強調し（「DXレポート」「DX推進ガイドライン」「DX推進指標」等）、コロナ禍もあって、データ戦略の重要性はさらに強まっているように思われるし、法務機能の強化の必要性を、「国際競争力強化に向けた日本企業の法務機能の在り方研究会報告書」等において強調するに至り、データ戦略の重要性や、その中での法律面の重要性もかなり世の中で認識されるようになってきたのではないかとも思われる。

執筆陣が多忙なこともあり、第2版の発刊を見送ることも考えた。

しかし、「同僚みんなで読んでいる」「面白かった」「大変に勉強になった」「改訂をして欲しい」などとの声も寄せられ、本書の意義はまだ十分にあるのではないかと考え直すに至り、筆者らのささやかな「想い」を込め直して、第2版を出版することとした。

「頑張れ日本」、「踏ん張れ日本」。

第2版における改善点

(1) データ戦略の策定・遂行面に直接従事する執筆陣の追加

第2版では、様々なDX案件に従事なさり、日経コンピュータにDXについての連載もなさっている水田哲郎氏（日立コンサルティング理事）、及び、筆者（中崎）のヤフー時代の同僚（あるいは戦友）で、様々な企業においてデータ・広告関係の案件に携わってきた今田隆秀氏（NTTのグループ会社のデータワイズ社 代表取締役）に執筆陣に加わっていただき、データ戦略策定側からの視点の強化に努めた。

(2) 個人情報保護法等の法令改正に対応

2020年及び2021年の個人情報保護法等の大改正、その他データ戦略に関連する法令の改正を本書に反映した。

(3) 中国についてのQの追加

中国のデータ関連の法令の重要性が増しているということで、松尾剛行弁護士等に依頼して、中国についてのQを追加した。

改訂を踏まえても、まだ至らない点が少なからずあるかもしれないが、少なくとも筆者らの危機意識や、「想い」が伝われればと思っている。多少なりとも読者のお役に立てる内容となっていれば幸いである。

謝辞

第2版の改訂にこぎつけられたのも、第1版の読者の皆様のおかげである。応援も、改善点の指摘等も、すべて筆者らの力となった。厚くお礼を申し上げたい。

また、日経BPの松山様をはじめ、同社の関係者の皆様に、引き続き多大なご尽力を賜った。「できる限り多くの方に読んでいただけるよう、なるべく安い値段設定としたい」という執筆陣のわがままにも、企業努力で応えていただいている。深くお礼を申し上げたい。

執筆者代表　中崎 隆

目次

第１章　総論

目次

第2章　積極的なデータの利活用

第３章　経営管理等とデータの活用

目次

第５章　データ戦略と関連する法律

目次

Data Strategy and Law

第1章

総論

Q1-1

データ戦略はなぜ重要なのでしょうか？

企業が有する様々なデータは、製品やサービスの開発／提供、マーケティング、意思決定、戦略策定、不正防止等様々に活用が可能であり、企業の競争力を大きく左右します。しかし、データ活用に際しては、検討しなければならない様々なハードルがあります。このため、戦略的にデータ活用を検討していく必要があります。

執筆：中崎 隆

1 データの活用が企業の競争力を大きく左右する時代

米国銀行大手JPMorgan Chase & Co. CEOのJames Dimon氏は、「今後の我々のライバルはGoogle社やFacebook社になる」と語ったと報道されています[1]。金融機関にとって、Google社やFacebook社等の企業とどのように競争し、あるいは、どのように協力していくかという観点は、避けて通れない問題です。

トヨタ自動車の豊田章男社長は、2017年の同社の株主総会で、Tesla社だけでなく、Google社をライバルと位置付け、「競争相手とルールが変わろうとしている」と発言したと報道されています[2]。自動運転技術等のAIの重要性は増しており、自動運転等のAIを賢くするためにも、大量のデータ活用が必要です。

色々な業界からライバル視されているGoogle社のミッションは、「世界中の情報を整理し、世界中の人々がアクセスできて使えるようにすること」としています（同社のMission Statement参照）。情報を活用するには、データが不可欠であることはいうまでもありません。データの活用が企業の競争力を大きく左右する時代になって来ていると言えるでしょう。

[1] https://www.bloomberg.com/news/articles/2014-05-06/jpmorgan-s-dimon-sees-facebook-to-google-challenging-bank-online
[2] 2017年6月14日朝日新聞の記事

2 データ活用の重要性

企業戦略の立案、商品・サービスの開発／提供、マーケティング、不正の発見・抑止等のいずれの場面においても、データの活用は重要です。典型的な5つのケースを挙げます。

第1に、売上データ等を整理・分析して顧客のニーズをつかみ、そのニーズにあった製品やサービスの開発・向上につなげていくというのが、データ活用の典型例です。例えば、医薬品業界における臨床試験データ・研究データや、日常診療データ等も、製品やサービスの開発・向上に寄与しています。

第2に、顧客のニーズにあった広告・プロモーションを実施するというのも、データ活用の典型例の一つです。Google社やFacebook社等は、顧客データを活用した様々な広告によりその収益の大部分をねん出しています。Amazon社も、ユーザーの購入履歴等のデータを分析し、利用者ごとにお薦め書籍等を表示するレコメンド機能により、売上を伸ばしています。

第3に、不正の発見・抑止という観点からのデータ活用も重要です。振込詐欺、クレジットカード詐欺、不正クリック等の犯罪被害を防止するための不正検知システムにデータは活用されています。また、自社の役員・従業員による情報の持ち出しや横領等の社内の不正検知・調査のためにも、役職員のメールデータ等が活用されます。

第4に、AIを使って様々な業務を自動化し、業務の効率性を高めるためのデータ活用も進んでいます。Goldman Sachs社では、市況等に応じて自動的に株式を売買するAI自動株取引プログラムを2000年頃から導入し、これにより業務が効率化し、現物株式トレーダーを当時の600人から2人に大幅に削減することに成功したと言われています[3]。医療の分野においても、レントゲン写真から症状を自動解析するAIプログラムや、診療分析ツール等の開発が進んでいます。

第5に、経営やビジネス判断を助けるためのデータ活用も進んでいます。多くの企業が、経営数値等のデータを整理・分析・視覚化して共有するツール（ビジネスインテリジェンス・ツール）を活用し、その分析結果を経営やビジネス判断に活かしています。

[3] https://www.technologyreview.com/s/603431

3　データ活用のハードル

このようにデータ活用の重要性は高まっていますが、データ活用には様々なハードルがあります。

(1) 取得しているデータの正確性等に問題があるリスク

まず、取得したデータの項目・正確性・精度・鮮度等との関係で、保有しているデータが、利用しようとしている目的に利用できないというリスクがあります。例えば、多くの製品画像データを保有していても、メタデータ（その画像がどのようなデータなのかというデータ）がなければ、どの製品のデータなのか分からず、うまく活用できない可能性があります。また、データ自体が古く、発売中止になった製品画像データであったり、あるいは、間違った製品画像データ（例えば、パロディー画像等）であったりすれば、誤った結果（例えば、誤った製品画像等の広告）を招いてしまう可能性が高くなります。

(2) 法令や契約等によるデータの利用目的・利用方法の制限

データの利用目的・利用方法は、法令や他社との契約によって制限を受けます。例えば、個人情報は個人情報保護指針（プライバシーポリシー）等の利用目的にしか使えないのが原則ですが、個人情報保護指針等に利用目的が記載されていなかったために意図する目的に利用できないといった事態もよく聞きます。

また、業務提携先等から提供されるデータやシステムツールを用いる場合には、業務提携先等との契約による利用制限がかかることが通常です。守秘義務条項や、利用許諾の条項、権利帰属（Data Ownership）の条項等には特に注意が必要です。

各データについて、どのような利用制限がかかるかを把握できていないと、そのデータを利用できないということになりかねません。

(3) コスト

技術の進展により、ストレージや分析ツール等の導入コストが安価になりつつあるとはいえ、データ戦略を推進するに当たっては、依然として多額のシステム投資が必要となります。また、優秀な人材の獲得・維持のための人件費や、教育・研修等にもかなりのコストがかかります。

(4) 不祥事件のリスク

また、個人情報の漏洩事件等の不祥事を起こせば、多数の訴訟を起こされ、社会的な信用が地に落ちてデータ戦略どころではなくなることも珍しくありません。例えば、2014年に発生した大手通信教育会社の大規模データ流出事件では、個人情報が漏洩した影響で株価が大幅に下がり、通信教育の会員数が1年間で約35%も減ったと報道されています[4]。

[4] https://biz-journal.jp/2015/09/post_11673.html

4　データ戦略の重要性

このようにデータ活用に際しては様々なハードルがありますので、そのようなハードルによってデータ活用が阻害されないよう、データ戦略を十分に練っておくことが重要です。

Q1-2

データ戦略の策定に当たって、最初に留意すべきポイントは何でしょうか？

まず、データ戦略上の目標や、解決したい課題を明確に設定することが重要です。また、データ戦略の統括責任者や、責任部署／チームを設置し、データを活用しやすいような環境を整備することが有用です。そして、法務・コンプライアンス部門とも連携し、データを活用しやすい環境を整備していくことが重要です。

執筆：持田 大輔、中崎 隆

1　データ戦略上の目標設定や解決したい課題設定の重要性

データ戦略を策定・推進するに当たっては、「データ戦略により実現したいこと」を意識した上で、解決すべき課題を明確に設定することが大事です。

例えば、Amazon社は自社のミッションを「世界で最も顧客中心の会社となり、顧客が欲しいものを何でもオンラインで購入できるようにすること」と同社サイトで掲げています。同社の元チーフサイエンティストであるAndreas Weigend氏は、「顧客が自らの興味、好み、そのときの状況に応じて『何を買うべきか』を判断するのに役立つように意識した」と著書で述べています[1]。これらを踏まえ、「顧客が商品を購入する際の参考情報として提供する商品の評価は、自社の社員が提供する方が役立つのか、一般の利用者が提供する方が役立つのか」といった課題を設定し、こうした課題をデータ分析で検証するという地道な作業を繰り返し、検証結果を同社のサービス向上に結び付けたそうです（**図表1-1**）。

[1]　Andreas Weigend "Data for the People:How to make our Post-Privacy Economy Work for You"(Basic Books,2017)

図表1-1　Amazon社の元チーフサイエンティストAndreas Weigend氏のケース

①企業として実現したいミッション	世界で最も顧客中心の会社となり、顧客が欲しいものを何でもオンラインで購入できるようにすること
②データ戦略上の目標	顧客が自らの興味、好み、そのときの状況に応じて『何を買うべきか』を判断するのに役立つサービスの提供
③問題（イシュー）の設定／仮説の設定	製品等の評価を自社の従業員が行う方が顧客の判断に役立つのか、それとも一般の利用者が行う方が役立つのか
④データ等により検証	検証作業に必要な条件や障害を洗い出してクリアした上で、テストを実施し、その結果のデータを分析
⑤アクションにつなげる	検証の結果得られた知見を組織内で共有し、サービス等の改善へとつなげていく

2　社内の各部署の協働と統括的機能の重要性

データ活用を進めていくには、社内の様々な関連部署が協働し、検討・実施していく必要があり、データ戦略を統括する責任者と、データ戦略を統括する部署が重要です。そこで、データ戦略の意識が高い企業では、チーフ・データ・オフィサー等を置く例も多くなっています。データ戦略の司令塔を置く訳です。

その上で、関連する事業部や部署から人を出してもらい、データ戦略やデータマネジメントのための委員会を結成する例もあります。Q1-5も参照。

学生の了解をとらずに「内定辞退率」を算出し、企業に販売していたことが問題となったリクナビ事件においては、社内において、「内定辞退率」を算出し販売するというアイデアが出た際、全体像を把握して判断を下すべき責任者が設置されておらず、企業として個人データやプライバシーの問題をどのように扱うべきか、ガバナンスが機能していなかったとの指摘がなされています。

3　データ戦略を進めていくための環境整備の重要性

データ戦略の策定・推進に当たっては、環境を整備しなければなりません。環境整備とはすなわち、「データマネジメント」「データ管理」のことです。例えば、データの形式がそろっていないと、データ検索やデータ分析をする際に困ってしまいます。データの形式をそろえることで、データを利用しやすい環境を全社的に整えるのです。そうすれば、データ活用が進めやすくなります。Q1-3も参照。

なお、環境整備をするに当たっても、自社で策定しているデータ戦略上の目標を意識し、その目標を実現しやすい環境を整備していくことが大事です。

4　法令等の遵守

データ戦略の策定・推進に当たっては、法令等の遵守も重要です。法令や契約に違反したり、顧客や社会の期待を裏切ったりしている会社には、誰も信頼してデータを預けませんし、そのような会社と取引したいとも思いません。

Q1-3

データマネジメントは、なぜ、重要なのでしょうか？

「データマネジメント」とは、「データをビジネスに活かすことができる状態で継続的に維持し、さらに進化させていくための組織的な営み」です。データは、会社の経営判断その他様々な意識決定の基礎となるものです。したがって、データの品質等を確保する仕組作りや、法令等に違反しないためのデータの取扱いについてのルール作りが重要になります。　**執筆：中崎 隆**

1　データマネジメントとは

データマネジメントとは、データ管理のことです。「データには価値がある」と考えれば、現物資産と同じようにデータを資産として金銭評価したり、管理したりすることが必要です。そして、より良く組織目標（例えば、営業利益の増大等）に貢献できるよう、データを利活用しやすい方法で管理するという発想が生まれてきます。

そこで「データマネジメント」とは、「データをビジネスに活かすことができる状態で継続的に維持し、さらに進化させていくための組織的な営み」等と定義されます。

コラム

データマネジメントについての定義

データマネジメントの国際団体「国際データマネジメント協会（DAMA International）」の定義によれば、「データマネジメントとは、データや情報の価値を、データ・情報のライフサイクルを通じて（継続的に）創出・維持・保護・改善するための、計画・社内規程・（業務）プログラム・（業務）ルーチンの、開発、実行及び監視である」とされています（「データマネジメント知識体系ガイド」（DMBoK バージョン2）より）。

また、日本データマネジメント・コンソーシアムの「データマネジメント概説書」(JDMC版バージョン1.1) では、「データマネジメントとは、データをビジネスに活かすことができる状態で継続的に維持し、さらに進化させていくための組織的な営みである」とされています。

両者の基本的な考え方は同じですが、本書では日本語で定義している後者を採用しました。後者の方がバージョンは古く、システム部門の担当者に焦点を当てているのですが、読者に伝わりやすい表現と判断したからです。

2 データマネジメント活動の目的

データマネジメント活動の主要な目的は、データを利活用しやすい状況・環境の確保であると言えるでしょう。その要素を**図表1-2**に示します。

図表1-2 データマネジメント活動の要素

データマネジメント活動の要素	概要
Data Integrity (データインテグリティ)	データの品質（信頼性）を確保すること。特に医薬品等の承認申請に用いるデータでは「ALCOA／ALCOA-CCEA」(後述) があります
Data Availability (データの可用性)	データに継続的にアクセスできる状態にあること。例えば、サーバーダウンやデータ消失等によりアクセス・利用できない状態が生じないよう、バックアップ／冗長性等を備えること
Data Interoperability (データの互換性・整合性)	事業部間や組織間等でデータの互換が可能なこと。具体的には、データの的確な定義と運用管理等を通じて、組織内で統一的な意味をデータに持たせて整合性を保つこと。例えば、「用語辞書管理」「データ項目辞書管理」「コード体系化／統一」「マスターデータ管理」等の活動を通じて整合性を確保すること等が挙げられます
Data Integration (データの統合)	異なる入手源、異なるデータベース等のデータをかけ合わせて、新しいデータを生み出すこと。例えば、異なるデータベース間で名寄せをして、データベースを統合することです

Data Confidentiality （データの機密性）	データ漏洩しないよう保護されていること
Data Access and Usage Control （データのアクセス制限・利用制限）	データへの不正なアクセス、データの不正な改ざん・利用等を防止するためのアクセス制限・利用制限が適切に運用されること。IDとパスワードの共有等は許容しないこと
Compliance （コンプライアンス、法令等の遵守）	データの利活用等に関し法令等に違反する行為をしていないこと。他社との契約を遵守していること。顧客等の信頼を裏切るような形でデータを使っていないこと

色々と項目を挙げたので大変なイメージを与えてしまったかもしれませんが、(i) どのような性質のデータなのか、(ii) どのような活用場面・活用目的が想定されているのか、(iii) 適用される法令やガイドラインの内容等により、**図表1-2**に示した要素の達成すべき水準は変わってきます。

例えば、医薬品の承認申請のための臨床試験データであれば、人のプライバシー等にも関わる高度にセンシティブなデータで、かつ、医薬品の開発や申請等の目的のために用いられるデータですので、その目的からしても正確性・信頼性が強く要請されます。そして、各国の法令やガイドライン等で定められた手続や品質等も確保する必要があるため、高い品質水準のデータとすることが必要です。

一方、活用があまり期待されていないデータ（例えば、会社忘年会の写真データ）については、要求される品質水準は相対的に低くなるでしょう。

目指す水準の決定に際しては、データの重要性の程度、法令等の要求、ビジネス上の要求（＝例えば、取引先等の要求）、利用目的の他、関連するリスクやコスト等をも考慮しながら、戦略的に決定していくことが重要です。

3　データマネジメントの推進とデータガバナンス

データマネジメントを推進するに当たっては、「データの品質管理」「メタデータ管理」「データセキュリティ」「データ構造」等の複数の機能／視点から、データマネジメント推進のための環境を整えていくことになりますが、これらの全てを支えるのが「データガバナンス」です。

データガバナンスとは、(i)「データの利活用がしやすい環境」を実現するための「社内のルール／ワークフロー等の仕組を作る活動」、そして、(ii) そのルール

／ワークフロー通りに役職員やシステムが動いて、その仕組が機能するように確保する活動を指します。

(i) については、社内規程を策定したり、社内マニュアルを作ったり、システムの仕様を定めたりすることになります。

社内規程やマニュアル等を作成する際には、業界標準のひな型等を参考にすることも多いですが、法令等に適合しているかを確認することも重要ですし、自社のニーズ、実態にあっているかを確認して、カスタマイズを行うことも重要です。「法令等への適合」の観点では法務部門が関与することが重要で、「自社のニーズ」の観点では当該ルールの運用と関係の深い部門が関与することが重要で、うまく協働することが重要となります。また、厳しすぎたり細かすぎたりして自社でワークしないと困りますが、一方で、法律の基準すら満たせていない緩すぎるルールでは困ります。レベル感が重要です。

(ii) については、社内規程等を周知するために社内研修をしたり、社内イントラネット等を用いたウェブセミナーを実施したり、ルールが実践されているかのチェックや、ルールが実態に合っていない場合や法令改正等があった場合のルールの見直しといった活動が考えられます。また、社内規程等への違反が発見された場合に、懲戒処分や口頭注意等を検討した上で、再発防止のための措置を検討するといった活動もあります。

この他、法令違反や個人情報の漏洩等の不祥事件が判明した場合には、行政庁への報告が必要となる場合もあります。報告が必要となるケースでは、事故状況の把握、原因分析、類似事象の有無の調査、再発防止策の策定等を迅速かつ的確に行うことが必要となります。

このように、データガバナンス全般の業務について、法務的な知識・知見が有効ですので、法務部門等とうまく協働することが重要です。

4　なぜ、データマネジメントが重要なのか

(1) データは経営判断等の土台

企業は多くのデータ（Data）を収集し、収集したデータを選り分け・整理・分析することで、有用な情報（Information）や知識（Knowledge）を獲得し、そうして得た情報・知識を活用して、様々な企業活動（Action）につなげています（**図表1-3**）。データは、様々な意思決定の土台となるものであり、企業にとって大変

重要なものです。

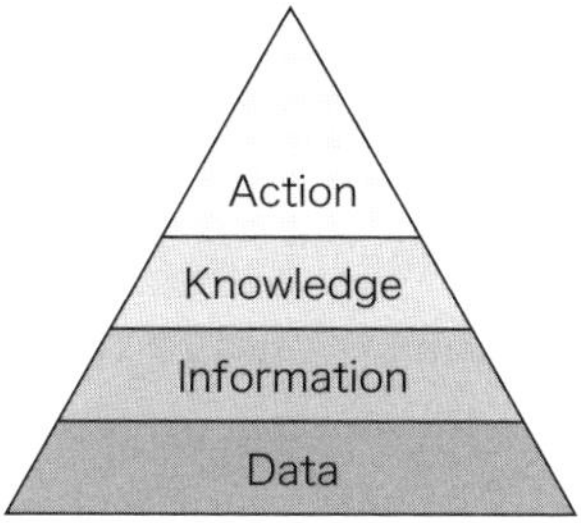

図表1-3　データは企業活動の基盤

(2) データの品質・互換性等の確保の観点からのデータ管理の必要性

データの品質確保や互換性等の確保という観点ではルール作りが必要です。

例えば、複数のデータベース間でデータのやり取りをしたい場合には「名寄せ」をします。顧客データを名寄せする場合、外国人の氏名をカタカナで入力しているデータベースと、英語のアルファベットで入力しているデータベースとでは、名寄せしにくく、データベース間が連携しにくくなります。どちらかに統一するのか、あるいは、両方の項目を必須とするのか等のルール作りが必要です。

また、顧客から住所変更や法人名の変更等の連絡を受けた場合、自社グループの様々なデータベースにうまく反映する連携の仕組やルール作りが重要となります。「各サービスに住所変更の連絡をしてください」となると顧客に負担をかけますし、利用中の全てのサービスに連絡してくれるとは限りません。連絡漏れが生じれば、不正確なデータが生じてしまうことになります。

このように、データの品質や互換性等の確保の観点で、データ管理が重要と言えます。

(3) 法令等の遵守のためのデータ管理の必要性

法令等の遵守の観点からもデータ管理は重要です。

個人情報保護関係の法令（個人情報保護法、GDPR等）の重要性については言うまでもないでしょう。また、医薬品については、薬機法やこれに相当する海外法等で規制されており、監督官庁からデータ品質等の管理が不十分とみなされれば、医薬品の承認を得られないことにもなってしまいます。企業にとっては死活問題です。

化学物質を含む製品を製造する企業における含有物質等のデータ管理についても、法令による規制（化審法、欧州Reach規則、RoHS指令等）への対応が重要です。

自動車業界でも、排出ガスや製品検査等に係るデータ偽装が問題となりました。法律の基準だけでなく、他社との間の契約で定めた手続、品質が遵守できているかも大事なのです。

海外との取引の多い企業との関係では、国内外の外為関係法令による規制等との関係でも、データ管理に留意する必要があります。

この他、カード取扱加盟店や決済代行会社、カード会社では、2018年6月から施行された改正割賦販売法の下でセキュリティ対策義務が課せられます。クレジットカード番号等のデータの取扱いについて定める「支払カード業界データセキュリティ基準」（PCIDSS）への対応又はカード番号等の非保持、ICカード対応等の措置（又はこれらと同等な措置）を講じていなければ、クレジットカードを取扱うことはできません。

このように、法令等を遵守していくためにも、組織内での仕組作り、ルール作り、監視が重要です。

コラム

データインテグリティとは

「インテグリティ」とは、誠実さ、潔白さ、実直さ等の意味があり、「信頼できる」「信頼に値する」というニュアンスの言葉です。「データインテグリティ」では「完全性」と訳されることもありますが、「Data Completeness」という用語も別にあり、紛らわしく、誤解を招きかねません。和訳すると誤解しかねないので、本書では「データインテグリティ」とカタカナを用いることにします。

「データインテグリティ」の定義や要素は、説明者によっても、場面によっても異なります。例えば、ISMSでは「正確性及び完全性（completeness）を有すること」と定義しています。一方、医薬品や食品等との関係で、米国の食品医薬品局（FDA）のガイドラインでは、データインテグリティを「完全で、一貫性があり、かつ、正確であること」と定義した上で、「ALCOA」の5要素を備えるものと説明しています（**図表1-4**）。また、欧州医薬品庁（EMA）のガイドラインでは、ALCOAに4要素（CCEA）を足した「ALCOA-CCEA」を要素として挙げています（**図表1-5**）。

図表1-4　ALCOAの5要素

ALCOAの要素	概要
Attributable（責任帰属性）	データの生成に責任を負う者（観察者・記録者の双方）、及び、データの生成時が明確であること
Legible（判読可能性）	判読可能なものであること
Contemporaneous（同時性）	記録が適時に（＝観察とおおむね同時に）生成されたものであること
Original（原本性）	オリジナルのデータが保管され、利用されること。但し、正確な、完全な写し（PDFスキャン等）により代替可とされる場合もある。なお、改ざんされていないことの検証のため、ログ（Audit Trail）を取って、検証できるようにしておくことが有用
Accurate（正確性）	正確であること。すなわち、観察した状況等を、正確に記録に反映していること

図表1-5　CCEAの4要素

CCEAの要素	概要
Complete（網羅性）	記録が必要な事項を全て網羅していること。記録すべき事象を記録しないこと等がないようにすること
Consistent（一貫性）	首尾一貫していること。矛盾のないこと
Enduring（耐久性）	耐久性があること。例えば、耐久性があるメディアにデータが保存されていること。なお、米国FDAのガイドラインでは、ALCOAの「L」の要件で耐久性も要求
Available when Needed（可用性）	必要な時に利用できること。また、メタデータ（データに関するデータ）の持ち方を工夫することにより検索しやすくすること等も有用

なお、このALCOA原則／ALCOA-CCEA原則は、もともとは電子的データについて言われていたことですが、紙媒体にもあてはまると言われるようになってきています。

米国FDAのガイドラインと、欧州EMAのガイドラインは、CCEAの部分が大きく違うように見えますが、実質的にはあまり変わりません。例えば米国のガイドラインでは、ALCOAの説明に入る前の定義で「完全性」(C) と「一貫性」(C) を求めています。耐久性 (E) も、ALCOAの「L」の要件で必要と説明されていますし、可用性も前提として必要とされているようです。一方、日本の「医薬品の臨床試験の実施の基準に関する省令」(いわゆるGCP省令) 及びその解釈通達においては、ALCOA-CCEAのいくつかの要素 (帰属性・正確性・耐久性等) と似た要件が見受けられますが、違いもあります。

コラム

データ (Data) と情報 (Information) の使い分け

「データ」と「情報」は、似た意味で用いられることも多く、区別が難しい用語です。本書では、「データ」と書いた場合、コンピュータ等の端末によって保管・読取・処理される電磁的なデータを指します。「情報」と書いた場合には、人が認識できる形の情報を指します。但し、「データの利用」といった場合には、「データ」だけでなく、そのデータから得られる「情報」も利用している訳ですが、「データ／情報の利用」等と記載するのは煩雑ですので、そのようには記載していません。そういう意味では両用語を厳密に使い分けられていない部分もあるかもしれませんが、ご容赦ください。

Q1-4

「企業グループ全体としての取組」や「全社的な取組」を推進することが必要なのでしょうか？　子会社、事業部、事業所の自主性に任せる方針ではうまくいかないのでしょうか？

子会社単位・事業部単位の視点に立つよりは、グループ全体で見た方がデータを集積しやすく、ダイナミックなデータ戦略を展開しやすくなります。また、子会社、事業部、事業所の自主性に全面的に委ねる方針では、データマネジメント等が効果的に推進できないおそれがあります。子会社等の独立性は尊重するにせよ、一定の調整、牽制等の取組は必要です。

執筆：中崎 隆

1　メリット・デメリットの整理

データ戦略のために、企業グループを統括するような部署を置いて、データ戦略を推進していくべきか、あるいは、子会社、事業部等の自主性に委ねるかについては、それぞれ、メリット・デメリットがあります（**図表1-6**）。

図表1-6　「子会社等で独立したデータ戦略」と「グループ全体で統一したデータ戦略」の比較

比較項目	子会社、事業部、事業所ごとに独立したデータ戦略	グループ全体（企業全体）で統一したデータ戦略
データベースのデータ量	×　データ量は少ない	○　データ量は多い
グループ全体としてのデータマネジメント	×　なし	○　あり
共同購買・相互送客・データ共有等のグループ内の協働	×　やりにくい	○　やりやすい
データ漏洩、法令等違反その他の不祥事防止	×　抜けが生じやすい	○　抜けが生じにくい

契約交渉力	× 交渉力の分断	○ 交渉力アップ
自主性／自由度	○ 高い	× 低い
システムや仕組の柔軟性	○ 柔軟な対応	× 硬直的になりやすい
利益相反	○ 懸念は低い	× 親子上場等の場合は特に留意する必要あり

2 子会社等の自主性に完全に委ねる手法のデメリット

(1) データをより多く集めるという観点

データ戦略的な観点からは、いかに質の良いデータを効率的に集積するかが重要です。データ量が単純に増えればよいという訳ではありませんが、一定のデータ量がないと、分析に値しないということはよくあります。各子会社、各事業部等で、別々に事業戦略を立て、独自のデータベースを別々に作れば、各データベース当たりのデータ量は減るでしょう。データ量が減ったことにより、有意な分析すらできないということになれば、データ戦略は機能しなくなります。

(2) データマネジメントの観点

データマネジメントの観点からは、各子会社、各事業部、各事業所の自主性に委ねるということは、すなわち、企業グループとしてのデータマネジメントを放棄し、独立してデータマネジメントを行わせることを意味します。

例えば、データマネジメントにおいては、複数子会社に存在するデータやプログラム等から生じる冗長性／コスト、データ不整合等の排除も目的とされていますが、こういった目的は実現されないことになります。また、各子会社等で独自にデータマネジメントを担うといっても、それを担える人材を各子会社等で独自にそろえるのは困難です。

結局は、データマネジメントが十分になされない状況になってしまうでしょう。データマネジメントが十分になされなければ、共同購買／相互送客／データ共有をはじめとしたグループ内の協働もしにくくなるでしょうし、データ漏洩や法令違反等の不祥事を防ぐのは難しくなるでしょう。

データマネジメントは、データ戦略の基本ですから、データ戦略にも、影響が生じるでしょう。

(3) 契約交渉力の観点

子会社等の独立性が高い企業の場合、業務提携先等との契約交渉でも、親会社と連携せずに独自に行っています。しかし、例えば欧米系の会社のサービスを利用する場合、親会社と子会社が独立して契約交渉すれば、その交渉力はかなり低下してしまうでしょう。

(4) 経営管理の観点

経営管理の観点からも、グループ全体での取組が有益です（**図表1-7**）。

図表1-7　経営管理の観点

経営管理の観点	概要
経理	連結決算等のために、グループ会社の財務データを含めてデータの正確性等を確保する必要があります。
経営戦略	事業戦略な観点からも、経営数値が迅速かつ適正に集計され、経営陣に報告されることが重要です。グループ各社の経営数値の比較可能性の確保等という観点からも、データ項目や集計法等に一定のルール作りをすることが有益です。
与信管理	与信管理の観点からも、グループ全体での与信管理が重要です。取引先について、企業合併や名称変更等があれば、取引先データベースを更新する必要がありますし、破産申立等があれば、取引停止等を検討する必要がありますが、グループ会社各社で別々に与信管理を行うよりも、グループ全体で行った方が効率的な場合もあります。
法務	グループ会社全体での法令等遵守体制を整備することが必要との考え方が一般的になっています。また、各グループ会社が締結するデータの授受を伴う重要な契約についても、自社グループのデータ戦略等の観点から適正な内容かを確認することが有益です。
知財	特許、商標、データベース等の保護や、ブランド戦略との関係では、日本だけでなく他国でも、登録や不正行為対策等が必要となる場合が多いことから、全世界的な取組、グループ全体としての取組が有益な場合も多いです。
コンプライアンス	取引先の審査（反社・テロリスト・制裁リストチェック）、マネロン対策（疑わしい取引検出）に際しても、グループ全体での取組が有用です。
内部監査	自社グループの役職員又は取引先の横領、詐欺等の不正を発見するためにも、グループ全体としての取組が有益です。

連結決算の会社において、グループ企業を利用した粉飾決算により、代表取締役が刑事訴追を受けて、刑務所に入るという事例もあります。

連結財務データの正確性を確保し、グループ会社における違法行為／不正行為を防止するという観点からは、グループ全体の取組を重視する手法に一定のメリットがあります。

3　子会社等の自主性に完全に委ねる手法のメリット

(1) 自主性・独立性・柔軟性

子会社等の自主性を尊重することは、子会社等の役職員のやる気を損なわないという観点からはメリットがあります。また、子会社等の実態に合った、柔軟な対応が可能となるというメリットもあります。

例えば、従業員が数人しかいない子会社に、親会社と同様のシステムを導入すれば、メリットよりもコストの方が大きくなるケースもあるかもしれません。

こういった観点からは、子会社等に一定範囲で柔軟な対応を認めた方がよい場合もあるように思われます。

(2) 利益相反

親子上場をしている場合が典型例ですが、親子会社間、あるいは、事業部間で、利益相反の問題が生じることがあります。この点では、子会社等の自主性を最大限尊重すれば、利益相反の問題は生じにくいと言えます。一方、システムの基盤を共有するとしても、アクセス制限等をうまく活用することで、利益相反に一定程度対応できるとの考え方もありますし、また、利益相反取引を特定したり、利益相反取引に適切に対応したりするために、利益相反統括部署等がグループ全体の事情について把握している必要がある等と言われます。

4　結語

子会社・事業部の視点は重要ですし、子会社や事業部の自主性を尊重することも重要ですが、データ戦略という観点からは、グループ全体の取組を行う必要性が特に高いように思われます。子会社等の自主性や、利益相反による弊害等にも一定の範囲で配慮しつつ、企業グループ全体のデータ戦略を統括する責任者や担当部署を設け、データ戦略を推進していくことが有用です。

Q1-5

データ戦略を実行するにはどのような組織体制が考えられるでしょうか？

データ戦略の責任者として「チーフ・データ・オフィサー」という役員を指名することが考えられます。また、チーフ・データ・オフィサーの下にデータ部門を設置し、データ戦略の策定、データ分析、データ管理等の業務を担当させることが考えられます。また、データ部門だけでは、データ戦略やデータ管理等の業務を推進することはできませんので、「データマネジメント委員会」等を設け、システム部門や事業部門、法務部門等と調整する場を設けることも考えられます。

執筆：中崎 隆、板倉 陽一郎

ここまで、データ戦略を統括する責任者や、担当部署を設けることの重要性を説明しました。それでは､具体的にどのような組織体制が考えられるでしょうか。

組織体制は企業規模や実態に応じて変わるものであり、普遍化することは困難ですが、先進的な事例等を基に紹介します。

1　チーフ・データ・オフィサー

海外では、データ戦略を統括する責任者として「チーフ・データ・オフィサー」を選任するケースが増えています。日本でも、データ戦略面の意識が高い企業では、チーフ・データ・オフィサーを設置しています。

チーフ・データ・オフィサーの役割は、全社的なデータ戦略の立案、データマネジメントの推進、データ部門の管掌、データに関する部門間の調整等です。

チーフ・データ・オフィサーは他の役職と兼務しているケースも少なくないようですが、データ分析等についての知見も要求されることから、システム統括役員とは別の役員が指名されるケースもあるようです。日本のIT企業でも、システム統括役員とチーフ・データ・オフィサーの両方を別々に指名している企業が目立つようになってきています。

2 データ部門

チーフ・データ・オフィサーが管掌するデータ部門では、データ戦略の立案、データ分析、データマネジメントの推進等の業務を実施しているようです。また、個人情報保護法や海外の個人情報保護法に相当する法令（GDPR）等の対応や、プライバシーポリシー等の管理を行っている例もあるようです。

データ部門のメンバーには、データ分析を行うデータサイエンティスト／データアナリストや、データ戦略を考えるデータストラテジスト、データマネジメントを推進するデータマネジメント・スペシャリスト等の専門家等が集められるようです。

GDPR等の対応も行うのであれば、法務的な素養のあるメンバーを入れたり、法務部門と兼務にしたりするケースもあります。

3 データマネジメント委員会／データガバナンス委員会

データマネジメントやデータガバナンスを推進していくためには、データ部門、システム統括部門、事業部門が、うまく協働することが重要です。

そこで、データマネジメント等に関連する各部門の関係者を委員として選定し、データマネジメント委員会、あるいは、データガバナンス委員会を定期的に開催するケースも海外ではよく見られます。委員としては、チーフ・データ・オフィサー、システム統括役員（あるいはその指名する担当者）、そして、各事業部門におけるデータ管理責任者等が考えられます。また、法務も重要ですから、法務部門からも委員を出してもらうことが重要です。

もちろん、委員会やミーティングの数ばかり増やしても仕方がありません。取りまとめ部署がアジェンダをしっかり準備して、意味のある会議とする必要があります。委員会形式をとっても、あまり議論するアジェンダがないというケース、議事録が大変で事務局の負担が増えるだけと考えられるケース等では、もう少し簡素な形態から始めることが考えられます。

4 各事業部における体制

データ戦略やデータマネジメントについては、全社的に検討するだけでなく、各事業部単位での検討も重要です。そこで、事業部ごとに、データ管理責任者（あるいはデータ戦略担当者）を指名し、事業部ごとのデータガバナンス、データ戦略等について所掌させることが有用です。

何人もの担当者を配置することは厳しいかもしれませんが、兼務等でもよいので、そういった役割のポジションを設けることが重要です。

なお、データ管理責任者は、個別のデータベース等の管理を行う訳ではありません。データごと（あるいはデータベースごと）に、データ管理者（Data Owner）を任命し、そのデータ管理者が日常的なデータ管理（例えば、データベースへのアクセス権限等）を行います。データ管理者が退職等した時は、新たに別の人をデータ管理者として任命するルール作りが必要です。

5　プロジェクトチーム

事業横断的なプロジェクトを推進する例においては、プロジェクト責任者が指名され、プロジェクトチームが組まれる例もあります。

特に、秘密性の高い案件においては、インサイダー案件指定を行い、情報をプロジェクトメンバー等に限定する等の対応が必要となります。Q3-5も参照。

プロジェクト立上時の責任者と、プロジェクト立上後の責任者を別とする例もありますが、同じ人にする例もよくあります。プロジェクト立上後に責任を負うことになる方が、プロジェクト立上時にのみ責任を負うより、継続性を確保しやすいというメリットがあります。

一方、プロジェクトの立上げには、事業戦略、調査、各部署との調整、業務提携先との契約交渉等、通常業務とは異なる能力、専門性等が必要な側面もありますし、業務の優先順位等の問題もありますので、別の人とする例もあります。

6　契約交渉チーム

データ戦略を推進するに当たっては、契約交渉チームも重要となります。データは目に見えないものですが、データには契約による利用用途の制限等がされてしまうものだからです。

契約交渉チームとしては、契約交渉責任者、案件の進捗管理を行う担当者、法務担当の3人は、最低限必要です。これに、必要に応じて、データ部門、技術部門、経理部門等の関連する部署の担当を加えることが考えられます。

契約交渉責任者は、契約交渉に責任を負う方です。契約交渉の内容を把握している必要がありますから、原則として、相手方との対面／電話等でのミーティングには出席できる必要があります。プロジェクト責任者が、契約交渉責任者を兼ねるケースもありますが、別の方を指名するケースもあります。案件の重要性が増すほど、同じ方になる傾向があるかもしれません。

契約交渉を行うに当たっては、まずは、しっかりとした、具体的な事業戦略／事業計画を、プロジェクト責任者が有していることが重要です。

そして、論点を整理し、「どのように交渉を行うか」「どの点は譲れて、どの点は譲れないか（＝何が交渉決裂ポイントか）」という点について、契約交渉責任者が、プロジェクト責任者その他社内のしかるべき方に相談して線引きをしておくことが重要です。

また、データ関係の契約について交渉する際には、法務担当者等との意思疎通が重要です。どういうデータ戦略なのかが分からなければ、契約へのコメントも、よいアドバイスもできないからです。

特にデータ事業／広告事業に関わる最先端技術は海外にあるケースが多いので、データ戦略を真剣に推進していこうと考えれば、海外企業との英文での契約が必要となる場合も少なくありません。広告・データ関連の英文契約交渉にたけた外部の専門家をチームに加えて活用することも有用でしょう。

7　参考になる文書

上記でデータ戦略の観点から組織体制の例について記述してきましたが、2020年8月、経済産業省が「DX時代における企業のプライバシーガバナンスガイドブックver1.0」を公表しています。これは、「とりわけパーソナルデータを利活用して、消費者へ製品・サービスを提供する中で、消費者のプライバシーへの配慮を消費者から直接的に迫られることが想定される企業や、そのような企業と取引をしているベンダー企業等を対象」としてまとめられたものです。

同ガイドブックは、「経営者が取組むべき3要件」として、「要件１：プライバシーガバナンスに係る姿勢の明文化」（経営戦略上の重要課題として、プライバシーに係る基本的考え方や姿勢を明文化し、組織内外へ知らしめる。経営者には、明文化した内容に基づいた実施についてアカウンタビリティを確保することが求められる）、「要件２：プライバシー保護責任者の指名」（組織全体のプライバシー問題への対応の責任者を指名し、権限と責任の両方を与える）、「要件３：プライバシーへの取組に対するリソースの投入」（必要十分な経営資源（ヒト・モノ・カネ）を漸次投入し、体制の構築、人材の配置・育成・確保等を行う）を挙げています。

また、「プライバシーガバナンスの重要項目」として、「1.体制の構築（内部統制、プライバシー保護組織の設置、社外有識者との連携）」「2.運用ルールの策定と周知（運用を徹底するためのルールを策定、組織内への周知）」「3.企業内のプライバシーに係る文化の醸成（個々の従業員がプライバシー意識を持つよう企業文化を醸成）」「4.消費者とのコミュニケーション（組織の取組について普及・広報、消費者と継続的にコミュニケーション）」「5.その他のステークホルダーとのコミュニケーション（ビジネスパートナー、グループ企業等、投資家・株主、行政機関、業界団体、従業員等とのコミュニケーション）」を挙げています。

同ガイドブックは、プライバシーガバナンスという切り口で、特にパーソナルデータの利活用に主眼をおいて整理されていますが、より対象を広げたデータガバナンスの構築にあたっても参考になると思われます。

コラム

データ管理責任者（英語では「データスチュアード」）の役割

ここでは「データ管理責任者」という用語を用いましたが、英語では「データスチュアード（Data Steward）」と呼ばれるのが一般的です。

データスチュアードは、「データガバナンスの実施に責任を負う者」と定義されます。具体的には、「データが、ビジネス上の要求、法令や契約上の義務等に合致する形でアクセス制御され、利用されること」を確保するための手続、社内規程・ルール等の制定について責任を負うとされます。「データガバナンス」というと守りの印象があるかもしれませんが、データを意図するビジネス上の用途に用いることができるように確保するための仕組を作るという意味では、攻めの側面もあります。したがって、データスチュアードも、データ戦略的な視点を持つことが重要です。「データ管理責任者」では消極的なイメージになるなら、「データ戦略責任者」という攻めの印象のある名称とするのも一案です。

法令や契約上の義務等に適合する形で、データが利用されるように確保する必要がありますから、データスチュアードにも、法務的な素養・

知見等が重要であることは言うまでもありません。なお、スチュアーデスというと、女性の客室乗務員ですが、スチュアードはこの男性名詞であり、「世話役」等の意味もあります。データを世話する者という程度の意味なのでしょう。また、データ管理者（Data Owner）は、データスチュアードとは別とされることから、データスチュアードの役割には、データ管理者のサポート役、すなわち、「執事」のような意味合いがあるのかもしれません。

Q1-6

データ戦略の策定・遂行に当たって、法務的な知識・知見が重要なのはなぜでしょうか？

データには、法令・契約等による様々な制約がかかっています。データの活用に際しては、このような制約をきちんと理解しておく必要があるため、法令・契約等に係る法務的な知識・知見が重要となります。　**執筆：中崎 隆**

1　契約、法令、社内規則等によってデータ活用ルールが決まる

法務面の知識・知見等はデータ戦略に不可欠です。サッカーのルールを知らないとプレーできないように、データ戦略についても、守るべきルールを知らずに戦略を立てることはできません。

データは目に見えないものですが、取得・利用・提供等に際しては、様々なルールがあります。特に、契約や法令による利用目的の制限等は重要です。

例えば、法令や契約でデータの利用目的に制限がかかっているのに、それに気づかずに、大々的なシステムを開発し、完成してから指摘を受けて何十億円もの損失を出したとなれば、データ管理責任者は会社に居づらくなるでしょう。法務のことは法務部門に任せて無関心でいるというのは、データ管理責任者としての責任を果たしているとはいえません。

また、法令等に基づきデータの品質や取得手続等についての基準が定められている場合もあります。Q1-3を参照。

さらに言えば、「法令改正ある所にビジネスチャンスあり」といいますから、法務面にも関心を持つことが、ビジネスチャンスをつかむことにもつながると思います。

2　顧客や社会からの信頼の維持

データ戦略の策定に当たっては、企業イメージを高め、利用者からの信頼を得ることが特に大事です。会社として信頼されなければ、誰もデータを預けてくれ

ません。そして、「利用者からの信頼」を維持する上では、コンプライアンスが重要です。コンプライアンスとは「法令等の遵守」を意味します。コンプライアンスの観点からも、法務的な知識・知見は重要です。

経済産業省も、「国際競争力強化に向けた日本企業の法務機能の在り方研究会報告書」において、法務機能の強化の必要性を述べていますし、金融庁も「コンプライアンス・リスク管理基本方針」において、コンプライアンスと経営戦略の不可分一体性を強調しています。

コラム

コンプライアンスとは

コンプライアンスとは「法令等の遵守」のことを指します。ここで強調しておきたいのは、法令「等」という表現が使われることです。「等」が何を指すのかといえば、「社会の信頼」を指します。企業は「法令を遵守」することだけでなく、「社会の信頼」に応えるということまで期待されているのです。

例えば、ある大物芸能人が、暴力団幹部と懇親があったと判明したことがありましたが、その芸能人はすぐに引退を宣言しました。芸能事務所とすれば売上が大きく減る決断だったと思いますが、暴力団幹部と懇意にしている芸能人を慰留すれば、社会の信頼を裏切り、社会の一員として世の中から受入れられないと判断したのではないかと思います。もしその芸能人をかばえば、その芸能人だけでなく、芸能事務所全体が暴力団との関係を容認していると非難されていたでしょう。そのような芸能事務所を、視聴者や広告主は受入れないと思います。

コンプライアンスは、社会の一員として企業が受け入れられるための必要条件です。上場会社や金融機関等は法令でコンプライアンスを確保するための体制の整備が義務付けられていますが、法令で義務付けられているかどうかに関係なく、コンプライアンス体制の整備は必要不可欠と考えられます。データ戦略を推進していきたいと考える企業はなおさらです。

Q1-7

データに関する法律問題をデータのライフサイクルに基づいて検討するとよいと聞きました。どういうことでしょうか？

法務面では「データの取得」「利用」「第三者提供（共有）」「保存・アーカイブ」「消去」の5段階に分けて検討すると議論を整理しやすいです。

執筆：中崎 隆

1　データのライフサイクル

ライフサイクルとは、例えば、木が芽を出して、成長して成木になり、やがて枯れて、朽ち果て土の養分となって、またそこから木が芽を出す、というような生命の循環の輪を指します。データに命がある訳ではありませんが、このような生き物のライフサイクルに見立てて、データの管理方法を考える手法が有用であるといわれています。

例えば、クラウドセキュリティアライアンス（CSA）が作成した「Security Guidance for Critical Areas of Focus in Cloud Computing」（通称CSAガイダンス）では、データのセキュリティを考える際のモデルとして、データのライフサイクルを「生成」「保存」「利用」「共有」「アーカイブ」「破棄」という6つのフェーズに分けています。

このようなライフサイクルに基づく分析にならって、個人情報保護法（以下「個情法」）等に関する問題を、「取得」「利用」「第三者提供（共有）」「保存・アーカイブ」「消去」という観点から検討すると論点を整理しやすく、分かりやすいです。

以下では、取得、利用、第三者提供等のフェーズに分けて関連する規制の具体例をあげます。

(1) データの取得

（ア）データの取得を禁じ又は制約する規制

- 偽りその他不正な手段による個人情報の取得の禁止（個情法17条1項）

- 同意によらない要配慮個人情報の取得の原則禁止（個情法17条2項）
- 機微情報の原則的取得禁止（金融分野における個人情報保護ガイドライン）
- 第三者から個人データを取得する場合の確認、記録義務（個情法26条）
- 個人情報の取得に際しての利用目的の通知・公表の義務（個情法18条）
- 他人に係るマイナンバーを含む情報（特定個人情報）の取得の原則禁止（マイナンバー法20条）

（イ）データの取得を義務付ける規制

- 犯収法に基づく取引時確認義務、携帯電話不正利用防止法等に基づく本人確認義務。Q2-11を参照
- 業法における顧客についての調査義務
- 適合性の原則

(2) データの保管について

- 個人情報を安全に保管すべき義務（個情法20条）、従業者を監督すべき義務（個情法21条）、委託先を監督すべき義務（個情法22条）、漏洩等が生じた際に個人情報保護委員会及び本人へ報告・通知をする義務（個情法22条の2）
- クレジットカード番号等の保管に際しての安全管理義務（PCI DSSの遵守等が必要）
- 金融機関 － 顧客情報を安全に管理すべき義務
- 様々な法令に基づく記録作成・保管義務。例えば、(i) 特定電子メール法・特定商取引法の承諾を得たことの記録義務、(ii) 税法・国外送金調書法等の帳簿等の保存義務、(iii) 法定書面を交付したことの記録・保存義務（各業法）、(iv) 業法における記録作成・保存義務

(3) データの利用について

- 個人情報についての利用目的の特定の義務（個情法15条）
- 個人情報についての目的外利用の禁止（個情法16条、18条）
- 個人情報について、違法又は不当な行為を助長・誘発するおそれのある方法による利用の禁止（個情法16条の2）
- 契約に基づく利用制限

(4) データの第三者提供について

- 個人情報保護法に基づく規制（原則として、本人の承諾を得る義務（個情法23条（個人関連情報（氏名と結び付いていないインターネットの閲覧履歴、位置情報、クッキー等）については個情法26条の2））、記録・保存義務（個情法25条））
- マイナンバー法に基づく規制（マイナンバーの第三者提供の原則禁止）
- 業法に基づく第三者提供禁止。(i) 金融商品取引法に基づく規制。例えば、証券業を行う第一種金融商品取引業者について顧客の特別情報をグループ会社と共有することの原則禁止。(ii) 信用情報機関から提供を受けた信用情報の目的外利用・第三者提供の禁止（銀行法、金商法、保険業法、貸金業法、割賦販売法等）
- （契約、条理、法令等に基づく）守秘義務

(5) データの訂正・更新について

- 誤った保有個人データの訂正等を求める権利（個情法29条）
- 個人データの正確性を確保する努力義務（個情法19条）
- 本人確認記録における本人属性情報について変更があった場合に付記する義務（犯罪収益移転防止法施行規則21条）

(6) データの廃棄等について

- 利用する必要がなくなった個人データを遅滞なく消去する努力義務（個情法19条）
- 目的外利用又は不正取得された個人データや、その取扱いによって本人の権利又は正当な利益が害されるおそれがある場合（当該データの利用の必要性がなくなった場合や漏洩滅失等の事態が生じた場合等）の当該個人データについて、利用の停止又は消去の請求を受けた場合の対応義務（個情法30条）

2　データライフサイクルに基づく検討に際しての注意点

「データのライフサイクル」と「システムのライフサイクル」は異なります。システムが置き換わっても、データサイクルが必ずしも同時に終わる訳ではなく、データは残ることがあります。データベースを置き換える場合や、データベース

間でデータ統合する場合は、データ管理にも影響しますので、慎重な検討が必要です。

同一データベース上のデータであっても、ライフサイクルの検討を一緒くたにできる訳ではありません。データの項目ごとに、法律により要求される最低保存期間が違ったり、法令上の取扱いが異なっていたりして、データのライフサイクルのパターンが異なってくる場合もあります。

また、プライバシーポリシー等の改定を行った場合、改定前に同意した利用者には改定後のポリシーを適用できないケース等もあり、どのタイミングで取得したデータかによって大きな相違が生じる場合があります。

Q1-8

ユーザーの個人情報を取得しない戦略を採る場合の留意点は何でしょうか？

ユーザーの個人情報を取得しない戦略を採る前提として、個人情報を本当に取得せずに済むのかを確認することが必要です。また、個人情報を取得する手法／取得しない方法のメリット／デメリットを整理して戦略を検討することが重要です。個人情報を取得しなかったとしても、データの性質に応じ、プライバシーへの配慮や一定のデータ保護措置は必要となる場合が多い点にも注意が必要です。

執筆：持田 大輔、中崎 隆

個人情報保護法等の規制や、漏洩のリスク等を考慮して、ユーザーの個人情報を取得しない戦略を採る企業もあります。あえてユーザー等の個人情報を取得しない戦略を採用する場合、どのようなメリットとデメリットがあるのでしょうか。

以下、自社内でこのような戦略の是非を検討する際に、考慮すべきポイントについて、見ていくことにします。

1　前提として、本当に「個人情報」を取得していないのか？

個人情報を取得しない戦略の是非を検討する前提として、自社や委託先で取扱うユーザー等に関するデータの洗い出しを行い、本当に「個人情報」を取得していないか、取得しなくて済むのかを慎重に確認することが必要です。通常のビジネスをしていて、ユーザーについての個人情報を全く取得しないことは、かなり難しいからです。

(1) 個人情報保護法における「個人情報」への該当性

個人情報とは、(i) 生存する「個人に関する情報」であって、その情報に含まれる氏名、生年月日その他の記述等によって特定の個人を識別することができるもの（他の情報と容易に照合することができ、それにより特定の個人を識別することができることとなるものを含む)、又は、(ii)「個人識別符号が含まれる情報」をいいます。Q5-3参照。

そのため、氏名のように特定の個人を識別することができる情報や免許証番号のような「個人識別符号」が含まれる情報はもちろんのこと、IPアドレス、携帯電話の端末ID/広告ID等について、当該ユーザーの他の情報と組み合わせると本人が識別できてしまうようなケースも「個人情報」に該当することがあります。

また、単体あるいはデータセットからは特定の個人を識別することができないものであっても、これを他の情報と容易に照合することができ(「容易照合性」)、それにより特定の個人を識別することができる場合には、「個人情報」に該当することになります。

容易照合性について保守的な見解を取った場合、自社のサイトがFacebookの「いいね!」ボタン(ソーシャルプラグイン)を設置するなどFacebookと連携しており、自社サイトを訪れた人のFacebook IDを把握したとすると、そのFacebook IDを用いて、その個人のFacebookページを閲覧し、その閲覧者の個人情報と照合できますので、その取得したFacebook IDも、自社のサイトの閲覧履歴データも、全て個人情報に該当する場合があると考えられます。氏名の情報を取得していないからといって、個人情報を取得していないと安易に結論付けてはなりません。

また、クレジットカード決済を導入しているウェブサイトの場合、委託先において、利用者の氏名とカード番号を保管しているケースもあり、個人情報を取得してしまっていないか慎重な検討が必要となります。

事業者としては、「個人情報」を取得していないつもりが、実際には取得しており、個人情報保護法上の規定に違反してしまっていたという事態(うっかり法令違反)に陥らないようにするためにも、自社や委託先で取扱う情報について、個人情報に該当しないかを慎重に確認するようにする必要があります。

(2) 海外における「個人情報」

また、日本国内だけではなく、海外においてサービスを提供している場合には、各国により「個人情報」の内容(定義)が異なる点にも注意する必要があります。例えば、EUでは、「個人データ」とは、「識別された又は識別することができる自然人に関する全ての情報を意味する」とされており、一般データ保護規則

(GDPR) の解釈上、携帯電話番号、クレジットカード番号、メールアドレス及びIPアドレス等も該当すると解されているようです。このように、洗い出し作業をする際には、「個人情報」の内容が国ごとに異なり得る点にも注意が必要となります。

2　個人情報を取得しない場合のメリット

上記の洗い出し作業を前提に、個人情報を取得しない戦略を採用する場合のメリットとしては、次の点が挙げられます。

(1) 個人情報取扱事業者の義務等を遵守する必要がない

第1に、個人情報保護法が規定する個人情報取扱事業者の義務等を遵守する必要がない点が挙げられます。個人情報保護法は、個人情報取扱事業者の義務として、取得、利用、保存・保管、第三者提供、さらには本人からの開示請求等について様々な義務を定めており、「個人情報」を取得しない場合には、個人情報取扱事業者に課される義務を遵守する必要はありません。

但し、2020年の個人情報保護法改正により、新たに「個人関連情報」(生存する個人に関する情報であって、個人情報、仮名加工情報及び匿名加工情報のいずれにも該当しないもの) に関する規制が導入されていますので、その点には留意する必要があります (改正法26条の2第1項参照)。

(2) 個人情報の漏洩リスクを負わない

第2に、個人情報の漏洩リスクを負わない点が挙げられます。周知の通り、近時、個人情報の漏洩に関する事件が後を絶ちません。大規模な個人情報の漏洩事件を起こしてしまうと、当該事業者には、経済的な損失だけではなく、信用や評判にも相応に傷がつくことになります。これらの漏洩リスクを回避できる点は、個人情報を取得しない場合のメリットと言えます。但し、誤解していただきたくないのは、個人情報を取得しなかったとしても、一定のセキュリティレベルの確保は必要になるということです。

(3) その他 (個人情報の取得を前提に適用される法令等の回避)

その他、メリットという表現がよいかどうかは別として、あえて個人情報を取得しない戦略を採ることにより、個人情報の取得を前提に適用される法令やガイドラインに拘束されず事業展開ができる点も指摘できます。例えば、米国においては、「児童オンラインプライバシー保護法（Children's Online Privacy Protection Act of 1998：COPPA）」により、商業ウェブサイトやオンラインサービスが13歳未満の子供の個人情報を収集したり利用したりする際には、親の同意が必要であると規定されています。このため、米国で事業展開をする国内のゲーム会社の中には、あえてユーザーの個人情報を取得せずに、サービスを提供している会社もあると聞きます。

3　個人情報を取得しない場合のデメリット

これに対し、個人情報を取得しない戦略を採用する場合のデメリットとしては、次の点が挙げられます。

(1) オーダーメイドの商品やサービスの提供が難しい

第1に、オーダーメイドやカスタマイズした商品やサービスの提供が難しくなる点が挙げられます。もちろん、個人情報を取得しなくても、特定の個人を識別することができない範囲でパーソナルデータを取得することで、一定の属性まで消費者を絞り込むことは可能であるものの、各人の趣向やニーズに応じたオーダーメイドの商品やサービスを提供するには、どうしても限界があり、この点はデメリットと言えるでしょう。

(2) 効果的なターゲティング広告が難しい

第2に、効果的なターゲティング広告が難しくなる点が挙げられます。ターゲティング広告とは、ユーザーの行動履歴を基に、ユーザーの興味関心を推測し、ターゲットを絞ってインターネット広告の配信を行う手法のことです。特定の個人を識別することができない範囲でパーソナルデータを取得することで、一定の範囲でターゲティング広告を行うことは可能であるものの、効果的なターゲティング広告との観点からは、やはり限界があります。

(3) フロードリスク（不公正取引のリスク）の増加

第3に、フロードリスク（不正取引リスク）の増加が挙げられます。サービスの提供に際して、ユーザーから個人情報を取得せず、匿名でのサービスの利用等を可能とする場合、個人情報を取得する場合と比較して、どうしてもマルチアカウント等の不正取引が行われる可能性が高くなり、結果として、事業者が紛争対応に追われるリスクも増加することになります。

(4) トラブル発生時に迅速な対応ができない

第4に、トラブル発生時の有事対応がスムーズに行えない点が挙げられます。例えば、決済手段としてクレジットカード決済を採用している場合、ユーザーから個人情報を取得していないと、不正利用や誤請求等を理由にクレジットカード会社がチャージバックをした際、ユーザーに対し直接請求することができない他、ユーザーの行為により自社のサービス等に支障が生じた場合でも、当該ユーザーに対し責任追及ができない等、個人情報を取得している場合と比較して、トラブル発生時の有事対応がスムーズに行えない、さらには、結果として、トラブル発生時の損失を全て自社で負担せざるを得なくなる点はデメリットと言えます。

4　個人情報を取得しない戦略を採用した場合の注意点

このように個人情報を取得しない戦略には、メリット・デメリットの双方があることから、今後の展開も含め自社の事業計画・サービス内容を吟味し、個別具体的に検討することが必要です。なお、検討の結果、個人情報を取得しない戦略を採用する場合には、次の点に注意することが必要です。

(1) 善管注意義務と安全管理措置

企業においては、取締役に善良なる管理者の注意義務（善管注意義務）が課せられています。取締役は、会社に損害を与えないように、高度な注意義務を負うということです。このため、個人情報の取得の有無にかかわらず、サイバーセキュリティを含めた安全管理措置等の対策は必要になると考えられます。個人情報を取得しないからといって、安全管理措置等が必要でなくなるという訳ではありません。

(2) プライバシーへの配慮の必要性

個人情報を取得しないとしても、クッキー等を通じ、当該ユーザーの行動履歴

（クリック等）の情報を取得する場合、ユーザーのプライバシーへの配慮が必要となることもあります。例えば、自社サイトで、妊娠検査薬で検索したユーザーに対し、妊娠検査薬の広告を表示すれば、そのユーザーの周囲にいる方が、その広告を見て、あやしむかもしれません。

このため、ユーザー等の個人情報を取得しない場合でも、事業者としては、常にユーザー目線に立って、自社のサービス等を見直し、望ましいパーソナルデータの取扱いや開示をすることが求められている点に注意が必要です。個人情報を取得していない企業においても、クッキーポリシーを設けている例等はあります。

2020年8月には、経済産業省及び総務省が設置した「企業のプライバシーガバナンスモデル検討会」において、新たな事業にチャレンジしようとする企業がプライバシーガバナンスの構築のために取り組むべきことを整理した「DX時代における企業のプライバシーガバナンスガイドブックver1.0」[1]が策定・公表されました。

同ガイドブックでは、経営者が取り組むべき3要件（プライバシーガバナンスに係る姿勢の明文化、プライバシー保護責任者の氏名、プライバシーへの取組に対するリソースの投入）に加え、プライバシーガバナンスの重要項目について整理がされています。個人情報を取得しないからといって、何の対策も必要なくなる訳ではない点には、留意が必要です。

［1］ https://www.meti.go.jp/press/2020/08/20200828012/20200828012-1.pdf

(3) 海外法との関係

EU等においては、日本よりも個人情報の範囲が広いため、日本法との関係で個人情報を取得していないと仮に整理できたとしても、海外法との関係で個人情報を取得していると扱われ、個人情報保護法の適用がある場合と大差ないこととなりかねません。グローバルに事業展開を行っている企業は、海外法を意識した事業戦略の検討が特に重要です。

Q1-9

社内でのデータ共有に際しての留意点は何でしょうか？

データの共有範囲の決定に際しては、(i) データ共有の必要性と、(ii) データ共有に係る法令等による制約や、漏洩リスク等の双方を考慮して、データの共有範囲を決定する必要があります。　執筆：安藤 広人、中崎 隆

1　社内でのデータ共有のメリットとデメリット

(1) データ共有のメリット

データ戦略の推進を考えるに当たっては、どの範囲のデータを、どの範囲の関係者の間で共有するのかを検討することが重要です。例えば、在庫データであれば、倉庫や各店舗にある在庫情報が製造部門でもオンタイムで共有されなければ効率的な製造計画は作れませんし、顧客データであれば、購買履歴を営業部で共有することによって、顧客が必要とするタイミングで営業を行うことができるようになり、営業の無駄を省くことができるでしょう。データの活用を推進する観点からは、データを幅広く社内で共有することにより、データの活用を進めやすくなるという側面があります。

(2) データ共有のデメリット

一方、データを幅広く共有する場合、デメリットも生じますので、注意が必要です。第1に、データを幅広い範囲で共有すればするほど、情報管理が難しくなり、情報の漏洩や悪用のリスクが高まる可能性があります。第2に、精度が低いデータや、誤ったデータ、古いデータが共有されることにより、混乱やミスが生じる可能性があります。第3に、データ共有のシステム構築や運用にも、人件費を含む多額のコストがかかります。幅広い範囲で情報共有すればするほど、そのシステム面の構築や運用等に掛かるコストも増える可能性があります。

(3) データ共有範囲の決定の重要性

このように、データの共有にはメリットとデメリットの双方があり、会社の保有するデータの保有の在り方が、会社の今後を大きく左右する可能性がありますので、会社の経営方針、方向性等も見据えた上で、経営陣が十分に熟慮して決めるべき課題であるといえます。

2 社内でデータ共有するシステムを構築する際の留意点

(1) 共有の必要性の高いデータ項目の洗い出し

社内でデータを共有するシステムを構築する際、まず重要なのは、共有の必要性の高いデータ項目を洗い出すことです。企業の予算等にも限りがありますから、優先順位をつけて、共有のニーズの高いデータ項目を検討していく必要があります。なお、この観点で強調したいのは、契約管理システムの重要性についてです。データ戦略を推進していく場合、データの利用目的が、データの取得元との契約との関係でどのように制約されているかを把握することがかなり重要です。すなわち、自社が過去に締結した契約が体系的に整理され、簡単に検索してアクセスできるシステムが整っている企業の方が、データ戦略を進める上で有利です。

(2) データの利用目的の設定

データの共有範囲を設定するに際しては、そのデータをどのように利用することが想定されるかというユーズケース（具体例）を洗い出し、主たる利用目的を設定することが重要です。もし、想定される共有／利用が、法令や、データの入手元等との契約に基づきできないとなれば、共有のためのシステムを作っても、意味がないことになりかねません。また、想定される利用目的／利用場面が明らかとなることにより、データに求められる精度等も変わってきますし、データへのアクセス権限をどの範囲で設定するかという判断もしやすくなります。

(3) データの利用等に係る法令や契約に基づく制約

データの共有範囲を設定するに際しては、法令や、他社との契約に基づく制約を意識することも重要です。データは目に見えないですが、「このデータはこういった利用目的にしか使えない」「このデータはこのような方法で保管しなければばならない」等という制約がデータにはついて回っています。

(4) セキュリティ

セキュリティとの関係では、コロナの流行に伴い、テレワークが一気に普及していますが、総務省の「テレワークセキュリティガイドライン」等も参考となります。また、情報の重要度に応じたラベリングが必要であるということが言われますが、幅広い関係者の間でデータを共有する場合、このようなラベリングが大変重要となります。ラベリングによって、どのような性質のデータであるかということが、共有を受ける者にぱっと伝わるからです。このことは、セキュリティに限りません。例えば、インサイダー情報であるかどうか等という点も、ラベリングにより、情報を受取る方が、情報をぱっと見て簡単に分かることが重要です(「○○プロジェクト関係者限定」等となっていれば、情報を見る関係者も、インサイダー案件指定されたプロジェクトについての資料である等と認識しやすいかもしれません)。

(5) 適正な範囲でのアクセス権限の範囲の設定

上記で述べた要素等も考慮に入れながら、データアクセス権限の範囲の設定を適切に行う必要があります。基本的な考え方としては、「データの利用の必要性がある者にアクセス権限を認める」ということですが、法律や契約等で共有が禁止される場合もありますので、注意が必要です。また、アクセス権限の見直しについても重要です。

3　社内でデータ共有するに当たって法的に留意すべき点とは？

(1) インサイダー情報

インサイダー情報とは、かいつまんで説明すれば、上場企業の株価に影響を与えるような未公表の重要な事実を指します。インサイダー情報の管理については、特別な対応が必要となります。Q3-5を参照。

(2) 個人情報／個人データとの関係

共有しようとするデータに個人情報が含まれる場合、個人情報保護法への留意が必要です。例えば、B2C企業の購買情報には個人情報が含まれていることが大半でしょうが、個人データについては、漏洩や滅失、毀損を防止する等、安全管理のために必要かつ適切な措置を行っておく必要があります（安全管理措置）。また、その目的外利用が禁止されています。このため、個人データが含まれているシステムについては、アクセス制御を行い、ユーザーIDやパスワード等によって権限がある者のみがアクセス／利用することができるという形をとることが検討されるべきでしょう。

また、社外に持ち出すスマートフォン等に顧客等の個人データを保存することは原則として認めるべきではなく、社外で個人情報を利用する必要がある場合には会社のウェブサーバーにその都度アクセスして情報を入手することとする等、ミスをしても漏洩が起こらないようなシステム構成にすることも、取扱情報の重要性とそのようなシステムを導入するコストとの比較で検討されるべきでしょう。

このように漏洩等のリスクへの一定の対応は必要となりますが、保有する個人データについて、漏洩をおそれるあまり実際には利用しないということではもったいなく、必要かつ適切に管理をした上で利用していくことが大切です。個人データを、マーケティングや不正検知等に利用することも可能でしょう。そのために、従業員にとっても、データの利用が煩雑に感じられないような形にしておく必要があります。利用のために厳しすぎる手順を定めると、実際にはその手順通りに行われずに、ルールが破られて結局は安全管理ができていないということになりかねません。

いずれにせよ、共有するデータが個人情報である場合には、社内の誰がどのような形で個人情報にアクセスすることができるのか（アクセス権限）等について決め、データ共有による便益と、データ共有による弊害（漏洩リスク増大等）とのバランスをとって、アクセス制限を適正に設定しなければなりません。

(3) 利益相反に係る規制

情報を共有することが利益相反的な状況をもたらす情報の共有については、基本的に控える必要があります。特に金融機関においては、利益相反の管理体制の整備が求められていますので、どの情報（データ）をどのように共有するかについてあらかじめ決めておかなければなりません。

(4) データ関係の契約条項／秘密保持条項との関係

取引の相手方や業務提携先との間で、データや秘密情報（機密情報）をやり取りし、その際にデータ取引契約や秘密保持契約（NDA）を締結していることがあります。データ取引契約やNDAの中には、データや秘密情報の管理の仕方について定めている場合があり、データの共有に当たっては、あらかじめ関係する契約を検討しておくことが重要です。

Q1-10

複数会社間で個人情報のやり取りをする場合の構成の選択に際してはどのような点に留意すべきでしょうか？

委託先が委託元のために個人情報の処理を行って自らは個人情報の利用を行わない「委託型」、複数会社間で個人情報を共同して利用することが想定される「共同利用型」、また、関連するそれぞれの会社が独立して同時に個人情報を取得する「同時提供型」等の態様が考えられ、それぞれ留意点があります。

執筆：梶谷 篤

1　個人情報の処理を委託する場合とは

とりわけB2Cのビジネスを行う会社においては、顧客等の個人情報を適切に取得し、分析や活用を行うことがデータ戦略の第一歩となります。ここで問題になるのは、取得した個人情報の処理を外部の業者等に委託する場合の対応です。

代表的な場合としては、(i) 単純にデータ入力等の作業を外部の委託先に委託する場合の他、商品やダイレクトメールの発送のために発送業者に顧客情報を提供する場合、コンサルタント会社にマーケティングのための情報分析等を委託する場合等が考えられます。また、(ii) 例えば、親子会社やグループ企業内で総合的にサービスを提供する場合のように、ある会社が取得した顧客の個人情報をもう片方に提供して共同で利用する場合も考えられます。(i) は、委託先は委託元のために処理を行い自らは個人情報の利用を行わない「委託型」、(ii) は、情報提供先が提供元と共同して個人情報の利用を行うことが想定される「共同利用型」といえるでしょう。

個人情報保護法やそのガイドラインでは、取得した個人情報を第三者に提供することについて、一定の規律が定められています。したがって、取得した個人情報の処理を第三者に委託することが想定される場合、適法、適切な情報の利活用が行えるよう、データを取得する時点から実際に提供を行う時点まで、法律上のルールに適合するよう、十分に留意することが必要となります。

2　個人情報を委託先等に提供する場合のルール

個人情報保護法は個人データの第三者提供について、あらかじめ本人の同意を得ることを原則としつつ、オプトアウト方式による個人情報の第三者提供の方法も認めています。オプトアウト方式を取る場合、(i) 個人データを第三者に提供する旨、(ii) 提供する個人データの項目、(iii) 提供方法、(iv) 本人の求めに応じて提供を停止する旨、(v) 本人の求めを受け付ける方法について、本人に通知又はインターネット上等で公表し、個人情報保護委員会に届けることが必要となります。但し、人種・信条・社会的身分や病歴といった要配慮個人情報の場合には、オプトアウト方式を取ることはできません。

また、この他に、個人データを外国にある第三者に提供する場合、個人情報保護委員会が指定する一定の国（個人情報保護の制度が一定の水準に達している国）以外の第三者に提供する場合には、提供を認める旨の同意を個人から得なければならないこと、第三者に提供した場合には、提供の記録を作成し、一定期間保存しなければならない等のルールが存在します。

他方、(i) 利用目的の達成に必要な範囲内において個人データの取扱いの全部又は一部を委託することに伴って当該個人データが提供される場合（委託型の場合）、(ii) 特定の者との間で共同して利用される個人データが当該特定の者に提供される場合（共同利用型）で一定の要件を満たした場合には、第三者提供には該当しない旨が個人情報保護法で定められています。

但し、委託先が、委託業務の遂行以外の目的のために、委託された個人情報を利用してしまう場合には、「委託」として個人情報の授受が可能な範疇を超えてしまいますので、「第三者提供」の同意が原則として必要となると解されます。そこで、委託先に個人情報の処理をさせようとする場合には、できるだけ、この「第二者提供」に該当しない場合になるよう工夫することが肝要です。

3　委託型の場合の留意点

委託型の場合には、原則として、個人情報保護法上の第三者提供には該当しませんので、情報取得時に本人に通知等する必要はありません。

しかし、委託元は、自らの業務のために、自らの責任によって個人データを委託先に提供することになりますので、委託先が安全に個人データを管理するよう監督することが必要となります。すなわち、委託元は、委託先に対して、自らが講ずべき安全管理措置と同等の措置が講じられるよう監督を行うことが必要となり、安全な管理を行うことができる適切な委託先を選定すること、委託契約を締結して、個人データの適切な取扱いを義務付ける他、委託先における個人データ取扱状況を把握する等の措置が必要となります。具体的な提供の場面では、必要のない個人データを提供しないよう注意することも必要です。

近時、大きく報道された個人情報の大規模漏洩事件は、その多くが委託先からの情報漏洩です。委託先が安全管理措置を十分に行うよう、委託元が監督していなかった場合、委託元自身も、自ら情報を漏洩したのと同様の非難を受けることになります。

4　共同利用型の場合の留意点

共同利用型は、例えば、(i) グループ企業や親子兄弟会社間で総合的なサービスを提供するため等で取得時の利用目的の範囲内で情報を共同利用する場合や、(ii) 企業内使用者と労働組合等で従業員の個人データを共同利用する場合、(iii) 金融機関と信用情報機関との間での与信情報の共同利用する場合、(iv) 病院と訪問看護ステーションが共同で医療サービスを提供するために顧客の個人情報を共同利用する場合等、様々なケースで利用可能です。

共同利用者は、一定の要件を満たした場合に、第三者に該当しない取扱いが認められています。具体的には、(i) 共同利用をする旨、(ii) 共同して利用される個人データの項目、(iii) 共同して利用する者の範囲、(iv) 利用する者の利用目的、(v) 当該個人データの管理について責任を有する者の氏名又は名称の情報について、提供時に本人に通知するか、本人に容易に知り得る状態にしていることが必要となります。

さらに、事業者が共同利用をする際には、共同利用者の要件や連絡先、共同利用する個人データの取扱いに関する事項等の内容を取決めて、通知、公表等をすることが望ましいとされています。

したがって、取得したデータを共同利用することを考えている場合には、上記に掲げる項目について、プライバシーポリシーに記載し、インターネット上等で公表しておくことが必要となります。

5　共同利用型の活用における課題

共同利用型において留意すべきは、共同利用の形態では、共同利用する範囲については、本人がどの事業者まで将来利用されるか判断できる程度に明確にする必要があると個人情報保護法のガイドラインで解されている点です。このため、単に「業務提携先」等と記載するだけでは、本人が、どの事業者まで将来利用されるかを判断できないのではないかという問題が生じます。共同利用の構成を取っていたものの、範囲が不明確である等と批判を受けて、共同利用の構成をやめた企業もあります。

また、よくあるのが、共同利用者の範囲を事後的に変更したいというニーズです。共同利用者の範囲は変更できない等とする見解も有力で、例えば、「医療・介護関係事業者における個人情報の適切な取扱いのためのガイダンス」では、(i)共同して利用される個人データの項目、及び、(ii) 共同利用者の範囲については、変更できないと規定しています。

しかし、新たに別の共同利用関係を開始することも理論的には可能なはずですから、少なくとも、将来取得する情報について、共同利用者の範囲を拡張するということはあり得てもよいように思います。ただ、この場合、過去のデータについては、その追加された共同利用者には、(別途新規の共同利用についての承諾を本人から取らない限り) 共同利用させられないということになり、そのために共同利用可能なデータと、そうでないデータを、フラグを立てて管理 (フラグ管理) 等しないといけなくなり、システム上の負担が重いため、共同利用の利用範囲の拡張は、かなりハードルが高いです。

6　第三者提供と同時提供型の活用

同時提供型とは、例えば、アンケートを2社が共同の名前で実施し、そのアンケート結果が、2社に同時に送信されるというような類型です。この場合、本人は、個人情報の提供時に複数の会社に対して同時に個人情報の取得を同意していることになります。但し、この同時提供型を利用する場合には、本人が、同時提供を行っていることが認識できることが大前提です。すなわち、情報を取得する際には、複数の会社が同時に個人情報を取得する旨、個人データを取得する全ての会社を明確にすること、取得目的等本人に通知・公表すべき事項を、取得する会社ごとに独立して明確に記載すること等を徹底することが重要と考えられます。

7 「個人関連情報」の新設

2020年の個人情報保護法改正では、情報を提供する側（提供元）では個人データに該当しないものの、提供を受けた側（提供先）において個人データになることが明らかな情報を「個人関連情報」とし、提供先が個人関連情報を個人データとして取得することが想定される場合には本人の同意が必要であるとの規律が新たに設けられました。

この規定は、主にクッキー等の利用を念頭に設けられたものです。従前、ターゲティング広告等では、クッキー等の識別子にひも付くユーザーデータは、個人を特定できない情報なので個人データには該当しないとして、本人の同意なく他の事業者に提供されることが多く行われてきました。しかし、改正法施行後は、このような場合にも本人の同意取得が必要となりますので注意が必要です。

Q1-11

業務提携先と契約交渉を行う際、データ戦略担当者として法務的に留意すべき点は何でしょうか？

業務提携においてデータを取扱う場合、業務提携に関する契約書や取決めにおいて、データに関する法律問題について留意する必要があります。

執筆：中崎 隆、斎藤 綾

1　業務提携とは

業務提携とは、他社と協業することをいいます。技術提携（共同研究、共同開発、相互ライセンス）、生産提携、販売提携、包括的提携等、様々な形態の提携の形があり得ます。業務提携は、出資等を伴う資本提携とは、区別される意味で用いられることもありますが、資本提携を伴う場合を含む意味で用いられることもあります。ここでは、資本提携を伴う場合を含む意味で用います。単なるライセンス契約（Q2-5を参照）、業務委託契約の場合は、片方はお金を出すだけなので、「業務提携」とまでは言わないことが多いですが、この節で説明することの多くは、ライセンス契約等にも妥当します。

2　業務提携の検討

業務提携を検討するに際しては、そもそも、他の類型と比べて、業務提携が良いのかという点から検討を始める必要があります。例えば、自社で、研究、開発、生産、プロモーション等を行う場合と比べた場合のメリット、デメリットを検討する必要があります。

自社で研究中のチームがいるのに、同じような研究で遅れた技術しか有さない他社と提携をしてもメリットは少ないでしょう（もちろん、他社の営業所・研究所等との共同運営／リストラ等により、経営効率を高めるという業務提携もあり得ます[1]）。

達成したい事業目標を明らかにした上で、その事業目標を達成するために必要な要素を洗い出し、自社（又は自社グループ）のリソースで足りる部分は自社で行い、足りない部分を、他社に補ってもらうというのが事業提携の基本的な考え方でしょう（**図表1-8**）。

図表1-8　事業提携時の検討事項

検討項目	概要
事業目標	事業目標を明確にした上で、事業目標を達成するために不可欠な「要素」が何なのかを洗い出す必要があります。
課題（イシュー）の設定	自社で、研究、開発、生産、プロモーション等を進める場合に足りない「要素」を洗い出す必要があります。
自社完結型との比較	優秀な人材をさらに採用する等して事業を自社で行う場合（自社完結型）と、他社と協業する場合のメリット／デメリットを整理して比較する必要があります。
提携先の検討	あり得る提携先のうち、どの提携先がよいのかのメリット／デメリットを整理する必要があります。
提携方法の検討	様々な提携方法のうち、どのような分野で、どのような形で協業するかを検討する必要があります。ライトな業務提携から、JVその他の資本提携まで、様々な形態があります。

[1]　金融庁の監督指針でも、複数の銀行が共同の営業所を設置する場合についての言及が新たに追加されています。

3　業務提携の契約の交渉

(1) 総論

契約というと、「法務に任せればよいではないか」「データ戦略担当とは関係がない」と思われる方もいらっしゃるかもしれませんが、そうではありません。特に業務提携契約は、複数の会社が一緒にビジネスを行う場合の共同の事業計画書のようなものです。ビジネスにおいて、事業計画がしっかりしていないと、事業がなかなかうまくいかないように、業務提携においては、業務提携の契約書がしっかりしていないと、共同で事業を遂行するにもなかなかうまくいきません。したがって、法務部門に丸投げということではうまくいきません。

(2) 業務提携の方向性の決定

業務提携において、まずは、どの分野でどのような業務提携を行うかを決定する必要があります。ありがちなパターンとしては、他社との既存の取組（メニュー）を組み合わせて、業務提携で行う取組を検討するというものです。例えば、地図の業者であれば、地図データのライセンス契約等を日常的にしていて、契約のひな型もあるはずですので、そういう地図データのライセンス契約からまずは検討するのが簡便です。

また、研究部門との関係では、大学等との共同研究契約を結んでいて、共同研究の先例があるということであれば、そのような既存の取組と同じ取組を、協業先との関係でもできないかと検討するとイメージしやすいです。システムのバックエンドとの関係では、例えば、ID連携機能を提供している会社であれば、ID連携の仕組があるでしょうし、ウェブサイトの広告枠を売っている会社であれば、広告枠の販売のための仕組もあるでしょう。他にも、業務委託の契約ですとか、クロスライセンスの契約ですとか、既存の様々な仕組／契約枠組等がどの会社にもあるはずです。

自社と他社との間の既存の取組等も参考にしながら、どのような業務提携のメニューで、協業先と協業するのかを検討するところから始めるというのが、協業を検討する際に始めやすい検討の仕方です。既存の取組を参考にすれば、システム開発費等も抑えられる可能性も高くなります。一方、今までにない新たな取組とする場合、仕組／契約ひな型等がないところから始めなければならず、検討課題は増え、案件の難易度は増しますが、業務提携に関する基本的な考え方は同じです。

(3) 役割の分担

「業務提携」とは、複数の会社が一緒にビジネスをするということですが、共同の目標を設定し、その目標に必要な役割を洗い出して、どちらの当事者がどういう役割を果たすのかという役割分担をはっきりさせることが重要です。この観点から、1点、重要なのは、対応する債権・債務がそれぞれ何かを押さえることです。例えば、金銭の支払のある契約であれば、何の対価として金銭が授受されるのかを明確にすることが重要です。そうでないと、費用対効果の検証も困難ですし、相手方が義務を履行しない場合に支払停止とも言いにくいです。

(4)（対外的な）責任の分担

責任分担という観点からは、顧客に対するサービスの提供について、どのサービスについてどちらとするのかが重要です。例えば、顧客との関係での契約主体をどちらの会社とするのか、顧客にダウンロードさせるアプリ等の発行者をどちらにするのか、顧客に閲覧させるウェブサイトを誰のドメインでどちらの名義とするのか、メールを送信するのであれば送信委託者（＝送信受託者とは別）をどちらにするのか等、対外的な責任主体を明確にすることが重要です。なお、この「対外的な責任主体」の問題は、第三者からの訴訟等による損失等をどのように両社間で分担するかという対内的な損失の分担とは別の問題です。

(5) 利益・費用等の分担

収益や費用をどのように配分するかについても定める必要があります。

(6) データ等の権利関係

（ア）顧客から取得するデータの取扱い

データとの関係では、まず、顧客から取得するデータを、誰の名義で取得するのかという点を明らかにする必要があります。両社が同時取得するのか、片方だけが取得（し、もう一方に第三者提供）するのかといった点です。

（イ）授受されるデータ

次に、両社間で授受されるデータの内容や、授受の方法、頻度等について、明確にする必要があります。また、サーバー等をどちらが設置するのか、どこの国に設置するのかといった点についても、手当することが有用です。

（ウ）利用許諾と利用許諾の条件

両社間で授受されるデータについて、データを渡す側が、どのような条件で、そのデータの利用を認めるかという利用条件を明らかにし、利用条件に合致しない利用（いわゆる目的外利用）を禁止することが重要です。自社が、提携先から提供を受けるデータについては、利用条件が厳しすぎないかを確認する必要がありますし、自社が提携先に提供するデータについては、提携先による利用条件が緩すぎないかを考える必要があります。

（エ）オーナーシップ

例えば、以下のような規定を見ることがあります。

甲が、乙に提供するデータに係る権利は、全て甲にのみ帰属するものとする。

このような条項について、まず、お伝えしたいのは、「データ」自体の所有権は、民法上、認められていないということです。データは、本来的には、排他的なものではないということです。土地のように、Aさんが使っているから、Bさんが使えないというような事態は生じないのです。

そうは言っても、「当社が御社に渡したデータについては、全て当社のみに帰属するべきである」等という意見も聞きます。本当に、そうなのでしょうか。例えば、顧客の名前、住所の情報を、A社がB社から提供を受けた場合、その情報（データ）は、B社にのみ帰属するのでしょうか。A社は別ルートで既にその情報（データ）を得ているかもしれない訳です。また、そもそも、A社から伝えられた情報をB社に伝え返しているだけかもしれない訳です。利用許諾・目的外利用の禁止等についての条項があれば、データオーナーシップの帰属の条項はなくてもよいケースも多いと思われます。

（オ）API規約等との関係

相手方にAPI規約がある場合には、相手方のAPI規約で適用されて困る条項については、内容を修正して合意しておく必要があります。

(7) 資本提携を伴う場合

相手方に対する出資を伴う場合は、相手方企業の状況等の確認（デュー・デリジェンス）の手続等が必要となる場合もありますし、M&Aの契約でよく見られるような条項について手当をする必要があります（本書では説明を省略します）。

(8) その他

業務提携契約の多くは、複数の取組の組み合わせです。頭の中を整理し、対価の合理性を検証するためには、一つ一つの取組に分けた上で、各取組について、その取引の本質が何であるかを押さえるとよいでしょう。

コラム

契約の性質と対外的な責任

対外的な責任は、協力関係の法的性質によっても変わってきます。

(1) 民法上の組合

民法上の組合(「任意組合」)は、参加者(=組合員)が、各自一定の出資(金銭出資、労務出資)をして、事業を共同して行うことを内容とする契約類型です。任意組合では、組合が第三者と契約をする場合、組合員全員が当事者と扱われ、対外的な責任を負います[2]。

なお、紛らわしいのですが、「レベニューシェア」(「売上の分配」の意味)と契約書に書いてあるからといって、組合契約とは限らず、むしろ業務委託であったりする場合が多い印象を受けます。

(2) 匿名組合(商法535条以下)

匿名組合は、営業者が、組合員から出資を受けて、利益等の配分を行う契約です。匿名組合では、営業者だけが第三者との契約で当事者となって、対外的な責任を負います[2]。

(3) ライセンス契約、サービス提供契約

上記の他、ソフト・ノウハウ・情報等のライセンス契約、サービス提供契約と業務提携の法的性質を整理できる場合があります。この場合、顧客へのサービスの提供主体(対外的責任主体)は、ライセンスやサービスの提供を受けている側と契約書で整理する場合が多いです。

(4) 業務委託契約

業務委託契約では、委託者が、一定の業務遂行(労務等)又は成果物の作成を行う代わりに、受託者が、対価として金銭を支払います。委託者は、自己の名義で事業を行い、対外的な責任は、委託者が負います。

(5) 無名契約

業務提携契約と称される契約の多くは、組合／匿名組合ではなく、ライセンス、サービス提供、共同研究、共同営業、業務委託、業務支援等の取組が組み合わさった、無名契約（＝民法の契約類型に分類困難な契約）と評価できるでしょう。取組ごとに、どのような種類の契約に近いものかを分析して対外的責任主体を整理すると、整理がしやすいです。

[2]　組合における労務出資には、下請法が適用されないと解されます。

Q1-12

文書を電子化するメリットは？　また、文書の電子化に関係する法令はどのようなものでしょうか？

電子的方法による文書の作成・保存・提供等のメリットは、(i) 倉庫等の保管スペースの賃貸費用が不要となること、(ii) 印紙税を節約できること、(iii) データを活用しやすくなること、作業の機械化による効率化・迅速化等がしやすいこと等です。また、文書の電子化に関係する法令としては、e文書法、電子帳簿保存法、地方税法、各業法等があります。　**執筆：中崎 隆**

1　電子化のメリット

(1) 電子的方法による文書の保存

文書を電子的方法により保管することにより、倉庫等の保管スペースの賃貸費用が不要になります。また、文書を電子的に保存することとすれば、データを活用しやすくなり、機械化等も進めやすくなり、業務の効率化やスピードアップにつながる等のメリットがあります。この他、不正が発見をしやすくなったり、自然災害等に備えるための文書のバックアップ等が容易になったりするメリットもあると言われています。また、急な差押え等で書類等が使用できなくなる場合（国税庁からの調査等で書類の差押えを受けた場合、数カ月返却されないこともあると聞きます）も、電子文書を基に業務続行が可能になるので、これも一つのメリットといえるでしょう。

(2) 電子的方法による文書の作成・交付

顧客等に交付することが必要となる書面を、紙ではなく電子的に作成して交付する場合、印刷費や郵送費や印紙代等が節約できる等というメリットがあります。例えば、銀行通帳についても、最近は紙でなく電子通帳とする事例が増えていますが、コスト削減が一つの大きな要因であると言われています。また、契約についても、各当事者が捺印した契約書をスキャンしてメールに添付して送付しあう等、電子的に契約の締結の意思表示を行えば、契約書についての印紙税はかからないと解されます。

2　電子化に関する法律について

(1) 概要

法律では、様々な文書の作成・保存・縦覧等が義務付けられていますが、このように法律に基づき作成・保存・縦覧・交付等が義務付けられる文書（以下「法定書面」）について、電子的に作成・保存・縦覧・交付等が認められる場合があります。

法定書面の電子化に関係する主な法律としては、e文書法（正式名称は、「民間事業者等が行う書面の保存等における情報通信の技術の利用に関する法律」)、電子帳簿保存法、地方自治法及び各業法等があげられます。また、2019年にデジタル手続法（正式名称は、「情報通信技術を活用した行政の推進等に関する法律」）が成立し、行政向けの書類の電子化等の観点から、こちらも書面電子化に関する法律として注目されています。

(ア) e文書法による対応

e文書法においては、銀行法、金商法、保険業法、貸金業法、資金決済法、古物営業法、食品衛生法、特定商取引法、外為法、関税法等の様々な法律の規定について、電子的な方法による帳簿等の作成・保存、電子的な方法による書類等の縦覧、電子的な方法による書面等の交付が認められるための一般的な要件・方法等について規定しています。

(イ) 電子帳簿保存法による対応

法人税法、所得税法等の国税における法定書面（例：領収書、帳簿等）の電子化については、電子帳簿保存法が規定しています。同法では、脱税等の防止のため、電子化の要件は一般的にe文書法よりも厳しいです。なお、税分野であっても、地方税法又は関税法に基づく法定書面は、電子帳簿保存法の射程外です。

(ウ) 地方税法による対応

国税との関係の法定書面の電子化については基本的に電子帳簿保存法が規定し

ていますが、地方税との関係の法定書面の電子化については、地方税法の第6章（同法748条から756条）が電子化の要件について規定しています。

（エ）法定書面の作成・保存等を義務付けている根拠法での対応

上記とは別に、法定書面についての作成・保存等を義務付けている法律（以下「根拠法」）の中に、電子化を認める規定を設けることで個別対応している場合があります。

（オ）デジタル手続法による対応

行政手続との関係の法定書面の電子化についてはデジタル手続法が規定しています。行政機関への各種申請の電子化や添付書面の省略についても定めており、民間事業者にとっても影響のある法律です。

(2) e文書法

（ア）電子化が認められる対象となる文書／規定

e文書法に基づく電子的な作成・保存・縦覧・交付等が認められる法定書面の範囲は、各法律を所管する官庁の定める規則／省令で定められています。例えば、厚生労働省が単独で所管する法令との関係では、「厚生労働省の所管する法令の規定に基づく民間事業者等が行う書面の保存等における情報通信の技術の利用に関する省令」（以下「e文書法厚生労働省令」）の別表でそれぞれ列挙されています（Q2-19も参照）。内閣府が単独で所管する金融分野の法令との関係で電子作成・電子保存・電子縦覧・電子交付等の対象となる法定書面の範囲は、「内閣府の所管する金融関連法令に係る民間事業者等が行う書面の保存等における情報通信の技術の利用に関する法律施行規則」（以下「e文書法金融関連規則」）の別表に列挙されています。なお、「内閣府が金融？」と思われた方のための補足ですが、金融庁は内閣府の外局です。

また、e文書法金融関連規則を例にとれば、電子作成の対象となる法定書面は同規則の別表3、電子保存の対象となる文書は同規則の別表1、電子縦覧等の対象となる文書は同既読の別表4、電子交付等の対象となる文書は同規則の別表5に列挙されています。列挙されていない法定書面については、e文書法の対象となりませんので注意が必要です。

「会社法、法人税法に基づく書類は、全てe文書法の対象となる」等と記載しているウェブサイトを見ることもありますが間違いです。地道に政省令を確認することが必要ですが、e文書法と関連する政省令は50近くあり、かつ、e文書法の対象となる法律の総数は200以上、対象となる規定は1000以上ありますので、網羅的な調査はなかなかに大変です。

（イ）e文書法と電子作成

e文書法に基づき法定書面の電子作成を行う場合の方法・要件については、e文書法の各省令・規則に定められています。例えば、記名・押印が求められる書類については、記名・押印に代えて電子署名を取得すべきことが規定されていたりしますので、注意が必要です（e文書法金融関連規則7条等）。

（ウ）e文書法と電子保存

e文書法に基づく電子保存の方法・要件については、同法に係る各省令・規則で定められています。基本的には、(i) 作成したファイルをそのままサーバー、磁気ディスク等に保管する方法と、(ii) 書面をスキャンしてそのスキャンデータのファイルをサーバー、磁気ディスク等に保管する方法の双方が基本的に認められています。但し、例外もあります。また、全ての対象文書において、明瞭かつ整然とした形式で、画面への表示及び印刷が直ちにできること（以下「見読性」）が必要とされています。この他、一定の書類については、明示的に追加的な措置を講ずることが必要とされています（同規則4条3項等）。例えば、**図表1-9**のような措置です。

図表1-9　追加的な措置が求められる例

e文書法関連規則	追加的措置
e文書法金融関連規則	同規則の別表2の書類（例:金商法における業務に関する帳簿書類）について、(i) 消失を防止するための措置、及び、(ii) データの訂正又は削除を行った場合に、その訂正又は削除の事実及び内容を確認することができるようにしなければならないとされます。

e文書法厚生労働省令	同省令に基づき電子保存が認められる法定書面（定款、寄附行為、監査報告書を除く）について、(i) 改変又は消去の事実の有無及びその内容を確認することができる措置を講じ、かつ、当該電磁的記録の作成に係る責任の所在を明らかにしていること（真正性の確保）、及び、(ii) 復元できる状態で保存すること（保存性の確保）を必要としています。
e文書法財務省規則	同規則4条3項の書類（例：関税法に基づく一定の法定書面）について、「必要な程度で検索できる措置を講じなければならない」（検索性）とされます。
e文書法経産省規則・e文書法特商法規則	前払式割賦販売業者・前払式特定取引業者の帳簿（割賦販売法）や、前払型の特定継続的役務提供業者の業務・財産の状況を記載した書類（特商法45条）等について、ログ保存、アクセス権限管理等の一定の追加的措置を講ずる努力義務が課せられています。

なお、e文書法の対象となる全ての文書について、「見読性」「完全性」「機密性」「検索性」の4要件が具備されている必要があるとする記事もネット等で見かけますが、誤解を招く表現です。「完全性」（すなわち、訂正・消去等された場合に記録する措置、消去等を防止する措置）については、正確性が担保されないと第三者等に重大な影響が生じるような書類（例えば、厚生労働関係、金融関係等の一部の書類）について、一定の範囲で求めているのみです。「機密性」を必要とする規定は1件も見当たりません。また、「検索性」についても、財務省の税関係の一部の書類で求められているのみです。

もちろん、「機密性」がe文書法で求められていなかったとしても、業法や、個人情報保護法や、顧客に対する契約・条理等に基づく秘密保持義務等との関係で、機密性が事実上求められるケースは多いでしょう。また、「完全性」が明示的に求められていなかったとしても、法定書面の消失・棄損・改ざん等を防ぐための措置を何も講じないで、法定書面の消失等を招いてしまえば、法定書面の保存義務違反となるでしょう。そして、「検索性」が明示的に求められていなかったとしても、所管庁から法定書面の提示を求められて、「直ちに」関係する書類を画面へ表示できなければe文書法で求められる「見読性」の要件との関係で問題でしょう。

したがって、e文書法で「完全性」「機密性」「検索性」が明示的に求められていないケースでも、一定の措置が必要となる場合が多いとは言えそうです。そういう意味では、4要件が基本的に必要と理解しておいても、大きな間違いはないのかもしれません。

（エ）e文書法と電子縦覧等

e文書法に基づく電子縦覧等の方法については、同法に係る各省令・規則で定められています。e文書法の規則・省令の多くでは、(i) 縦覧等を行う必要のある営業所等に備え置く電子計算機の映像面における表示、又は、(ii) 法定書面の記載事項を記した書面により縦覧等を行うこととしています。PCの画面に表示する方法も可能ですし、マイクロフィルム等を閲覧／縦覧に供する方法も否定されていません。法令上の謄写請求権を行使された場合は、印刷する方法等により対応可能です。

（オ）e文書法と電子交付等

電子交付の要件については、各規則／省令で定められています。

各規則／省令で微妙に異なる部分もありますが、基本的な考え方は共通しています。すなわち、(i) (a) ①ファイルをダウンロードして保存させる方式、②eメール等を送信して相手方のeメールボックス等に保存させる方式、③USBキー、CD－ROM、ディスク等の媒体の交付の方式のうち、どの方式を採用するかと、(b) ファイルの保存方式（例：PDFファイル）の双方を示して書面又は電磁的方法により電子交付することについて承諾を得ること、(ii) その方式に従って電子交付をすること、及び、(iii) 電子交付の相手方が書面として印刷可能であることが基本的に必要となります。

留意点としては、相手方の電子メールボックスがいっぱいで電子メールが届かなければ、電子交付は完了しません。また、印刷の禁止設定をしたPDFファイルを交付しても、適法な電子交付とは認められません。そして、(i) の同意を得るに際しては、電子交付の対象となる書面を特定すること等も必要となります。なお、法定書面について、電子的方法による書面交付を受けない旨の申出を受けた時は、原則に戻って、紙で、法定書面を交付する必要があります。

(3) 電子帳簿保存法

電子帳簿保存法は、国税に関わる帳簿と書類を電子保存するときの方法を規定したものです。e文書法とは別の法律で、要件も異なります。電子帳簿保存法の制定時にはかなり要件が厳しかったこともあり、あまり活用されてきませんでしたが、2015年改正、2016年改正等によりかなり使い勝手がよくなったこともあり、最近、特に注目されています。

(ア) 電子取引の取引情報について

所得税(源泉徴収に係る所得税を除く)及び法人税に係る帳簿・書類の保存義務者は、電子取引を行った場合には、財務省令で定めるところにより、当該電子取引の取引情報に係る電磁的記録を保存しなければなりません(電子帳簿保存法10条)。但し、電磁的記録の代わりに、印刷物又はマイクロフィルム(「COM」)を保存することもできます。

「電子取引」とは、「取引情報の授受を電磁的方式により行う取引」を言い、インターネットによる取引、EDI取引、電子メールにより取引情報を授受する取引(添付ファイルによる場合を含む)等が当たるとされます(電子帳簿保存法に係る通達の解説参照)。取引情報とは、取引に関して受領し、又は交付する注文書、契約書、送り状、領収書、見積書その他これらに準ずる書類に通常記載される事項をいうものとされます。この「電子取引」の「取引情報」については、電子保存について税務署長等の承認は不要です。

また、財務省令(8条)では、電子保存につき**図表1-10**の要件が必要とされます。

図表1-10 財務省令8条の要件

要件	概要
見読可能装置の備付等	電子計算機、プログラム、ディスプレイ及びプリンター並びにこれらの操作説明書を備付、当該電磁的記録をディスプレイの画面及び書面に、整然とした形式及び明瞭な状態で、速やかに出力することができるようにしておくこと
システム概要書類の備付	「国税関係帳簿に係る電子計算機処理システムの概要を記載した書類」の備付を行うこと。但し、保存義務者が開発したプログラム以外のプログラムを使用する場合を除く
検索機能の確保	帳簿に係る電磁的記録の記録事項の検索をすることができる機能(次に掲げる要件を満たすものに限る)を確保しておくこと。(i) 取引年月日、その他の日付、取引金額その他の国税関係帳簿の種

	類に応じた主要な記録項目（「記録項目」）を検索の条件として設定することができること。(ii) 日付又は金額に係る記録項目については、その範囲を指定して条件を設定することができること。(iii) 二以上の任意の記録項目を組み合わせて条件を設定することができること

(イ) 電子的に作成した国税関係帳簿書類の電子保存

（ア）に該当しない場合であっても、「自己が最初から一貫して」電子的に作成した国税関係帳簿書類については、税務署長等の承認を得て、電子的に保存することが認められています（法4条1項・2項）。但し、記録の真実性及び可視性等の確保のため、**図表1-11**と**図表1-12**の要件を満たす必要があるとされます。

図表1-11　国税関係帳簿（一貫作成）の電子保存の要件【帳簿（総勘定元帳、仕訳帳等）の場合】

要件	概要
訂正・削除履歴等の確保	次に掲げる要件を満たす電子計算機処理システムを使用すること。(i) 記録事項について訂正又は削除を行った場合には、これらの事実及び内容を確認することができること。(ii) 記録事項の入力をその業務の処理に係る通常の期間を経過した後に行った場合には、その事実を確認することができること
帳簿間の相互関連性の確保	帳簿と他の帳簿との間での記載事項の相互関連性を確保すること
システム開発関係書類等の備付	当該国税関係帳簿に係る電磁的記録の備付及び保存に併せて、次に掲げる書類の備付を行うこと。(i) 当該国税関係帳簿に係る電子計算機処理システムの概要を記載した書類（自己開発以外のプログラムを利用する場合は不要）。(ii) 当該国税関係帳簿に係る電子計算機処理システムの開発に際して作成した書類（自己開発以外のプログラムを利用する場合は不要）。(iii) 当該国税関係帳簿に係る電子計算機処理システムの操作説明書（他社開発のプログラムを利用した委託先に委託している場合を除く）。(iv) 帳簿に係る電子計算機処理並びに帳簿に係る電磁的記録の備付及び保存に関する事務手続を明らかにした書類（電子計算機処理を他の者に委託している場合には、その委託に係る契約書並びにその帳簿に係る電磁的記録の備付及び保存に関する事務手続を明らかにした書類）

見読可能装置の備付等	電子計算機、プログラム、ディスプレイ及びプリンター並びにこれらの操作説明書を備付、電磁的記録をディスプレイの画面及び書面に、整然とした形式及び明瞭な状態で、速やかに出力することができるようにしておくこと
検索機能の確保	帳簿に係る電磁的記録の記録事項の検索をすることができる機能（次に掲げる要件を満たすものに限る）を確保しておくこと。(i) 取引年月日、勘定科目、取引金額その他の国税関係帳簿の種類に応じた主要な記録項目（「記録項目」）を検索の条件として設定することができること。(ii) 日付又は金額に係る記録項目については、その範囲を指定して条件を設定することができること。(iii) 2つ以上の任意の記録項目を組み合わせて条件を設定することができること

図表1-12 国税関係書類（一貫作成）の電子保存の要件【書類（貸借対照表、損益計算書、契約書、領収書、発注書等）の場合】

要件	概要
訂正・削除履歴等の確保	（図表1-11と同じ）
帳簿間の相互関連性の確保	
システム開発関係書類等の備付	
見読可能装置の備付等	
検索機能の確保	当該国税関係帳簿に係る電磁的記録の記録事項の検索をすることができる機能（次の要件を満たすものに限る）を確保しておくこと。(i) 取引年月日、その他の日付、取引金額その他の国税関係帳簿の種類に応じた主要な記録項目（「記録項目」）を検索の条件として設定することができること。(ii) 日付に係る記録項目については、その範囲を指定して条件を設定することができること。(iii) 2つ以上の任意の記録項目を組み合わせて条件設定できること

（ウ）国税関係書類のスキャナを利用した電子保存

国税関係書類のうち、例えば、契約書、領収書、発注書等については、一定の要件を満たせば、スキャナ（デジタルカメラ、スマホの写真機能等を含みます）により作成した電子データの保存が認められます（**図表1-13**。法4条3項。電子保存したいのであれば、最初から電子的に作成し、（イ）で記載した要件に従って保存する必要があります）。一方、(i) 棚卸表、(ii) 貸借対照表及び損益計算書、(iii) その他、計算、整理又は決算に関して作成された書類については、スキャナ等を利用した電子保存の対象とできません。

図表1-13　国税関係書類（スキャナ／重要書類）の電子保存の要件

要件	概要
入力期間の制限	(i) 早期入力方式の場合。記録事項の入力（スキャン・タイムスタンプ）をその作成又は受領後速やか（おおむね７営業日以内）に行うこと。(ii) 業務処理サイクル方式の場合。記録事項の入力をその業務の処理に係る通常の期間（最長２カ月以内）を経過した後、速やか（おおむね７営業日以内）に行うこと。※ (ii) は、書類の作成又は受領から当該入力までの各事務の処理に関する規程を定めている場合に限ります
スキャナの要件	(i) 解像度が200dpi相当以上であること。(ii) 赤青緑の256階調以上（24ビットカラー）であること。(iii) 非可逆圧縮では4ポイント文字等が読めること。※日本文書情報マネジメント協会の「スマホでの国税関係書類を記録する場合の留意事項」が参考となります。スマホ等では、上記要件を満たすため最低でも388万画素以上が必要とされますが、撮影方法によっても影響を受けるため、確実に上記要件を満たせるよう、800万画素以上が推奨されています。また、ズームを使わず、30cm以内で撮影し、四角く撮影すること等が重要とされますので、そのような点を社内規程で手当することが有用です
タイムスタンプの付与	(i) 書類の作成者又は受領者がスキャンを行う場合は、その作成又は受領後、その者が署名し、1つの入力単位（すなわちスキャンにより作成されたファイル）ごとに特に速やか（おおむね3営業日以内）に一般社団法人日本データ通信協会が認定する業務に係るタイムスタンプ（※）を付すこと。(ii) 他の者がスキャナで読取る際に、1つの入力単位ごとに、一般社団法人日本データ通信協会が認定する業務に係るタイムスタンプ（※）を付すこと。※記録事項が変更されていないことについて、保存期間を通じて確認でき、かつ、課税期間中の任意の期間を指定し、一括して検証できるものに限ります
読取情報の保存	次の両方の情報を保存すること。(i) 解像度及び階調に関する情報。(ii) 書類の大きさに関する情報（A4以下では不要）
訂正・削除履歴の確保	書類に係る電磁的記録の記録事項について訂正又は削除を行った場合には、これらの事実及び内容を確認することができること

入力者等の情報の確認	書類に係る記録事項の入力を行う者又はその者を直接監督する者に関する情報を確認することができるようにしておくこと
適正事務処理要件	作成・受領、スキャン、保存までの各事務について、その適正な実施を確保するために必要なものとして次に掲げる事項に関する規程を定めると共に、これに基づき当該各事務を処理すること。(i) 各事務について別の者が行う体制（相互牽制）（※)。(ii) 処理の内容につき定期的な検査を行う体制及び手続。(iii) 処理に不備があると認められた場合に、その報告、原因究明及び改善のための方策の検討を行う体制。※小規模企業者であって、(ii) を税務代理人が行う場合は、(i) は不要です
帳簿との相互関連性の確保	帳簿と他の帳簿との間での記載事項の相互関連性を確保すること
見読可能装置等の備付	電子計算機、プログラム、映像面の最大径が35cm（14インチ）以上のカラーディスプレイ及びカラープリンター並びにこれらの操作説明書を備付、当該電磁的記録をカラーディスプレイの画面及び書面に、次のような状態で速やかに出力することができるようにしておくこと。(i) 整然とした形式であること。(ii) 当該国税関係書類と同程度に明瞭であること。(iii) 拡大又は縮小して出力することが可能であること。(iv) 4ポイントの大きさの文字を認識可能であること
システム開発関係書類等の備付	当該国税関係帳簿に係る電磁的記録の備付及び保存に併せて、次に掲げる書類の備付を行うこと。(i) 当該国税関係帳簿に係る電子計算機処理システムの概要を記載した書類（自己開発以外のプログラムを利用する場合は不要）。(ii) 当該国税関係帳簿に係る電子計算機処理システムの開発に際して作成した書類（自己開発以外のプログラムを利用する場合は不要）。(iii) 当該国税関係帳簿に係る電子計算機処理システムの操作説明書（他社開発のプログラムを利用した委託先に委託している場合を除く）。(iv) 帳簿に係る電子計算機処理並びに帳簿に係る電磁的記録の備付及び保存に関する事務手続を明らかにした書類（電子計算機処理を他の者に委託している場合には、その委託に係る契約書並びにその帳簿に係る電磁的記録の備付及び保存に関する事務手続を明らかにした書類）
検索機能の確保	帳簿に係る電磁的記録の記録事項の検索をすることができる機能（次に掲げる要件を満たすものに限る）を確保しておくこと。(i) 取引年月日、その他の日付、取引金額その他の国税関係帳簿の種類に応じた主要な記録項目（「記録項目」）を検索条件として設定できること。(ii) 日付又は金額に係る記録項目については、その範囲を指定して条件を設定できること。(iii) 2つ以上の任意の記録項目を組み合わせて条件設定できること

但し、いわゆる「一般書類」のスキャナ保存については、電磁的記録の作成・保存に関する事務の手続を明らかにした書類（事務の責任者を明確にしたもの）を作成し、備え付ければ、**図表1-14**のように特別に要件が緩和されます。ここでいう「一般書類」とは、検収書、入庫報告書、貨物受領証、見積書、契約の申込書（定型約款ある場合であって、預貯金・送金関係を除く）等をいいます（2005年国税庁告示第4号）。

図表1-14　国税関係書類（スキャナ／一般書類）の電子保存の要件

要件	概要
入力期間の制限	適時に入力する方式によることもできます。
スキャナの要件	グレースケールでの読取も認められます。
タイムスタンプの付与	受領者等が読取場合においても、(i) 受領等後、受領者等が署名の上、特に速やか（おおむね３営業日以内）にタイムスタンプを付す方法と、(ii) 読取の際にタイムスタンプを付す方法の双方が認められます（資金や物の流れに直結しないため、誤って同じ書類が2度スキャン等されても弊害は少ないと考えられます）。
読取情報の保存	書類の大きさに関する情報については、保存不要とされます。
適正事務処理要件	適正事務処理要件は、不要とされます。
見読可能装置の備付等	グレースケールによる保存の場合、ディスプレイ及びプリンターはカラー対応である必要はないとされます。

また、2019年税制改正により、スキャナ保存の承認を得る前に作成・受領した書類である「過去分重要書類」（先に述べた一般書類は除かれます）についても、一定の手続を踏めば、スキャナ保存が可能となりました。手続については、一定の事項を記載した届出書を所轄税務署長等に提出した上で、電磁的記録の作成・保存に関する事務の手続を明らかにした書類（事務の責任者を明確にしたもの）を作成し、備え付ける必要があります。入力についての要件は**図表1-15**の通りです。なお、ここでいう「重要書類」とは、国税関係書類のうち国税庁長官が定める資金や物の流れに直結・連動する書類であり、領収書や請求書等が当たります（**図表1-16**）。

図表1-15 国税関係書類（スキャナ／過去分重要書類）の電子保存の要件

要件	概要
入力期間の制限	入力期間の制限はなく、適時に入力する方式によることもできます（スキャナ保存の承認前に作成・受領して蓄積された過去分重要書類は、膨大な数に上ることが想定されるため、数カ月間にわたるスキャナ保存作業も可能とされています）
スキャナの要件	(i) 解像度が200dpi相当以上であること。(ii) 赤青緑の256階調以上（24ビットカラー）であること。(iii) 非可逆圧縮では4ポイント文字等が読めること。タイムスタンプの付与　他の者がスキャナで読取る際に、1つの入力単位ごとに、一般社団法人日本データ通信協会が認定する業務に係るタイムスタンプ（※）を付すこと。※記録事項が変更されていないことについて、保存期間を通じて確認でき、かつ、課税期間中の任意の期間を指定し、一括して検証できるものに限ります。
読取情報の保存	次の両方の情報を保存すること。(i) 解像度及び階調に関する情報。(ii) 書類の大きさに関する情報
訂正・削除履歴の確保	書類に係る電磁的記録の記録事項について訂正又は削除を行った場合には、これらの事実及び内容を確認することができること
入力者等の情報の確認	書類に係る記録事項の入力を行う者又はその者を直接監督する者に関する情報を確認することができるようにしておくこと
適正事務処理要件	国税関係書類の入力に関する事務について、その適正な実施を確保するために必要なものとして、当該事務に係る処理の内容を確認するための検査を行う体制及び手続に関する規程を定めると共に、これに基づき当該事務を処理すること
帳簿との相互関連性の確保	帳簿と他の帳簿との間での記載事項の相互関連性を確保すること
見読可能装置等の備付	電子計算機、プログラム、映像面の最大径が35cm（14インチ）以上のカラーディスプレイ及びカラープリンター並びにこれらの操作説明書を備付、当該電磁的記録をカラーディスプレイの画面及び書面に、次のような状態で速やかに出力することができるようにしておくこと。(i) 整然とした形式であること。(ii) 当該国税関係書類と同程度に明瞭であること。(iii) 拡大又は縮小して出力することが可能であること。(iv) 4ポイントの大きさの文字を認識可能であること
システム開発関係書類等の備付	当該国税関係帳簿に係る電磁的記録の備付及び保存に併せて、次に掲げる書類の備付を行うこと。(i) 当該国税関係帳簿に係る電子計算機処理システムの概要を記載した書類（自己開発以外のプ

	ログラムを利用する場合は不要)。(ii) 当該国税関係帳簿に係る電子計算機処理システムの開発に際して作成した書類(自己開発以外のプログラムを利用する場合は不要)。(iii) 当該国税関係帳簿に係る電子計算機処理システムの操作説明書(他社開発のプログラムを利用した委託先に委託している場合を除く)。(iv) 帳簿に係る電子計算機処理並びに帳簿に係る電磁的記録の備付及び保存に関する事務手続を明らかにした書類(電子計算機処理を他の者に委託している場合には、その委託に係る契約書並びにその帳簿に係る電磁的記録の備付及び保存に関する事務手続を明らかにした書類)
検索機能の確保	帳簿に係る電磁的記録の記録事項の検索をすることができる機能(次に掲げる要件を満たすものに限る)を確保しておくこと。(i) 取引年月日、その他の日付、取引金額その他の国税関係帳簿の種類に応じた主要な記録項目(「記録項目」)を検索条件として設定できること。(ii) 日付又は金額に係る記録項目については、その範囲を指定して条件を設定できること。(iii) 2つ以上の任意の記録項目を組み合わせて条件設定できること

図表1-16　国税関係書類の分類

重要度	書類分類	書類例
高	**重要書類**／資金や物の流れに直結・連動する書類	契約書、領収書等
中		預り証、借用証書、預金通帳、手形・小切手、請求書、納品書、送り状、輸出証明書等
低	**一般書類**／資金や物の流れに直結・連動しない書類	検収書、入庫報告書、貨物受領証等

(エ) 国税関係帳簿書類のマイクロフィルムによる保存

一定の場合には、国税関係帳簿書類について、税務署長等の承認を得て、マイクロフィルム(COM)により保存することが認められます(同法5条)。

(4) 地方自治法

地方自治法では、地方税関係帳簿書類について、電子帳簿保存法と同様な規定を設けています。なお、帳簿書類の電子保存等のために、国税との関係で税務署長等の承認を得る場合には、地方税との関係で都道府県知事等の承認を得ることを忘れないようにしましょう。

(5) 根拠法での対応

(ア) 概要

上述したように、e文書法や電子帳簿保存法で、かなりの法律の電子化についてカバーしているのですが、これらの法律でカバーできていないケースも多くあります。第1に、e文書法ができる前に、既に電子化について根拠法で手当がされていたケースです。例えば、2001年施行のIT書面一括法により、e文書法の成立に先立って、多くの根拠法が改正され、電子的な方法による書面交付が認められていました。第2に、e文書法と異なる要件とする必要があったケースがあります。e文書法と同時に制定されたe文書法の整備法により、根拠法を改正したケースがあります。第3に、e文書法の制定後に、根拠法が改正されたケースがあります。このように、根拠法で電子化が認められているケースがありますので、電子化を検討するに当たっては、根拠法も、精査する必要があります。

(イ) 法定書面の電子的方法による作成・保存・縦覧等

根拠法に基づく法定書面の作成・保存・縦覧・提供等の要件は、各法令で異なります。多くの場合、e文書法に基づく電子化の要件と要件と同様であり、2(1)(ア)で述べたことが妥当します。しかし、一方で、e文書法と要件が異なる規定のケースも多くありますので、要注意です。難解な文言の場合、要件を勘違いしてシステムを構築してしまった後で、数年経過後に外部からの指摘を受けて法令違反が判明する等というケースもあると聞きますので、注意が必要です。

(6) デジタル手続法

デジタル手続法は、行政手続や、手続に関わる書類についての、電子化、オンライン化について定めています。行政手続の電子化等については、従前は「行政手続等における情報通信の技術の利用に関する法律」が定めていましたが、別途紙の書類の取得・添付や納付手続が必要になる等、電子化は徹底されていませんでした。そこで2019年に、行政手続オンライン化の徹底と添付書類撤廃、民間手続を含めたサービスのワンストップ対応等を柱に、同法はデジタル手続法へと名称が変わり、内容も大きく見直されることとなったのです。

申請等を電子的方法で行うことは、申請にかかる時間やコスト(市役所への交通費や郵送費等)の削減、添付書類の省略等、多くのメリットをもたらします。

特に一刻を争うビジネスの現場では、いざという時にオンライン上の申請一本で行政機関との手続を進められることは、単なるコスト削減以上の威力を発揮するといっても過言ではないでしょう。

（ア）概要

デジタル手続法は、「申請等」（行政に対しての通知）、「処分通知等」（行政が行う通知）、「縦覧等」（行政機関が、書面や電磁的記録を一般に閲覧させること）、「作成等」（行政機関が、書面や電磁的記録を作成・保存すること）の各段階の手続の電子化、オンライン化について定めています。民間事業者の方にも影響があるのは、「申請等」と「処分通知等」でしょう。そのうち「申請等」については、申請やそれに伴う署名等が電子的方法でできるだけでなく、手数料の納付についても、各主務省令に定める電子的方法によって行えることとなっています（デジタル手続法第6条1項、4項、5項）。なお、こちらもe文書法と同じく、詳しい申請方法や例外的に電子申請ができない場合等を調べるために、関係する政省令を調べることが有用です。電子申請をする際は、行政機関や法律事務所に相談の上、検討するとよいでしょう。

（イ）添付書面の省略

今回のデジタル手続法の目玉の一つが、添付書面の省略についての定めが追加されたことです。申請の際に住民票の写しや登記事項証明書等を添付する必要があった場合について、個人番号カードを利用する等して行政機関の方で当該情報を入手・参照することができた場合は、添付書面は不要となりました。行政機関が添付書類等にかかる情報を入手・参照できる場合が前提となりますので、行政機関に個人番号カードを提示したり、電子署名を署名用電子証明書と併せて送信したりする等の措置を申請者がとり、行政機関が情報を照会・獲得できるようにする必要があります。

もっとも、現段階では情報連携システムへの接続ができない行政機関もある等、情報の入手等ができない場合もあり、それゆえ、省略の対象となっている添付書類の種類はいまだ限定的です。情報連携の仕組みが完成していけば、省略できる添付書類も増えていくと思われますので、今後の法改正の動向にも注意が必要でしょう。

現時点で対象となっている添付書面を簡単に整理すると、以下の通りとなります（デジタル手続法施行令第5条表）。

- 住民票の写し又は住民票記載事項証明書
- 不動産の登記事項証明書
- 商業登記事項証明書
- 印鑑証明書（法人）
- 印鑑証明書（個人）

（ウ）その他

行政機関との手続には、民間事業者の協力も必要な場合があるため（例えば、引っ越しに伴う電気・ガス・水道の契約等）、同法は、これら行政機関と民間事業者との協働によるワンストップサービスの実現についても定めています（同法14条、15条等）。

(7) 電子的対応が認められない場合

ほとんどの法律について、電子的な方法による帳簿等の作成・保存・交付等が認められていますので、目立つのは、むしろ、電子的な方法による帳簿等の作成・保存・交付等が認められないケースです。情報としてはやや古いですが、2015年3月末の時点において、電子的な保存等が認められない法令のリストが、官邸のウェブページにあります[1]。結局は、最新の法令を確認することが必要ですが、自社との関係で、電子的な保存等が認められない文書を洗い出す際に参考となります。

[1] https://www.kantei.go.jp/jp/singi/it2/senmon_bunka/kaikaku08/siryou3-2.pdf

3 結語

社内の文書の電子化を検討するに当たっては、国内外の法令に基づき作成・保存・縦覧・提供等が必要となる文書をリストとしてまとめた上で、それぞれの文書の電子化の要件を整理することが重要です。かなり労力がかかる作業ですが、システム改修等をした後で、行政庁等から法令違反の指摘を受けて、さらなるシステム改修となるよりは、外部専門家等を活用してでも、事前に、しっかり調査を行っておくことが有用です。

Q1-13

法令に基づいた文書やデータの保存年限は？

代表的な法定保存文書の保存年限は各種法令で定められています。電子データにより保存する場合についてもこれと同様となっています。

執筆：吉峯 耕平、吉田 秀平

1　法定保存文書についての最低保存年限

会社法、法人税法、金融商品取引法その他の法令により、一定の重要な文書については文書の保存が義務付けられています（法定保存文書）。法定保存文書となる文書の対象及び最低保存年限は、多種多様な法令に定められており、各会社に共通すると考えられる代表的なものを**図表1-17**にまとめます。

情報技術（IT）の事業活動への浸透により、従来の紙文書中心の業務は、電子化された文書データ中心の業務への移行が進んでいますが、電子的な文書により保存を行う場合も、法定保存文書についての法定の最低保存年限は紙媒体で保存した場合と同じになります。

なお、そもそも電子的方法による作成・保存等が認められるかという点については、Q1-12をご参照ください。

2　文書・データの保存年限の設定

(1) 文書・データの保存年限の検討

法定保存文書（その電子データを含む。以下同じ）については、法令で定められる最低保存年限以上の期間、文書を保存する必要がありますが、(i) 電子データ化した原本文書を保存し続けるか、(ii) 保存年限を超過した後も法定保存文書を保存し続けるか、(iii) 法定保存文書に該当しない文書・データの保存期間をどうするか等の取扱方法の決定に際しては、各事業者において具体的な検討が必要となります。

例えば、(i) 電子データ化後の原本文書について裁判等の証拠として保持する必要はないか、(ii) 法定保存文書を法定保存年限以降も利用する可能性はないか、(iii) 法定保存文書以外の文書についても保存・利用する価値はないか、といった点等も検討する必要があります。

(2) 文書・データを保存し続けることのリスク

上記検討の際には、文書・データを保存し続けることのデメリット・リスクについても考慮する必要があります。

まず、蓄積された文書・データの管理コストが生じることがあります。紙媒体文書の場合には保管スペースの確保が必要となりますが、これは電子データ化により一定程度の対応は可能です。しかし、データの場合であっても電子保存媒体の保管場所、媒体の更新等のコスト、管理権限の設定、整理・分類等のコストは紙媒体文書の場合と同様に発生します。

また、特に個人情報については、個人情報保護法、金融分野ガイドライン[1]、マイナンバー法[2]、GDPR[3] 等の法令等との関係で、利用する必要がなくなった場合には消去等が求められている点や、情報漏洩リスクもあること等も考慮する必要があります。

[1] 「個人情報の保護等に関する法律」:第19条により、個人データについて「利用する必要がなくなったときは、当該個人データを遅滞なく消去するよう努めなければならない」(努力義務) とされています。

[2] 「行政手続における特定の個人を識別するための番号の利用等に関する法律」:第20条により、「何人も前条各号のいずれかに該当する場合を除き、特定個人情報 (他人の個人番号を含むものに限る) を収集し、又は保管してはならない」(法的義務) とされています。

[3] General Data Protection Regulation (EU一般データ保護規則):一定の場合にEU域外適用が定められており、第17条 (消去の権利) として、データ主体による個人データを消去させる権利、利用目的に対して必要ない場合の管理者の消去義務等を定めています。

(3) 文書・データの保存年限を設定する際の方針

従来は、情報の抽象的な可用性を理由に文書・データを無期限保管する例もあったかと思われますが、現在においては、情報管理コスト及びリスクを軽減するために、適切に情報を整理し、保存年限を設定した上で、保管/利用の必要がなくなった情報を破棄することが要請されています。

情報の整理・分類、保存年限の設定、破棄の条件等は、各事業者の状況により異なってきますが、文書・データの保存年限を決定する際には以下のようなポイントに留意するとよいでしょう。

- 法定保存文書への該当性と法定の最低保存年限

- 個人情報への該当性
- 電子化の可否・要件（e-文書法、電子帳簿保存法等）
- 文書・データの利用目的
- 文書・データの重要性
- 裁判の証拠として用いる可能性（現物性[4]が要求される文書かどうか）
- データの保存年限とは別に原本文書の保存年限を設定する必要性の有無
- 文書が契約書の場合、自動更新条項、残存条項の有無[5]
- 時効期間[6]

[4] 例えば、免許証、許可証等の文書についてはe-文書法においても電子化できないとされていますが、その他の文書でも証書等現物性が高い文書については電子化しないものとすべきです。
[5] 契約の有効期間をカバーするような契約書の保存年限を設定するために確認が必要です。
[6] 消滅時効等の援用が可能な年限経過を1つの要素として保存年限を検討する方法もあります。

図表1-17 代表的な法定保存文書の保存年限

会社法関係			
保存年限	文書類	起算日	根拠条文
10年	計算書類及びその附属明細書	作成した時	会社法435条4項
10年	会計帳簿及びその事業に関する重要な資料	帳簿閉鎖の時	会社法432条2項
10年	株主総会議事録（本店備置き分） ※支店備置き分は5年	株主総会の日	会社法318条1項 同2項
10年	取締役会議事録等	取締役会の日	会社法371条1項
10年	監査役会議事録	監査役会の日	会社法394条1項
10年	委員会議事録	委員会の日	会社法413条1項
10年	清算株式会社の帳簿並びにその事業及び清算に関する重要な資料（帳簿資料）	清算結了の登記の時	会社法508条3項
5年	監査報告（本店備置き分） ※支店備置き分は3年	株主総会の1週間前の日 取締役会設置会社は2週間前の日	会社法442条1項1号 同2項1号

5年	会計監査報告（本店備置き分） ※支店備置き分は3年	株主総会の1週間前の日 取締役会設置会社は2週間前の日	会社法442条1項1号 同2項1号
5年	会計参与が備え置くべき計算書類、附属明細書、会計参与報告	株主総会の1週間前の日 取締役会設置会社は2週間前の日	会社法378条1項
5年	事業報告（本店備置き分） ※支店備置き分は3年	株主総会の1週間前の日 取締役会設置会社は2週間前の日	会社法442条1項1号
清算結了の登記の時まで	清算株式会社における財産目録等	作成した時	会社法492条4項
清算結了の登記の時まで	清算株式会社における貸借対照表及びその附属明細書	作成した時	会社法494条3項

税法関係			
保存年限	文書類	起算日	根拠条文
10年	欠損金の生ずる事業年度における帳簿書類 （2018年4月1日以後に開始する事業年度）	当該事業年度分の申告書提出期限の翌日	法人税法施行規則26条の3
7年	法人の帳簿書類（帳簿：総勘定元帳、仕訳帳、現金出納帳、売掛金元帳、買掛金元帳、固定資産台帳、売上帳、仕入帳等、書類：棚卸表、注文書、契約書、領収書等）	当該事業年度分の申告書提出期限の翌日	法人税法施行規則59条
7年	電子取引の取引情報に係る電磁的記録（取引に関して受領し、又は交付する注文書、契約書、送り状、領収書、見積書その他これらに準ずる書類に通常記載される事項）	当該事業年度分の申告書提出期限の翌日	電子帳簿保存法施行規則8条

7年	給与所得者の扶養控除等（異動）申告書、従たる給与についての扶養控除等（異動）申告書、配偶者控除等申告書、保険料控除申告書	申告書等の提出期限の属する年の翌年1月10日から	所得税法施行規則76条の3 地方税法施行規則2条の3の2
7年	退職所得の受給に関する申告書	申告書等の提出期限の属する年の翌年1月10日から	所得税法施行規則77条 地方税法施行規則2条の5
7年	公的年金等の受給者の扶養親族等申告書	申告書等の提出期限の属する年の翌年1月10日から	所得税法施行規則77条の4 地方税法施行規則2条の3の5
7年	給与所得者の住宅借入金等を有する場合の所得税額の特別控除申告書等	申告書等の提出期限の属する年の翌年1月10日から	租税特別措置法施行規則18条の23
7年	課税仕入等の税額に係る帳簿、請求書等	課税期間の末日の翌日から2か月を経過した日	消費税法30条、消費税法施行令50条、消費税法施行規則15条の3
7年	資産の譲渡等、課税仕入、課税貨物の保税地域からの引取りに関する帳簿	課税期間の末日の翌日から2か月を経過した日	消費税法58条、消費税法施行令71条
7年	輸入貨物の品名、数量及び価格その他の必要な事項を記載した帳簿	輸入許可貨物の輸入の許可の日の翌日	関税法施行令83条
5年	輸入貨物に係る取引に関して作成し又は受領した書類	輸入許可貨物の輸入の許可の日の翌日	関税法施行令83条
5年	輸出貨物の品名、数量及び価格その他の必要な事項を記載した帳簿	輸出許可貨物の輸出の許可の日の翌日	関税法施行令83条
5年	輸出貨物に係る取引に関して作成し又は受領した書類	輸出許可貨物の輸出の許可の日の翌日	関税法施行令83条
5年	電子取引の取引情報に係る電磁的記録	輸入/輸出許可貨物の輸入/輸出の許可の日の翌日	関税法施行令83条

労働関係			
保存年限	文書類	起算日	根拠条文
5年	労働者名簿	労働者の死亡、退職又は解雇の日	労働基準法109条、労働基準法施行規則56条
5年	賃金台帳	最後の記入をした日	労働基準法109条、労働基準法施行規則56条
5年	雇入れ又は退職に関する書類	労働者の退職又は死亡の日	労働基準法109条、労働基準法施行規則56条
5年	災害補償に関する書類	災害補償を終った日	労働基準法109条、労働基準法施行規則56条
5年	賃金その他労働関係に関する重要な書類	その完結の日	労働基準法109条、労働基準法施行規則56条
4年	雇用保険に関する書類（被保険者に関する書類）	その完結の日	雇用保険法施行規則143条
3年	企画業務型裁量労働制についての労使委員会の決議事項の記録	有効期間の満了後	労働基準法施行規則24条の2の3
3年	労使委員会議事録	開催日	労働基準法施行規則24条の2の4
3年	労災保険に関する書類	その完結の日	労働者災害補償保険法施行規則51条
3年	労働保険の徴収・納付等の関係書類	その完結の日	労働保険の保険料の徴収等に関する法律施行規則72条
3年	雇用する身体障害者である労働者等について、医師の診断書その他その者が身体障害者、知的障害者又は精神障害者であることを明らかにすることができる書類	死亡、退職又は解雇の日	障害者の雇用の促進等に関する法律施行規則43条

2年	雇用保険に関する書類（被保険者に関する書類以外の書類）	その完結の日	雇用保険法施行規則143条
2年	健康保険に関する書類	その完結の日	健康保険法施行規則34条
2年	厚生年金保険に関する書類	その完結の日	厚生年金保険法施行規則28条

Q1-14

エンドユーザーから「同意」を取得する際、どのような点に注意すればよいでしょうか？

同意対象の性質等に応じて、法的に有効な同意を取得するために適切な方法を選択する必要があります。さらに、だまし討ち的な方法でなく、ユーザーに内容を理解してもらった上で誠実に同意を取得することは、企業の信頼向上に寄与し、データ活用にもプラスとなります。　**執筆：永井 徳人**

1 「同意」が必要なシーン

(1) データの取扱いと同意

データの利用等の取扱いとの関係で、データの帰属主体による同意が必要となるシーンが多くあります。例えば、**図表1-18**のようなシーンでは、適切な同意が求められます。

図表1-18 同意が求められるシーン

対象	同意が求められるシーンの例	関連する法令等
契約内容	契約の締結、変更	民法
個人情報	当初の利用目的を超えた利用、第三者への提供	個人情報保護法
メールアドレス	電子メールによる広告配信	特定商取引法、特定電子メール法
通信の秘密	通信事業者としての正当な業務以外の目的での利用	電気通信事業法
診療情報等	診療、第三者への提供	医療・介護関係事業者における個人情報の適切な取扱いのためのガイダンス
業法上の重要事項等	法律上の交付義務がある書面の電子データでの提供	業法

(2) データ戦略と同意

多くのビジネス機会を獲得するためには、より多くの顧客から漏れなく同意を取得したいというニーズが生じます。同意のプロセスが煩雑になれば、ユーザビリティが低下し、これを嫌う顧客の離脱により、コンバージョン率も下がってしまいます。そのため、ビジネスを推進する立場からは、同意はより簡潔に最低限にしたいとの意向が働きがちです。

特に、データ活用のためには、「(利用目的等について) できる限り広範な同意を取っておきたい」「簡便に同意を取得したい」「できる限り多数の者から同意を取得したい」というニーズがあります。このために、(i) 具体的な記載をせずに漠然とした記載で同意を取得したり、(ii) 同意のチェックボックスをあらかじめチェックしておいたり、(iii) 同意対象 (利用規約等) についてリンクを設定するだけにとどめたりと、様々な工夫が取られることがあります。

一方で、このような工夫を行うことにより、「同意対象が特定されていない」「同意の内容を同意者が理解していない」「同意がされていない」等と批判され、同意の効力が否定されかねませんし、レピュテーションリスクが生じることになりかねません。

そのため、同意を得る前提としてどこまで説明を行うのかや、どのように同意を取得するのかを決定するに当たっては、両者のバランスを取ることが、データ戦略の鍵となります。

2　法的な「同意」の取得方法

(1) 同意の成立

日本の民法では、法的な意思表示は、必ずしも書面等でする必要はなく、口頭でも可能です。いわゆる「黙認」のように「黙示的な同意」が認められるケースすらあります。また、電車に乗る場合には、運送約款に明示的に同意しなくても、鉄道会社が定める運送約款が適用されます。

しかし、このような例外的なケースを除けば、後々のトラブル等を防止するためにも、ビジネス上は、書面やウェブ等のシステムを用いる等して、証拠が残る形をとるのが一般的です。この点は、同意の取得についても同様です。

なお、未成年者の意思表示については、親権者の同意がないと、後で取消される可能性がありますので、親権者の同意を得ることが有用です。

(2) 同意の対象

(ア) 同意対象の形式

まず、同意を得る契約対象としては、大きく分けると、次の2通りが考えられます。(i) 1対1の契約（個別の契約書等のように、相手ごとに内容が変わり得るもの）と、(ii) 1対nの契約（約款・利用規約等のように、多数の顧客等に対して画一的な内容を定めたもの）。B2Bではサービス等の提供方法によっては、(i) の形態も考えられますが、B2Cの場合、個別に細かい条件を設定するのは容易でなく、大半のケースで、(ii) の形態を選択することになります。

(イ) 約款等による同意のリスク

(ii) のように、約款や利用規約等により包括的に同意を得る場合、他の契約条件の中に紛れ込んだりしてしまうため、**図表1-19**のようなリスクが生じることに注意が必要です（経済産業省「電子商取引及び情報商材取引等に関する準則」）。

図表1-19　リスクが生じるケース

想定されるリスク	リスクが生じるケース
約款等全体への同意の有効性が疑われるリスク	• 同意以前に、約款等の内容を閲覧できる機会が提供されていない • 上記の機会が提供されていても、複雑・特殊な方法でしか閲覧できない • 字が小さかったり印刷が薄かったりして読みにくい • 約款等がウェブサイト等に掲載されているだけで、「同意」の意思表示に当たる行為（「同意」ボタンのクリック等）がない
約款等全体への同意は認められても、そのうち特定の点について同意の有効性が疑われるリスク	• 法令上の同意取得の要件を満たしていない • 重要な事項が、長文の約款等の中に紛れ込んでいて見つけにくい • 適切な手続を経ずに、約款等の内容が変更されている

2020年4月1日に施行された改正民法では、1対nの取引条件を画一的に定めた約款等について「定型約款」という概念が新設され、次のような規制が定められました。

• 定型約款の内容のうち、ユーザー側に一方的に不利益な不合理な内容は、契約条件として適用されないこと。

- 必要性、相当性が認められる範囲を超えて、定型約款の内容を変更できないこと。

そのため、今後は、特にB2Cの約款等による同意取得については、ますます慎重に方法を検討する必要があります。

(ウ) 同意の法的な性質

同意取得の際にどこまで丁寧な方法をとるかを判断するにあたっては、同意の法的な性質にも着目する必要があります。上記のように、「同意」は一種の契約行為の中で行われるのが一般的ですが、純粋な民事上の契約条件なのか、個人情報保護法等の行政法上の「同意」の趣旨を持つものかという観点にも注意します。行政法の中には、民事上の同意よりも厳格な手段による同意を求めるものもあります(通信の秘密に関する同意について、Q5-13参照)。特に、一定の同意取得については、法令で、その方法が定められている場合もあります。例えば、法律上交付義務がある書面を電子提供することについて同意を得る場合、基本的に、提供方法(ダウンロード、電子メール、物理記録媒体のいずれか)と、提供するデータの形式(例えば、PDFファイル)を示した上で、同意を取得する必要があります。なお、こうした法定書面の電子交付は、金融商品取引法、貸金業法、下請法、旅行業法、割賦販売法等、様々な法律において、認められています。

(エ) 電子的な同意取得の留意点

次に、契約条件等への同意を取得する一般的な方法としては、(i) 申込書等に署名や押印してもらう方法、(ii) ウェブ画面等で「同意する」等と記載されたボタンをクリックしてもらう方法、(iii) 電子契約プラットフォーム等で、電子署名やタイムスタンプ等を使って、電子的に同意書への確認をもらう方法が挙げられます。

今後、ウェブ等のITシステムを用いた同意の取得は、ますます増加するものと考えられます。ウェブサイト等で電子署名等も用いずに同意を取得する場合、紙に署名・押印するのと比べて、「ユーザーが気軽にクリックする」傾向があり、同意取得への心理的ハードルは下がります。半面、上記(イ)で記載したようなリスクが生じやすい傾向にあることも否めず、同意の取得方法を慎重に検討する必要があります。

このような配慮は、法的にもなされています。例えば、「同意」に限った話ではありませんが、電子消費者契約法では、電子的に締結される消費者・事業者間の契約について、消費者に重大な過失があった場合でも、消費者は錯誤（≒勘違い）による契約の無効を主張できることとなっています。こうした事態を防ぐには、事業者側は、契約内容等の確認画面を表示し、消費者の再確認を求めるようにする等、画面遷移の設計段階からこの点を意識しておく必要があります。

3　ビジネス的な配慮

(1) 法的リスク以外のリスク

データ戦略の観点からは、法的に有効な同意であれば、どのような取得方法を用いてもいいという訳でもありません。

例えば、Suica事件（Q5-4参照）は、明らかに違法かどうか専門家の間でも議論がなされるほどで、解釈によっては必ずしも1つの結論を導けない事案であったと言えます。この事案は、著名な大企業が当事者であり、事前に法的な検証もなされたものと考えられます。それにもかかわらず、当事者である企業は、世間から大きな注目を集めて批判を浴びることになり、謝罪や方針転換を余儀なくされて、ついには外部の有識者による会議体まで設置して対応を検討する事態にまで発展しました。

特にソーシャルメディア等が普及した現代においては、このようなレピュテーションリスクも決して無視できません。

(2) データ戦略に向けた姿勢

ユーザーから多くのデータの提供を受け、これを活用したビジネスを展開していくためには、ユーザーが自ら進んでデータを提供しようと思える環境作りが肝要です。そのための「同意取得」には、次のように、ユーザーの視点からの「必要性」と「許容性」が両輪として機能する必要があります。

(a) ユーザーへのメリットの提供（同意の必要性）

- データの提供と引き換えに、そのデータを活用したサービスの利便性が向上する等、ユーザーに何らかのフィードバックがあること。

(b) 企業の信頼（同意の許容性）

- だまし討ち的な同意取得ではなく、ユーザーに明確に説明した上で誠実に同意を取る等、ユーザーの信頼を裏切らないこと。
- データ漏洩等の事故を防止するための体制を整備すること。

(b) のような誠実な同意取得方法を選択せず、ユーザーが意図しないうちに「同意」してしまったことに後から気づいたような場合、結局、そのユーザーは、以降、その企業のサービスを利用しなくなるかもしれません。ユーザーは、サービス提供者によるプライバシーの扱いに敏感になっており、方法を誤れば、このように顧客を失うことにもつながりかねません。なお、取引上の有利な立場を利用して、不利な同意を押しつけたような場合には、優越的地位の濫用として、法的なリスクを生じる場合もあります。

4　真に有効な同意の取得方法

では、法的観点・ビジネス的観点を踏まえて同意を取得するには、どのような方法を採ればよいのでしょうか。以下では、ウェブサイト等のITシステムにより同意を取得する場合を想定して、いくつか具体例を挙げます。特に、ITシステムを用いるには、システムの設計段階から、以下のような方法を念頭に置いておく必要があります。

(ア) 契約条件等の同意対象の表示方法

- サービス申込等の画面遷移において、約款等の全文を表示し、それに同意した段階で、初めてユーザー情報の登録等ができるようにする（スマートフォン向けのアプリ等、画面サイズの制約がある場合には、最低限、約款等へのリンクを表示する）。
- 約款等の内容のうち、重要な事項については、文字の色・フォント・大きさを変える、下線を引く等の方法で強調する。
- 難解な法律用語でなく、専門知識がないユーザーでもなるべく理解しやすい平易な表現を使う。
- 重要な事項を約款等とは別に掲載する。例えば、個人情報の取扱いについて

「プライバシーポリシー」として別の文書にする。

- 包括的な同意だけでなく、サービスごと、データの種類ごと、データの提供先ごと等、同意する対象を細分化して、ユーザーの選択の幅を広げる。

(イ)「同意」の意思表示の方法

- 約款等の全文が表示されると初めて「同意する」といったボタンが表示されるように配置する（約款の冒頭部分だけを表示しただけで、すぐに「同意」できる仕様にしない）。
- 約款等への同意とは別に、重要な事項について、チェックボックスを設けて、同意する場合にチェックを入れる等の仕組を作る。
- その際、初期設定では、チェックが入っていない状態で表示する（ユーザーが能動的にチェックを入れる行為を介在させる）。
- チェックボックスの数が多い場合、全てのチェックを一括で入れたり外したりする機能を実装する。

(ウ)「同意」の撤回方法

- メールマガジンの配信停止のように、データ利用を中止するための仕組（オプトアウト）を取り入れる。
- オプトアウトの方法はなるべく簡素な手続とし、ユーザーに煩雑な作業を強いない。

上記のようなアプローチの多くは、1対nの画一的な条件をベースとして提示しつつも、実質的に、1対1の個別の合意に近付ける手法と言えます。一方で、こうした手法を追求すればするほど、同意の取得率をある程度犠牲にすることになるという側面も否めません。また、システム上・ビジネス上の制約から、上記のような手法を網羅的に採用するのが困難な場合も少なからずあるでしょう。

こうした場合でも、中長期的な視点から、いかにユーザーフレンドリーな仕様を実装し、ユーザーからの支持を得るかという観点を忘れずに、バランスを取ることが重要です。そのためには、プライバシーバイデザインという言葉があるように、サービス企画やシステム構築の段階から、こうした観点を踏まえた検討をしておくことが必要です。

Data Strategy and Law

第2章

積極的なデータの利活用

Q2-1

組織内のプロジェクトにおいて、積極的なデータ活用を検討する場合の留意点は何でしょうか？

プロジェクトでデータ戦略を検討する場合、法令や他社との契約の内容等に留意する必要があります。また、部門間の協働が重要であり、各プロジェクトメンバーが当事者意識を持ってプロジェクトに関わるとともに、統括責任者を決め、プロジェクト全体を把握することが大事です。

執筆：持田 大輔、中崎 隆

組織内のプロジェクトでデータを積極的に活用する際のデータ戦略上のポイントを見ていきます。なお、Q1-9では全社的なデータ戦略に重きを置いて説明しましたが、ここでは、個別のプロジェクト等の運用面における留意点を述べます。

1　適切な課題や目的の設定

全社的なデータ戦略においてデータ活用を検討する際、まずは、データ活用により解決を目指す企業課題や実現したい目的を明確に設定する必要があります。

これは組織によっても場面によっても異なります。宗教団体であれば「構成員の幸福度アップ」かもしれませんし、地方公共団体であれば「駅前活性化等の地域活性化・まちづくり」や「渋滞緩和のための道路の利用状況の把握」、「住民に関する情報等を活用した保育所の適正配置計画や待機児童の解消策」等の住民の福利厚生を目的とするかもしれません。企業であれば、営業利益アップ、あるいは、顧客の満足度アップ等を目的として設定することもあるでしょう。具体的に課題設定することが望ましく、漠然とした課題設定では、その後の検討や議論がしにくくなります。

2　戦略の具体化の必要性

課題を設定したら、次はその課題を解決する手段を検討し、これを具体的な企画に落とし込んでいく必要があります。例えば、収益を上げることが課題なら、(i) その収益をどのように上げるのか、(ii) 収益を上げるために必要な成功条件は何か、(iii) その成功条件は自社でそろえられるか、それとも他社との協働が必要なのか、(iv) 他社との協働が必要な場合はどのように役割分担するか（どのような契約とするか）、(v) どのようなデータが必要か（希望のデータ項目、品質等）、(vi) 必要なデータをどのように取得するか、(vii) データをどのように利用するか（システム面をどうするか）等を検討する必要があります。

抽象論だけではイメージしにくいので、ここでは、自社のデータ（例えば、自社サービスの顧客の行動履歴・注文履歴等）を用いて、収益アップさせる手段を検討します。事案を単純化するために、3つのモデルに分けて検討します。

3 「自社販売モデル」（自社サービス間の相互送客、トランザクションレンディング等）

自社の製品／サービスの改善等に用いたり、自社の製品／サービスの販売促進のためにデータを用いたりする方法です。自社での商品等の売上アップにつながります。前者の例としては、例えば、自社との非金融分野における取引データ等を、自社による貸付の与信審査に用いることで、貸付枠を増やすこと等が考えられます（いわゆる「トランザクションレンディング」）。後者の例としては、自社サービス間の相互送客等が考えられます（**図表2-1**）。

図表2-1　自社販売モデル

項目	概要
図式化したモデル	自社 ➡ 顧客
メリット	顧客との契約は自社になるため、顧客との接点が維持しやすく、顧客情報を取得しやすい
デメリット	情報サイト等の場合、課金モデル（購読料モデル）では契約者が獲得しにくい場合もある。自社のみの商品のラインアップでは顧客のニーズを満たせない場合もある

自社販売モデルにおいては、個人情報（あるいは顧客法人のデータ）の利用方法が、プライバシーポリシー（あるいは顧客法人との契約）等で利用を認められ

た範囲内かどうかがよく問題になります。なお、幅広く活用するために、包括的な同意を得ることも考えられますが、(i) 漠然とした利用目的の記載で、利用目的の特定として十分なのか、(ii) 同意の取得方法が優越的地位の濫用と言われるようなものでないのか、(iii) 顧客に不快感を与え、コンプライアンス上問題ないか等が問題となります。最近は、幅広く個人データを集め、分析を行うことが、プロファイリングに当たるとして問題視する流れが欧州を中心にあるので、こういった点にも配慮することが有用です。

この他、広告や勧誘に際しては、景品表示法や、各種業法における広告規制や、勧誘規制との関係がよく問題となります。

4 「広告料モデル」(広告業者、多くの情報サイト等)

顧客データ等を用いて、他者(広告主)のために広告を打ち、プロモーション活動を行って広告収益を上げる方法です。例えば、自社ウェブサイトに広告主の広告バナーを掲載したり、自社が顧客に対して送信しているメールマガジンでプロモーションしたりすること等が考えられます(**図表2-2**)。

図表2-2 広告料モデル

項目	概要
図式化したモデル	広告主 ➡ 顧客 ⬇ 広告掲載料の支払 自社(広告掲載/プロモーション活動を実施)
メリット	自社が提供していない他社の商品を顧客に売り込むことができる。データ販売モデルと異なり、自社でデータを保管・利用するため、データの流失等による価値毀損は生じにくい
デメリット	自社の商品と食い合う可能性がある。自社の顧客に他社の商品を売り込むことで、顧客が離反する可能性もある。自社販売モデルに比べると顧客との接点が持ちにくく、顧客情報も取得しにくい

広告料モデルでも前述した自社販売モデルと同じように、個人情報(あるいは顧客法人のデータ)の利用方法が、プライバシーポリシー(あるいは顧客法人との契約)等で利用を認められた範囲内かどうかという点が問題となります。例え

ば、広告用の電子メールの送信等が同意の範囲内なのかといった問題です。

また、広告用の電子メールの送信に当たっては、特定商取引法や、特定電子メール法との関係が問題となります。

この他、広告主に対して、広告効果等を記載した報告書を渡すことになりますが、提供するデータの内容によっては、個人情報の第三者提供に当たる可能性があり、個人情報保護法の問題が生じます。

そして、広告や勧誘に際しては、景品表示法や、各種業法における広告規制や、勧誘規制との関係がよく問題となります。

5 「データライセンス・モデル」(名簿業者、統計データ業者、DMP業者等)

業務提供先等にデータを提供し、データライセンス料（レベニューシェア方式）等という形で収益を上げる方法です。例えば、名簿業者等がキャンペーンを行って応募ハガキを集める等して集めた個人情報を他社にライセンスしたり、事業者が自社の顧客データを統計データや匿名加工データにしてこれを他社にライセンスしたりすることが考えられます（**図表2-3**）。

図表2-3 データライセンス・モデル

項目	概要
図式化したモデル	業務提携先 ➡ 顧客 ⬇ データライセンス料の支払 自社（利用許諾を実施）
メリット	自社の商品販売等を通じては十分にマネタイズできないケースでもマネタイズできる
デメリット	ライセンス先又はサブライセンス先に、自社と競合するような事業を行われてしまう可能性がある。データを利用許諾していない目的に利用されたり、違法に第三者提供されたりしてしまう可能性もある。自分の個人情報で金儲けされる利用者の反感を買いがちである

データライセンス・モデルでは、ライセンスする情報が、個人情報保護法との関係で、個人情報や仮名加工情報なのか、匿名加工情報なのか、統計データなの

かという点がよく問題となります。また、そのいずれにもあたらない場合であっても、個人情報関連情報（氏名と結び付いていない単なるインターネットの閲覧履歴等）であって、提供先がかかる個人関連情報を個人データとして取得することが想定される場合には、個人情報保護法の適用がありますので、そのようなケースにあたらないかという視点も問題となってきます。

また、提供する情報が顧客法人情報であれば、その顧客との契約内容との関係で、第三者に提供してよいものなのかということがよく問題となります。

この他、ライセンス先（又はその再許諾先）が、ライセンスしたデータを自社と競合する事業に使えないようにするにはどうしたらよいか等も検討する必要があります。例えば、ライセンス契約において、利用許諾の期間・範囲、利用目的の制限、（派生物等に係る）権利帰属、禁止事項、監査権等の条項をどうするかという点が、契約交渉においてよく論点となります。

なお、顧客等に係るデータをライセンスした場合、ライセンス先がそのデータを使って勧誘し、相手の顧客になったとき、その顧客から新たにライセンス先が取得したその顧客の属性情報や連絡先等の情報を、ライセンス先が使えない等という制限はかけにくいでしょう。利用目的の制限をかけたり、権利帰属の条項を設けたりすることを検討する際、ライセンス先の立場にも立って、落としどころを考えることが重要です。

6　プロジェクトを進めていく際の留意点

企画を具体化し、契約交渉等を進める際、意識をすり合わせておくことが重要です。例えば、解決したい課題、解決手段のイメージ、想定されるデータの利用目的、利用場面（ユースケース）、クリアすべき障害等を関係者間で共有し、プロジェクトメンバーが一体となって障害を一つひとつ解決していくことが、プロジェクトを成功させるためには大事です。そのためには、司令塔（作戦本部統括責任者）が誰なのかを明確にすることが大事であると共に、各関係者が、当事者意識を持って、プロジェクトに主体的に関わることが欠かせません。

また、一定の役割分担があるからといって、自分の役割分担の部分しか見なければ、必ず見落とし（ポテンヒット）が発生します（**図表2-4**の白い部分）。自分の役割以外の部分にも興味を持ち、他の部分についても、フォローする気概が必要です。他の部門が忙しい等の理由でプロジェクトにコミットしてくれないこともありますし、明らかに変な回答をしてくるような時には事実誤認等がないか確かめる必要もあります。他部門の管掌分野の専門家になる必要はありませんが、一定の土地勘くらいは持っておくことが重要です。

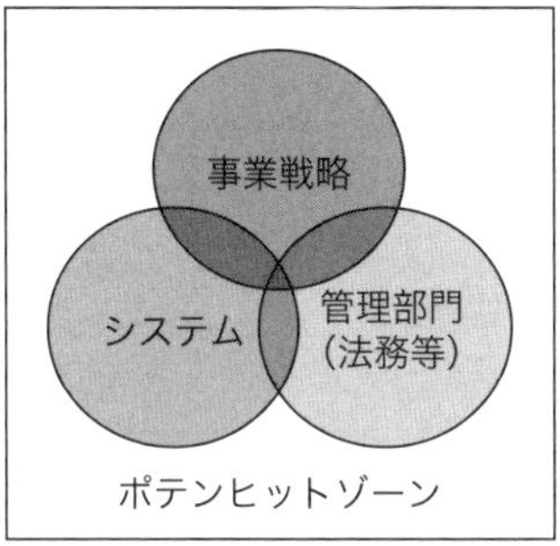

図表2-4　自分の役割以外にも興味を持つことが大事になる

コラム

【コラム】 アドネットワークを利用するケース

広告料モデルを採用しているものの、自社で広告を効果的に出し分け、より高い値段で広告を売れるようにするための仕組や技術がない場合、広告業者と組んで、アドネットワーク契約等と言われる契約を締結することがよくあります。広告業者が販売する広告を自社サイトに配信してもらって、これを自社サイトに掲載する対価として、その広告から上がる収益の一部の支払を広告業者から受けて収益を上げるのです（**図表2-5**）。

この場合、自社は、広告業者の委託先（＝広告主からすれば再委託先）となって、広告掲載を行うことになる場合が多いように思います。

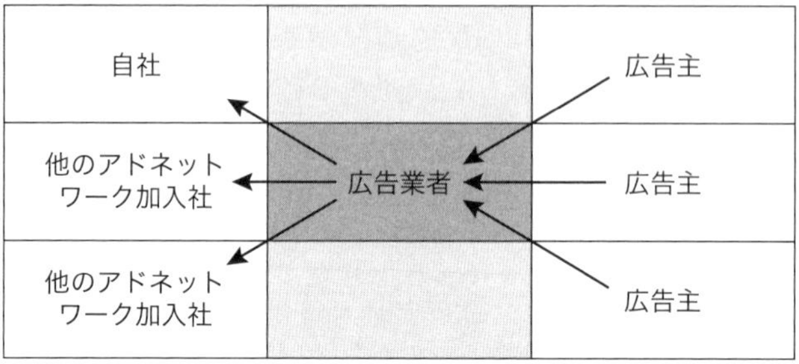

図表2-5　アドネットワーク

一方、広告業者によっては、アドネットワーク規約において、アドネットワーク加入者が、広告主と契約を締結する包括的な代理権を付与する契約条項としている場合もあるようです。どのような契約かも分からないのに、包括的な代理権を付与してよいのか等、リスク等を踏まえて慎重に検討する必要があります。

なお、アドネットワークを用いる場合、広告効果の測定や広告最適化のため、自社サイトにおける広告クリック状況を広告業者が把握できるように、広告業者のクッキーを利用者の端末に保管させるケースも目立ちます。

アドネットワークを含むデジタル広告に関しては、透明性や公正性に関する懸念、さらには競争制限行為等の懸念も指摘されています。デジタル広告の基本的な技術面の解説を含め、これらの問題状況については、2020年6月16日にデジタル市場競争会議が公表した「デジタル広告市場の競争評価 中間報告[1]」が参考になります。

［1］ https://www.kantei.go.jp/jp/singi/digitalmarket/kyosokaigi/dai4/siryou2s.pdf

Q2-2

顧客等のデータ収集にはどのような方法があるのでしょうか？　また、データ収集する際、法務的にはどのような点に留意すべきでしょうか？

顧客等のデータを収集する際には、自社で収集する方法と、他社と連携して収集する方法等、様々な方法を検討することが有用です。また、個人情報保護法や他社との契約の内容等に留意することが重要です。

執筆：高橋 孝彰、中崎 隆

ここでは、データ収集方法ごとに取得方法と法務上の留意点を説明します。なお、名簿業者等からのデータ収集についてはQ2-10をご参照ください。

1　自社サービスを利用したデータ収集

(1) データ収集方法

自社サービスを利用して顧客データ等を本人から収集する方法には、(i) 実店舗POSを使って性別／年齢層／購買履歴等を収集、(ii) 会員登録のある会員の属性情報とその会員IDにひも付く購買履歴・サービス利用履歴・ポイント利用履歴等の収集、(iii) 自社クッキーを用いて収集される自社ウェブサイトでのアクセス履歴等の収集、(iv) アンケート等による情報の収集、(v) スマートフォン等を通じた広告ID等にひも付いた位置情報や行動履歴等の収集、(vi) インターネットにつながったIoT家電等を通じて送られる当該家電等の情報の収集等が考えられます。

(2) 法務上の留意点

取得する情報が個人情報に該当するかどうかを検討し、個人情報に該当するのであれば、個人情報保護法やそのガイドラインに従った取扱いをする必要が生じます。

(3) 複数のデータベースと容易照合性

複数のデータベースを分けて顧客データ等を自社で管理するケースがあります。例えば、(i) 自社ウェブサイトを訪れる人にクッキーを付与し、そのクッキー等を用いて収集したアクセス履歴等のデータベースと、(ii) ユーザー登録により個人の氏名や年齢、住所等を登録した顧客のデータベース等です。このようにデータベースを分けている場合、(ii) のデータベースは個人情報であるが、(i) のデータベースは個人情報を含んでいないと言えるでしょうか。(i) の情報だけでは本人を識別できない場合でも、(i) と (ii) のデータをひも付けることで「個人を容易に照合」することができれば、(i) のデータベースも個人情報に該当することとなります。ここで、(i) のデータベースが個人情報に当たると考えると、個人情報の開示請求があった場合にクッキー等の情報まで開示しなければならず[1]、また、クッキー等の情報が漏洩した場合にも、個人情報漏洩の不祥事件として扱わなければならなくなり[2]、煩雑です。

この容易照合性の判断については、個人情報保護委員会のQ＆Aの1－15では、以下の通り記載しています。

> *事業者の各取扱部門が独自に取得した個人情報を取扱部門ごとに設置されているデータベースにそれぞれ別々に保管している場合において双方の取扱部門やこれらを統括すべき立場の者等が、規程上・運用上、双方のデータベースを取扱うことが厳格に禁止されていて、特別の費用や手間をかけることなく、通常の業務における一般的な方法で双方のデータベース上の情報を照合することができない状態である場合は、「容易に照合することができ」ない状態であると考えられます。一方、双方の取扱部門の間で、通常の業務における一般的な方法で双方のデータベース上の情報を照合することができる状態である場合は、「容易に照合することができる」状態であると考えられます。（個人情報保護委員会のQ＆Aの1－15より）*

このように、自社内のデータベースであっても、容易照合性がないと認められる余地があるように記載されているので、自社内において複数のデータベースを設置するに当たっては、データベース間の容易照合性があるものと整理するのか、そうでないものと整理するのかについて、慎重な検討が必要となります。

なお、「システム担当者が、システムメンテナンス、システム互換性チェック等との関係で、双方のデータベースにアクセスできる権限を有している場合はどう考えるのか」「監査役はどうか」「1人でも両方のデータベースへのアクセス権限を有する者がいるのであればアウトと考えるのか」「人は両方のデータベースを見られないものとしても、機械は両方のデータベースにアクセスし、ターゲティング広告等にデータを活用する場合にはどうなるのか」等、細かく考え出すとかなり悩ましい問題があります。基本的には、個人情報と解することが無難とも思われますが、悩ましい所です。

また、たとえ個人情報に該当しないとしても、クッキーによって収集した各種履歴等のデータは個人関連情報に該当するものと考えられるため、かかる情報につき、データベースを構築して事業に用いている場合は、個人関連情の規制に留意する必要があります。

[1] 但し、業務の適正な実施に著しい支障を生じるとして不開示とする選択肢もあり得ます（28条2項2号）。
[2] 但し、個人情報の漏洩に係る行政庁への報告は、基本的に不要となると解されます（「個人データの漏洩等が発生した場合の対応について」3（2)参照）。

2　他社サービスと連携したデータ収集

(1) データ収集方法

自社サービスを利用する以外に、他社サービスと連携して顧客データを収集することもできます。例えば、他社とのID連携等を使って、個人データをやり取りし合って、顧客データを収集することも可能です。また、データマネジメント・プラットフォーム（DMP）業者を利用し、顧客データを収集することも選択肢としてあります。この場合には、両社のクッキーを連携させる作業（いわゆるクッキーシンク）がなされる場合が多いとされます。この他、広告業者等から、顧客データのフィードバックをもらうことも考えられます。

(2) 法務上の留意点

第1に問題となるのは、取得する情報が個人情報に当たるのかどうかです。問題となるのは自社の利用者についての情報であり、自社の顧客データベースと照合することにより、その本人を識別可能であれば、個人情報に該当することになります。一方、自社の顧客データベースと照合ができない、あるいは、照合しても本人を識別できない場合は個人情報に該当しないことになります。メールアドレスは、ユーザー名及びドメイン名から本人を識別可能であれば、個人情報に該当すると個人情報保護員会のQ＆Aで明記されています。メールアドレスは、個人情報に該当するとの前提で議論する方が無難です。

第2に問題となるのは、個人データの提供を受ける際の確認義務及び記録作成・保存義務の規定（個人情報保護法26条）が適用されるかどうかです。個人データの提供を受ける場合においても一定の例外が設けられています。例えば、提供者側が、本人に代わって、本人に係る個人データを送っていると認められるような場合は、提供者側にも、受領者側にも、確認・記録義務がかからない旨が、個人情報保護委員会のガイドラインにおいて明らかにされています（なお、業務提携先等のクッキーを、自社を訪れる利用者の端末に保存する場合の留意点にはQ2-8を参照）。

第3に問題となるのは、提携先等との契約内容です。提携先等からデータの提供を受ける場合、多くのケースでは、データの利用目的や利用方法の制限等の規定が入ります。それにより目的が達成できなくなることもありますし、自社のデータ戦略に大きな支障が生じてしまうこともあるでしょう。そうした場合、粘り強く交渉を行うことが重要ですし、もし、契約交渉をしてもその状態が変わらないのであれば、その提携を断念することも選択肢として検討せざるを得なくなります。

なお、個人情報保護法以外の法令についても、適用される法令については、検討が必要となることは言うまでもありません。

3　Facebook等のSNSデータの取得

(1) データ収集方法

Facebookのウェブサイトでは、氏名、顔写真、居住場所、出身校等の情報が、Facebookのサイトでログインしなくても見ることができますし、ログインすれば、より様々な情報を得ることができます。ウェブサイトの閲覧によってこのような個人情報を取得することも考えられますし、Facebook社が提供するAPIを通じて、個人情報を取得することも考えられます。同様に、他のSNSのサイトにおいても、一定の範囲で個人情報を取得することができる場合があります。

(2) 法務上の留意点

まず、Facebookに掲載されているような情報は、個人情報に当たると言えるでしょう。このため、当該情報の取得や利用に際しては、個人情報保護法に従ったデータの取扱いが必要となると解されます[3]。

Facebookのデータを用いる場合は、Facebookの利用規約に従ったデータの取扱いが必要となると解されます。Facebookの規約では、例えば、掲載されている写真や投稿内容についての権利は、本人に帰属するとされていますから、掲載されている写真や投稿に係る著作権や肖像権等の権利は、本人に残ったままとなります。このため、これらの写真や投稿等をダウンロードしたり複製したりする際、これらの権利を侵害しないように配慮しなければなりません。

また、就職の面接等に際し、応募者が公表しているFacebook等の投稿をチェックすることについては、「公表されている情報なので利用しても問題ない」という議論が有力である半面、海外を中心に、「そのような利用の仕方は差別的な雇用を助長する可能性があり、不当である」との議論もあるため、慎重な検討が必要です。例えば、既婚者かどうか等という点で採用の機会が差別されてはならないと考えられている国があり、そのような国では、結婚しているかどうかを、面接者が聞いてはならないとされています。Facebook等を見れば、結婚しているかどうか等、様々なセンシティブな情報が分かってしまう可能性がある訳です。

この他、APIを使って収集／活用を行う場合は、Facebookの規約／デベロッパーの中のAPIに係る条項等を遵守することが必要となると解されますし、クロール禁止設定がされているHPであれば、これを尊重する必要があります。

[3] 但し、ある特定の者のFacebookページを見るだけであれば、「個人情報データベース等」の取得に該当せず、取得の経緯の確認義務や、記録の作成・保存義務は係らないと考えられます。

4　公表されたデータの取得

(1) データ収集方法

企業が自社製品やサービスのユーザーから直接データを取得することに加え、電話帳、その他の公表されたデータを活用することも検討されてよいように思われます。行政機関においては、いわゆる公共データ（観光客移動データや公共交通データ）のオープン化等に関する議論も進められています。

(2) 法務上の留意点

電話帳の情報は、個人情報を含んでいるのであれば、個人情報保護法との関係で、個人情報に該当することとなりますが、(i) 適法に発行された名簿を購入した（又は無償で譲り受けた）場合[4]において、(ii) 当該名簿が不特定多数の者によりいつでも購入（又は無償での譲り受け）が可能なものであり、かつ、(iii) これに生存する個人に関する他の情報を加えることなくその本来の用途に供しているものであるときには、「個人情報データベース等」から除外されます（個人情報保護法施行令3条1項）[5]。この場合、個人情報の取得の経緯の確認義務や、記録作成・保存義務は係らないことになります。

一方、これらの要件を満たさない場合には、これらの義務を免れないこととなります。例えば、電話帳を自社の顧客データベース等と組み合わせて結合するような場合には、(iii) の要件を満たさない場合が多いと思われます。

[4] ダウンロードによる購入／譲受を含みます。

[5] 「『個人情報の保護に関する法律についてのガイドライン』及び『個人データの漏洩等の事案が発生した場合等の対応について』に関するQ＆A」の1-41、1-42、10-1参照。

Q2-3

DXとは何でしょうか？　どのような点に留意すればよいでしょうか？

DXはデジタル技術を活用して新しい事業の創造や現行業務の改革に取り組むことです。「何のために、何をデジタル化するのか」を業務部門と合意形成することが成功の鍵になります。

執筆：水田 哲郎

1　DXとは何か

近年、「デジタルトランスフォーメーション（DX）」というキーワードが注目されています。これは何を意味するものでしょうか。

経済産業省が2018年に発表した「DX推進ガイドライン」では、DXを「企業がビジネス環境の激しい変化に対応し、データとデジタル技術を活用して、顧客や社内のニーズをもとに、製品やサービス、ビジネスモデルを変革するとともに、業務そのものや、組織、プロセス、企業文化・風土を変革し、競争上の優位を確立すること」と定義しています。要約すると、「企業が競争優位を確立するために、データとデジタル技術を活用し、新しい事業の創造や現行業務の変革に取り組むこと」です。

DXが注目されるようになった背景は大きく2つあります。1つは、国内市場の成熟、グローバル化の進展、競合企業との競争激化、国内労働人口の減少などにより、企業には更なる生産性の向上や新たな付加価値の提供が求められていることです。もう1つは、インターネット、スマートフォン、センサー、無線通信、クラウド、AI（人工知能）、ロボッティクスなどの画期的な新技術（デジタル技術）が次々と登場した上で高性能化・低価格化が進んだことです。

デジタル技術は、従来の情報システムが扱えなかった人の行動や動作、モノの状況や状態などのアナログ情報の蓄積・分析・活用を可能にしました。例えば、公園に咲いている花の写真をスマートフォンで撮影して特定のアプリで検索すると、その花の名前や特徴を教えてくれたり、カラオケで流れている音楽を録音してアプリで検索すると、その曲名や収録されているCDを教えてくれたりします。このような10年前には考えられなかった革新は、デジタル技術の進化により可能になりました。

デジタル技術は、企業活動を革新する上でも有効だと考えられています。「企業がデジタル技術を活用してアナログ情報をデータ化・蓄積・活用することで、新しい事業の創造や業務の変革を実現する」それがDXの本質です。

2 DXの2つの取り組み

企業のDXの取り組みには大きく2つのタイプがあります。1つはデジタル技術を使って新しいサービスを立ち上げ、新しい市場に参入する「事業創造型DX」。もう1つは、既存事業の生産性や付加価値を向上するために現行の業務を改革する「業務変革型DX」です。

事業創造型DXの代表的な例は、オンライン診療やオンライン学習です。これらのサービスでは、これまで病院でしか受けられなかった診療サービスや、学習塾でしか受けられなかった学習指導サービスを、デジタルカメラ、音声装置、クラウド、AIなどのデジタル技術を活用することで、場所を選ばずに受けられるようにしました。これにより、消費者の通院や通学にかかる負担は大幅に軽減されています。

一方、製品の保守サービスの生産性を向上するスマートメンテナンス（SM）などの取組みは、業務変革型DXの代表例です。SMでは、デジタルカメラや音声装置、無線通信などのデジタル技術を活用することで、製品が故障した際の状況確認や原因究明、対策検討を、離れた場所から行うことを可能にしました。これは、保守サービスの生産性を上げるだけでなく、製品の修理や復旧を早期化するメリットもあります。

3 DXを実現するシステム基盤

DXでは、デジタル技術を活用した新しいシステム基盤により新しい業務の仕組みを構築します。DXのシステム基盤は、**図表2-6**に示す通り、大きく4つに分類されます。

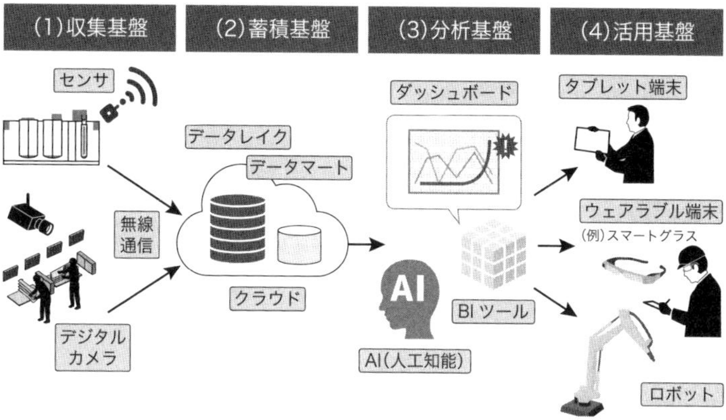

図表2-6 DXを実現するシステム基盤

(1) 収集基盤

収集基盤は、設備・機器などモノの状態や、組織や人の行動や動作を取り込んでデータ化し、蓄積基盤に送信する基盤です。設備・機器や人、周辺環境の状態を取り込んでデータ化する「センサー」、画像や音声を取り込んでデータ化する「デジタルカメラ」や「音声装置」、特定の周波数でデータを送受信する「無線通信機器」などが収集基盤で使われる代表的なデジタル技術です。

(2) 蓄積基盤

蓄積基盤は、取得した多様なデータを蓄積する基盤です。インターネットなどのネットワーク経由でデータを提供する「クラウド」、多種多様な生データを元の形式のまま保管する「データレイク」、データを用途や目的に応じて利用しやすい形で格納する「データマート」、形式の異なるデータを同一環境で使えるように編集する「加工・変換ツール」などが代表的な技術です。

(3) 分析基盤

分析基盤は、蓄積したデータを分析して、判断に必要な情報を生成して提供する基盤です。高度に知的な作業・判断を人工的システムで行う「AI」、蓄積されたデータを利用者が用途に応じて分析・加工する「BIツール」、多量の数値データから最適な条件を算定する「最適化ツール」、データを一覧やグラフなど視覚的に表示する「ダッシュボード」などが代表的な技術です。

(4) 活用基盤

活用基盤は、分析基盤で生成した情報を活用し、人と共同で、もしくは人に代わって処理する基盤です。人の代わりに何らかの作業を自律的に行う「ロボット」、身に着けて持ち運んで使用する「ウェアラブル端末」、現実世界の映像や音声などとコンピュータ情報を組み合わせて表現する「AR/VR」などが代表的な技術です。

4 DX推進の考え方

DXでは、デジタル技術を活用し、従来扱えなかったアナログ情報をデータ化することで、新しい事業を創造したり現行業務を変革したりします。但し、「経営や業務の課題を解決する新しい仕組みを構築する」という観点では、従来のシステム化と変わりません。

そのため、DXでもデジタル技術や関連する製品を導入する前に、「何のために、何をデジタル化するのか」を決めることが重要です。具体的には、DXに取組む経営的な背景や目的と、その目的を実現するために解決するべき課題を明らかにし、その課題を解決するための新しい業務の仕組みとデジタル化内容を決めます。

また、業務部門は、デジタル技術を十分には理解しておらず、デジタル技術がなくても業務を実施することができます。そのため、DXに対して不安が大きく、積極的ではないと考えておくべきでしょう。そこで、DXでは、解決策となる新しい業務やシステムを検討したら、特定の部署で先行して導入してから、その効果や実現性を検証して全体へ広げます。

5 DX推進の全体手順

DXは、先に説明した「仕組みを構築する前に、何のために何をデジタル化するか決める」「新しい仕組みを特定の部署に先行導入してから全体へ広げる」という2つのポイントを踏まえ、5つのフェーズに分けて進めます。

フェーズ1「企画立案」

DXの取り組み方針を起案し、経営層からDXの検討や予算化について承認を受けます。取組み方針としては、DXに取り組む趣旨、想定される効果、全体計画などを検討します。

フェーズ2「構想立案」

経営層から承認を受けた後の最初のフェーズとして、業務部門のキーパーソンを整えた体制を整えて、「何のために、何をデジタル化するか」を具体化します。本フェーズは、後で詳しく説明します。

フェーズ3「試行展開」

フェーズ2で検討した新しい仕組みを準備して、特定の部署で先行的に導入します。そして、そこでの効果や実現性を検証し、必要に応じて仕組みの内容を修正します。

フェーズ4「全体展開」

フェーズ2、フェーズ3で検討・修正した仕組みを、DXを推進する全ての対象部署に順次導入して定着化を進め、経営や業務での成果を創出します。

フェーズ5「改善・発展」

新しい仕組みの活用状況や蓄積されたデータを把握・評価して、新たな利用シーンを発見し、更なる変革のための「企画立案」につなげます。

6　DX構想立案の実施手順

DX推進では「何のために、何をデジタル化するのか」を検討して業務部門と合意する、フェーズ2「構想立案」が特に重要です。構想立案フェーズは、6つのステップに分けて実施します。

ステップ1「方針と実行計画の立案」

DXに取り組む「背景・目的・目標」を整理し、構想立案フェーズの実行計画（作業項目、体制、スケジュールなど）を作成します。

ステップ2「現行業務と問題の把握」

DXの対象範囲とする事業と業務の内容を視覚的な図や表に整理し、業務部門の代表者から現状の問題や改善要望に関する意見を集めます。

ステップ3「問題分析と課題の設定」

現行業務上の問題の中で、解決するべき重要な問題とその発生原因を明らかにして、DXにより「解決すべき課題」を決めます（**図表2-7**）。

図表2-7　解決すべき課題の例

解決課題	本質的課題	評価		判定	備考
		重要性	実現性		
完成品製造での進捗遅れの発生を抑える	経験の浅い担当者での容易に作業内容を理解できるようにする	A	B	Go	
	担当者の指導を適切なタイミング、内容で行えるようにする	A	B	Go	
	管理者が作業進捗の遅れを早期に発見できるようにする	A	B	Go	
	製造装置の状態の監視を手間少なく短時間で行えるようにする	A	B	Go	
	製造装置の異常が発生する予兆や傾向を分析・共有する	A	B	Go	
	完成品の外観検査を人手をかけずに短時間で行えるようにする	A	B	Go	

ステップ4「課題解決策の立案」

解決すべき課題に直接関係する業務の新しい実施内容（プロセス、制度・ルール、組織・体制、職場環境、デジタル化内容）を「課題の解決策」として検討します（**図表2-8**）。

ステップ5「デジタル化要件の整理」

DXの対象範囲全体を対象にして「新しい業務の仕組み」を設計し、「デジタル化要件」を機能要件と非機能要件に分けて整理します（**図表2-9**）。

ステップ6「DX推進計画の立案」

DXの新しい業務の仕組みを構築～導入～定着化～成果創出する全体計画と、直近フェーズの実行計画を「DX推進計画」として作成します。

DXの進め方をさらに詳しくお知りになりたい方は、小著『確実に成果を出す業務変革型DXの進め方』（日経BP、2021年発行）をご参照ください。

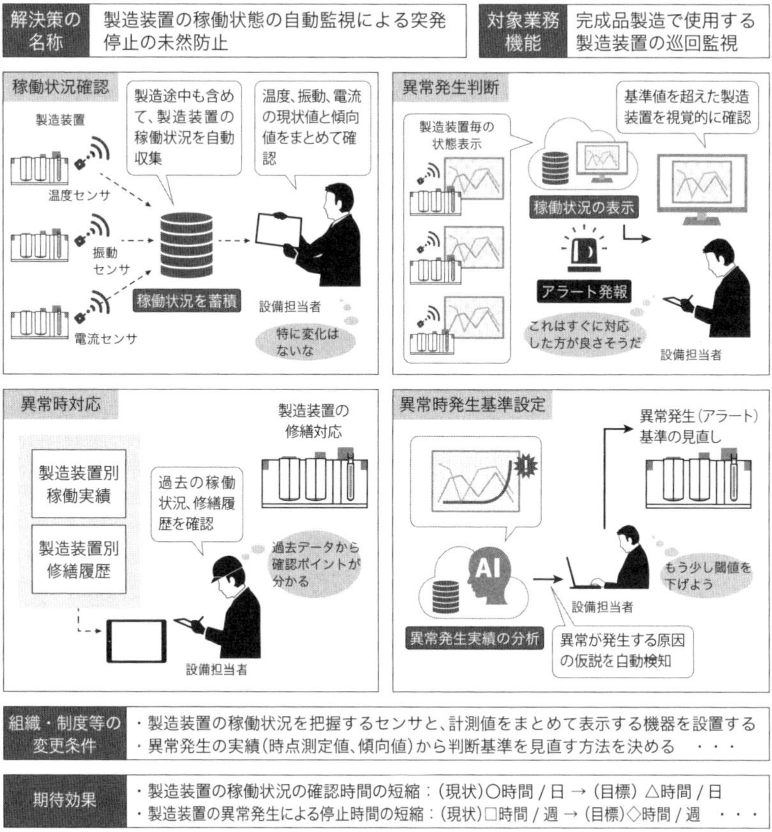

図表2-8　課題解決策の例

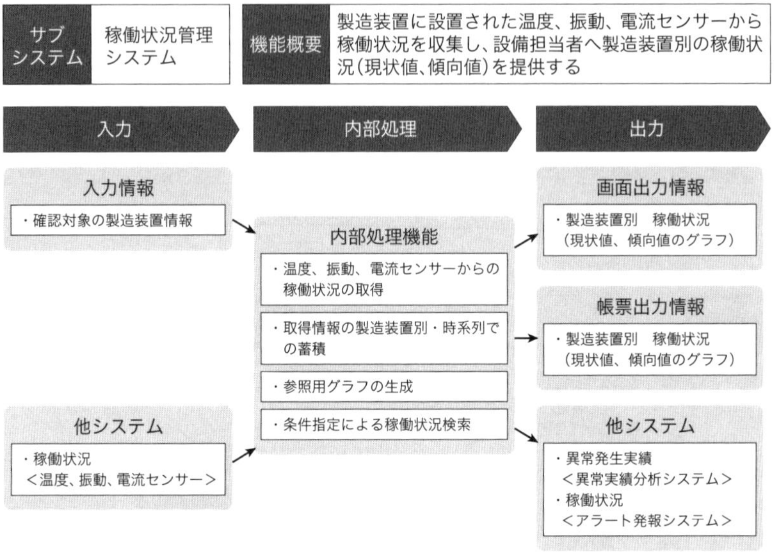

図表2-9　デジタル化要件の例

7　データ戦略的観点からの留意点

データ戦略的な観点から見たDXを推進する際の留意点は大きく3点あります。以下に、それぞれについて説明します。

(1) 目的や用途を明らかにした上で仕組みを具体化する

これまで説明してきた通り、DXを成功させるには「何のために、何をデジタル化するか」を決めた上で新しい仕組みを具体化することが重要です。そのため構想策定では、目的・目標→解決すべき課題→課題の解決策→推進計画を段階的に決めていきます。それは、データ戦略の「目的・目標の設定→具体的な手段の検討→計画への落とし込み」というアプローチそのものです。

当たり前にように思うかもしれませんが、DXでは、経営的な目的や業務上の用途を曖昧なままデジタル技術や関連する製品を導入してしまうケースが少なくありません。そういうやり方をすると成果を出すことが難しいので注意が必要です。

(2) 段階的な計画を作成し、継続的に仕組みを改善する

DXは、アナログ情報をデータ化・蓄積・活用することで徐々に成果を上げる取組みです。そのため、DXの推進計画では、構築、導入、定着化、成果創出の各段階に合わせて評価基準となるKPIを設定し、それに合わせた推進計画を作成します。

また、DXでは進化の目覚ましいデジタル技術を活用するため、最初から想定通りに実行、活用されないことが少なくありません。そこで、計画に対する推進状況を定期的に確認・評価し、計画とのズレが生じた場合には、原因を究明した上で、継続的にシステム面、業務面の双方で仕組みを改善することが重要です。

(3) 法令や契約を意識して活用する情報を選ぶ

DXは、これまで情報システムが管理対象としてこなかった、人やモノに関する画像や音声といったアナログ情報をデータ化して活用する取り組みです。そのため、対象とするアナログ情報を蓄積・活用することが、個人情報保護法や海外法などの法令や他社の所有する権利などに抵触するリスクがあります。万一、法令や他社の権利に抵触した場合には、大規模なシステムの作り直しや訴訟問題に発展する可能性があります。

そこで、法令や他社の所有する権利を遵守する観点から、データ化して活用するアナログ情報を慎重に判断する必要があります。もし不安がある場合には、早い段階でから法務部門やコンプライアンス部門に相談するようにしましょう。

Q2-4

データ収集・蓄積・分析において、外部データ（サードパーティ・データ）を利用すべきケースはどのようなケースでしょうか？　その場合どのような基準で提供事業者を選ぶべきでしょうか？

自社では入手しづらい一部データについては、外部データ活用を検討する必要があります。その際にはデータ量のみならず、データの品質、サービスの継続性、提供事業者のプライバシーへの配慮、データクレンジングへの対応等を総合的に判断する必要があります。　執筆：今田 隆秀

1　外部データ活用を検討すべきケース

近年、生活者や顧客の理解のため、自社データ（ファーストパーティ・データ）だけでなく、パートナー企業データ（セカンドパーティ・データ）や、政府・自治体やデータ事業者等の第三者からのデータ（サードパーティ・データ）を積極的に活用しようとする動きがあります。この動きの背景には、ひとつには現顧客の背後に存在する潜在顧客とその潜在ニーズを理解したいというマーケティングニーズの存在、ひとつにはスマートフォンの普及やセンサー等の技術の発展により取得できるデータ量が爆発的に増大したことが挙げられます。

このような状況下で、どのような場合にデータを自社ではなく外部から入手・活用すべきでしょうか。外部データ活用を検討すべきケースを、近年外部データとして積極的に活用されることの多い位置情報統計データを例に説明します。

(ア) 市場全体、もしくは潜在顧客を理解したい

データソーシングについてまず考えるべきは、そのデータから何を知りたいかです。市場全体、もしくは潜在顧客の分析であれば、自社の現顧客に限らない、市場全体、もしくはターゲットとするセグメントに対して代表性の高いデータを使用する必要があります。例えば「○○ビルの商圏を知りたい」といった場合、

POSシステムから取得できる購買データでは「購買した人」という形でデータに偏りが生じます。そこで、購買の一歩手前の「○○ビルに来店した人」全体を表すことのできる、(来店したが購買しなかった人を含む) 位置情報統計データを活用する、といったことが考えられます。

(イ) そのデータの収集・蓄積・法対応コストが膨大である

例えば、位置情報データ活用を検討する場合、スマートフォンアプリから取得されるGPSデータであれば統計的信頼性の観点から、そのスマートフォンアプリユーザーが1千万人以上、その中でGPSをオンにしているユーザーが少なくとも数百万人以上はいることが望ましいとされます。仮に自社アプリでこれだけのユーザー数を集めるのは非常に大きな投資を必要とします。かかる投資は初期費用にとどまりません。GPSデータのようなセンサーデータの場合、センサーからデータを収集・蓄積すること自体に一定のシステム投資が必要となります。さらには、位置情報のようなプライバシーにかかわるデータの場合、取得時の個別かつ明確な同意の取得、個人情報としての取り扱いを避けるのであれば個人特定を避けたデータ加工の実施、情報漏洩等を防止する措置の実施等、法対応コストも増大します。これら、データの取得・運用コストについては慎重に判断する必要があります。

(ウ) そのデータの取り扱いに専門性が求められる

(イ) とも関連して、例えばGPSのようなセンサーデータを扱う場合、そのセンサー特有のハードウエア・ソフトウエアの特性 (精度や測位頻度等) を理解した高度なデータクレンジングが必須となります。データの特性上ハードウエア・ソフトウエアへの依存性が高く、かつ社内にそのデータに関するエキスパートが存在しない場合は、クレンジングを含めて実施・提供するデータ事業者を検討する必要があります。

2　外部データ活用における事業者選定基準

では、外部データを調達する場合、どのような基準でデータ提供事業者を選定すべきでしょうか。外部データを調達しなければならない理由と対応する形で、その基準は定まります。

（ア）市場全体、もしくはターゲットセグメントに対して十分なデータ量がありかつ代表性が高い

市場全体、もしくは潜在顧客について分析する上では、データ量が多く、かつターゲットとするセグメントに対して代表性が高いことが求められます。位置情報統計データの一つであるGPS統計データであれば、携帯キャリアを中心とした決済アプリ・ポイントアプリデータがしばしば検討されます。これは、そのユーザー数の多さ・決済行為による利用頻度の高さがデータ量の大きさを担保しているだけでなく、決済アプリ・ポイントアプリ利用者の性別・年代・地域的偏りが少ないことが、日本市場全体に対するそのデータの代表性を高めているからです。

（イ）データの収集・蓄積・法対応コストに継続的に対応できる

例えば、前述のGPS統計データのソースとなる決済アプリ・ポイントアプリについては、主要携帯キャリアはアプリ間の競争の激しさもあってキャンペーン費用のみで年に数千億円の投資をしています。裏側のシステムコストも含めると、継続的なデータ提供には企業としての体力が必要なことがわかります。また、位置情報のようなプライバシー性の高いデータについては、年を追うごとに個別・明確な同意の取得、匿名・統計加工処理、安全管理措置がますます厳格に求められるようになってきています。これらについて先んじて対応しているかどうかも、安定したサービス提供上、確認すべき項目です。

（ウ）そのデータ特性を理解した高度なクレンジングを行い、分析結果までをシステムとして提供する

例えばGPS統計データであれば、その精度・測位頻度・ユーザー属性等を考慮したクレンジングまで事業者側で行われていなければ、そのデータから知りたい情報を直接得ることは難しいでしょう。特に位置情報統計データのようなセンサーデータであれば、クレンジングのみならず、最終的なアウトプットに近い形で分析がシステム化され提供されていることが、多くのユーザー企業にとっては必須の条件となります。（例えば、とある建物への来訪者数においては、最終的に得たい情報はGPS捕捉数ではなく、そこから推定される来訪者数のはずです）。同じGPS統計データであっても、クレンジング方法・分析方法次第で、そのデータの有効性（例えば前述の来訪者数の推定精度）は大きく変わってきます。ソー

スとなるアプリのデータ量・質だけでなく、得たい最終的な情報が得られるかどうか、その精度が期待したものになっているかを確認することが重要です。

3　外部データ普及によるデータ活用の今後

位置情報統計データ等の外部データを活用することで、顧客データからは見えてこなかった市場全体・潜在顧客の動きが明らかになり、これらへの効果的なアプローチが可能となります。これはマーケティングの本質的な変化であり、あらゆる企業にとって必要なデータ活用となっていくと思われます。

位置情報統計データをはじめとする外部データ利用の普及は、クラウドの普及を思い起こさせます。かつては「部品」としてハードウエア・ソフトウエアを購入し、自社で組み合わせていた時代がありました。それがこの15年で、ほとんどの企業が「サービス」として用途に応じてクラウドを利用するように変わりました。外部データの活用も一種のデータの「サービス」化といえるのではないでしょうか。これまでコストや専門性の高さから利用できなかったデータが、技術の発展により、利用したい最終分析結果に近い形で提供されるようになってきています。外部データ利用普及により多くの企業でデータの「収集・蓄積」から「分析・活用」へのシフトチェンジが起こると予想されます。

Q2-5

他社からライセンスされるデータを利用する場合の留意点は何でしょうか？

想定されるユースケースを明確にすることが重要です。そのユースケースから考えて、自社でデータを収集した方がよいのか、あるいは、他社からライセンスを受けた方がよいのかを検討します。また、ライセンス契約では、様々な利用制限等が入りますが、その条項によりユースケースにおける利用が妨げられないかという点についても検討することが重要です。

執筆：中崎 隆

データ戦略といっても、自社だけで集められるデータには限りがあります。他社からのライセンス（利用許諾）を得て、他社のデータを用いることも、当然、データ戦略の一環として検討されるべき重要な選択肢の1つです。しかし、他社からライセンスを受けたデータを用いる場合、次のような落とし穴があります。

- データ提供元がデータを違法に取得していた（違法な名簿の売買等）。
- 授受するデータは「個人情報ではない」としていたが正しくなかった。
- 取得したデータの内容の信頼性に問題があった。
- 取得したデータの権利処理に問題があった。

1 他社からのライセンス契約に際して留意すべき点

データライセンスを受けるかどうかを考えるに当たって、最初に検討すべきことは、どのような用途で、どのようにデータを活用するかです。活用事例、すなわち、あり得るユースケースを洗い出し、想定するユースケースのイメージを関係者間で共有することが重要です。どのようにデータを利用したいのかがプロジェクトの早い段階から意識されていないと、データを集めてシステムを作ったが何にも使えなかった、ということになりかねません（**図表2-10**）。

図表2-10　ライセンス契約時に留意すべき点

そうした上で、次の点に留意すべきです。

- 他社を通じてしか取得できないデータか。
- 提供を受けられるデータは欲しいデータか（データの精度・信頼性はどうか、データの項目は十分／適当か、ユースケースに合っているか）。
- 他社で適法にデータが取得されているか。
- 他社で保有するデータを当社に提供可能なのか（個人情報か、プライバシーポリシー等はどのようになっているか、個人情報保護法等との関係はどのように整理するか）。
- データに係る利用目的の制限（法令上の制限、契約上の制限等）により想定するユースケースでのデータの活用が阻害されないか。
- データ連携等のシステム面で問題は生じないか。
- 組む相手として最適か（信用のある会社か、競合関係にないか、コストはどうか）。
- データ戦略上、他社のデータに依存してもよいのか。

最後の「データ戦略上、他社のデータに依存してもよいのか」について補足します。例えば、自社発行ポイントを発行して顧客の取引データ等を自ら集めるのか、それとも、他社発行ポイントを導入して顧客の取引データ等をライセンスしてもらって活用するのかという形で問題となります。他社ポイントを導入するとなれば、システム上の制約も生じますし、ポイント発行会社により自社の顧客のデータを利用されるといったデメリットも生じます。一方で、自社ポイントと比べて顧客に利用してもらいやすいとか、導入コストが低いといったメリットもあります。

2　他社との契約内容が適正かどうか

次に検討すべきは、ライセンス契約の内容です。他社との契約によって定まるので自社で勝手に決めることはできません。次のような点を意識し、ライセンス契約の内容を検討し、契約交渉するとよいでしょう。特に2019年に発生した就職サイト個人情報漏洩事件以降は、個人情報の授受についての監視は厳しくなっているものと思われます。法改正により、授受する情報自体は個人情報でなくとも、自社データと結び付けて個人データとして取得できることが想定できる場合は、提供する側は本人同意が必要とされるようにもなりました。法令遵守は今後もなお一層のこと求められることでしょう。

- 提供を受けるデータ等の範囲や質、提供時期等がユースケースでの活用を達成するために十分か（例えば、提供を受けたいデータ項目が契約書に明記されているか、提供を受けるデータの鮮度はどうか等）。
- 提供を受けるデータ等の利用目的等の制限（例えば、地域的制約）により想定するユースケースでのデータの活用が阻害されないか。
- どのような事項を表明・保証してもらうか（例えば、権利処理がされていること、適法にデータが取得されていること等について契約書で表明・保証してもらっているか）。
- 契約の条項を遵守できるか。
- データの受渡しについてどのような方式等で受渡すか（APIについてはQ2-16参照）。
- ライセンス料は適切か。
- サポートは必要か（研修、電話・メール等でのサポート体制等の要否）。
- データ提供の中断のリスク等についてどう対応するか。
- データ等の帰属についての条項は適切か。
- 法令を遵守できているか（特に個人情報保護法との関係をどう整理するか）。

3　契約内容の検討・交渉等の進め方

契約内容の検討の進め方について補足します。各種法令だけでなくユースケースと合っているか、情報の授受に係る方式をどのようにするかといった点も問題となるので、法務部門に任せればよいということではなく、プロジェクト責任者、技術責任者／担当者等、各部門が連携して契約内容を精査することが重要です。法務部門に丸投げしてはいけません。

逆に法務部門がチェックしないケースもあると聞きますが、業務提携後に様々な問題が判明するという事例もよく耳にします。法務部門や外部法律事務所等ともうまく連携することが重要です。

なお、法務部門や外部法律事務所等と連携するに際しては、ユースケースの具体的なイメージや、押さえたいポイントをはっきりと伝えるとよいでしょう。ユースケース等が曖昧なままでは、的確なコメントがしづらいです。

以上のように、他社からデータ等のライセンスを受けるに際しても、様々な論点が問題となる訳ですが、「ユースケースを意識すること」の重要性を改めて強調したいと思います。ユースケースを意識した上で、各論点を検討していくとよいのではないでしょうか。

Q2-6

インターネットを通じて得られる情報・コンテンツ・技術を利用する場合に留意点すべき点は何でしょうか？

インターネットを通じて得られる情報・コンテンツ・技術を利用する場合には、著作権等の知的財産権について留意する必要があります。特にデータベースについては、著作物として著作権がある場合もありますので、データ戦略担当者は留意が必要です。また、オープンソースソフト（以下、「OSS」）を利用する際には、OSSの利用規約にも留意する必要があります。

執筆：吉浦 洋一

1　インターネットにある情報・コンテンツ・技術は誰でも利用可能か？

インターネットには誰でもが簡単にアクセスをでき、様々な情報・コンテンツ・技術（以下、併せて「情報等」）があることから、データ戦略の1つとして、インターネット上にある情報等を入手し、利用することがあります。しかし、インターネットにある情報等には、著作権や商標権、特許権等の知的財産権がある場合があり、無断でそれらを利用することによって、権利者から権利侵害を主張されてしまう可能性がありますので、注意が必要です。

2　インターネットにある情報等の利用でまず注意をすべきは著作権

インターネットにある情報等を利用しようと思った場合に、まず注意をすべきは著作権です。著作権（広義の著作権）とは、著作物に対して発生する権利で、主に著作者人格権と著作財産権（狭義の著作権）に分かれます。著作物とは、「思想又は感情を創作的に表現したものであって、文芸、学術、美術又は音楽の範囲に属するものをいう」と著作権法で定義されています。分かりやすくいえば、人が自分の考え等を表現した創作物が該当します。著作物としては、小説、音楽、舞踊、絵画、建築、地図、映画、写真、プログラム等が該当すると著作権法では例示していますが、これらに限定されません。

著作者人格権とは、著作物の著作者に対して発生する人格的権利であり、著作物をいつ公表するかを決める権利（公表権）、著作物に氏名を表示する権利（氏名表示権）、著作物の同一性を保つ権利（同一性保持権）があります。これらは人格権ですので、他人に譲渡できず、著作者に固有の権利になります。そのため、インターネットにある情報等について、（狭義の）著作権を譲り受けたことに基づいて著作物を改変した場合であっても、著作者人格権の権利侵害となる可能性はありますので、注意が必要です。

著作財産権（狭義の著作権）とは、著作物に対して発生する財産的権利であり、複製権、上演権及び演奏権、上映権、公衆送信権等、口述権、展示権、頒布権、譲渡権、貸与権、翻訳権・翻案権等、二次的著作物の利用に関する原著作者の権利があります。ここでは、これらの全てについては説明しませんが、インターネットにおける情報等を利用する場合によく問題になるのが、複製権、公衆送信権、翻案権です。

例えば他人の著作物を無断でコピーすれば複製権の侵害になりますし、それをウェブサイトに掲載すれば、公衆送信権を侵害します。また、他人の著作物を無断で改変すると、翻案権（及び著作者人格権における同一性保持権）を侵害する場合があります。

著作者は著作者人格権に基づいて、著作権者は（狭義の）著作権に基づいて、それらの権利を侵害する者に対して、民事的には差止請求、損害賠償請求を行うことが可能です。そして故意に著作者人格権、著作権を侵害した場合には刑事罰の対象にもなります。また、法人に対して両罰規定もあります。

また、著作権法の改正により、私的使用の目的であっても、違法にアップロードされたものだと知りながら著作物をダウンロードした場合には著作権侵害となり、場合によっては刑事罰が科されるようになりました。

このように、インターネットにおける情報等について、それが著作物である場合には、その利用に当たって、（広義の）著作権を侵害しないように、十分な注意が必要になります。

3　データベースの著作物

企業は様々なデータを、データベースにより管理することが一般的です。そして、データベースについても著作物として著作権法により保護される場合があります。但し、全てのデータベースが著作物として保護されるのではなく、「情報の選択又は体系的な構成によって創作性を有する」場合に、データベースの著作物として保護される点に注意しなければなりません。

なお､著作物となるデータベースにおいても､そのデータベースで管理する個々のデータにはデータベースの著作権は及びません。そのため、企業のデータ戦略担当者は、著作物ではないデータをデータベースで管理する場合には、不正競争防止法等による保護ができるように、システム部門等と連携をして、日頃から管理をしておくことが求められます。

4　情報解析について

企業が管理するデータは情報解析をしなければ、データ戦略に有効に結び付けられません。しかしそのデータに他人の著作物が含まれていると、情報解析を行う際にデータが複製、翻案等される場合があるので、著作権法上の懸念が生じます。

そこで著作権法では、コンピュータにより情報解析を行うことを目的とする場合には、一定の要件の下、著作物を利用できることを定めています。日本においては営利、非営利は問いません。そのため、機械学習や深層学習（ディープラーニング）の際に、教師データとして、著作物を含むインターネット上の情報等を、一定の要件の下、コンピュータで利用することが許されることになります。なお解析結果を提供することも許されています。

5　キュレーションサイトでの著作権侵害事件

キュレーションサイトは、他人のウェブサイトの文章、画像等を参照して作成された記事を掲載することから、著作権には特に注意する必要があります。しかし、一部のキュレーションサイトでは、記事の作成者による著作権侵害行為が行われていました。そして、2016年後半以降、医療に関するキュレーションサイトの記事の適切性の問題が、マスメディアによって広く報道され、それと共に、キュレーションサイトにおける著作権侵害等が社会的に問題となりました。また、著作権者からキュレーションサイトの運営会社に対して、著作権侵害を訴える声が相次ぎました（サイトの内容の正確性の問題についてはQ2-19の6を参照）。

キュレーションサイトの著作権侵害の問題については、(i) 著作権侵害が成立しているのか、(ii) プロバイダ責任制限法（以下、「プロ責法」）の適用があるのか、が主に問題になります。

(i) は、キュレーションサイトの記事や写真・イラストが、第三者の著作物から複製や翻案等されている場合、著作権侵害が成立する場合があります。複製とは、「印刷、写真、複写、録音、録画その他の方法により有形的に再製すること」ですので、既存の著作物に依拠して、記事が「再製」といえる程度に記載されていなければなりません。また翻案とは、「既存の著作物に依拠し、かつ、その表現上の本質的な特徴の同一性を維持しつつ、具体的表現に修正、増減、変更等を加えて、新たに思想又は感情を創作的に表現することにより、これに接する者が既存の著作物の表現上の本質的な特徴を直接感得することのできる別の著作物を創作する行為」[1] と解されていますので、原著作物の本質的な特徴の同一性を維持していなければならない等の要件を満たしている必要があります。

つまり、他人のウェブサイトを参考に、自らが独自に記事を作成しただけでは著作権侵害が成立しない可能性があります。また、第三者が著作権を有する画像が記事にある場合に、その画像を複製せず、その画像に対して直接リンクを張る等の複製をしない方法で利用する場合には、基本的に、著作権侵害が成立しないとの見解がかなり有力ですが、例外もありますし、著作権侵害にあたらなくても、不法行為にあたる場合がありますので、慎重な検討が必要です[2]。

(ii) は、著作権を侵害した記事の発信者が誰であるか、という問題になります。つまり、キュレーションサイトの記事の作成者がキュレーションサイトの運営会社又はその作成依頼を受けた者によるか、あるいは運営会社とは無関係に作成されているかです。プロ責法3条では、掲示板サイト等の運営者（関係役務提供者）に対して、一定の要件の下、損害賠償責任を制限しています。そのため、この規定に該当する場合には、著作権者はキュレーションサイトの運営会社に対して著作権侵害を主張できなくなります。一方、サイトの運営者が自ら又は委託して作成したコンテンツについては、責任制限の適用はありません。

また、違法であることをサイトの運営者が知っていた時や、知ることができたと認めるに足りる相当の理由がある時は責任制限の適用はありません。

[1] 最判2001年6月28日民集55巻4号837ページ「江差追分事件」。
[2] リンク先の画像の一部のみが自動的に表示されるようにするケース等では、著作者人格権侵害にあた

る場合もあります。また、違法コンテンツへのリンクを張る、いわゆるリーチサイトについては著作権侵害となりますし、警察により、摘発された事例もあります。この他、無断で、第三者のサイトの画像へのリンクを張って、その画像を自己のサイトの一部であるかの如く自動的に表示されるケース等では、著作権侵害にあたらなくても、不法行為にあたる場合があると言われていますし、ただ乗りしておいて、他社サーバーに負担をかける悪質な行為等と社会的批判を受ける可能性があります。

6　クリエイティブ・コモンズについて

インターネットにおける情報等については著作権に十分に注意しなければなりませんが、著作権者が誰であるかを確認し、許諾をすることは非常に手間がかかります。そこで特に画像等については、市販のフリー素材集を購入する方法等がありますが、他にも、クリエイティブ・コモンズ・ライセンスの付された著作物を利用することもできます。

クリエイティブ・コモンズ・ライセンスは、政府等が提供するものではなく、また著作権法の規定によるものでもありません。著作物の著作者が、自らの著作物の利用条件を明示するライセンスの仕組です。クリエイティブ・コモンズ・ジャパンのウェブサイトによれば、4種類の条件があります（**図表2-11**）。クリエイティブ・コモンズ・ライセンスを利用する場合でも、ライセンス条件に従わなければならない必要はありますが、利用の都度、著作権者に許諾をとらなければならない、という手間を省くことはできます。

表示 作品のクレジットを表示すること	**非営利** 営利目的での利用をしないこと
改変禁止 元の作品を改変しないこと	**継承** 元の作品と同じ組み合わせのCCライセンスで公開すること

図表2-11　クリエイティブ・コモンズの4種類の条件
（出典：クリエイティブ・コモンズ・ジャパンhttps://creativecommons.jp/licenses/#licenses）

7　企業がインターネット上で収集した情報を公開する場合について

インターネットで収集した各種の情報をデータベース化して公開することもありますが、その場合には、上述の著作権に注意する他、個人情報をデータベース化する場合には個人情報保護法等にも注意しなければなりません。例えば官報に掲載された破産者の情報をデータベース化してインターネット上で公開した破産者マップ等については個人情報保護委員会が停止命令を発した事例等があります（詳細はQ2-10を参照）。

8　インターネット上に公開されているプログラムの利用について

インターネットでは様々なプログラムが公開されています。プログラムは著作物ですので、第三者がインターネットで公開しているプログラムを利用する場合には、著作権侵害とならないように注意することが必要です。また、そのプログラムを利用して開発するシステムが、第三者の特許権を侵害しないように注意することも必要です。

インターネットで公開されているプログラムの一種に、オープンソースソフト（OSS）があります。OSSを利用することで、システム開発の負担を軽減できるメリットがあります。しかし、OSSは一定のライセンス条件の下、利用することが認められたプログラムです。したがって、OSSであるとしても無制限に利用できる訳ではなく、ライセンス条件の範囲内で利用しなければならない点に注意が必要です。

そのため、システム開発でOSSを利用する場合には、ライセンス条件に従ってOSSを利用しているか等を、会社内で審査することが求められます。

また、OSSは著作権に関するライセンスにすぎませんから、そのOSSが第三者の特許権を侵害していないという保証までされている訳ではありません。そのため、OSSのライセンス範囲内で利用している場合であっても、特許権の侵害については、別の問題として注意しなければなりません。

9　インターネットにおける情報等の利用では商標権にも注意が必要

自らのウェブサイト等で、第三者の登録商標を使用する場合には、商標権侵害にならないように注意することが必要です。

商標権は、文字、図形、記号、立体的形状等の商標[3]を、どのような商品・役務（指定商品・指定役務）に使用するかで権利範囲が定まります。そして商標権は、登録商標と同一又は類似の商標、指定商品・指定役務と同一又は類似の商品・役務の使用についても権利範囲が及びます。そのため、登録商標や指定商品・指定役務との同一性のみならず、その類似範囲についても注意しなければなりません。

また、インターネットでは検索エンジンで自らのウェブサイトの検索結果を上位に表示させることが、ウェブサイトの閲覧を増やす上で重要です。そのため、様々な方法による対策が行われます。その対策の1つとして、メタタグやタイトルタグ等に他社の登録商標を記述することで、自らのウェブサイトを上位に表示させる試みが行われることがあります。

しかし、メタタグやタイトルタグにおける他社の登録商標の使用は商標権侵害になる可能性がある点に注意が必要です[4]。

[3] 最近では色彩や音等についても商標権は認められています。
[4] 東京地判2015年1月29日「IKEA事件」、大阪地判2005年12月8日「クルマの110番事件」。

Q2-7

企業ポイントの利活用に際して留意すべき点は何でしょうか？

企業ポイントについては、景品表示法、資金決済法、税法等、様々な法令との関係が問題となります。このため、企業ポイント戦略を策定する際、法務部門等と密に連携することが必要です。　**執筆：中崎 隆**

1　企業ポイントの有用性

企業ポイントを発行するメリットには、次のような点が挙げられます。

- 次回来店等の促進により、リピーターを増やす（＝顧客囲い込み）。
- 顧客の属性等による行動パターンを分析し、顧客のニーズにあった商品開発等につなげる。
- 顧客にあった商品・サービスの提案／キャンペーン等を行い売上増につなげる。

特に、一般消費者向けのビジネスを行っている企業にとっては、重要な顧客分析ツールであり、かつ、販促ツールであると言えるでしょう。ユーザーの個人情報についての利用に承諾してもらうには、ユーザーにとって、(i) 企業が信頼できることと、(ii) サービスからの利便性をユーザーが感じることが重要な要素であると言えます。ここでは、企業ポイントを活用する際の法務的観点からの留意点や、法的規制について紹介します。特に、景品表示法や、資金決済法との関係が要注意です。

2　企業ポイントと景品表示法

多くの企業が景品表示法違反で摘発を受け、新聞等を賑わせています。自社がそのようにならないように、景品表示法には特に気を付ける必要があります。企業ポイントとの関係では、ポイントを使ったキャンペーン等が、景品規制に違反しないように注意します。会社法や景品表示法では、法令遵守の体制の整備も求められていますので、法務部門、コンプライアンス部門等とも協力しながら、景品表示法に違反しないようなシステム・体制等を準備した上で、ポイントを活用していくことになります。

(1) 総付景品に係る規制

総付の景品を付する場合は、基本的に**図表2-12**のような規制に服します。

図表2-12 総付景品の規制

取引価額	付与できる景品の最高額
1000円未満	200円
1000円以上	取引価額の10分の2

「総付」とは、条件を満たす利用者全員に景品を付与するケースです。例えば、購入したか否かにかかわらず、来店した全ての顧客にぬいぐるみを付与するような場合、ぬいぐるみの値段は原則として200円以内でなければなりません。なお、新聞業界、医療業界等、特定の業種については、一般的な景品規制とは異なる内容の業種別の景品規制が、告示により規定されています。

(2) 総付景品規制の例外

総付景品の規制には例外があります。**図表2-13**に該当するポイントには、規制は適用されないとされています。この点を押さえていれば、やや攻めたキャンペーンが可能となるので、担当者の腕の見せどころと言われることがあります。

図表2-13 総付景品規制の例外

例外	補足説明
値引構成を取った自社ポイント	自社ポイントとは、自社でのみ利用可能なポイントです。但し、商品の購入の際の値引としてだけでなく、非売品等と交換可能なポイントは該当しないとされています。

値引構成を取った自社他社共通ポイントであって、正常な商慣習に照らして適当と認められるもの	自社でも他社でも使える1ポイント1円というような汎用性の高いポイントを指します。但し、非売品と交換できるポイントや、利用できる商品・サービスが限定されているポイントは該当しないとされています。
見本その他宣伝用の物品又はサービスであって、正常な商慣習に照らして適当と認められるもの	見本品、サンプル品とのみ交換できるようなポイントや、自社のロゴの入った宣伝用のカレンダー等とのみ交換できるようなポイントを指します。
開店披露、創業記念等の行事に際して提供するポイントであって、正常な商慣習に照らして適当と認められるもの	例えば、創業10周年等というキャンペーンにおいて付与されるポイントです。このようなキャンペーンでは、通常よりも、多めのポイントを付与できます。但し、常識的な範囲内である必要があります。
取引付随性がない場合	例えば、無償のアプリをダウンロードして、一定時間プレーすればポイントを付与するようなケースのポイントです。このようなケースでは、誰でも応募でき、かつ、課金の必要性がないため、景品表示法の景品規制の対象となりません。

(3) 抽選による景品付与に係る規制

抽選による景品の付与の場合には、**図表2-14**のような規制があります。なお、抽選による景品規制には例外があります。それは**図表2-13**に示した「値引構成を取った自社ポイント」「取引付随性がない場合」です。いずれかに該当するポイントを抽選の方法で付与する場合には、適用されません。

図表2-14　抽選による景品付与の規制

取引価額	景品の最高額	景品の総額の上限
5000円未満	取引価額の20倍	懸賞に係る売上予定総額の2%
5000円以上	10万円	

(4) 優良誤認表示、有利誤認表示に係る規制

景品表示法では「あなただけお得になります」等と勘違いさせる表示（有利誤認表示）をしたり、商品やサービスの内容について虚偽の表示をしたりすること（優良誤認表示）も禁止しています。キャンペーン等の記載内容をチェックする

際、このような点にも気を付ける必要があります。

なお、2016年に、アディーレ法律事務所が、消費者庁から弁護士業界初の業務改善命令を受けました。「期間限定の割引等」等と書いておきながら、長年にわたって同様なキャンペーンを繰り返していたために、「有利誤認表示」ということで違法と判断されたという事案です。法律についてアドバイスする法律事務所が、法令違反で業務改善命令を受けるというのも前代未聞ですが、「違法表示に気づかなかった」「意図的ではなかった」といった趣旨の言い訳をしたのも状況を悪化させました。何百人もの弁護士がいる事務所ですから、多くの弁護士が自社のウェブサイトを見ているはずで、（若手の法務部員でも知っているような初歩的な）法令違反にその弁護士の誰もが気づかなかった等という主張が世間に受入れられる訳もありません。

翌年、同事務所及びその代表弁護士は、弁護士会から業務停止命令を受けましたが、トップがへたな言い訳をしたせいで、自浄能力がない、反省が足りない等と取られ、処分が重くなった可能性もあるのではないかと筆者は推察しています。処分理由として、「長期間にわたる悪質な組織的な非行」と認定されているからです。危機対応としても、反面教師となるような対応であったのではないでしょうか。

(5) 企業ポイントと景表法的な観点からの事業戦略

法務的な観点からポイント戦略を考える際、第1に意識すべきなのは、「自社ポイントでいくのか、自社他社共通ポイントでいくのか」という点です。自社他社共通のポイントを採用し、大手ポイント会社と連携すれば、その会社のデータを顧客データとして分析できるメリットがある一方、「当該ポイント会社にデータを活用される」「当該ポイント会社と提携する他の会社に自社の顧客のデータが流れてしまい、自社と競合する会社に、顧客を誘導されてしまう」等のデメリットも生じる可能性があります。また、ポイント会社のシステムとの連携が必要となり、システム改築がしにくくなり、自社のイニシアティブでのポイント施策が打ちにくくするデメリットもあります。

第2に意識すべきなのは、「非売品等の景品と交換可能なポイントとするのかどうか」という点です。非売品等と交換可能なのであれば、値引構成が使えなくなり、基本的に景品規制が適用されると解されます。例えば自社ポイントの場合、値引構成さえ取っていれば景品規制が係らない場合が多いですが、非売品への交換可能な自社ポイントの場合は、値引構成は取れなくなり、景品規制がかかってくると考えられます。そうすると「課金額の3割相当のポイントを付与」等というキャンペーンも実施できなくなる場合が増えるでしょう。なお、自社他社共通ポイントを採用する場合であっても同様です。採用する自社他社ポイントが非売品等の景品と交換可能か、商品やサービスを購入する際の値引としてのみ利用できるものなのかという点には、注意する必要があります。

第3に「景表法チェック体制をどのように整えるか」という点が問題となります。特に、キャンペーンを多く実施する企業においては、キャンペーンが適法かどうかを毎回チェックする業務がかなりの負担となりかねません。マニュアルを作ったり、業務フローを整えて定型化したりといった試みが必要です。

3　ポイント交換と資金決済法（前払式支払手段）

ビール券や、テレホンカード、電子マネーの多くは、「前払式支払手段」に該当し、資金決済法で規制されています。自社でのみ使える自社型の前払式支払手段の発行については、届出義務や供託義務等の対象となり、他社でも使える前払式支払手段の発行については、登録義務や供託義務等の対象となります。

企業ポイントが、前払式支払手段に該当してしまうと色々と負担が重くなりますので、多くの事業者は、企業ポイントが、前払式支払手段に該当しないように工夫しています。そこで、まずは、前払式支払手段の要件について説明します。

前払式支払手段とは、**図表2-15**の要件を満たすものです。

図表2-15　前払式支払手段の要件

前払式支払手段の要件	補足説明
対価性（対価を得て発行されていること）	無償で発行されていれば「前払式支払手段」に該当しません。
財産的価値性（対価に応じた金額又は数量等の財産的価値が記載又は記録されていること）	「ビール10本券」「図書券5000円」等でもこの要件を満たします。一方、エステにおける前払の回数券のように、なくしてしまっても、本人がサービスを受けられる場合は、その回数券自体に財産的価値が表象されている訳ではないと考えられますので、「前払式支払手段」に該当しません。

利用可能性（代価の弁済等に利用可能で、利用により当該価値が減ること（＝利用可能性）が必要です）	例えば、月額1000円のニュースサイトにID/パスワードを使ってログインするケースでは、利用者がID/パスワードを使ってログインしても、そのID/パスワードの価値が減るものではありませんので、そのID/パスワードは「前払式支払手段」に該当しません。

まず、対価性の要件は重要で、企業ポイントの場合は、基本的に「対価性がない」ので「前払式支払手段に該当しない」となります。単なるおまけであって、取引の対価ではないと説明するのです。

しかし、いくつかの事例では、「対価性がある」と言われてしまうリスクが生じてしまうと言われています。「対価性がある」となると規制がかかってしまうので大変です。企業ポイント戦略において、押さえておくべき重要な点と言えるでしょう。以下、「対価性がある」と指摘されるケースを紹介します。

対価性があるケース1　金銭等で購入できるポイント

企業ポイントが金銭や電子マネー等で購入できる場合、それはもはや企業ポイントではなく、前払式支払手段です。また、他社の企業ポイントから自社の企業ポイントに交換できる場合において、当該他社の企業ポイントが、金銭や電子マネー等で購入可能な場合は、同様に前払式支払手段に当たります。

対価性があるケース2　ポイント付与率が著しく高いポイント

企業ポイントであっても、例えば、50％ポイント還元、あるいは、80％ポイント還元のようなケースを定常的に繰り返している場合、おまけの範疇を超えているように思われます。対価性ありと言われるリスクがかなり高くなります。

もし、対価性ありということになりますと、企業ポイントは、電子マネーのように、登録義務／供託義務等の対象となってしまいかねません。過去に発行している全ポイント発行残高の50％に相当する金銭を供託する義務（あるいはその額の銀行保証を得る義務）が生じるということになりかねません。企業によっては、数十億円規模の高額になると思われますので、無視できないリスクです。ポイントを付与するとしても、20％以内、多くても30％以内等とすることが考えられます。

また、そのように付与率が高い他社の企業ポイントから、自社の企業ポイントに交換可能な場合も注意が必要です。対価性ありということになれば、企業ポイントは、電子マネーのように、登録義務／供託義務等の対象となりかねません。

対価性があるケース3　ポイント交換

ポイント交換は要注意です。ポイントという財産的価値があるものと、ポイントという財産的価値のあるものを交換するため、対価性があるのではないかと言われます。これに対し、ポイントを行使した結果ポイントを得られるのであれば、対価性のある取引により取得したと言えず、問題ないのではないかと言われます。

ポイント交換というような表現は、ポイントという価値のあるものと、ポイントという価値のあるものを交換しており、対価性ありと言われるリスクを高めますので、そのような構成／文言とするかは要検討です。金融庁の審議会でも、「ポイント交換は、対価性のある取引ではないか」と過去に議題として取り上げられたことがあり、シビアな議論が取り交わされたという経緯があります[1]。

[1]　著者は、資金決済法制定時には、経済産業省に出向していましたが、金融庁においては、ポイントも対価性ありということで前払式支払手段として規制するという議論が出ていたのに対し、「ポイントはおまけである」という点と、「ポイントを行使することによりポイントを得るものであるにすぎない」という点を主張したという経緯があります。前者については、もともとはおまけであったとしてもポイント交換を通じて対価性のある形で発行されるポイントは規制されるべきとの反論がありました。この後者の点について手当を行っていなければ、対価性ありと判断されても反論が困難なのではないかとも思います。

4　インターネットモールや家電量販店の企業ポイント戦略

インターネットモールで企業ポイントを付与する場合、上記の点に加えて、販売価格への影響を考慮することが有用です。企業ポイントをたくさん付ける場合、その発行原資については、加盟店に負担させるケースが少なくありません。その結果、企業ポイントをたくさん付けるプロモーションを実施すると、ネットモール上での販売価格が値上がりしてしまうという状態を引き起こす場合があります。例えば、PC等が典型的ですが、価格コムのようなサイトにおける最低価格と、インターネットモールや家電量販店等では、かなりの価格差が生じている場合があります。ポイントを大量に付与することにより、価格比較サイト等において、不利に見えてしまう場合があります。企業ポイントによる囲い込みの効果と、このようなネガティブ面とを両方考慮に入れることが有用でしょう。

また、企業ポイントをたくさん付けた結果として、二重価格の問題を引き起こしてしまう場合があります。例えば、「通常価格1万円のおせちが、50%分のポイント（5000ポイント）が付いて実質5000円で利用できます」等とPRする場合、通常のお客さんに提供するおせちと、5000円引きで買うお客さんに提供するおせちの内容が、違った内容となってしまったりする訳です。

加盟店としては、たくさんのポイントを付けようとした結果、通常の価格で利用してくれる顧客と、キャンペーン等の対象となる顧客とに、別の商品やサービス等を提供してしまったりするのです。そうすると、「通常価格1万円」という表示が、虚偽表示（二重価格表示）となってしまう訳です。同じ商品・サービスを通常は1万円で売っていると言えなくなってしまうのです。

高い付与率のポイント付与や、多額の値引を加盟店に求めた結果として、違法行為を引き起こしてしまう訳です。グルーポンで話題になったおせちの景表法違反の事例を思い出す方もいらっしゃるのではないでしょうか。クリスマスキャンペーン、優勝キャンペーン等と、大々的にキャンペーンを行うにしても、程々にしないと、加盟店等による違法行為を招いて大問題を引き起こしてしまいかねません。同時に、加盟店に対する啓発活動も大事といえるかもしれません。このように、ポイント戦略を考える場合には、景表法の検討が欠かせません。

5　クレジットカード会社と企業ポイント

クレジットカード会社は、入会時に付与するポイントや、購入ごとに付与するポイントの割合等で熾烈に競争しています。クレジットカードのサービス内容等で競争するのが正常な姿なのかもしれませんが、サービス内容での差異化はなかなか目立ちにくいことから、ポイントが重要な差異化戦略となっているのです。

クレジットカードにおいてどこまでポイントを付与できるかを検討するに際しても、景表法との関係が特に大事です。特に、入会に際してのポイントをどこまで付与できるかという点はよく問題となることが多いです[2]。

また、カード会社と加盟店が共同でキャンペーンを行う場合、どこまでポイントを付与できるかというような点でも景表法が問題となります。消費者庁は、共同キャンペーンと銘打っていなくても、共同でキャンペーンを行っていると認定する場合があるようですので、この点も要注意です。

この他、国際カードブランドは、現金決済客とカード決済客との差別的扱いを禁止していたりしますので、「現金決済客には、10%のポイントを付与するが、カード決済客には、ポイントを付与しない」等の取扱いがブランドルール違反とならないか、また、そもそもそのようなブランドルールが独占禁止法に違反しないか等という点が問題となり得ます[3]。

[2] 全国銀行公正取引協議会の「銀行業における表示に関する公正競争規約」やそのQ&Aにおけるクレジットカードについての記載が、そのままカード会社にも該当するかのように誤解している方がいますが、銀行でないカード会社には、当該公正競争規約は適用されないので、これらの記載がそのままカード会社に適用されると考えるには無理があるように思います。参考となる部分もあるように思いますが、慎重な検討が必要となると言えるでしょう。

[3] 中崎隆・平山賢太郎「クレジットカードその他のペイメントカードと独占禁止法を巡る動向等」(Consumer Credit Review 2014 年3月号)。

6 企業ポイントと税

企業の従業員が国外出張等をする場合のマイレージ等は、企業でなく、従業員に付される場合も多いです。この場合、その従業員が当該マイレージ等を自分のために使うのであれば、一時所得となると解され[4]、他の一時所得と合わせた一時所得による収入の合計額が50万円(=特別控除額)を超えれば、税務申告の義務が生じます。所得の計上時期については、マイレージ等の利用時期となると考えられているようです[5]。多数の出張等により50万円相当超のマイレージを1年間に獲得する方もいらっしゃいますが、税務申告が適正にされなければ、脱税との指摘を受けかねません。

[4] 2003年の所得税関係質疑応答事例集参照。

[5] 上田正勝「企業が提供するポイントプログラムの加入者(個人)に係る所得税の課税関係について」。

7 マイレージや企業ポイントとキックバック

英国等、国によっては、私人の賄賂を禁止しています。すなわち、取引を得るために、取引担当者に金銭、その他の経済的利益を与えることを原則として禁止しています。航空会社が、航空運賃を負担して利用してくれる企業ではなく、取引担当者にマイレージや企業ポイントという形で多額のキックバックを行えば、反賄賂法等との関係が問題となると考えられます。また、法令に違反していなかったとしても、マイレージや企業ポイントは、利益相反をもたらし得るもので要注意です。

航空会社はお金を払っている法人でなく、あえて取引担当者個人にマイレージを付与する訳ですが、取引担当者はマイレージを貯め、高い割合のポイントを得られるよう、値段の高い航空会社や取引先を選ぶ可能性があります。その分、企業は損をします。一方、高い割合のマイレージ／ポイント付与を得られれば、取引担当者の懐は潤います。企業にとっての利害と、担当者の利害とがまさに相反してしまうのです。マイレージ／ポイントの付与率が高い場合は、この弊害がさらに増幅されます。

意識の高い企業では集中購買等を進めると共に、マイレージ等を個人に帰属させず、企業で管理し、企業の出張等の際に利用しているケースもあると聞きます。不正防止やコストカットのためにはこういう小さい工夫の積み重ねが大事とも言えそうです。ポイント付与率を20%とすれば、2割程度価格が違ってもおかしくない訳です。毎回2割程度高い値段で買っている企業は、最も低い価格で買っている企業と、コスト競争で勝負できないでしょう。

商社やシンクタンク等の海外出張が多い企業では、同様な取組が検討されているようです。このような取組は、今後、どんどん増えていくでしょう。

8　企業ポイントと消費者苦情

海外では、航空会社が経営危機に至ると、マイレージの換算割合を大幅に消費者に不利に変更するケースが過去に報告されています。日本でも様々な消費者の苦情が役所や国民生活センター等に寄せられました。経済産業省は、過去に、「企業ポイントに関する消費者保護の在り方（ガイドライン）」を策定していますので、こういったガイドライン等も参考にしながら、利用規約を制定するとよいのではないかと思われます。

9　企業ポイントと保険業法、たばこ税法等

保険業法では、一定の保険契約者にだけ特別の利益を提供することが禁止されています。企業ポイントを、一部の保険契約者にだけ付与するというようなことをすれば、この特別利益の提供の禁止に反しないかを検討する必要が生じます。また、たばこ税法では、たばこの値引販売が禁止されていますので、たばこの販売時にポイントを付してよいのかという問題や、値引構成を取っているポイントでたばこを購入できてしまってよいのかという問題が生じます。他にも、値引販売が禁止される商品については、同様な問題が生じえます。

Q2-8

自社のウェブサイトを訪れるユーザーの利用端末に、業務提携先や広告業者等（以下「提携先」）のクッキーを保存させる場合の法務上の留意点は何でしょうか？

クッキーポリシー等において、提携先がクッキーを通じて情報収集する旨を明記し、その提携先の名称を明らかにした上で、提携先のプライバシーポリシーへのリンクを張ること等が重要です。　執筆：高橋 孝彰、中崎 隆

1　クッキー

ウェブサイト／サーバーにユーザーがアクセスする場合、そのウェブサイト等の運営者は、ユーザーの利用端末（PC／スマホ等）にクッキー（ウェブサイト等のドメインごとの識別用の文字列）を保存させることができます。そして、そのユーザーが、同一端末から同一ウェブブラウザを用いて自社ウェブサイト等にアクセスした場合に、そのユーザーの端末に保存されているクッキー情報を参照することにより、そのユーザーが過去に自社のウェブサイト等にアクセスした者であるかを識別することができます。例えば、「今、アクセスしてきた『ABCDEF123456789』のクッキーの者は、2022年2月22日の2時22分に自社ウェブサイト等にアクセスした者と同一端末を用いているから同一人物であろう」と分かる訳です。そして、前回以前の自社ウェブサイト等での行動履歴等の記録とひも付けることで、ユーザーのアクセス履歴等の情報を集積することができるのです。

2　クッキーの種類

クッキーは、利用者がブラウザで表示しているウェブサイトの運営者により付与されるものと、そうでない第三者により付与されるものがあります。前者を「ファーストパーティクッキー」といい、後者を「サードパーティクッキー」といいます。

「第三者」というとイメージしにくいかもしれませんが、提携先です。例えば、ウェブサイトの運営者が、自社のウェブサイトに広告を表示させて広告掲載料を受け取る場合、表示する広告画像等のデータを広告業者のサーバーにアクセスして取得する必要があり、そのアクセスの際に、広告業者がクッキーをユーザーに付与します。ユーザーが広告をクリックした場合には、クリックした等というデータが広告業者により収集され、ユーザーの好みにあった広告の配信や、不正クリックの発見等のために活用されたりします。

3 クッキーシンク

クッキーシンクとは、あるドメインにおけるクッキー情報と、他のドメインにおけるクッキー情報とを連携させることを指します。例えば、あるドメインのウェブサイトをユーザーが閲覧した場合に、広告サーバー等も同時に読み込まれたりしますが、このように、ユーザーが自社ウェブサイトを開いた際に、自動的に提携先のサーバーを読み込ませることで、サーバーへのアクセス日時や、ユーザーのIPアドレスの情報等を通じ、自社ドメインでのクッキーIDと、他社ドメインのクッキーIDが同一端末のものであると認定できるのです。

クッキーシンクができると、特定のユーザーについての情報交換ができるようになります。例えば、2時22分にアクセスしてきたユーザーが、ABC.co.jpでユーザー登録をし、30代男性である等と分かるのであれば、そのユーザー情報を提携先（広告業者等）と瞬時に共有し、30代男性向けの広告を配信するように提携先に依頼したりすることもできるのです。1秒にも満たない時間で情報連携され、最適な広告表示等が可能となるのです（**図表2-16**）。

クッキーシンクを通じて情報の授受が行われる場合、個人情報・個人関連情報の提供の制限の規定（個情法23条・26条の2）との関係がよく問題となります。個情法との関係で、サードパーティのクッキー情報を原始的に取得するのは、自社なのか、提携先（サードパーティ）なのかを質問されることがあります。この点、提携先のウェブサイト等にユーザーが（認識のないまま）アクセスしてクッキーが付与されますので、当該情報を原始的に取得するのは、提携先側であろうと考えます。

図表2-16　クッキーシンクの例

	クッキーID	アクセス日時	ユーザーのIPアドレス
ABC.co.jp （閲覧サイト）	123abc	2月22日2時22分	2001:00D3:0000....
XYZ.com （提携先）	987xyz	2月22日2時22分	2001:00D3:0000....

4　クッキー情報は個人情報か

(1) 自社側から見て個人情報か

クッキーは個人情報なのかといえば、クッキー単体は単なる文字列ですので、その文字列だけから個人を特定できることはないといってよいでしょう。クッキー単体では、個人情報に該当しないといえるでしょう。また、ユーザー・ログインをさせていないウェブサイトの場合、そのユーザーのアクセス履歴（アクセス日時、アクセス元IPアドレス、リファラー）等だけからでは、個人を特定できない場合が多く、個人情報に該当しないと整理できる場合が多いように思われます。

一方、クッキーとひも付づいて管理される情報により本人を特定できるのであれば､クッキー情報を含めた情報が個人情報に該当することになります。例えば、商品購入やユーザー登録のために、氏名、住所、電子メールアドレス等を入力させていれば、クッキーを含めたそのユーザーの全ての情報が個人情報に該当するでしょう。また、自社サイトで、氏名等をユーザーに入力させていなかったとしても、クッキーシンク等を行った上で、提携先から本人を特定できる情報（氏名等）を取得していれば、個人情報となるでしょう。

なお、ログイン・サービスがある企業において、非ログイン者のクッキー情報（クッキーとアクセス履歴等）のデータベースと、ログイン者のユーザー情報（利用者のID、パスワード、氏名、住所、クッキー等）のデータベースを分ける場合、前者は非個人情報、後者は個人情報と大まかに分けることが考えられます。もっとも、ユーザー登録をしている者が、ログインをせずにサービスを利用する場合においても、クッキーが同一であれば、同一人の可能性が高く、個人情報として扱うべきではないかという問題があります。

この点、PC等の場合、家族等による利用も十分にあり得る点等に着目し、ログインをあえて外してアクセスしているケースでは、個人情報として扱わないことにも一定の合理性があるようにも思われます（特に、個人情報の開示請求を受けた場合には、当該端末を使っていたかもしれない他の者［家族等］のプライバシーの問題も生じ、悩ましいです）。

(2) 提携先の側から見て個人情報か

クッキーシンク等に伴い、提携先との関係で情報の授受がある場合、提携先の立場から見て、提携先が取得・提供する情報が個人情報なのかがよく問題となります。この点、第一次的には、提携先が判断すべき事由なのですが、個人情報の意識が低い事業者も少なくありません。個人情報保護法違反ということで提携先が行政処分を受けた場合に、その取引先の名称まで公表されてしまう事例も少なくありませんので注意が必要です。

そこで、提携先が取得・提供する情報が個人情報にあたったとしても、自社がトラブルに巻き込まれよいように、クッキーポリシー等で慎重な対応をしておくことが有用です。

5　クッキーポリシー

(1) 個人情報の不正取得の禁止・不適切な利用の禁止

クッキーにひも付いて取得される情報が個人情報に該当する場合、個人情報の不正取得の禁止の規定が適用されることとなります（個情法17条）。これにより、不意打ちのような形で本人が想定しないような形態で個人情報を取得することも禁止されると解されます。

しかし、クッキーの場合、本人が、情報を提供しているつもりが全くないのに、情報を取得されてしまう側面があります。特にサードパーティクッキーの場合、本人としては、そのサードパーティのウェブサイト等にアクセスしたつもりがないのに、そのウェブサイトにアクセスさせられ、当該クッキーを通じて情報を収集されることになってしまいます。

そこで、個人情報の不正取得との批判を受けないよう、クッキーポリシー等で、クッキーの付与が行われる旨や、サードパーティ（提携先）の名称・プライバシーポリシー等を明示する例が増えています。

(2) 個人情報に非該当と整理する場合もクッキーポリシーは必要か

自社のクッキーや、サードパーティクッキーにひも付けて取得する情報が個人情報に該当すると整理する場合、個情法の関係もあり、クッキーポリシーを設けるべきとも言えそうですが、個人情報非該当と整理する場合はどうでしょうか。この点、個人情報に該当すると整理するか、非該当と整理するかの判断は難しい場合も少なくないこと等から、どちらと整理するかを必ずしも明らかにせずに、クッキーポリシーを設ける企業が増えているように思います。

(3) クッキーポリシーの内容

クッキーポリシーでは、クッキーが利用者の端末に保存され、自社／提携先による利用者の情報収集に活用される旨や、クッキーの受入拒否が可能である旨を明記したり、その広告業者のプライバシーポリシー等が掲載されたサイトへのリンクを設けたりする事例等が見られます。

6 海外法とクッキー

(1) クッキー規制

海外においては、クッキーを埋め込むに際し、利用者の事前の明示的な承諾を必要としている国もあります。このため、クッキーを埋め込む場合には、ポップアップを表示するウェブサイトが増えています。海外ユーザーをも意識するのであれば、海外の規制をも意識することが有用です。

(2) Apple社によるITP機能の導入

Apple社は、2017年に同社が公開したウェブブラウザのSafari 11において、ITP（Intelligent Tracking Prevention）機能を導入し、サードパーティクッキーを24時間経過後はブロックし、30日経過後は削除する仕様としました。その理由についてApple社は、ユーザーのプライバシーを守るためであると説明しています。また、2018年に、ITPバージョン2.0により、Safari（バージョン12以降）で、トラッカーにより付与されたサードパーティクッキーを、（24時間経過後でなく）直ちに排除する仕様に変更しました。その後も、ITP機能はどんどん強化されています。

広告業者、DMP業者、アフィリエイター等は、サードパーティクッキーを広く活用しているので、影響の大きい問題です。クッキー以外の方法により、利用者の同一性を特定し、追跡（トラッキング）する技術の開発等も進められていますが、このような技術の進展に対しては、Apple社等も、プライバシー保護措置を強化してくるでしょう。そこで、ファーストパーティクッキーの活用の促進、自社IDでのログイン機能の促進等が有益と言われたりします（ユーザーの同意を取得し、アドブロッカー等を使用させないように、自社ポイントの活用等も有益でしょう）。

Apple社のITPの導入は、広告業界からはかなり批判されていますが、EU基準でもある「プライバシー・バイ・デフォルト」[1]との考え方とも整合的ですので、このような動きは、今後、さらに広まる可能性が高いと言えるでしょう。

このように、データ戦略を検討するに際しては、各国の規制により自社がどのような義務を負うかだけでなく、各国の規制により、ブラウザの提供業者を含む他社がどのような対応を行うであろうか等という点も予想して、データ戦略を策定する必要があります。

[1] 個人データの管理者は、デフォルト設定では、データ主体（＝本人）のプライバシーをより保護するような設定とすべきとの考え方で、欧州データ保護規則（GDPR）25条でも採用されています。

Q2-9

データマネジメント・プラットフォーム（DMP）のサービスを提供又は利用する場合、法務的観点からの留意点は何でしょうか？

DMPサービスの利用に当たっては、個人情報保護法等の法令遵守の観点が重要であり、この関係では、スキーム全体を理解することが重要です。また、DMPサービスでは、利用者の様々なデータを連携し、利用者に対し、不安感を与えたり、不満を与えたりする場合がありますので、十分に説明を行い、ターゲティング広告等のオプトを可能にする等、十分な配慮を行うことが重要です。この他、関係者間の契約において、データの利用目的の制限等について手当する等して、データの適切な利用を確保することが重要です。

執筆：中崎 隆、板倉 陽一郎

1　データマネジメント・プラットフォーム（DMP）とは

DMPとは、直訳すれば、「データを管理するためのプラットフォーム（仕組）」を意味します。もっとも、「DMPサービス」といった場合、「あらゆるデータ」の活用というよりは、一般的には、「利用者／顧客に対するマーケティング／コミュニケーションの最適化」に主眼が置かれているようです。そこで、この節では、DMPとは、「利用者／顧客に関するデータを連携・集約し、分析した上で、活用するためのプラットフォーム」と定義します（**図表2-17**）。

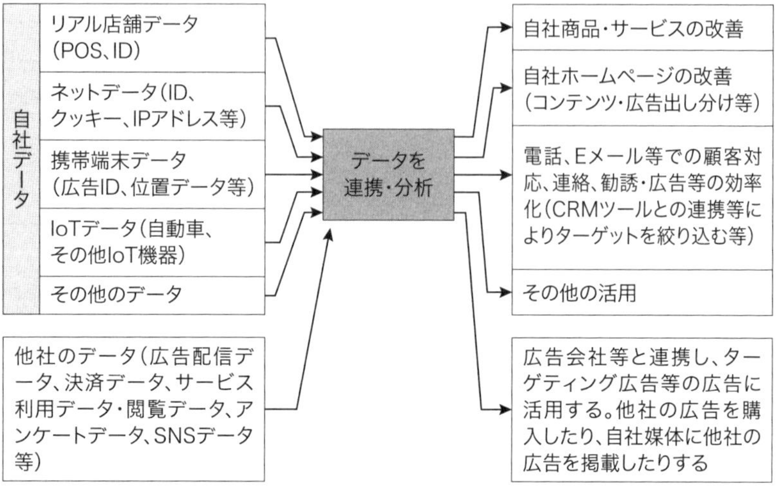

図表2-17 DMPサービス

2 DMPサービスと顧客データの連携

(1) 顧客データの連携の重要性

DMPサービスにおいては、顧客データの連携が1つの重要な要素となっています。例えば、ある特定の利用者のオフラインでの利用履歴と、オンラインでの利用履歴等とを連携し、突合できれば、その利用者の行動パターン、購買志向等をよりよく分析することができ、その利用者にあった顧客対応、勧誘等につなげられます。また、自社と他社のデータを連携することにより、より効果的なマーケティングにつなげられます。

(2) 自社の有する顧客データの連携

顧客内での顧客データ連携においては、利用者に係る何らかのデータ項目が共通している必要があります。例えば、氏名（及び住所）、ユーザーID、メールアドレス、クッキー等の何らかの項目が共通していることが重要となります。また、オフライン（＝実店舗等）の利用履歴と、当該顧客のオンライン（＝ネット上）の利用履歴とを連携する場合、自社でポイントカードを発行する等して、IDを利用者に付与している場合には、そのIDにより、オフラインでの利用履歴と、オンラインでの利用履歴とを突合できます。

(3) 自社の有する顧客データと他社の有する顧客データの一元化

自社と他社のデータを連携する場合の自社と他社のユーザーの同一性を確認する方法としては、氏名（及び住所）による確認、メールアドレスによる確認、クッキーシンク等による確認等の様々な方法があります。

3　DMPサービスにおける法務的観点からの注意点

(1) 個人情報保護法

DMPサービスの利活用においては、個人情報保護法等の法令対応が特に重要となります。この観点からは、2点、重要です。

1点目は、個人データの流れや、その保管方法、利用目的等について、関係する各当事者（DMPサービス提供事業者、DMP関連ツール提供社等）に質問票を送り、適切に全体像を理解することです。

2点目は、信頼できないDMPサービス事業者（あるいはDMP関連ツール提供社）とは付き合わないことです。質問状を送っても回答をごまかしてくるような事業者、個人情報保護法の理解が足りないと思われるような事業者、個人情報の保護を軽視していると思われるような事業者のサービス、ツール等を利用すれば、自社の顧客データが漏洩する等して、自社の信頼を失いかねません。顧客からの信頼を失えば、データ戦略は成立しません。

一方、DMPサービス等の事業者の側からすれば、自社サービスの仕組や、法令をどのように遵守しているのかを、DMPサービスの利用企業に理解してもらうことは重要であるといえます。相手方企業の法務部門や、データ部門等の納得も重要です。この観点からは、自社法務部門の役職員を、営業に同行してもらうという選択肢もあります。

(2) 利用者との関係での配慮

データ連携を行う場合、顧客の識別の精度が重要となりますが、同一人かどうかの識別は、なかなかに困難です。例えば、IDによる連携を行う場合においても、ログイン状態を継続していると、ユーザーの家族が、同じPC等を利用することもあるため、そのユーザーのみの利用データと言えない場合も生じてくるからです。このため、データ連携の精度を高める努力を行うと共に、データの精度については、限界があることを理解することが重要です。

また、利用者は、自分の色々なデータが突合されることや、その突合結果に従ってターゲティング広告の対象となることに不安を抱いたり、不満を抱いたりする場合があります[1]。利用者に対しては、利用者の個人情報がどのように利用されているかを丁寧に説明し、個人情報保護法上同意が必要であれば同意を取得するか、法律上のオプトアウトの仕組を整えます。同意が不要な場合であっても、業界団体の自主規制を遵守する形で、ターゲティング広告等については、オプトアウトができるようにすることが重要です。

この他、DMPサービスを利用する場合には、DMPサービス業者のクッキーを利用者の端末に埋め込むことになりますので、不正な方法による個人情報の取得（個人情報保護法17条）と言われないように、そうしたことを自社サイトで説明した上で、DMPサービス事業者のクッキー埋設サイトへのリンクを設定することが有用です。Q2-8も参照。

[1] 欧州においても、GDPRにおいて、プロファイリングについての説明義務（15条）、プロファイリングに異議を述べる権利（21条）、プロファイリングを含む個人に対する自動化された意思決定に関する権利（22条）が規定されています。GDPRではDMPで取扱情報は基本的に個人データであるとして対応する必要がありますので、GDPRが適用されそうな場合には一層の注意が必要です。

(3) データの帰属、利用目的の制限等について

DMPサービスを利用する場合、利用企業のデータが競合他社に利用されないように注意します。利用企業側としては、DMPサービス業者その他の関係企業との契約において、自社のデータが、競合サービス等のために利用されないよう、確保することが重要です。また、DMPサービス業者側としては、利用企業がそのような懸念を有することは当然に予想される訳ですから、自社の規約等において、利用企業の懸念に対応するような文言を入れておくことが考えられます。

コラム

「個人情報を取扱っていない」との説明を信じていいのか

DMPサービスやこれに付随するサービスでは、各利用者の様々なデータを連携するため、DMPサービスの利用業者が有する顧客データ、及び、

DMPサービス事業者（又はDMP関連ツールサービスの提供事業者）が有することとなる顧客データのいずれもが、個人情報に該当してしまう場合が多いと考えられます。顧客の氏名の情報を取得していなかったとしても、広告ID、SNS ID（例.Facebook ID）、メールアドレス等の容易に照合できる情報を通じて、本人を特定できてしまうケースがあれば、個人情報を含むことになるからです。特にメールアドレスについては、「個人名@ドメイン」等と、個人名を含むメールアドレスとしている利用者も少なくないですから、個人情報を含むと整理することが通常です。関係先企業、あるいは、自社の関連部署から、個人情報を取扱っていないとの説明を受けても、これをうのみにせずに、慎重な検討を行うことが有用です。

この関係で問題になった事案として、リクルートキャリアの件があります。同案件では、同社が「リクナビDMPフォロー」というDMPサービスを通じて、予想内定辞退率のデータを、就活生の同意なく提供していた等ということで、個人情報保護委員会から２度の改善勧告を受けております。また、同社と契約をした37社が行政指導を受けたと報道されています（2019年12月4日付け朝日新聞等）。同社は、個人データの提供はないと整理していましたが、実際には、個人データの提供があるものと認められ、行政処分を受けた訳です。しかも、そのDMPサービスの利用企業の社名もニュース等で報道され、かつ、行政指導を受けてしまった訳です。

リクルートの案件が問題となったこと等を受けて、2020年個情法改正において手当てがなされています。すなわち、個人情報取扱業者（＝DMP業者等）がデータを提供する場合に、提供先（＝DMP利用企業等）において個人データとなることが想定される場合に、当該提供について提供先が利用者から同意を取得していることが基本的に必要となることとなっています（改正法26条の2）。ITPの問題等（Q2-10参照）もあり、DMP業者にとってはクリアすべき難題が山積しています。

DMPサービス業者を利用する際には、個人情報保護法の対応が今まで以上に課題となるものと言えるでしょう。

Q2-10

人物データベース／名簿等の活用、特に、ダイレクトメール等による顧客勧誘目的での活用や、法令等遵守・与信管理目的の活用に当たって留意すべき点は何でしょうか？

人物データベース・名簿等（「人物DB等」）の活用に当たっては、人物DB等に掲載された情報が適法に取得されたものであること等について確認を行うことが重要です。また、自社への提供について個人情報23条に違反しないこと等を確認すると共に、レピュテーションリスクに十分に留意することが有用です。ダイレクトメールについては、特商法、特定電子メール法に留意する必要があると共に、配信先の方に不快感をできるだけ生じないように留意することが有用です。法令等遵守目的の活用では、共同利用の活用等を検討することが有用です。

執筆：中崎 隆

1　人物DB等の有用性

氏名や住所、電子メールアドレス等を記載した人物DB等があれば、ダイレクトメールを顧客に送ることができます。例えば、自社の従業員の高校時代の名簿の提供を受けて、あるいは名簿屋から名簿を買って、自社の製品やサービスを売り込むダイレクトメールを郵送したり、電子メールを送ったりできれば、便利でしょう。

また、国際テロリストのデータベース、犯罪者のデータベース、反社のデータベース、破産情報を含むデータベース等の様々な人物DB等があり、契約時や雇用時等に、参照されることが少なくありません。

しかし、人物DB等の活用に当たっては留意すべき点や落とし穴も色々とありますので、以下で説明します。

2　人物DB等の提供業者に適用される規制

(1) 個人情報の取得

個人情報取扱業者が個人情報を取得するに当たっては、不正な方法で取得してはならないとされており、人物DB等の提供業者も、この規制に服します（個人情報保護法17条1項）。この規制は、本人から個人情報を取得するに際しても、第三者から個人情報を取得する場合にも適用されます。

また、提供業者が、人物DB等を取得する場合、その入手元がその個人データを適法に取得したかについての確認義務や記録義務を基本的に負います（個情法26条）。

自社が不正に取得していないかだけでなく、情報の入手元が個人情報を不正に取得していないかについても確認しなければならないということです。企業から情報を違法に持ち出した従業員等から人物データベース等を取得することは許されていません。

(2) 個人データの販売・公表

人物DB等の提供は個人データの第三者提供に当たりますから、（ア）人物DB等に記載された個人の同意を得るか、（イ）同意に代わるオプトアウト措置を講ずるか、（ウ）23条1項各号の適用除外のいずれかにあたるものと整理するか、（エ）報道機関等の適用除外（個情法76条1項）にあたるよう整理する必要があります（個情法23条）。個人DB等の提供業者にはオプトアウトによる第三者提供の方法を選択し、オプトアウトに係る届出を個人情報保護委員会に対して行っているものもあります。

（ア）同意型

本人からの同意を得たい場合、まず、本人から直接同意を得ることが考えられます。例えば、ＮＴＴタウンページ（電話帳）等がこれにあたるでしょう。また、「当選者に景品プレゼント」「アンケート協力者にポイント付与」等といったキャンペーン等を行ったりして、本人から直接同意を得ることが考えられます。また、ＤＢ等の利用企業を通じて、間接的に同意を得ることが考えられます。例えば、ＤＢ等の利用企業である金融機関が、その金融サービスの利用申込者や、採用候補の従業員等についての犯罪歴、信用情報等に係るデータや、信用情報スコア（米国のFICOスコア等）を、信用機関等の外部機関から取得することが必要なのであれば、その必要となる事情を本人に説明した上で、データの授受・利用に同意いただくことが考えられます。

（イ）オプトアウト型について

本人からの同意取得が困難な場合は、オプトアウト方式により情報を取得することが考えられます。要配慮個人情報（犯罪の経歴、病歴等）については、オプトアウトが認められていませんので、要配慮個人情報を取扱わない名簿業者も多いようです。また、個情法改正後は、オプトアウト方式により提供を受けた情報をオプトアウト方式により取得することができなくなるということで、まさに名簿業者をターゲットにしたような規制が入ります。対応が悩ましい所です。

（ウ）23条1項各号型について

23条1項各号の類型の中では、(i) 23条1項1号と、(ii) 23条1項2号が用いられることが多い印象です。23条1項1号には、法令に基づく提供の場合が該当します。例えば、貸金業法や、割賦販売法では、金融機関等（＝貸金業者、クレジット業者）が、与信を行う場合に借りすぎによる自殺等を未然に防止するために、指定信用情報機関のデータを使って、申込者の信用状況をチェックすることを義務付けています。その際、過去一定期間の不払い情報や、破産情報が、指定信用情報機関から金融機関等に提供されます。これは、法律に基づいてそうせよということが規定されていますので、法令に基づく提供と位置付けられ、適法と考えられます（個情法23条1項1号）。

取引の審査に用いるための反社チェック目的のデータベースの提供や、公告テロリストのデータベースの提供であれば、個情法23条1項2号に基づく提供として認められる場合があり得ます。また、与信取引の審査に用いるための破産者についてのデータベースの提供は、個情法23条1項2号に基づく提供として正当化される余地があります。もっとも、23条1項2号では本人の同意取得が困難であること等が要件となっていますので、プライバシーポリシーに明記し、同意を取得することが可能であれば、そうするべきでしょう。

（エ）個情法76条型（報道機関等）

個人情報保護法76条では、(i) 報道機関（個人を含む）による報道目的の行為や、(ii) 研究機関（構成員を含む。）による学術研究目的の行為、(iii) 作家・ライター等による著述目的の行為等について、個情法の規定を適用しないこととしています。このため、新聞社等が、自社の過去のニュース記事について、有料で検索・閲覧できるサービスを提供していますが、これらについて、個情法23条等は適用されないものと整理することができます（但し、適切な措置等を講ずる努力義務がかかっています）。

報道目的とは、不特定かつ多数の者に対して客観的事実を事実として知らせること（これに基づいて意見又は見解を述べることを含む）をいうものとされています（同条2項）。欧州では、プロの報道機関又はその構成員でなければならないとの要件がある国［ラトビア］において、（プロのジャーナリストに該当しない）単なるYouTuberも該当しうるとの欧州司法裁判所の判決（Buivids判決）が2019年に出ており、広目に認められている類型です。

報道機関ではない者が複数の新聞社のDBを横断的に利用できるようにするサービス等については、報道目的でないとの批判を受ける可能性もありますので、サービス提供主体、契約形態、利用規約等を工夫することが考えられます。

(3) 個人情報の訂正、利用停止等の措置

名簿業者も、他の個人情報取扱業者と同様に、保有個人データの訂正、利用停止等の申出への対応を行う義務を負っています（個情法29条）。

コラム

破産者マップ事件の影響

個情法23条の点で問題となった著名な事例として、破産者マップの事案があります。破産者についての情報は、政府が官報に掲載して公表するのですが、[直近2年間の] 破産者の情報をデータベース化し検索可能な形で、かつ、Google Map上にプロットした形で公開し、第三者に提供していたものです。これに対し、個人情報保護委員会が、個情法23条違反で2020年に停止命令を発しました。本人の同意なく、個人情報を

提供しているというのです。

この破産者マップの件で衝撃的であったのは、政府が公表している情報を二次的に公表しただけでも、個情法の違反として停止命令の形となるということです。図書館等に行って官報を見れば、誰でも知ることができる情報なのです。しかも、有償の形であれば、官報検索サイトにおいて、誰でも過去の官報を見ることができるのです。

そもそも、破産者についての情報が公告されるのは、取引先・雇用先等の周囲に対しての影響が大きいからです。(i) 破産者に対して債権を有する者は、債権届出をする必要があり、(ii) 破産者に対して債務を有する者は破産者に対する債務の弁済をせず、破産管財人に対して債務の弁済をしなければならなくなったりします。(iii) 破産者は、自己の財産についての財産処分権を失い、破産者から資産の購入等を希望する者は破産管財人からする必要が基本的にあります。(iv) 破産をすれば、会社の取締役であればその地位を自動的に失い（民法653条）、弁護士・公認会計士・税理士・司法書士・行政書士・社労士・通関士・貸金業取扱主任者・宅地建物取引主任者等であれば登録抹消となります。例えば、貸金業者であれば、自社の営業所の唯一の貸金業主任者が資格を喪失すれば、他の常任の貸金業主任者を採用／配置しなければ営業が継続できなくなります。

このように周囲への影響が大きいために公告が必要とされているのであり、本来であれば、政府が、破産手続きが開始したことを一般人が知りやすい形で公表するべきとも言えそうなのです。にもかかわらず、政府の官報は、検索性も乏しく、一般人が使いにくく、一般人が破産者等を知りにくいので、有償・無償を問わず、官報のデータを加工して活用しやすくしたサービスが必要となってしまうのです。すなわち、破産者の公表は公益に資する部分がかなりあるのです。閲覧できる人を限定したいのであれば、閲覧できる者を法律で利害関係者に限定すればよいですし、閲覧できる期間を限定したいのであれば、そのように法律で定めればよいのです。そういう対応もせずに、プライバシー保護を、官報サイトを使いにくくすることで確保しようとしているのですから、いつまでたってもデータ後進国なのでしょう（本人のプライバシー尊重のために、一定期間経過後に、公表し続けることが、民法上不法行為に該当しないかは別の議論です)。

このように公表についてかなりの公益が認められること、[公表の対象は2年程度であったこと]等を考慮した場合、破産者マップについて、個情法76条2項の「報道目的」の要件を満たし、個情法23条が適用されるべき事案ではなかったのではないかとも思われます。

さて、個人情報保護委員会は、破産者マップの件で、報道目的の範囲を限定的に解し、破産者マップのサービス提供事業者が報道機関にあたらないとの前提の下、行政処分を事業者に課した訳ですが、この見解を前提とすれば、破産情報に限らず、官報等の政府が公表する個人情報を含むデータについて、当該データを使いやすい形に加工して公表する行為が、基本的に違法となると解されます。

では、上記処分の影響範囲はどこまで及ぶのでしょうか。例えば、犯罪歴等をも含む情報を掲載したサイト(例:Wikipedia)、弁護士懲戒の対象となった弁護士のデータを記載したサイト、出版社が提供する人物事典のサービス、データバンクサービス、ニュース記事検索サービス等は違法なのでしょうか。このようなサービスを利用する場合、上記行政処分をも踏まえ、個情法23条、76条との関係で、どのように整理されるのか、検討しておくことが有用でしょう。

なお、多数の詐欺事件の被疑者のリストを、自社が詐欺事件を受任するために公表しているような事業者もいますが、報道目的とは評価できないでしょうし、23条1項2号によっても正当化できないでしょう(そもそも、弁護士でもない方が紛争案件を有償で受任している場合は弁護士法に違反しているものと思われます)。

3　人物DB等を購入して活用する企業側の留意点

(1) 個人情報保護法との関係

DB提供業者、あるいは、業務提携先等から人物DB等の個人データを取得して活用するに当たっては、様々な点に留意する必要があります。特に、(i) 適法に発行された人物DB等なのか、(ii) 自社への提供についての同意(又は同意に替わるオプトアウト）があるのかという点については要注意です。

例えば、個人情報の提供を受けるに際しては、適法に発行されたものであることの確認、又はDB等提供業者による取得の経緯の確認が求められますので、「購入した名簿が違法と知らなかった」という言い訳は通りません。ダイレクトメールを受けた個人は、「どうやって自分の個人情報を入手したのか」と抗議し、すぐにネット等で炎上することもありますので、人物DB等の不正流用は判明しやすいです。人物等を活用した非会員へのダイレクトメールによる勧誘は、なかなか険しい道のりと言えそうです。

このような厳しい状況を受けて、人物DB等の業者も、個人情報保護法等を意識した対応を行うようになっています。「個人情報を適法に取得していること」を表明・保証している業者がありますし、当該業者から当該サービスの利用者への情報提供は「オプトアウトの措置を取っているため適法である」と説明しているケースもあります。

しかし、人物DB等の提供業者が本当に適法にデータを取得しているかどうかを判断することは難しく、グレーなケースもあるのではないかと思われます。「適法に取得した」「適法に発行している」との説明を受けたからといってうのみにせず、どのようなルートで取得し、どのように個人情報保護法等をクリアしているのかを慎重に確認することが有用です。

ダイレクトメール等を送付した個人や監督官庁から、「どうやって氏名や住所等の個人情報を知ったのか」と聞かれた時に、「適法に取得しています」と胸を張って正々堂々と回答できるようにしておくためにも、個人情報の取得ルート等については、きちんと確認しておくことが肝要でしょう。

(2) 勧誘方法との関係

顧客の勧誘の方法によっては、法令による規制がかかる場合があります（**図表2-18**）。

図表2-18 勧誘方法による規制

勧誘方法	規制
電子メール	特定商取引法、特定電子メール法による規制があり、消費者（個人）に対しては、基本的に承諾がある個人、又は取引のある個人に対してしか営業メールを送ることができません。また、承諾を得て電子メールを送る場合においても、オプトアウトできるようにしておくことが基本的に必要となります。Q5-12参照
FAX	特定商取引法による規制があり、FAXについても、電子メールと同様な規制が設けられています。Q5-12参照
電話	特定商取引法による規制があり、電話による勧誘を行う場合には、事業者の名称等をあらかじめ名乗り、勧誘目的であることを明示しなければならず（同法16条）、また、契約の申込を受けた場合の書面交付義務等があります。勧誘を受けたくない旨の意思を示された場合、再勧誘が禁止されます。Q5-12参照
ダイレクトメール（郵送）	ダイレクトメールについては、通信販売に係る規制の適用がありますが、承諾がないと送れないというような規制はありません。また、郵便法との関係についても注意が必要です。

(3) 炎上しないための自衛策

個人情報保護法との関係では、名簿業者はオプトアウトの措置を講じ、対象となる個人からオプトアウトの要求があった場合は、その個人に係る情報の提供を名簿業者は停止する必要があります。しかし、ダイレクトメール等を受けて苦情を言う個人は、名簿業者ではなく、まずは、ダイレクトメールを送った事業者に対して苦情を言うでしょう。「どのように自分の個人情報を知ったのか」「ダイレクトメールの郵送をやめてくれ」等という苦情です。

こういった苦情による炎上を招かないようにするためには、ダイレクトメールを送る側の企業のウェブサイト等においても、ダイレクトメールや営業電話等の停止、個人情報の利用停止等を要求できるようなサイトを用意しておくことも検討されるとよいでしょう。

ベネッセコーポレーションは個人情報漏洩事件後、ダイレクトメールによる営業を一時停止していましたが、再開し、(i) ダイレクトメール、営業電話の停止窓口の設置と、(ii) 個人情報の消去請求の窓口の設置という対策を講じているようです。

この他、次のような苦情等もインターネット掲示板で見かけます。

- 同じ会社がダイレクトメールをたくさん送ってきて捨てるのが面倒。
- 重要な送付物と営業案内を区別するために毎回開封して確認するのが面倒。
- 死んだ息子宛のダイレクトメールが届いたのでその旨を連絡したら、本人からの申出しか受けられないと言われた。
- 同居していない親戚宛のダイレクトメールが届いた。
- ペットの名前宛のダイレクトメールが届いた。

ダイレクトメールの送り方、送る対象、内容、頻度等には十分に留意する必要があります。また、名簿その他の個人データ等を入手する際には、その精度や鮮度等にも、留意することが有用です。なお、自社との契約がある会員向けのダイレクトメールであっても、「重要な案内を同封」と記載して実際は営業案内だと、次回以降、開封してもらえなくなる場合もあります。消費者を欺罔して開封させよう等という姑息な手段は用いないことが肝要です。

(4) ダイレクトメール発送受託会社の活用

ダイレクトメールや電子メール等の発送を受託する企業もあります。ダイレクトメール等の発送を委託する場合には、同時に個人情報を委託することになりますので、相手方の企業が信頼できる企業なのかを十分に審査する必要があります。

4 反社チェック・与信チェック・法令等遵守のためのグループ内での情報の共有

法令等遵守や、与信管理のために、反社チェック・テロリストチェック・与信チェック（取引先やその関係者の破産の有無のチェック）等が必要となる場合が少なくありません。官報等のデータは大変に使いにくい形態で公開されていますので、多くの企業は、外部のDBを使って、そのようなチェックを実施しています。このようなチェックは、企業単位ではなく、グループ単位で行うことが求められるようになっています。グループ内でこのようなチェック業務を集約する場合、問題となるのは、そのチェック結果のグループ企業への共有が、個人情報の第三者提供にあたる場合がある点や、外部DB業者の利用規約との関係で、規約違反となる場合がある点です。前者との関係では、グループ内の共同利用について手当てする事例もかなり増えてきているように思われます。

5　名簿業者等から個人のデータを守るために

ここまで名簿業者等の活用という観点から検討しましたが、逆に、名簿業者等から自社（自分達の団体）が保有する名簿や個人データ等を守るためにできることはあるのでしょうか。この点では、個人情報の第三者提供等を行う場合には利用規約に同意をさせ、その利用規約の中で、利用目的を制限すること等が考えられます。

例えば弁護士の情報は、日本弁護士連合会（日弁連）のウェブページで公表されており、各弁護士についての情報が検索可能な状態です。名簿業者は、この日弁連のサイトで公表された弁護士に係る情報を集め、これを集積し、名簿として販売できる状態にあり、実際に名簿として販売している事業者があると聞いています。弁護士の中には、自宅を事務所として登録している弁護士もいる訳で、物騒な話です。

しかし、名簿業者を儲けさせるために、弁護士の情報を公表している訳ではないでしょう。目的外利用と言いたいところですが、本書執筆時点では日弁連のサイトに利用条件等は明記されていないようです。サイトの利用者による利用目的を明示的に限定していない以上、目的外利用とは言いにくいです。

名簿業者等にデータを勝手に売られないようにするためには、利用規約等において、利用目的の限定の条件を組み込む等の自衛策を講ずることが重要です。大学の卒業生会名簿、企業のOB会等の名簿についても同様です。名簿のファイル等において、利用条件等を明記することで、名簿業者が違法に名簿を発行したと言えるようになる事例が増えるのではないかと思います（政府による個人情報を含む情報の公表についても同じことが言えます）。

なお、ウェブサイトを閲覧するだけの利用者について、利用規約に同意していないのに、そのウェブ約款の条項が適用されるのかという論点があります。「同意ボタンを押さない限り、約款に拘束されない」との考え方もありますが、「ボタンを押させなかったとしても、目立つ場所に規約が置かれていれば、拘束力が生じる」との考え方もあります。このように疑義があり得る以上、重要な個人データ等を含むデータベースにアクセスさせる場合には、規約への同意ボタンを明示的に踏ませることが積極的に検討されてよいように思います。

6 結語

相手方に、「気持ち悪い」「迷惑」等との印象を持たれてしまうことは企業イメージを大きく毀損しますし、個人情報の「利用停止等」の請求をされてしまえば、その個人との関係は、永遠に断ち切られてしまいかねません。データ戦略として「ユーザーからの印象を良くして承諾を得ることが大事」ですが、名簿業者等を活用してダイレクトメールを送ると「迷惑だ」との印象を与えます。企業イメージを毀損し、個人の承諾を得られにくくなるので、データ戦略に反します。

筆者も某社による個人情報漏洩事件の被害者となったことがありますが、実際に漏洩されて思うことは、企業を信用できなければ、その企業に個人情報を預けたいとも、その企業のサービスを利用したいとも思わないということです。データ戦略の基礎には、企業への信頼があるのです（**図表2-19**）。名簿の活用やダイレクトメールの活用は、消費者を不快にさせるリスクも多分にはらんでいる手法ですので、特にこの点に留意し、慎重に活用する必要があります。

図表2-19 データ戦略の基礎には企業への信頼と利便性があります

<table>
<tr><td colspan="2">データ戦略</td></tr>
<tr><td colspan="2">ユーザーの支持／ユーザーの承諾</td></tr>
<tr><td>企業への信頼</td><td>利便性／便益等の提供
（ユーザーへのメリット）</td></tr>
</table>

コラム

個人情報を売買することはけしからん？

名簿業者のような「個人のデータを売り買いして儲ける事業者は悪」と思う人はいるでしょう。特に、欧州のように、「個人情報は本人のもの」と考える立場からは、「他人の個人情報で儲ける名簿業者等は、けしからん」との考え方につながりやすいです。また、闇サイト等において、クレジットカード番号やオレオレ詐欺被害者リスト等が販売されているのは、明らかに違法な行為と考えられます。

一方で、反社チェック、与信チェック、テロリストチェック等のために、様々な企業が人物DB等を活用しています。公告国際テロリストのリストも含め、政府が公表する情報は必ずしも活用しやすい形態ではないものが多いです。事業者が労力をかけて使い勝手のよい人物DB等を構築した場合には、その人物DB等を保護しようという動きも世界的にあります。法令等のルールを守って適正に事情が行われるのであれば、名簿や個人データを売買しているからけしからんと直ちに決めつけるのは、片面的な思考なのかもしれません。

ただ、データ戦略的な考え方からすれば、「他人の個人データを使って儲けているような事業者はけしからん」という考え方を持つ利用者が多くいることに配慮し、「名簿業者」というような批判を受けやすい名称をサービス名やホームページ等に使わないというのも一つの戦略です。

Q2-11

本人確認の留意点は何でしょうか？

本人確認とは、法律に基づいて、顧客の氏名等の属性情報を確認する手続を言います。本人確認はかなり煩雑であるため、データ戦略に係る企画を行う場合には、よく問題となる論点です。本人確認を効率的に済ます手法をグループ内で検討することが有用です。なお、本人確認は煩雑である一方、マーケティング等に効果を発揮しやすいので、本人確認済みのデータは価値が高いという声も聞きます。本人確認をネガティブに捉えるのではなく、よく理解した上で、攻めに活用する発想が有益です。　執筆：中崎 隆

1　本人の属性等の把握の重要性

ターゲティング広告等を通じ、ユーザーのニーズにあった商品やサービスを提案することは、ユーザーの心をつかむために大事で、その前提として、広告を見る相手を把握できていることが重要です。例えば、実名制のSNSサービス（Facebook等）においては、本人が本名、性別、年齢等を登録しているので、そこで表示される広告は高い値段で売れると聞きます。

そこで、利用者の方々の属性等を把握するため、ID登録等をしてもらう際、本人の氏名、性別、年齢、好み等を登録してもらい、そのIDにひも付く行動履歴等を通じ、本人にあった広告表示やサービス提案（レコメンド）等がよくなされています。ですが、インターネット上でのID登録を行う方々の中には、本当の情報を記載せず、虚偽の情報を登録する方もいらっしゃいます。

例えば、キャンペーンで1人1点限り等と条件をつけていても、1人の利用者が複数IDを使い分け、多数の応募を不正に行い、1人でたくさんの商品を受取ってしまうというような不正事例は後を絶ちません。また、入会から一定期間は無料というキャンペーン（動画・音楽配信サービス等）を事業者が行った際、同一人物がIDや名前を使い分け、入退会を繰り返すことで何回も無料利用キャンペーンの対象となっていた等という不正事例もよく聞かれます。

効果的にキャンペーンを行うためにも、また、不正事象を排除するためにも、利用者の属性等を正確に把握することは、企業のデータ戦略を展開する上で、大変、重要と言えます。

2　本人確認とは

本人確認とは、利用者から、その氏名、属性情報等を申告していただき、かつ、免許証や登記簿謄本等で、その申告された氏名や属性情報等が正しいこと（及び、本人であること）を確認することを言います。利用者による犯罪行為や不正行為を防ぐために、様々な法律で、本人確認が義務付けられています。例えば、本人確認を義務付けている法律として、**図表2-20**のような法令があります（法律ごとに本人確認に求められる書類や手続は異なります）。

なお、IDとパスワードによる相手方の認証のことを「本人確認」と呼ぶ方もいますが、本書では、そのような認証は「本人認証」と呼び、本人確認といった場合には、法令に基づき義務とされる場合の確認を指すことといたします。

図表2-20　本人確認を義務付けている法律

本人確認を義務付けている法律	概要
犯罪収益の移転の防止に関する法律（「犯収法」）	金融機関や、郵便転送・電話転送サービス業者、宅建業者、ファイナンスリース業者、カード業者等に、顧客の本人確認等を義務付けています。昔は、本人確認法という名前の法律でした。
古物営業法	オークション/フリマのサイトでの販売等を含む中古品取引の業者や、オークションサイト運営者等に本人確認を求めています。
出会い系サイト規制法	出会い系サイト業者に顧客の本人確認を義務付けています。
携帯電話不正利用防止法	携帯電話会社等に利用者の本人確認を義務付けています。
外国為替及び外国貿易に関する法律（「外為法」）	海外送金を取扱う銀行・資金移動業者、クロスボーダーの資本取引を取扱う金融機関・両替商等に、顧客の本人確認等を義務付けています。

マイナンバー法	源泉徴収その他の目的のため、マイナンバーの告知を受ける事業者に対し、告知を受ける相手方（告知者）の本人確認を義務付けています。
国外送金調書法	海外への送金等に際し、本人確認と、マイナンバーの確認を金融機関（銀行・資金移動業者・金融商品取引業者）に義務付けています。

3　本人確認済みのデータは価値が高い？

法律に基づいて本人確認がなされていれば、登録されている情報が虚偽である確率を大幅に下げることができ、広告やプロモーション等の効果を上げることができるだけでなく、不正事象の確率を大幅に下げることができます。そこで、本人確認済みのデータは、確認済みでないデータと比べ、価値が高いと言われることがあります。もっとも、本人確認済みのデータの活用を図ろうとするのであれば、その制約等についても、理解しておくことが必要となります。ここでは、本人確認といった時に最もよく問題となる犯収法に基づく本人確認について説明します。

4　本人確認の手続は大変？

本人確認の手続は、かなり煩雑ですし、大変です。例えば、犯収法に基づく本人確認は、非対面の取引であれば、本人確認書類（免許証等）の写しやデータを利用者から送付・送信してもらうだけでは足りず、その利用者の本人確認書類に記載された住所に宛て取引関係文書（＝預金通帳／カード、クレジットカード、契約書等の取引に関係する文書）を、転送不要郵便で送付することが基本的に必要となります。利用者に不審な点がある場合は、追加的な確認手続が必要となります。そして、本人確認を行った記録を作成し、7年間保管する必要があります。

利用者が脱税や、犯罪取引等に関わっている疑いがあれば、疑わしい取引の届出をしなければならず、そのために、取引のモニタリングをすることが求められています（犯収法8条）。また、利用者の属性情報に変更があった場合は、その変更を記録しなければならないものとされます（犯収法6条、規則20条3項）。例えば、ある事業者が複数のサービスを提供している場合、犯収法の対象とならないAサービスについて利用者から住所変更等の届出があった場合、その利用者が犯収法の対象となるBサービスとの関係で住所変更等の手続をしなかったとしても、事業者としては住所変更等を把握している以上、犯収法の記録保存義務との関係では、住所変更等の申請があったものと扱うべきではないかとの問題があります[1]。このため、サービスごとに利用者の属性情報を管理すればよいのか、データベースを別にするとしても名寄管理を可能としなくてよいのか、といった点の検討が必要になります。

疑わしい取引の検出／届出との関係でも、企業グループで複数サービスを同一顧客に提供している場合、名寄せを行った上で、サービス横断で考えてみて疑わしい点がないかを検討するというのが世界的な流れです。

このように考えますと、本人確認対応は意外と大変です。データ戦略を考える際は、本人確認について十分に理解しておく必要があるでしょう。

[1] また、貸金業者の場合は、勤務先や、住所の変更があった場合に、総量規制に基づく、年収等の調査が必要となる場合があるため、住所の変更の届出を、一括して管理するニーズがあると言われます。

5　本人確認との関係での潮流

『データ戦略と法律』の第1版が出てから既に3年弱が経過し、本人確認を巡る近時の潮流にも変化があります。3点説明します。

（ア）eKYC対応の重要性が増している

まず、コロナの大流行を受けて、非対面取引が増えており、電子的な方法による本人確認、いわゆるeKYCへの対応が重要となっています。また、対面取引においては提示法等がポピュラーですが、偽造免許証等も出まわっており、単に本人確認書類の提示をしてもらうだけというような本人確認方法の有効性に限界が見えつつあります。

（イ）多要素認証への対応が重要となっている

次に、インターネット取引、決済等の場面で、犯罪組織による手口が高度化しつつあり、多要素認証による本人認証の重要度が増しているということです。欧州では、既に、PSD（支払サービス指令）等において、多要素認証が銀行・送金業者等に義務付けられていますが、日本においても、金融庁等が多要素認証をかなり重視するようになってきています。

（ウ）グループ内・業界内等での情報共有が重要となっている

そして、マネーロンダリング対策のために、(i) グループ内での疑わしい取引の共有や、(ii) 業界内での疑わしい事例の共有、(iii) 政府への疑わしい取引の届出や捜査協力・税務調査協力等による情報の共有の徹底等がさらに重視されるようになってきています。

(i) との関係では、グループ内での顧客IDの共有化や、顧客の名寄せ等の重要性が増しています。(ii) との関係では、顧客情報を第三者提供するということで、プライバシーポリシー等の見直しが有用です。(iii) との関係では、CCC社が捜査に必要と思われる範囲を超えた範囲の情報を捜査機関に提供していた疑いありということで炎上しており、捜査機関や税務署等に対する必要以上の情報提供を行わないよう注意が必要です。また、国税庁との関係では、税務調査に必要な場合に、金融機関等を含む取引相手に対し広範な書類開示・情報開示等を国税庁／税務署が求めることができ、これに［間接的］強制力があります（国税通則法74条の2、74条の3、128条）が、不必要な情報要求（広範すぎる情報要求）に注意すると共に、その対応のために、顧客情報の検索性をよくしたり、名寄せをしたり、マイナンバーとのひも付けを強化したり、電子化を推進したりといった対策が重要となっています。

6　本人確認済みデータの利用の制約

本人確認済みのデータを多く持っているのは、金融機関やカード会社、携帯電話会社等です。金融機関の場合には、銀行法に基づく業務範囲規制や、信用情報機関から提供を受けた情報の目的外利用の禁止の規定があります。また、個人情報との関係では、金融分野ガイドラインにも留意する必要があります。カード会社の場合には、信用分野ガイドラインや、信用情報機関（CIC・JICC等）から取得した信用情報の目的外利用の禁止にも留意する必要があります（オプトアウトによる同意取得については、原則として認められていません）。

携帯電話会社の場合は、「電気通信事業における個人情報に関するガイドライン」等に留意する必要があります。また、本人確認済みのデータは、機微情報を含む場合が多いため、その点にも留意する必要があります。

7　結語

本人確認済みのデータは価値が高いと言われていますが、その取得や管理に当たって注意すべき点も多いです。データ戦略の担当者としては、法務部門・コンプライアンス部門等ともうまく連携して、データ戦略を考える必要があります[2]。

特に、2018年に、「マネー・ロンダリング及びテロ資金供与対策に関するガイドライン」を金融庁が策定し、解釈を事実上変更したことで、犯収法の条文上は努力義務とされる体制整備等の義務が、事実上の法的義務と質的に変化しており、金融機関等は、体制整備を徹底する必要が生じています。

このマネロン対策等の体制の整備の一環として、金融機関等は、自社のマネロンリスクを定期的に分析・評価して報告書（特定事業者作成書面等）にまとめ、社内規程、マニュアル、システム等を定期的に見直し、体制を改善していく必要があります。しかも、多数の仮想通貨交換業者等に対する業務改善命令が連発されていることからも分かるように、マネロン関係の法令対応については、行政庁によるチェックが年々厳しくなってきており、世界的にも厳罰化の傾向が顕著です。このため、外部専門家を用いて、法令・監督指針・ガイドライン等を遵守できていない部分（ギャップ）の分析を行う事例が増えていると聞きます。

また、犯収法だけでなく、外為法等、他の関連する法令等との関係についても、問題がないかを一緒に確認してしまうことが有益です。金融関連の法令は、毎年、頻繁に変わっており、抜け漏れも生じやすいからです。その際、将来の法令改正や、海外の法令改正等の動向も意識して、マニュアルや、システム等を見直すことで、頻繁なシステム改築等による無駄な支出を避けるという視点も、データ戦略上、有益でしょう。

[2]　参考文献；中崎　隆「詳説犯罪収益移転防止法」（きんざい）

Q2-12

スマホの位置情報を利用した「ポケモンGO」のようなサービスを考える場合の留意点は何でしょうか？

位置情報は、マーケティングデータ等として、様々なサービスや顧客の行動分析等に活用できます。一方で、位置情報は、プライバシー性の高い情報であるため、個人情報保護法等をはじめとする法令・ガイドラインを遵守しつつ、プライバシーを意識してサービス設計等を行う必要があります。

執筆：斎藤 綾、永井 徳人

1　位置情報の利用例

スマートフォン等のモバイル端末から消費者に関する貴重なデータを多く得ることができますが、中でも位置情報は様々なサービスに利活用できるものとして多くのアプリやサービスに利用されています。

(1) サービスへの活用例

スマートフォンアプリにおける位置情報は、多くのアプリ／サービスにおいて活用されています。イメージしやすいものとして、地図アプリにおける経路案内や天気予報アプリにおける現在地の天気予報があります。同様に、カーナビのように現在地情報を基に周辺施設や店舗の検索／表示を可能とするアプリ、Uberのようにドライバーと乗客をマッチングさせるアプリ、位置情報（走行距離等）を健康管理に利用するアプリ等、位置情報を利用するアプリ等は多岐にわたります。Facebookの「チェックイン」機能のように、SNSで自分の場所を友人に知らせることを可能にするアプリもあります。

(2) プロモーションへの活用例

位置情報は、効率的なマーケティングを行うためにも様々な場面で活用されています。例えば、位置情報をアプリ等における広告の出し分けに活用して近辺の店舗の広告を表示する例もあります。また、位置情報によりユーザーの行動範囲、行動パターン等を把握することで、嗜好、興味、属性を推測し、ターゲット広告につなげる例もあります。

(3) ジオフェンシングの活用例

さらに注目されるのが、位置情報を利用した「ジオフェンシング」の活用事例です。ジオフェンシングとは、ユーザーが地図上に設定した仮想のフェンスで囲われたエリアに出入りすると、自動的に何らかの情報を通知する仕組です。一般的な実用例は、店舗周辺のフェンス内に入った顧客にクーポン等の販促情報を送るというようなものですが、IoTの普及に伴い、活用の幅は広がっていくと考えられます。例えば、「自動車の盗難防止」「社員の勤怠管理システム」「最寄り駅の改札を出ると自宅のエアコンを作動させる」「美術館で展示物の前に来たら解説の音声をスマホから流す」「子供や認知症の方が施設を出てしまったら、管理者に警報メールが送られる」といった用途が想定されます。なお、位置情報を利用したゲームとして話題になった「ポケモンGO」もジオフェンシングを利用したものです。

2　位置情報の種類

そもそもスマートフォンから得られる位置情報は、具体的にはどのような情報なのでしょうか。一般的には、4種類の情報に分類でき、また、複数の手段を組み合わせて用いられる場合もあります[1]（**図表2-21**）。

[1]　詳細は総務省の緊急時等における位置情報の取扱いに関する検討会で取りまとめられた報告書「位置情報プライバシーレポート～位置情報に関するプライバシーの適切な保護と社会的利活用の両立に向けて～」（2014年7月）参照。http://www.soumu.go.jp/main_content/000303636.pdf

図表2-21 位置情報の種類

出所：総務省「緊急時等における位置情報の取扱いに関する検討会報告書 位置情報プライバシーレポート～位置情報に関するプライバシーの適切な保護と社会的利活用の両立に向けて～」（2014年7月）を基に作成

位置情報の種類	概要
携帯電話基地局に関する位置情報	通信事業者が通信のためにシステム的に取得する情報です。利用者が通信する際にどの基地局に接続しているかという情報に加え、通話やデータ通信をしていないときでも、端末がどの基地局のエリア内に所在するかを把握するために「位置登録情報」が基地局に送られています。数百m前後の誤差で位置情報を把握できると言われています。さらに、5G（第5世代移動通信システム）においては、測位の精度がさらに上がることが期待されています。
GPS等の衛星測位システムの位置情報	複数の位置情報衛星から発信されている電波を端末が受信し、衛星と端末との距離等から端末の詳細な位置を示す位置情報です。代表例であるGPSは、カーナビでも利用されている技術で、数m前後の誤差で位置情報を把握できると言われています。日本では、準天頂衛星システム「みちびき」の運用開始により、数cmの誤差にまで精度が上がってきています。
Wi-Fi位置情報	あらかじめデータベース化された固定のWi-Fiアクセスポイントの所在地を基に、端末とアクセスポイント間の通信から取得される位置情報です。利用者自身がWi-Fiのアクセスポイントに接続して通信していなくても、端末は、頻繁に周囲のアクセスポイントから出る電波を検知しており、この際にやり取りされる情報を応用したものです。GPS情報と組み合わせることで、より精度の高い位置情報となります。
ビーコン（Beacon）による位置情報	固定で設置されたビーコン端末が低電力のBluetooth（Bluetooth Low Energy）が発信する電波を、スマートフォン等が受信することで、把握される位置情報です。建物内の位置情報も把握できるのが特徴です。iPhone（iOS7以降）にビーコンの情報を受信するアプリが標準搭載され、Android端末でも利用可能となっています。

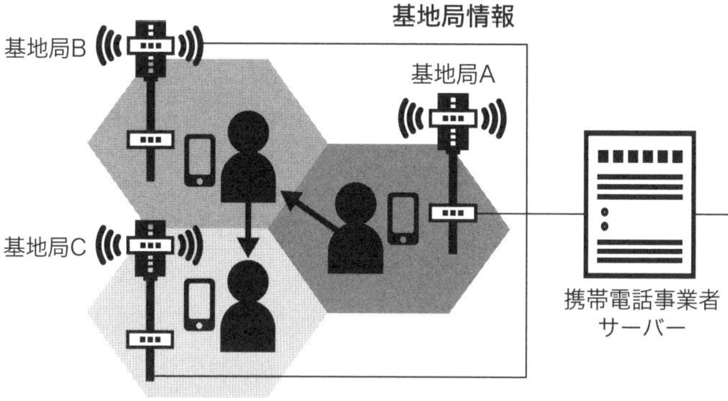

移動体端末が着信等を行うために、移動体端末がどの基地局のエリア内に所在するかを明らかにするため、移動体端末がエリアを移動するごとに情報（基地局の識別番号、端末の識別番号、取得日時等）が基地局に送られる。

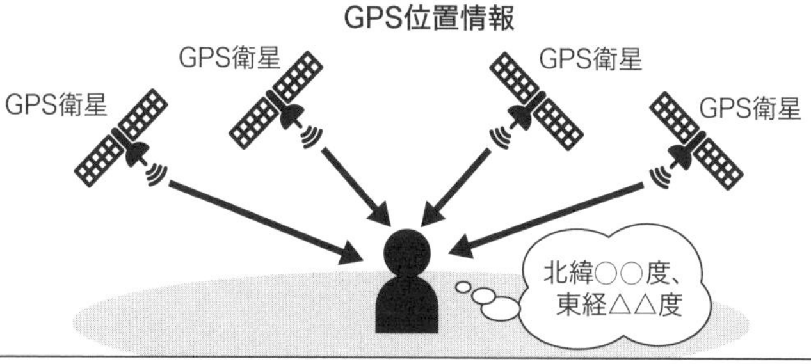

GPS衛星から発信された信号が携帯電話端末に受信されるまでの時間を利用して、端末上で衛星と携帯電話端末の間の距離を算出の上、その位置を計算

上記の複数のシステムを組み合わせることにより、位置情報の精度を高める仕組みも実現されており、これらの技術のさらなる普及と高度化が進んでいます。自動運転、ドローン、拡張現実（AR）・仮想現実（VR）等の技術において、高精度の位置測定のニーズは、ますます高まる傾向にあります。低遅延、多数同時接続、超高速といった特徴を持つ5G（第5世代移動通信システム）等のインフラとの組み合わせより、様々なサービス展開が期待されます。

どの位置情報を利用するかは、必要なシステム（設備投資や他社のサービス利用等が必要か）、そのシステム、サービス等に掛かるコスト、目的に応じて必要な位置情報の精度等といった観点から選択することになります。さらに、これらの位置情報については、取得される情報の内容等が異なり、その取扱いにおいてはそれぞれ留意すべき事項が異なりますので、位置情報を利用する際には、こうした法的な観点も加味して検討する必要があります。

3　位置情報とプライバシー

(1) プライバシー保護のための措置

では、位置情報を使用する場合、どのような点に留意すべきなのでしょうか。

まず、位置情報は、個人のスマートフォンから取得される情報であるため、全て個人情報に当たるのではないかと考えられがちですが、位置情報データ単独では必ずしも個人情報に該当するものではありません。但し、特定端末の位置情報を蓄積する場合や他の情報と組み合わせる場合等、個人を特定することができるようになった場合には、個人情報に該当し、個人情報保護法に従った取扱いが必要になることも考えられます。

位置情報が個人情報に該当しないとしても、個人の所在や行動履歴が詳細に把握できるため、高いプライバシー性を有するセンシティブなデータに当たり、プライバシーに配慮した取扱いが求められます（なお、通信事業者においては、後述する通信の秘密に該当しない位置情報であっても、個人情報として扱われています）。

具体的には、位置情報の取得に関しては、アプリ内及びウェブサイト上にプライバシーポリシーを掲載すること、位置情報の取得前にユーザーに位置情報を取得することを通知し、その明示的な同意を得ることが挙げられます。また、利用に関しては、利用目的を通知（又は公表）する必要があります。マーケティング目的で第三者に情報を提供する場合等、自社のアプリサービス以外の目的に使用する場合についても、目的の通知・公表、同意の取得が必要です。このように、プライバシー保護のために必要な措置は、個人情報の取扱いに準じたものであり、重複する部分も少なくありません。但し、個人情報より広い範囲を対象として、別観点からの対応が求められる点に留意する必要があります。

(2) プライバシーバイデザイン

プライバシーが守られるようにアプリやサービスを設計、開発すべきという考え方を「プライバシーバイデザイン（Privacy by design）」といいます。例えば、モバイル端末の位置情報で、従業員の所在を確認して労務管理するアプリがあった場合、業務時間外や休日等の所在を企業が確認することは、プライバシーの観点から問題があるといえます。業務時間外については位置情報が提供されない機能を設ける等、アプリの設計、開発においてプライバシー侵害を防ぐ仕組作りが考えられます。GDPR（EU一般データ保護規則）では、データを扱う事業者に対し、新サービスの導入時にプライバシー保護への考慮を義務付けられており、これはプライバシーバイデザインの考え方を反映したものです。

また、アプリが提供するサービスにおいて位置情報を利用しない場合であっても、SNSアプリや広告事業者等の第三者に位置情報が提供される仕組になっていないか、なっている場合には、当該アプリや事業者において、位置情報をどのような目的で利用するのか、他の情報と組み合わせることはないのか等について留意し、必要な対応をとる必要があります。

(3) プライバシー保護に関する動向

位置情報を取扱う際のルールは、欧州では「電子通信部門における個人情報の処理とプライバシーの保護に関する指令」において規定[2]があります。米国は、位置情報とプライバシーに関する法律は未整備の状況（法案がいくつか提出されているものの[3]）ですが、プライバシーに関する管轄を有するFederal Trade Commission（FTC）や様々な業界団体が報告書やガイドラインにおいてベストプラクティスを発表しています[4]。日本でもこれらの諸外国の例を参考に今後ガイドラインが整備されると考えられます。

[2] Directive on privacy and electronic communications (Directive 2002/58/EC), Article 9 Location data other than traffic data
http://eur-lex.europa.eu/LexUriServ/LexUriServ.do?uri=CELEX:32002L0058:en:HTML
[3] http://www.gps.gov/policy/legislation/gps-act/
[4] https://www.lexisnexis.com/lexis-practice-advisor/the-journal/b/lpa/archive/2016/11/08/mobile-app-privacy-considerations.aspx

4　位置情報と通信の秘密

「位置情報の種類」で説明した通り、位置情報には、個々の通信の際に取得される位置情報があります（個々の通信の際に利用される基地局情報とWi-Fi位置情報のうち通信の際に取得される位置情報等）。こうした位置情報は通信の要素であるとして、「通信の秘密」の保護対象となります（Q5-13も参照）。この点について、電気通信事業法は、憲法における「通信の秘密」の規定を受けて、「電気通信事業者の取扱中に係る通信の秘密を侵してはならない」と定めています。

そして、当該規制を受けて、電気通信事業者による位置情報の取扱いに係る規制についての解釈等の詳細が、「電気通信事業者における個人情報保護に関するガイドライン[5]」で定められています。この点、個人情報保護法の改正や、位置情報の活用事例の増加等を受けて、位置情報の取扱いについての規制に係る解釈の見直しが進められていますので注意が必要です。

また、電気通信事業者が位置情報を利用する際には、電気通信事業法における通信の秘密の保護及びプライバシーの保護の趣旨を踏まえ、「通信の秘密を侵害している」等と言われないように、十分な匿名化が行われること確保するために、業界の自主的なガイドラインである『電気通信事業における「十分な匿名化」に関するガイドライン[6]』があります。このガイドラインは、個別具体的なユースケースに応じて「十分な匿名化」の要求レベルについて電気通信事業者が判断することを前提とし、電気通信事業者が位置情報を加工して活用するに際して最低限遵守すべき基本ルール及び対応方法の例を定めています。

[5] ガイドラインの解説については、http://www.soumu.go.jp/main_sosiki/joho_tsusin/d_syohi/pdf/051018_2.pdf 参照
[6] 一般財団法人日本データ通信協会 https://www.dekyo.or.jp/kojinjyoho/contents/law/3.html

Q2-13

自動車の運転データを収集して、これをターゲティングや品質改善、道路混雑状況の情報提供サービス等に利用する場合に気を付ける点は何でしょうか？

自動車から得た多くの運転データは様々な種類のサービスに利用できますが、自動車から収集したデータが個人を特定し得るものであれば、個人情報として取扱う必要があります。また、収集したデータが個人情報でなくても、それを取扱うに当たって、プライバシーに配慮する必要がある場合があります。そのため、自動車の利用者等にとって、どのようなデータがどのように利用されるのかが分かりやすい仕組を作る必要があります。

執筆：斎藤 綾

1　自動車の運転データ

IoTにおいてインターネットとつながる「モノ」の代表例として、自動車が挙げられます。このようにインターネット通信技術を搭載した自動車は、一般に、コネクテッドカーと呼ばれます。コネクテッドカーにおいては、自動車の運転により得られる大量のデータ[1]を収集して処理する能力があり、収集されたデータを活用することで、自動車に関連して様々なサービス提供が可能となります。

[1]　位置、速度情報、車両コンディション、車間距離、ドライバーのモニタリングデータ等。

(1) コネクテッドカーとは

コネクテッドカーにより具体的にはどのようなことが実現できるのでしょうか。ユーザーにとってイメージしやすいのは、スマートフォンの延長のように、スマートフォンで利用可能な機能を自動車の車体で利用するような使用例でしょう。例えば、経路案内や渋滞情報の通知のカーナビ機能、音楽や動画の配信、周辺施設の検索やレコメンド、SNSの使用等が考えられます。さらに、車体に決済機能を搭載する取組もあります[2]。例えば、駐車場の料金等も自動的に支払うことが可能になります。自動車の車体だけではなく、道路網や信号等の交通インフラもインターネットとつながる（＝高度道路交通システム「Intelligent Transport Systems（ITS）」）と、交通ネットワークや他の自動車とも通信し、事故や渋滞の発生予測や防止、災害、天候、道路状況等により最短ルートや燃費の良いルートの案内等を行うことで、自動運転の普及が促進されると考えられます。

コネクテッドカーにおいては、テレマティクス技術を活用して車体の挙動情報を収集し、このドライバーの運転距離・行動データを反映した保険料金を算定するというテレマティクス保険の提供が可能となります。車体そのものに関するデータも保険料金において考慮することができ、またリアルタイムでサービスセンター等に提供し、不具合を検知した場合にはドライバーに通知する機能も考えられます。コネクテッドカーの出現により、自動車メーカーは従来のような車体やエンジン等のハードの開発から、車体に搭載するシステムやソフトウエアへの投資にシフトし、通信事業者と協業を進めています[3]。また、従来の自動車メーカーだけでなく、多くのテクノロジー企業もコネクテッドカーへ投資しています。

[2] http://www.paymentnavi.com/paymentnews/46549.html
[3] トヨタ社・NTT社による協業（http://www.ntt.co.jp/news2017/1703/170327a.html）
トヨタ社・KDDI社による協業（http://news.kddi.com/kddi/corporate/newsrelease/2016/06/02/1840.html）

(2) 実例

コネクテッドカーの機能を有する自動車の導入は少しずつ進んでいます。自動車をスマートフォンのようなデバイスとして使用できるサービスとして、一部の対応車種においてApple Car Play[4]やGoogle Android Auto[5]が利用できます。また、各自動車メーカーは、それぞれの車体に通信機能を搭載しています[6]。欧州では、2018年4月からは新型車には「eCall」という緊急通報システムの搭載が義務付けられています。これは、特定の自動車メーカーに限定されるものでなく、交通インフラとして公共性を有する機能になります。

テレマティクス保険については、走行距離に連動したPAYD（pay as you drive）と、ドライバーの運転特性に連動したPHYD（pay how you drive）方式がありますが、日本国内ではいずれの方式の保険プランも提供されています[7]。

[4] https://www.apple.com/jp/ios/carplay/
[5] https://www.android.com/intl/ja_jp/auto/

[6] BMW: My BMW ConnectedDrive(https://www.bmw.co.jp/ja/topics/brand-and-technology/technology/connected-drive/connecteddrive-store-portal.html)、Audi Connect: http://www.audi.jp/audi_connect/
[7] 但し、車体そのものではなく、スマートフォンアプリを利用してデータ収集するサービスです。http://www.sjnk.co.jp/~/media/SJNK/files/news/2016/20170327_1.pdf

2　コネクテッドカーから取得されるデータに関する法律問題

コネクテッドカーにより得られたデータについては、多くの使用方法が考えられることは前記の通りですが、使用するに当たっては、どのような点について留意する必要があるのでしょうか。

コネクテッドカーにより得られるデータは、必ずしも個人情報に該当するものではないですが、自動車の所有者あるいはドライバーに関する個人情報と結び付く場合や同一の車両から収集されるデータを蓄積することで個人が特定され得る場合には、個人情報として取扱う必要があります。また、個人情報でないとしても、位置情報等のプライバシー性が高いデータも含まれるため、プライバシーに配慮した措置が必要になります。具体的には、取得の通知、利用目的の通知、同意の取得、第三者提供がある場合には通知及び同意の取得等です。

例えば、自動車で訪れた飲食店に関するデータから、ユーザーの嗜好を推測し、その好みに合う飲食店付近で広告を配信するためには、ターゲティング広告についての利用に同意を得ている必要があります。また、テレマティクス保険プランにおいて取得される運転行動データを安全な自動車開発に利用する場合や、行政機関において交通渋滞の予測に利用する場合、第三者へこれらの情報を提供することについて同意が必要となります。

車両の場合は、同意や通知の主体が問題となります。車両の所有者、運転者、同乗者が問題になりますが、どのような場合に誰からどのように同意を取得する必要があるかについては、検討が必要です。

また、車両には多数のソフトウエアやシステムが搭載されると考えられますが、ソフトウエアやシステムごとに収集されるデータ、使用目的、提供先が異なると、それぞれについて同意を取得することは極めて煩雑となるため、必要な情報を通知し、同意を取得するためにユーザー・フレンドリーな仕組の検討が必要です。

さらに事故が発生した場合には、コネクテッドカーにより取得される運転データを事故調査のために捜査当局へ提供することが可能であるかについては、検討が必要です。同意があれば可能と考えられますが、包括的な事前同意で良いか、個別の同意が運転者、所有者から必要かについては見解が分かれそうです。

3 契約関係の複雑化

一般的に、コネクテッドカーに提供されるサービスは、自動車メーカーが自社の自動車に搭載したシステムに、様々な事業者が提供するサービスを組み込んだものです。この場合、各サービス提供者から直接エンドユーザーに提供することが一般的と考えられます。車両搭載のコネクテッドカーのシステムをプラットフォームと捉えると、各サービスの提供者はそれぞれの定める条件でサービスをユーザーに対して直接提供し、プラットフォーム提供者は、サービス提供者に代わって、あるいはサービス提供者以上の責任をエンドユーザーに対して負わないと通常考えられます[8]。各ユーザーは、コネクテッドカーシステムの利用規約に一律に同意することで、第三者のサービスを含むサービス全体の利用に関して合意することになります。

この場合、エンドユーザーにとっては、コネクテッドカーのサービスと個々のサービスの区別が分かりづらく、契約関係が理解しにくくなるため、ユーザーに対してどのように分かりやすく利用条件等を通知し、説明するかについて、留意が必要といえそうです。

特に、コネクテッドカーによりどのようなデータが収集され、取集されたデータは誰に帰属し、誰がどのような目的で利用できるのか、誰に対して、どのようにその取得を通知し、その利用につき同意を得るかについて、検討が必要になります。コネクテッドカーに関連するサービス提供者として、自社では得られないデータの取得を期待しているのであれば、必要なデータを希望する目的のために利用できるような契約条件となっているか確認する必要があります。

[8] 但し、プラットフォーム提供者がどの程度各サービス提供者とユーザーとの契約関係に関与の度合いが大きい場合は、プラットフォーム提供者にも責任を負う場合があると考えられます（判例）。

4 オープン化

コネクテッドカーの普及が進むと、消費者としては、自動車に使用可能な種々のサービスを選べるようになり、自動車市場において競争力となると予想されます。したがって、競争を促進するためには、コネクテッドカーにおいて、より多くのサービスを提供し、より多種のデータを取得できることが求められてくると考えられます。

このため、車両に搭載するコネクテッドカーのシステムやプラットフォームに係る知的財産に関しても検討すべきといえます。自動車の価値や競争力が搭載しているシステムで決まるようになった場合、ユーザーによるサービスの入れ替えや新しいサービスの追加を可能とし、特定サービス事業者へのロックインを防ぐことを検討する必要が出てきます。

そこで、コネクテッドカーのシステムやプラットフォーム提供者（主に自動車メーカー）においては、より多くのサービス提供者の参入を可能とし、マーケットの拡大のために、基幹となるシステム部分については、権利化しない、あるいは技術をオープン化するという選択も検討すべきといえます。

5　Mobility as a Service（MaaS）

コネクテッドカーは、モビリティサービスにおける主要又は中心的な要素となります。トヨタ自動車は、自動車をつくる会社からモビリティ・カンパニーにモデルチェンジするとして、これを実現するコンセプトカーとして移動や物流、物販等多目的に活用できるモビリティサービスを目指したMaaS（Mobility as a Service：移動のサービス化）専用次世代EV（電気自動車）「e-Palette（イーパレット）」を発表しています[9]。

MaaSは、広義では、スマホアプリで移動手段を選択、予約、決済等できるオンラインサービスといえ、Uber等の配車サービスアプリがこの代表例といえますが、最近では、フィンランドのMaaS Global社が提供する「Whim」[10]のような、バス、電車、タクシー、ライドシェア、シェアサイクル等のあらゆる交通手段を統合し、手配、予約、支払いを行えるサブスクリプション型のサービスを指す場合が多いです。

日本における状況としては、国土交通省が、MaaSとは、「地域住民や旅行者一人一人のトリップ単位での移動ニーズに対応して、複数の公共交通やそれ以外の移動サービスを最適に組み合わせて検索・予約・決済等を一括で行うサービスであり、観光や医療等の目的地における交通以外のサービス等との連携により、移動の利便性向上や地域の課題解決にも資する重要な手段となるもの」[11]と位置付け、全国への早急な普及のための取組として多くの実証実験を進めています。

2020年においては、38の実証実験支援事業を選定しています[12]。また、2020年11月27日には、MaaSに参加する複数の交通事業者の運賃設定に係る手続のワンストップ化、MaaS協議会制度の創設（新モビリティサービス事業）を含む「持続可能な運送サービスの提供の確保に資する取組を推進するための地域公共交通の活性化及び再生に関する法律等の一部を改正する法案」が施行されました[13]。このような政策レベルの動きを受け、日本において、今後MaaSのさらなる発展が見込まれます。

[9] https://global.toyota/jp/newsroom/corporate/20508200.html
[10] https://whimapp.com/。2020年12月より日本でも実証実験実施中。
[11] https://www.mlit.go.jp/sogoseisaku/japanmaas/promotion/
[12] https://www.mlit.go.jp/report/press/sogo12_hh_000190.html
[13] https://www.mlit.go.jp/sogoseisaku/transport/sosei_transport_tk_000055.html

Q2-14

AIの機械学習のためのデータ利用に関し注意すべき点は何でしょうか？

個人情報や営業秘密等、他人の権利を侵害しないように、データ利用を視野に入れて契約内容を検討する等の準備が必要です。また、AIに関連するデータの成果物について、知的財産権で保護されるかといった点も、ビジネスに直結する問題です。

執筆：吉田 秀平、永井 徳人

1　人工知能（AI）の仕組とデータ戦略

最新の人工知能（AI）の開発は、情報処理の手順を人間が考えてプログラムを作成するのではなく、最適な情報処理を実行する方法を発見するためのプログラ

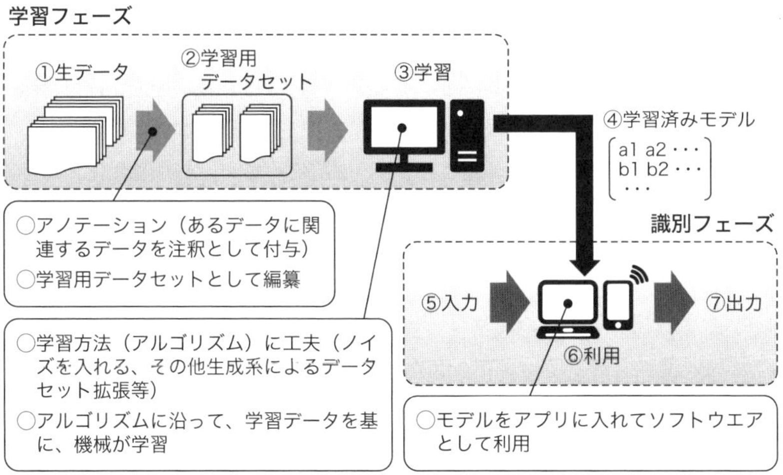

図表2-22　AIの仕組

出所：経済産業省 産業構造審議会情報経済小委員会分散戦略WG「オープンなデータ流通構造に向けた環境整備」（2016年7月27日）を基に作成

ムに、いわゆるビッグデータと呼ばれるような大量のデータを読み込ませて「トレーニング」(機械学習)をすることによって、最適な情報処理モデル(学習済みモデル)を生み出す方法によって行われています。特に近年、ディープラーニング(深層学習)の手法がブレークスルーとなり、AIは実用レベルにまで大きく進化しました(**図表2-22**)。

このようなAI開発過程では、プログラムの「トレーニング」のために適切かつ大量の学習用データが必要となりますが、学習させる元データである「生データ」をいかに確保するかが出発点となります。この際、学習用データの利用においては、データに含まれる個人情報やパーソナルデータの取扱いをはじめ、法的な側面にも注意する必要があります。

また、生データを整形等した「学習用データセット」、機械学習の成果である「学習用データセット」を生み出す立場からは、これらが法的にどのように保護されるか、逆にこれらのデータを利用する立場からは、いかに他人の権利を侵害せずに利用するかが、データ戦略の鍵となります。

2　学習データを利用する際のチェックポイント

(1) 個人情報やパーソナルデータ

(ア) 個人情報

「個人情報」や「パーソナルデータ」(「個人情報」より広い概念で、位置情報や購入履歴それ自体等も含まれます)を利用する際には、個人情報保護法をはじめ、統計法及び電気通信事業法(通信の秘密)等が関係します。AI開発段階における学習データとしての個人情報及びパーソナルデータの利用場面では、特に個人情報保護法に注意が必要です。

個人情報保護法上の「個人情報」に該当する情報については、利用目的の特定・目的外利用の禁止、安全管理措置、第三者提供の制限等の規制の適用を受けます。そのため、利用目的や第三者提供との関係では本人の同意があるか等といった確認が必要です。特に「要配慮個人情報」については、その取得について原則として本人の同意が必要とされる等、慎重な取扱いが求められています。そのため、AI開発段階において、学習用データに「要配慮個人情報」を用いることが必須か、必須である場合にはその他の「個人情報」と区別された処理が必要か等といった観点から検討が必要になると考えられます。

一方で、AI開発段階において、パーソナルデータを「匿名加工情報」又は「仮名加工情報」（2020年6月同法改正により追加。2022年4月1日施行予定）として利用する場合には、それぞれ「匿名加工情報」としての要件又は「仮名加工情報」としての要件（Q5-4参照）を満たすような処理がなされているかどうか確認する必要があります。

なお、前述の「要配慮個人情報」に当たる個人情報であっても、関連性を有すると合理的に認められる範囲で利用目的を変更すること（同法15条2項）や、匿名加工情報へ加工し第三者に提供することが可能です。

また、2020年6月の個人情報保護法改正（2022年4月1日施行予定）において、それ自体は個人情報等には該当しないが提供先で個人データとなる情報が、「個人関連情報」と定義され、新たに規制対象となっているため注意が必要です（Q5-2参照）。

（イ）プライバシー

個人情報に該当しない場合であっても、個人情報に準じてプライバシーへの配慮も求められます。厳密に法的な規制がかかっていない場合でも、プライバシーを軽視したプロダクト設計を行うと、世間の批判を集め（いわゆる「炎上」）、大きなレピュテーションリスクにもつながりかねません。

2017年の総務省情報通信政策研究所の「報告書2017」では、国際的な議論を日本がリードすることを狙って、「国際的な議論のためのAI開発ガイドライン案」が公表されています。このガイドライン案においては、様々な原則の中で「プライバシーの原則」をうたっており、「AIネットワークシステムが利用者及び第三者のプライバシーを侵害しないように配慮すること」がその内容とされています。具体的には、(i) プライバシー侵害のリスクを評価するため、あらかじめプライバシー影響評価を行うよう努めること、(ii) AIシステムの利活用時におけるプライバシー侵害を回避するため、当該システム開発の過程を通じて、採用する技術の特性に照らし可能な範囲で措置を講ずるよう努めることを求めています。

配慮されるべき「プライバシー」の範囲については、(i) 空間プライバシー（私生活の平穏）、(ii) 情報プライバシー（パーソナルデータ）、(iii) 通信の秘密及び(iv) 生体プライバシー（生体情報）が含まれるとしており、注目されます。

(ウ) AIに係る利活用原則等

2019年8月、総務省情報通信政策研究所AIネットワーク社会推進会議において「AI利活用ガイドライン」(「報告書2019」別紙1) が取りまとめられ、その中で、AI利活用原則として、10の原則をあげています。具体的には、(i) 適正利用の原則、(ii) 適正学習の原則、(iii) 連携の原則、(iv) 安全の原則、(v) セキュリティの原則、(vi) プライバシーの原則、(vii) 尊厳・自律の原則、(viii) 公平性の原則、(ix) 透明性の原則、(x) アカウンタビリティの原則があがっており、これに沿った取扱いが期待されています。

(2) 営業秘密や契約上の秘密保持義務等

個人情報に該当しない場合であっても、他社の情報については、不正競争防止法で保護される「営業秘密」や「限定提供データ」に該当しないか、さらに、営業秘密等に該当しないとしても、秘密保持契約 (NDA) 等による制限を課されていないかといった観点から注意が必要です。

営業秘密とは、(i) 秘密として管理され、(ii) 有用で、(iii) 公然と知られていない情報を指します。不正競争防止法では、営業秘密を不正に取得したり、不正に取得された営業秘密を利用したりすることを禁止しています。さらに、2018年の不正競争防止法の改正では、データ利用を促進するための環境整備として、限定提供データという概念が導入され、新たに保護される範囲が拡大されています。Q5-14も参照。

また、データの利用について、法律による制限がなくても、契約によって制限されていることもあります。例えば、秘密保持契約では、秘密保持義務を課すだけでなく、利用できる目的の範囲が定められているのが一般的です。そのため、これらの情報を利用する場合には、その情報の帰属先や開示元等の許諾を得ておく必要があります。

(3) 著作権

著作権法では、コンピュータによる情報解析を目的とする場合には、著作権者の許諾がなくても、例外的に、データの複製や改変が認められています。2018年の著作権法の改正では、「著作権者の利益を通常害さない行為」が許容されることとなり、AIにおけるディープラーニング等でのデータ活用について、以前より柔軟に考えることできるようになりました。

(4) データ活用のポイント

このように、学習用の生データを確保するには、様々な法的な制限がありますが、これらの多くは、情報の主体や開示者との間の契約において、許諾を得ることでクリアできます。そのため、契約締結に際しては、将来のデータ利用も見越した内容とすることが重要です。なお、外国企業等との英文契約においては、データの帰属先を示す意味で「ownership」という用語が使われることもあります。これは、直訳の「所有権」とは異なる概念ですので、注意が必要です。AIによる開発やデータ利用に関する契約の考慮要素等については、経済産業省が「AI・データの利用に関する契約ガイドライン」を公表しています。

3　成果物に対する法的保護

AIに関連して得られたデータ等が、知的財産権等としてどのように保護されるかという観点も、データ戦略を考える上で重要です。この観点は、(i) いかに安価に学習用のデータを入手するかという側面、(ii) 自社で収集／作成したデータを第三者にライセンスするビジネスが成立するかという側面、(iii) 他社に自社データを使わせないことにより、競争優位性を確保できるかという側面で、重要な意味を持ちます。つまり、データの取得・利用や第三者への提供に際して、ライセンス料が発生するかという点は、ビジネスモデルを検討する上でも重要な観点です。

図表2-23は、経済産業省の会議において、AIに関連するデータ等が、現行の知的財産保護法制の下でどのように保護され得るかについて、有識者が示したものです。

図表2-23 AI関連データの保護

出所：経済産業省 産業構造審議会情報経済小委員会分散戦略WG「オープンなデータ流通構造に向けた環境整備」（2016年7月27日）を基に作成

	特許権	著作権	不正競争防止法（営業秘密）	一般不法行為
①データ 	× （情報の単なる提示に該当するため、発明成立性を満たさない（特許法29条柱書・審査基準第Ⅲ章））	△ （著作物性が認められる場合は保護されるが、生データそれ自体は通常創作性が認められない）	○ （①秘密管理性、②有用性、③非公知性の3要件を満たす場合）	× ※損害賠償請求は可能（以下この列同じ）
②学習用データセット 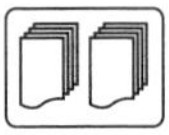	× （情報の単なる提示に該当するため、発明成立性を満たさない（特許法29条柱書・審査基準第Ⅲ章））	○ （情報の選択又は体系的な構成によって創作性を有するものはデータベースの著作物として保護される（著作権法12条の2））	○ （上記3要件を満たす場合）	×
③学習 	○ （特許法上の「プログラム等」に該当する場合、コンピュータソフトウエア関連発明として保護される）	○ ※プログラムそのものを保護 ※リバースエンジニアリングによって同一のものが作成された場合は著作権侵害を問えない	○ （上記3要件を満たす場合） ※著作権と同様にリバースエンジニアリングには対応不可	×
④学習済みモデル a1 a2・・・ b1 b2・・・ ・・・	△ （プログラムに準ずるもの（「モデル」がコンピュータによる情報処理を規定するもの）に該当する場合は保護対象となるが、通常、「関数自体、行列自体」には発明成立性が認められない）	△ ※学習済みモデルが「データベースの著作物」もしくは「プログラム著作物」として著作物と認められる場合があるかは不透明 ※リバースエンジニアリングには対応不可	○ （上記3要件を満たす場合） ※頒布する場合、非公知性を満たすためには、暗号化等が必要 ※リバースエンジニアリングには対応不可	×
⑤利用 	○ （アプリ等のソフトウエアやシステムはコンピュータソフトウエア関連発明として保護される）	○ （著作物性が認められる場合） ※リバースエンジニアリングには対応不可	○ （上記3要件を満たす場合） ※頒布する場合、非公知性を満たすためには、暗号化等が必要 ※リバースエンジニアリングには対応不可	×

○：可能性あり、×：可能性なし、△可能性低い

Q2-15

IoTで法的に問題となることはどのようなことでしょうか？

IoTにおいては、インターネットにつながったモノから多くのデータを収集できます。収集されるデータが個人データやプライバシー性の高いデータであれば、配慮が必要になります。また、インターネットにつながるモノやそれを利用したサービス提供に適用される法令の遵守、サイバー攻撃等に対するセキュリティの確保についても考慮する必要があります。

執筆：斎藤 綾

1　IoTとは

(1) 定義

IoT（Internet of Things）とは、「モノのインターネット」とも呼ばれ、あらゆる「モノ」がインターネットにつながることを指します。インターネットとつながることで、従来のその「モノ」の機能や役割に加えて、新たなサービスや価値の提供を可能にすることから、多くの業界で広がりを見せています。官民データ活用推進基本法の2条3項では、「『インターネット・オブ・シングス活用関連技術』とは、インターネットに多様かつ多数の物が接続されて、それらの物から送信され、又はそれらの物に送信される大量の情報の活用に関する技術であって、当該情報の活用による付加価値の創出によって、事業者の経営の能率及び生産性の向上、新たな事業の創出並びに就業の機会の増大をもたらし、もって国民生活の向上及び国民経済の健全な発展に寄与するものをいう」と定義されています。

IoTの仕組を簡単に説明すると、機器に取り付けたセンサーからデータを集め、インターネットを通じてクラウドに集積し、集積した大量のデータを分析し、その分析結果を利用したサービスや機能を、インターネットを通じてそのモノにおいて使用可能にするというものです。そして、インターネットに接続する機器、機器から取得するデータ、組み合わせるデータ、機器へフィードバックする情報、機器を通じて提供するサービスには、様々な内容のバリエーションや組み合わせが考えられるため、様々な産業において活用可能といえます。

(2) 具体例

例えば、IoTは、以下のような分野において、使用されています。

(ア) 製造業

工場内のあらゆる設備や機械等にセンサーを組み込み、インターネットにつなげることで、機械の稼働状況や製造工程におけるあらゆるデータを詳細に把握し、蓄積し、分析できるようになります。この分析結果に基づき、設備の故障、不具合の事前察知、本社からの遠隔操作等により、工場全体を効率的かつ戦略的に稼働できるようになります。このような工場の仕組は「スマートファクトリー」とも呼ばれます。

(イ) 車両

インターネットに接続した自動車を「コネクテッドカー」と呼び、車両から位置情報や運転情報等のデータを収集・分析し、ルート案内、運行情報提供、決済、エンターテインメント、保険等、様々な種類のサービス提供を可能としています。さらに、交通インフラにおけるIoT化が進めば、自動運転が促進されると考えられます。

(ウ) 農業

ハウスや農業機器等に設置したセンサーから、温度、湿度、生育状況、天候等に関するデータを把握し、これを分析した上で、現場での水遣り、農薬散布、除草、収穫等を行うことが考えられます。農林水産省では「スマート農業」の実現に向けての研究会を立上げており[1]、IoTの活用もその一環とされています。

[1] http://www.maff.go.jp/j/kanbo/kihyo03/gityo/g_smart_nougyo/

(エ) ヘルスケア・医療

医療やヘルスケアの分野では、身に着けることで、リアルタイムで患者等の生体情報等を把握できるウェアラブルデバイスを利用することで、体調の変化やその度合いに応じて迅速に適切な措置を取ることや、データを一元管理することが考えられます。さらに、集積・分析されたデータが、診断や治療に連携されることで、より効率的で効果的な治療を実現することも期待されます。また、医師が患者を遠隔から監視し、治療することも可能にします。

（オ）住宅

住宅内の電化製品等をインターネットと接続し、これらを統合し、インターネット経由で制御できる仕組を「スマートホーム」といいます。照明､換気､空調､セキュリティ等住宅全体を統合的に管理するシステムと、インターネットと接続された個々の電化製品によるタイプがあるといえます。最近では、Google HomeやAmazon Echo等の人工知能搭載スピーカーの登場により、より簡易に前者に近い機能を利用できるようになっています。

（カ）小売

小売業においては、IoTにより、在庫管理の最適化、店舗運営の効率化・コスト削減、顧客体験の向上を実現することができます。例えば、商品に電子タグや店舗の設備にセンサーを設置することで、在庫の少なくなった商品を自動的に把握して補充すること、在庫や賞味期限情報をリアルタイムで把握して管理すること、店舗内の専用ゲートを通過することで自動的に決済にすること等が可能となります。また、顧客に応じたプロモーションや商品情報をデジタルサイネージ等に表示することで、顧客とのつながりを最適化することもできます。

（キ）パブリック・セクター

IoTは公共機関においても活用が広がっています。例えば、センサーによる災害の予測と検知、インフラの機能停止とのその位置・範囲の検知、災害発生後の救助対応に役立つとされています。また、行政が管理する物件や提供するサービスを、IoTを活用してスマート化することで、コストを削減し、また、収入を増やすことができると考えられます。例えば、ごみ収集容器にセンサー取り付け、回収が必要となってからごみ収集を行うことで、無駄なごみ収集に費やしていたコストを削減することができ、スマートパーキングの導入により駐車料金収入の増加に加え、違法駐車や交通渋滞等の課題の解決にもつながります。このように公共機関においてIoTを利用した課題解決が期待できることから、総務省は、

ICT政策の一貫として、地方公共団体に対し、地域IoTの実装を総合的に支援する取組を行っています[2]。

[2] https://www.soumu.go.jp/main_sosiki/joho_tsusin/top/local_support/ict/support/index.html

(ク) 物流・輸送

物流・輸送システムでは、運送車両に搭載したセンサーから取得した荷物の積載情報、配送場所、配送時間、気候、車両・ドライバー情報から、より効率的な配車、配送を可能とする配車計画を最適化することができます。また、個々の荷物にRFIDタグ等のセンサーを装備し、入出荷や帳簿の作成等の作業全般を管理する倉庫管理システム(WMS、Warehouse Management System)と連携すれば、在庫の照会、補充、履歴管理等を自動化できます。さらに、温度管理の必要な荷物については、通信機能を持った温度計を利用し、リアルタイムで温度管理し、異常を検知した場合に通知することで、輸送サービスの品質を向上できます。

2　法律問題

IoTを導入するに当たり、留意すべき法律問題にはどのようなものがあるでしょうか。

(1) IoTにおけるデータ

IoTは、前述したように、機器から取得するデータを活用することを前提とします。取得されるデータの代表例は、機器の使用状況に関するデータです。その他、所有者・使用者に関する情報、決済に関する情報、周辺環境の情報等も取得されます。所有者・使用者に関するデータについては、氏名、住所等の個人情報だけでなく、機器の用途や機能によっては、生体情報、健康情報、位置情報、行動履歴等の情報も含まれます。また、産業利用される場合、顧客情報や営業秘密等も含まれることが考えられます。

(ア) 個人情報保護法・プライバシー

IoT機器により個人情報を収集する場合、他の手段により取得する場合と同様の事項に留意する必要があります。すなわち、取得につき、利用目的を通知する等です。

IoTでは特別な留意が必要な場合があります。それは、個人情報を取得する主体が明確ではない場合です。例えば、複数のユーザーで機器を使用する場合、サービスの契約者の同意があれば全てのユーザーについて十分なのか、ユーザーとなり得る者全員への通知が必要なのか、当初よりユーザーが増える場合はどうすればよいのか、等を検討する必要があります。特に、取得する情報が健康情報のような要配慮個人情報となり得る場合には、同意の主体と情報の主体の一致をどのように担保するかが問題といえます。

このように、個人情報に関して悩ましい問題があるため、IoT機器より収集するデータは匿名化し、個人情報を取得しないという選択もあります。但し、個人情報に該当しないとしても、プライバシー性の高い情報を収集する場合には、プライバシーの保護に配慮する必要があります。このため、IoTにおいては、サービスを設計するに当たって、プライバシーが保護されるように「プライバシーバイデザイン」を取り入れることが考えられます。

（イ）営業秘密

IoTで活用されるデータには、他社の営業秘密、限定提供データといった不正競争防止法で保護される情報が含まれる可能性があります（2018年の改正による保護対象の拡大についてはQ5-14参照）。

(2) 製造物責任

IoTは、インターネットに接続した機器を通じてサービスを提供するものであるため、一般的には、機器の売買等の取引がIoTサービスの提供に先行することが多いと考えられます。これらの機器には、製造物責任が適用される場合がありますが、IoT機器の場合、インターネットによる通信機能を付していることにより、アプリケーションやネットワーク等様々な要素が機器に組み込まれ、その権利関係が複雑となるため、不具合が発生した場合には、責任主体が明確でない場合が考えられます。

(3) 法令による規制

IoTサービスを提供するに当たっては、サービスや機器の提供が許認可等の必要なものでないかについて検討、確認する必要があります。法令に違反したサービス等を提供している場合、罰則を科され、また、行政上の処分を受けるリスクを負うのみならず、その事実が公表された場合には、ビジネス上の不利益を受ける可能性も高くなります。例えば、次の法律の適用が問題となる場合があります。

(ア) 電気用品安全法

IoT機器が電気用品に該当する場合には、その製造をするためには事業の届出を行わなければならず、また、国の定めた技術基準に従って設計、製造されたことを検査する必要があり、その検査が実施されたことを証するためにPSEマークを製品に付す必要があります。

(イ) 電波法

Wi-FiやBluetooth等の無線通信技術を用いてIoT機器の通信を行う場合、IoT機器が電波法に基づく技術基準に適合していないと、電波法に違反することになります。そのため、機器メーカー等は、IoT機器が電波法に基づく技術基準に適合していることを証するマークを付す必要があります。

(ウ) 医薬品医療機器等法

IoT機器が医薬品医療機器等法に定める「医療機器」に該当する場合には、その種類や機能等に従い、許可の取得や届出等が必要となります。また、プログラムについても医療機器に該当するものがあり、これらについても同様に許可の取得等が必要となります。

(エ) 資金決済法

IoT機器に決済手段を搭載する場合、その決済の方法によっては、資金決済法上、一定の規制に服する場合があります。

3 セキュリティ

IoTソリューションにおいては、様々な種類の機器がインターネットを通じた攻撃の対象になり得ます。機器の機能や役割によっては、重大な危険を招くことも考えられます。例えば、自動車が攻撃され、制御や操作に問題が発生した場合、交通事故を引き起こし、生命や身体を害することが考えられます。また、住宅や家電製品が攻撃された場合は、盗聴や盗撮等の重大なプライバシー侵害行為や犯罪に利用されることも考えられます。

したがって、IoTサービスを提供するに当たっては、十分なセキュリティ対策をとる必要があります。事故や情報漏洩が発生した場合に、十分なセキュリティ対策を講じていなかったと判断される場合、サービス提供者は法的な責任を負うと考えられます。各種業界や政府機関（総務省・経済産業省）等からセキュリティに関するガイドラインが発行されていますので、少なくともこれらに準拠し、セキュリティを考慮したIoTサービスを設計する必要があるといえます。

なお、IoTセキュリティについては、2016年8月に内閣官房内閣サイバーセキュリティセンター（「NISC」）が公表した「安全なIoTシステムのためのセキュリティに関する一般的枠組」を踏まえ、総務省が、2017年10月に「IoTセキュリティ総合対策」を策定しており、その中で、脆弱性対策に係る体制整備、研究開発の推進、民間企業等におけるセキュリティ対策の促進等を政府として行っていくこととしています。そして、当該枠組も受けて、2018年通常国会で電気通信事業法の改正が可決されており、IoTセキュリティに関する情報共有のための結節点として、第三者機関（認定送信型対電気通信設備サイバー攻撃対処協会）を新たに認定することとされており（同法116条の2）、具体的には、一般社団法人ICT－ISACが認定予定と言われています。

また、同時に情報通信研究機構法の改正が可決されており、国立研究開発法人である情報通信研究機構（NICT）の業務に新しい業務が追加され、パスワード設定が脆弱であるIoT機器を発見するため、広域スキャンを実施して、脆弱性がある危機に関する情報をICT－ISAC経由で通信事業者に提供することが予定されています。これを受けて、電気通信事業者はその情報からIoT機器を特定し、その利用者にパスワード設定変更等についての注意喚起を行うことが期待されています。

この他、2016年に、総務省・経済産業省・IoT推進コンソーシアムが、共同して、「IoTセキュリティガイドライン」を策定していますので、同ガイドラインをも意識して、セキュリティ対策を講じることが有用です。

4 契約関係

(1) ユーザーとの契約

IoTソリューションの提供事業において、エンドユーザーと個別に契約するのは難しく、一般的には、利用規約への同意により、サービス提供に係る契約が成立するものと考えられます。オンラインでこのような同意による契約を締結する場合には、正式な申込の前に、契約内容を確認する画面等を提示することが重要となります。このような手順を踏まなければ、ユーザーは契約が無効であったと主張できてしまいます。

また、IoTソリューションは、IoT機器からのデータ取得を前提とするため、ユーザーがサービスを利用するに当たって、その点を理解し、同意することが重要と考えられます。なぜならば、取得されるデータにはユーザーのプライバシーに関わるデータ等が含まれ、これが他のデータと合わせて分析され、他者へのサービス提供のためにも利用されるからです。したがって、ユーザーとサービス提供に係る契約を提供する際には、併せてプライバシーポリシーを提示し、これに対する同意を取得することも重要といえます。

(2) 事業者間の契約

IoTソリューションの提供においては、IoT機器の製造者、ソフトウエア開発者、ネットワーク提供者、クラウド事業者等様々な事業者が関与します。IoTソリューションの提供者としては、各関係者との契約関係において、留意すべき事項としては、次の事項が考えられます。

(ア) 製造物責任

一般的には、機器の製造者が責任を負うと考えられますが、ソフトウエアの動作等に起因する不具合の発生も想定されるため、事業者間においては、原因究明のための手続及び不具合の発生原因に応じた責任体系を定めるべきと考えられます。

(イ) データの利用及び保護

IoTソリューションにおいては、大量のデータをクラウド上で集積するため、クラウド事業者との契約が必要になるといえます。クラウド事業者においては、汎用的なサービスを提供するため、個別の条件を交渉することは難しいと考えられます。したがって、IoTソリューションの提供事業者としては、クラウドベンダーの提供する条件と同等の条件でサービスを提供することになると考えられます。

また、IoT事業者としては、他の事業者と、集積されるデータの利用に係る条件を合意すべきといえます。ソリューション全体を統括する事業者として、IoT機器から集積されたデータが保護されることを担保することが求められると考えられます。

Q2-16

提携先との間で「API」（アプリケーション・プログラミング・インターフェース）を通じたデータの提供を検討しています。APIを活用する場合の留意点はどのような点でしょうか？

APIを通じてデータを取得する場合には、相手方企業のAPI規約の条項や、相手方企業との別の契約の条件に拘束されますので、その利用条件を遵守する必要があります。また、APIを通じて情報を提供する場合、API規約等を設け、自社のデータ戦略上押さえておきたいポイントを規約等で手当することが重要です。 **執筆：笠松 航平、中崎 隆**

1 APIとは

一般に、アプリケーション・プログラミング・インターフェース（API）とは、インターネットその他のネットワークを通じて、サーバー等にあるアプリケーションを呼び出して当該アプリケーションの提供する機能や管理するデータ等を呼び出して利用するための「接続仕様」をいいます。「APIを利用する」といった場合は、その接続仕様を利用して、インターネット等を通じて、API提供業者のサーバーにアクセスし、API提供業者のアプリケーションを呼び出して実行し、データ等を取得することをいいます。

例えば、ヤフー社やGoogle社の地図のAPIを利用すれば、自社ウェブサイトに本社の所在地図等を表示させることができます。ウェブサイトの訪問者が、地図を上下左右にスクロールさせて表示させる機能も提供されています。APIで呼び出す際の設定によっては、雨雲レーダー情報等追加情報を表示させることもできるようです。このように、API提供業者のアプリケーションを呼び出して、様々な機能・データ等を利用することができるようになるのです。

APIには、一般に公開され基本的に誰でもアクセス可能なAPIと、一般には公開されず、API提供側と特定の範囲のAPI利用側の企業にのみアクセスを可能とするAPIとがあります。前者は、情報を幅広く展開し、サービスの利用を促進したい場合等に用いられます。一方、後者は、機密性の高い情報であって一定の提携先や顧客にしか開示しない情報を提供する場合等に用いられます。前者は無償の場合が多い印象ですし、後者は、有償（又は有償な取引に付随する）場合が多い印象です。

2　APIを通じたデータ連携等のメリット

APIのメリットとしては、毎日1回深夜にデータを同期する等というバッチ処理と比べ、相互にデータをリアルタイムで連携できる点が挙げられます。API提供側とAPI利用側の企業とでシステムを分けた上で連携できるため、提供側の企業にとっても、(i) システムをシンプルにしやすい、(ii) 裏側の技術を守りやすい、(iii) スケーラビリティも利きやすい、等のメリットがあると言われます。情報の提供を受ける側にとっても、安全に、比較的低廉な開発コストでデータ提供を受けられる点がメリットであると言われます。

特にオープンAPIの場合、APIを提供者側からすると、データ連携、サービス連携、アプリケーション連携等により、多くの提携先と連携し、より多くのユーザーとの接点を持つことができる点がメリットです。また、情報の提供を受ける側からしても、自己のサービスに提携先のデータを活用することを通して、ユーザーへの利便性や提供価値を高めることが期待されます。

3　API連携とデータ戦略的観点からの留意点

(1) 双方向にデータの移転が生じる

API連携との関係で、まず、押さえていただきたい点は、双方向にデータの授受が発生するケースが多いということです。すなわち、APIの利用企業がAPI提供企業のデータを取得するだけでなく、API利用企業のデータも、API提供業者に提供される場合が多いということです。例えば、自社のウェブページで、他社が提供する検索API（コンテンツ検索、商品検索、郵便番号住所検索等のAPI）を利用してサービスを提供する場合、自社の訪問者が、どのような検索を行ったかというデータが、API提供業者に提供されることとなります。現場の担当者は「APIを利用しているだけ（データをもらっているだけ）」という感覚で、「データを相手に渡している」ことについて指摘されるまで気づかないということもありますので、データ戦略担当者としては、留意が必要です。

(2) 個人データの授受が生じる場合もある

次に、気を付ける必要がある点は、APIを通じて授受される情報が、個人データに該当する場合もあるということです。例えば、「購入者が配達予定時間の確認、配達の受取日時を変更できる運送業者提供のAPI」を通販サイトが利用するケースでは、通販業者も、運送業者も、配達先の個人の住所を知っているでしょうから、個人データが授受されることとなる可能性が高いと考えられます。

(3) 利用者側として、API規約等の確認が必要である

APIを利用する場合、オープンAPI等であれば、API規約といった形で、利用規約が公表されている場合が多いです。一方、業務提携契約等の中で、APIの利用条件や、APIを通じて授受されるデータの利用許諾条件について、合意されることもあります。いずれにしろ、何らかの契約条件は定められているのが通常です。

したがって、その契約内容が適正か、そして、遵守できるものかを確認することが重要です。例えば、自社（＝API利用企業）のデータについて、API提供企業による目的外利用の禁止の規定がなく、データ戦略担当者として条件をのめないと考えれば、その点を交渉して書面により覚書等を締結することが考えられます。

API規約が英語であったり、あるいは、案件が小さかったりすると、API規約まで目を通すのが面倒である等ということで、チェックが甘くなってしまいがちかもしれませんが、データ戦略におけるAPIの重要性を理解していらっしゃるデータ戦略担当者の方であれば、API規約等の重要性についても、ご理解いただけるのではないかと思います。なお、小規模の案件だと、API提供業者が、契約条項の修正に応じないケースもあるかと思います。条件が合わなければ、最悪、そのAPIを利用しないという選択肢を取らざるを得なくなる場合もあり得ます。

よくあるミスとして、自社内（又は委託先）の技術者の方が、社内稟議等の正当な手続を経ずに、勝手に、会社の名前でAPI規約に同意するという事例が挙げられます。自社技術者が同意をしたとしても、契約は契約であり、自社の全体を拘束してしまいます。オープンAPI等は、迅速に利用を開始できるようにするこ

とがデータ戦略に資する半面、無チェックということでも問題がありますので、バランスのよい仕組を構築する必要があります。

(4) API提供者側として、API規約等を制定することが重要である

APIを通じて、データ等を第三者に提供する際には、API規約等を制定し、そのAPI規約等に同意した者にのみ、APIへのアクセスを認めることが重要です。データ戦略を標榜しながら、API規約の準備が間に合っていない企業もあるようですが、データ戦略を重視するのであれば、早急にAPI規約等は制定することが有益です。もちろん、個別の契約において、手当することも考えられますが、API規約等を設けた方が統一的な運用を図りやすいように思います。また、API規約等に同意していない者が、APIを利用できないようにする仕組が必要です。開発者ごとにIDを振って、その開発者しか、APIの仕様書等にアクセスできないこととする等の工夫が有用です。

4　APIに係る契約交渉

(1) API提供者側から

API提供者が、API規約等を制定する際に留意すべき点は多々ありますが、ここでは、ポイントを3点に絞りたいと思います。

第1のポイントは、データの利用のルールについてです。API提供者は、API規約等を制定する際に、API利用者によるデータの利用目的／利用態様の制限をかけるのが一般的です。そもそも、API提供者がAPIを通じて提供するデータには、法令や、データの入手元等との契約で、利用目的・利用態様等の制限がかかっている場合があります。そのような制約がある場合、API利用企業にも、その制約を遵守してもらう必要があり、API規約等に組み込む必要があります。また、自社の戦略上オープン・イノベーションを促進させたい場合であっても、APIを利用する企業が、自社と競合するビジネスを行うケースもあり得る訳で、APIを通じて渡すデータを、「自由にどのような目的にでも使ってよいとするのか」、それとも、「一定の制約をかけるのか」は、データ戦略上、重要なポイントではないでしょうか。

第2は、セキュリティ等の確保のためのルールについてです。APIの場合、多数回APIをコール（利用）すれば、サーバーがダウンしてしまうかもしれません

ので、APIのコール数を制限する例はよく見られます。また、自社サーバーの機能を害するような行為等を禁止する例もよく見られます。このように、データの漏洩を防ぎ、セキュリティを確保し、APIを安定的に提供するために必要な規定をAPI規約等に入れておく必要があります。

第3は、責任の制限のためのルールについてです。この観点からは、損害賠償の制限の規定や、緊急時等のサービスの停止に係る規定等がよく見られます。

(2) API利用企業側から

第1のポイントは、先ほどと同じく、データの利用のルールについてです。取得するデータ項目が事業目的のために十分か、取得するデータに付される利用条件が厳しすぎないかといった点を確認することが重要です。反対に、自社が提供することとなるデータについては、データ項目が不必要に多くないか、また、相手方による利用条件が緩すぎないかという点を確認することが重要です。

第2のポイントは、APIの利用について、利用料の支払の必要があるか、利用料を払う必要がある場合に、その価格設定が妥当かということです。

第3のポイントは、サービスレベルについてです。無償のオープンAPIの場合は、サービスの内容や継続性について、全く保証せず、サービスがダウンしても、何の補償もないというのが一般的であるように思います。有償のAPIの場合も同様な規定が入っている場合もありますが、事前に定まった定期メンテナンスの時間を除き、99%のサービス提供時間を保証し、これを下回った場合には、サービス料を一定額、減額する等というサービスレベル条項（SLA）等の交渉をすることも考えられます。自社の安定的なサービス運営にどのような条件が必要かを洗い出し、契約に組み込めないかを検討することが有用です。

5　世界の規制の流れとAPI

(1) 銀行等とAPI

APIとの関係でのデータ戦略は、様々な各国の法令の動向にも影響を受けますので、データ戦略担当者は、そのような規制の流れにも注意する必要があります。例えば、2015年11月、EUでは、第2次決済サービス指令が採択され、各国における国内法化を通じ、欧州で事業展開する銀行等は、一定の範囲でFintech企業（後述のPISPとAISP）への対応が必要となりました。

すなわち、上記改正により、電子送金の取扱業者（＝銀行等）の口座保持者による送金の指示を可能にするアプリ等の提供者（Payment Initiation Service Provider＝PISP）や、その口座上の残高情報等を提供するアプリ等の提供者（Account Information Service Provider＝AISP）は、銀行等の口座情報等にAPI等を通じて、基本的にアクセスすることができるようになりました。

日本においても、欧州における上記の動向を参考に、電子決済等代行業者について登録制が導入され、かつ、銀行・農業協同組合等が、電子決済等代行業者との連携・協働に関する方針を決定し、公表すべきこととされました。

また、電子決済等代行業者（の1社以上）と電子決済等代行業に係る契約（＝自行の預金者の預金口座の情報へのアクセスを認める契約）を締結する場合には、自行で公表する基準を満たす別の企業に対し不当に差別的な取扱いを行ってはならないことがルール化されました。これを受けて、全銀協は、「オープンAPIの在り方に関する検討会報告書」を公表しており、その別紙である「銀行分野のオープン API に係る電文仕様標準について」は、技術的にも参考になります。

(2) データポータビリティとAPI

EUのGDPRでは、データポータビリティの権利が個人に保証されています（20条）。これにより、各サービスの利用者は、（別のサービスに乗り換える際等に）当該サービスとの関係での自己に関する個人データを、読取れる形式で、自己に引渡すよう求めることができます。このような規制も、各社によるAPIの活用を促進する可能性があります。また、さらに進んで、「単なるデータの囲い込みによるビジネスモデルは成立しなくなる可能性があり、取得されたデータをどのように活用するか、どこで他社と差別するかといった二次的なデータ利用を念頭に置いたビジネスモデルの構築が不可欠となる」等と指摘されています（経済産業省「生活製品におけるIoT等のデジタルツールの活用による生活の質の向上に関する研究会報告書」参照）。

コラム

「API」と「APIを通じて提供されるデータ」とは同じか、別か？

APIと、APIを通じて提供されるデータとは、区別される必要があります。APIとは「アプリケーションを呼び出して利用するための接続仕様」であり、「APIに定める接続仕様を利用してアプリケーションにアクセスして取得したデータ」とは、別物です。

自社のAPI約款・API利用条項等を策定し、他社のAPI約款・API利用条項等を読んだりする場合にも、この点は重要であり、注意が必要です。例えば、「APIに係る知財が、API提供業者に帰属する」とする条項は、API利用企業にとって基本的に問題ないと思われますが、「APIを通じて授受されるデータに係る全権利（Ownership）が、API提供業者に帰属する」と仮になっていれば、大問題であり、条件をのんでよいか、慎重な検討が必要となります。

Q2-17

公的機関の保有する情報をデータ戦略に用いる場合の注意点は何でしょうか？

公表情報、オープンデータ、情報公開によって提供される情報、非識別加工情報、革新的データ産業活用計画の認定及び特定革新的データ産業活用の確認により得られる情報等を活用していくことが重要です。

執筆：板倉 陽一郎

1　概要

企業がデータ戦略を立案する際に、公的機関の保有する情報を活用しようという視点は重要です。公的機関は一般的には営利企業が市場原理では提供しないサービスを請負っており、これに伴って、企業が自ら収集するにはコストが掛かりすぎたり、収集の背景が権力的な公務であって、企業では収集することが不可能であったりする情報についても保有していることがあるからです。ここでは、公的機関の保有する情報の種類を、(i) 公表情報、(ii) オープンデータ、(iii) 情報公開によって提供される情報、(iv) 非識別加工情報、(v) 革新的データ産業活用計画の認定及び特定革新的データ産業活用の確認により得られる情報について、どのような情報がデータ戦略に活用できるのか、概観しましょう。

2　公表情報の活用

(i) 公表情報については、基本的には自由に収集・利用することができます。例えば、各省庁が公表している白書（年次報告書）についてはデータ戦略を立案するに当たっての基本的な情報が掲載されていることも多く、ぜひとも参考にすべきです。また、各省庁が行う委託調査の報告書については、最新の状況や論点について有用な調査がなされていることもあり、これも参考にすべきでしょう。経済産業省のように委託調査報告書をカタログにして公表している省庁もありますが、公表状況は各省庁によってまちまちです。なお、公的機関からの公表情報であっても、著作権法上の例外（著作権法13条各号）に該当しない場合には、著作物性が存する場合がありますので、転載・引用等を行う場合には注意が必要です。

3 オープンデータの活用

(ii) オープンデータも、公表情報の一部ではありますが、特に、国、地方公共団体及び事業者が保有する官民データのうち、国民誰もがインターネット等を通じて容易に利用（加工、編集、再配布等）できるよう、次のいずれの項目にも該当する形で公開されたデータをオープンデータと定義します。(1) 営利目的、非営利目的を問わず二次利用可能なルールが適用されたもの、(2) 機械判読に適したもの、(3) 無償で利用できるもの（オープンデータ基本指針　2017年5月30日、高度情報通信ネットワーク社会推進戦略本部・官民データ活用推進戦略会議決定）については積極的な公表の施策が取られています。例えば、データカタログサイトでは2万件以上のデータセットが公表されており、その中では「歩行空間ネットワークデータ[1]」（2016年度実証データ）といった有用性が高いと思われるものも取得可能です。

[1] 歩行空間ネットワークデータは、段差や幅員、スロープ等のバリア情報を含んだ歩行経路の空間配置及び歩行経路の状況を表すデータで、歩行経路を示すリンク及びリンクの結節点を表すノードで構成されています。

4 情報公開制度の活用

(iii) 情報公開制度に基づく情報公開を行うことも考えられます。行政機関の保有する情報の公開に関する法律による国の行政機関に対する情報公開請求、独立行政法人等の保有する情報の公開に関する法律による独立行政法人等に対する情報公開請求の他、各地方公共団体に対する、情報公開条例に基づく情報公開請求が考えられます。情報公開は権利であるとされていますので、実費をベースとした負担のみが求められ、事業者からすればコストは僅少です。

5 非識別加工情報の活用

(iv) 非識別加工情報について、まず、行政機関非識別加工情報及び独立行政法人等非識別加工情報は、2016年の行政機関個人情報保護法等の改正で導入されたものです。事業者は、行政機関や独立行政機関等が公表している個人情報ファイル簿の情報から、行政機関非識別加工情報の作成のための提案を行うことになります。行政機関や独立行政機関等は提案を審査し、適当であると判断すれば個人情報ファイル簿から行政機関非識別加工情報又は独立行政法人等非識別加工情報を作成し、提案を行った事業者に提供します。既に提供が行われたことのある個人情報ファイル簿であれば、その旨は個人情報ファイル簿に記載されますので、それを参考にすることも可能です。

作成については、基本的には提案を行った、又は既に作成されていることを確認して作成を依頼した事業者が実費負担することになっています。具体的には「2万1000円（受付、審査、通知に要する事務費用）＋行政機関非識別加工情報の作成に要する時間１時間までごとに3950円＋（作成を外部委託する場合は）受託者に対する支払額」になります。非識別加工情報への加工は専門的な事業者でなければ困難であると思われ、大規模に作成を求める場合には数百万円以上のコストを見越しておく必要があるでしょう。

また、地方公共団体の個人情報保護制度は、それぞれ条例により別々に定められていますが、非識別加工情報の制度を導入し始めた団体もあります。市区町村といった基礎自治体は住民に近いデータを保有していますので、市場として見込む地域の市区町村が非識別加工情報の制度を導入していないかについては事前に調査し、必要に応じて非識別加工情報の作成提案も考慮に入れるべきでしょう。

６　革新的データ産業活用計画等の活用

(v) 革新的データ産業活用計画の認定及び特定革新的データ産業活用の確認は、生産性向上特別措置法により導入された制度です。同法では、事業者が国や独立行政法人等に対しデータ提供を要請できる手続が創設されました。具体的には、「我が国において国際競争力を早急に強化すべき事業分野に属する事業活動であって、当該事業分野において革新的な技術又は手法を用いて行うもの」を「革新的事業活動」と定義し（同法2条1項）、「革新的事業活動のうち、電磁的記録（電子的方式、磁気的方式その他人の知覚によっては認識することができない方式で作られる記録をいう）に記録された情報（国の安全を損ない、公の秩序の維持を妨げ、又は公衆の安全の保護に支障を来すことになるおそれがあるものを除く。以下「データ」という）を、革新的な技術又は手法を用いて収集し、産業活動において活用するもの」を「革新的データ産業活用」とした上で（同法2条4項）、革新的データ産業活用を実施しようとする事業者は「革新的データ産業活用に関する計画（以下「革新的データ産業活用計画」という）を作成し、主務省令で定めるところにより、主務大臣に提出して、その認定を受けることができる」としています。

さらに、「認定革新的データ産業活用計画に従って実施される革新的データ産業活用のうち、データを収集及び整理をし、他の事業者に提供するもの（以下この項及び次項第1号において「特定革新的データ産業活用」という）を行おうとする認定革新的データ産業活用事業者であって、総務大臣及び経済産業大臣が定めるデータの安全管理に係る基準に適合することについて主務大臣の確認を受けた者（第28条第3項において「特定革新的データ産業活用事業者」という）は、特定革新的データ産業活用を効果的かつ効率的に実施するため、国の機関又は公共機関等（独立行政法人通則法第2条第1項に規定する独立行政法人その他これに準ずる者で、政令で定めるものをいう。以下この条及び次条において同じ）の保有するデータを必要とするときは、主務省令で定めるところにより、主務大臣に対し、当該データの提供を求めることができる」（同法26条1項）とされており、革新的データ産業活用計画の認定を受け、さらに、特定革新的データ産業活用の確認を受けた場合は、主務大臣に対して、国の行政機関や独立行政法人等の保有するデータの提供を受けることができます。税制上の優遇措置等と相まって、行政機関等が保有するデータを利活用するビジネスの促進が期待されます。

7　結語

以上見てきたように、公的機関の保有する情報を取得する方法には複数のルートがあり、また、それぞれ事業者のコスト負担が異なってきます。事業者としては、データ戦略に必要な情報が公的機関にあると思われる場合、積極的に問合せ、場合によっては情報公開、非識別加工情報の作成、革新的データ産業活用計画の提出といったアクションも選択肢に入れることになります。

Q2-18

Fintechとは何でしょうか？　どのような点に留意すればよいでしょうか？

Fintechは金融に関する技術です。金融分野では、他分野にも増して法的規制への対応が特に重要ですので、個人情報保護法以外の金融規制の知識も必要です。また、海外法の動向等にも留意して、どのように金融手数料収益以外の収益を稼ぐのかという視点が重要です。そして、個人情報保護法だけでなく、金融規制も含めた法務面についての知識のあるデータ戦略担当者を育てていくことが重要です。

執筆：中崎 隆、高橋 孝彰

1　Fintechとは何か

Fintechとは、技術を活用して、金融サービスを革新しようとする動きの総称であり、金融（Finance）と技術（Technology）を組み合わせた造語です。Fintechの用語は、もともとは、金融機関のバックエンド等で、業務の効率化等に用いられる技術を指す用語として使われていたといいます。例えば、送金・クレジットカード等との関係で、不正利用を検知するためのサービス、貸金の与信審査のためのスコアリングのサービス等はこの類型に当たるでしょう。一方、従来型の金融機関と異なる新しい類型のサービスを、スタートアップ企業等が、提供するようになり、そのようなサービスに用いられる技術も含めて、Fintechと呼ばれるようになっています。例えば、仮想通貨交換業や、資金移動業、電子決済等代行業等は、その典型でしょう。

2　Fintechとデータの活用

(1) 決済とデータの活用

Fintechと決済分野との関係では、仮想通貨や、Paypalのような新しい送金サービスが注目されていますが、データの活用は大変に重要な課題です。例えば、仮想通貨との関係では、多数の仮想通貨交換業者が、不十分なマネーロンダリング対策を理由に業務改善命令を受けています。顧客データ等を分析し、疑わしい取引を検知することは、仮想通貨交換業者にとって、喫緊の課題であると言えます。また、クレジットカードその他の送金との関係では、不正取引を検出することが重要な課題となっています。そのためには、大量の取引データ等の分析が必要となります。この他、カード会社の決済情報等をマーケティングのために活用する取組が進んでおり、DMPサービスを提供するカード会社も出てきています。

(2) 与信

Fintechと与信との関係でもデータの活用は重要です。例えば、(i) トランザクションレンディング、(ii) 与信審査・不正検知等の支援、(iii) クラウドファンディング等のサービスです。トランザクションレンディングでは、商品等の販売データその他の取引履歴のデータを用いて、与信審査に活用しています。また、個人の信用情報等を分析してスコアリング等を提供するサービスや、不正取引等の検知を支援するサービスがあります。クラウドファンディングでは、インターネット上で、資金需要者と資金提供者をマッチングするためのターゲティング広告等が重要ですし、投資者による与信審査を支援するためのデータ分析ツール等が有用です。

(3) 資産運用／資産管理とデータ戦略

Fintechと資産運用／資産管理との関係では、ビッグデータ活用投資信託、ロボアドバイザー等のサービスが注目されています。例えば、ビッグデータ活用型の投資信託では、市場のデータや、自社が保有するデータ等を分析して、株価等の予測に活用しています。また、ロボアドバイザーのサービスでは、顧客のデータと、投資商品の運用データ等を活用して、顧客に合う投資商品とのマッチング等を行っています。

(4) 保険

Fintechと保険との関係では、テレマティクス保険、保険のアグリゲーター（比較サイト）、乗合代理店等のサービスが注目されています。テレマティクス保険では、ドライブレコーダーの記録等のデータを分析し、保険の料率を決定しています。また、アグリゲーターのサービスでは、顧客のデータと、様々な保険商品のデータを活用して、顧客に合う保険商品をマッチングしています。

(5) まとめ

上記から分かることは、(i) サービス内容のカスタマイズ（テレマティクス保険等）・改善（ビッグデータ活用型の投資信託等）、(ii) 顧客とその顧客にあったサービスとのマッチングや、(iii) ターゲティング広告、(iv) 顧客データ管理（クラウド等）、不正発見、マネーロンダリング対策等、様々な面で、データが、大きな意味を持ってきているということです。

3　Fintechへの対応／従来型金融機関の側から

Fintech、すなわち、金融の技術は、何も、最近、急に出てきたというものではありません。例えば、インターネット銀行、インターネット証券、インターネット保険等は、かなり前から存在しており、業界に大きな影響を与えています。また、非金融分野の業者が金融業務に近い業務を行うという動きについても、今まで全くなかったという訳ではありません。特に、決済の世界では、コンビニ収納代行、代金引換、決済代行、電子マネー等、様々な送金と類似するサービスが、展開され、決済を便利にしてきています。

とはいえ、ここまでFintechが注目されているのは、クラウドサービス・ビッグデータ活用の実用化、AI・ブロックチェーン技術の進展等により、今まで以上に金融に対する技術の影響力が増し、Fintechに対応できるかどうかが、金融機関の命運を大きく左右する事態となっているからでしょう。

欧米の大手金融機関のCEOがGoogle社等をライバルとして意識し、日本を含め各国で金融機関の業務の効率化等が進められ、銀行等の営業所の共同運営の動きも進んでいます。各社において様々な経費削減が進めば、競争はさらに激化し、金融における各種手数料等はさらに下がるでしょう。

また、欧州におけるデータポータビリティ等の規制は、金融機関が有するデータを、IT業者に無償で移すことにつながり、Fintech関係で得られるかもしれない収益が、金融業界でなく、GAFA（Google社、Apple社、Facebook社、Amazon社）等の大手IT業者に移ってしまうことにつながりかねません。

しかも、GAFAは、○○Pay／送金サービス／プリペイドカードサービス等も提供していますから、従来型の金融機関グループのサービスと競合する部分もあるでしょうし、競合先の金融機関のサービスの広告掲出のために、自社が渡したデータが使われかねません。さらに、○○Payのアプリ等の提供により、顧客との面（接点）が自社から奪われる側面もあります。金融サービス関連データからの広告収益等により、大手IT企業が金融関連サービスの手数料を下げてしまえば、従来型金融機関にはかなりの痛手となりかねません。他社アプリのためにデータを提供するとしても、自社のアプリと提供する情報を全く同じにしてよいかといった点も検討することが有用です。

データを渡すとしても、レベニューシェアを求めるか等、データ戦略をグループとして考えることが重要です。従来型のフィービジネスで稼げなくなってきていますので、新たな収益源を考える必要があります。

外国のIT企業は、「データを提供したり、送客したりするのであれば、対価を要求して当然」と考えているように思います。この辺りの感覚も、日本企業とは違うのではないでしょうか。対価／費用負担の要求、提携先に渡すデータ項目、提携先による利用目的等の精査についても、意識が高い企業がある一方、意識が低い企業がまだまだ多数あるように思います。

日本では、まだ、EUのようなデータポータビリティの規制等はない訳ですから、金融機関が、日本の利用者のデータをGAFA等に無償で全て渡す必要はありません。欧州ではオープンAPI等により、PISP（Payment Initiation Service Provider）等と連携することにより、セキュリティコストが増すにもかかわらず、そのコストは、全て金融機関が負担させられている等と、金融機関側からの批判もあるようです。欧州のやり方を、まねすればよいという訳ではありません。

銀行グループ等には業務範囲規制が係ることもあるので、自ら金融データを用いて、広告収益・データビジネス収益を上げるには、色々とハードルがあります。

そこで、大手IT企業等と提携してデータビジネスで稼ぐ方向に向かうかもしれませんが、組めれば何でもよいということではなく、しっかりとしたデータ戦略が必要です。「金融庁からFintech対応を求められているので、Fintech対応をしたい」というような話では、自社にとってかえってマイナスです。

4 Fintechへの対応／大手IT企業（GAFA等）の立場から

大手IT企業のデータ戦略は特に進んでおり、筆者らが補足できるようなことはほとんどないのですが、1点だけ記載します。それは、利益相反とプラットフォームとしての中立性の観点です。大手IT企業の多くは、広告ビジネスやプラットフォームとしての手数料等のビジネスを大きな収益源としています。このような観点からすると、金融機関は大きなクライアントの1つです。自社の送金等のサービスと顧客（又は業務提携先）となる金融機関の事業との利益相反や、顧客間の事業の利益相反にも十分に留意し、かつ、プラットフォームとしての中立性等にも注意して、利益相反的なデータの利用をしていると疑わせないような仕組を構築することが重要であるように思います。

自社と顧客との間の取引等のデータが、自社と競合するサービスの改善や、プロモーション等のために使われてしまうと思えば、提携してくれる金融機関は減ってしまうかもしれません。提供してくれるデータも減ってしまうかもしれません。日本の独占禁止法当局が動かなかったとしても、金融機関等からの信頼を失い、長期的には、データ戦略がうまくいかないことにつながるでしょう。Win-Winな関係の構築が、重要であるように思います。

5　Fintechへの対応／新興Fintech企業の立場から

新興Fintech企業の多くは、全般的に厳しい金融規制枠組の中で、規制が比較的に緩い業態を選択して成功を収めています。例えば、仮想通貨はその典型例でしょう。世界的に多くの仮想通貨交換業者が、資金を安価に送金できる等とPRしていますが、「資金移動業」の登録はしないのが通常です。資金移動業に当たらないように、規約を工夫したり、サービス内容を工夫したりしています。また、Fintech業者は、電子的な書面交付や、電子的方法による記録保存等を徹底したりして、電子化を徹底することで、コストを削減しています。

さらに、顧客への説明義務等との関係でも、スマホ等を意識し、法令に違反しない限り、できる限り説明画面の簡略化を図っています。法律が認める限界までチャレンジすることで、規模でかなわない大手金融機関等と勝負している訳です。

一方、チャレンジしすぎて失敗する事例も出てきています。例えば、仮想通貨交換業者の例でいえば、執筆段階で登録業者が16社という状況なのに[1]、大手企業や無登録業者を含め、2018年6月末までに17社に業務改善命令が出ています。理由はケースにより異なりますが、おおむねセキュリティ対策や、マネーロンダリング対策が十分でないこと等を理由としています。

以上からも分かるように、新興Fintech企業にとっては、法令対策が特に重要であることから、データ戦略担当も法務の勉強が必要でしょう。また、新興Fintech企業では、法務部長を弁護士が務め、法務部門を強化する動きが顕著であるように思います。法務部門との連携を強化することが重要です。

[1] 2018年4月20日現在のデータとして金融庁ホームページに掲載。

6 Fintechへの対応／受託先や外部ベンダーの立場から

金融機関の受託先やベンダー等は、金融機関の業務をサポートすることになります。データ戦略担当としては、取引サイトなる金融機関に係る業務範囲規制、広告規制、書面交付義務、記録義務、取引時確認義務等、金融機関に係る規制の内容をしっかり理解することが有益です。金融機関に係る規制については、他の節（Q5-7からQ5-11）でより詳細に説明していますので、ここでは1点だけ補足します。「個人情報を当社は取得しません」等とセールストークをしておいて、よくよく聞いてみると、個人情報を取得している等というケースもあります。個人情報や金融規制等についての理解が不十分な企業に、データを委ねたいとは思わないでしょう。

この観点で興味深いのは、営業に法務部門の担当者を一緒に連れていくという試みです。欧米系のグローバル企業の法務部門で働く先輩弁護士から、「営業に同伴して、クラウドサービスの説明を行っている」「日本だけでなく、世界的な取組である」と聞いたことがあります。約款を作った法務担当者が営業サポートまでするというような対応が、日本でもこれから加速するのではないでしょうか。事業戦略的な観点からも興味深い対応です。

7 海外の業務提携先等との契約交渉

海外のIT企業等と業務提携をするに際しては、十分に取組の内容を精査し、しっかりとした交渉チームを準備して、粘り強く交渉する必要があります。この関係でよくある残念な事例は、契約書の和訳を行った上で、プロジェクトチーム内等での共有を行う際に、読んでも意味が分からないような質の低い翻訳を使っているケースです。読んでも意味が通じない翻訳や、金融用語の誤訳等、専門分野でない方が翻訳していることが明らかな翻訳は、NGです。理解していないことを翻訳はできません。また、契約交渉における英語でのやり取りを担当者が十分に聞き取れておらず、相手方のコメント等が社内にしっかりフィードバックされない事例もあります。

海外の大手IT企業では、社内弁護士が1000人近い等という企業もあるといいます。日本の企業の法務部長（社内弁護士）の方から、「メジャーリーグベースボールと高校野球の勝負のようなもの」「法務部門をもっと充実させたい」「現状では、勝負をかける時には外部事務所の活用も必須」と聞いたことがあります。

データ戦略を進めるのであれば、法務的な素養のある者を法務部門と兼務したり、法務部門を充実させたりして、法務との連携を強化することが重要です。IT業界／金融業界において急成長を遂げたヤフー社は、2017年度も社内弁護士数ランキングで１位（日本組織内弁護士協会の集計）でしたが、優秀な法務責任者、優秀な法務部門、そして、これとデータ戦略部門がうまく連携していることが、その成功の裏にあるのではないでしょうか。企業内部のリソースの充実にも限界がありますから、会社にとって重要な業務提携や、企画立案の検討等の際に、金融／IT／英文契約交渉等に詳しい、専門性の高い外部の法律事務所を活用することも有益ではないかと思います。

8　結語

時代は大きく変わっており、従来型金融機関にとっても、新しい類型の金融機関にとっても、IT企業／広告企業にとっても、そして、ITベンダーにとっても、Fintechにどう対応するかは大変重要な課題であり、その中で、データ戦略への対応は、特に重要と言えます。そういった環境の中で、データ戦略担当の重要性が今までにも増して高まっています。

データ戦略責任者は、自社のデータにどういう制約がかかっているか、自社の重要な契約書におけるデータ関係条項の内容はどういうものか、といった点を把握していることが必要ではないでしょうか。そのために、自社の重要な契約へのアクセス権限を、データ戦略責任者に認めるといった環境整備も重要でしょう。また、データ戦略部門を強化していくためには、金融規制も含めた法的な素養のある優秀なデータ戦略担当者を育てていくことが特に重要であるように思います。個人情報保護法を知っているというだけでは、Fintech戦略は立てられないでしょう。

外部の法律事務所から、自社と関連する専門分野の弁護士に週１回出向してもらい、自社の社員の総合力アップにつなげるという取組も増えています。また、自社と関連する法律や規制を外部法律事務所に洗い出してもらって、事業戦略等に役立てるというような取組も増えているように感じます。契約書を作ってもらうためだけに、弁護士を使うというのは、古い考え方です。

Q2-19

医薬関連のサービスについて、データ戦略との関係で、どのような点に注意する必要があるでしょうか？

病院等が、データ戦略を検討する際にも、様々な法令等の要求事項が、自社の社内規則、マニュアル、システム、他社との契約等に落とし込めているかを確認すると共に、法令改正があった時には、新しい戦略の可能性を検討することが有用です。

執筆：吉峯 耕平、中崎 隆

1　総論

医療・ヘルスケアの分野は規制業種です。(i) 新規プロジェクトの立上げの際にも、そして、(ii) データガバナンスの観点から業務フロー・システム・社内規則等を見直す際にも、自社、自社の役職員、及び取引先等にどのような法律・ガイドラインが適用されるかを理解することが不可欠です。

また、分析を行う際、業務記述書、業務フロー図、及びリスク・コントロール・マトリックス（Q3-2参照）等も活用すると、細部まで丁寧な検討を行って、社内規則やマニュアル等に落とし込む際の助けとなります。

プロジェクト単位を超えて、さらに俯瞰的なデータ戦略を検討する際には、審議会等での議論の流れや、海外法の動向等をも踏まえ、今後、どのような法令改正がなされるかを予測した上で、先進的な取り組みをどんどんと行っていくことが考えられます。グローバルな視点も欠かせないように思います。

なお、医療・ヘルスケアの分野では、レピュテーションが死活的に大事ですので、健康・生命を害すような行動をしないという原則論を、自社内で徹底する必要があります。この点は、データ戦略を検討する際の基本中の基本で、動かしてはならないものです。

2 医療機関

(1) 業務範囲規制

医療法人等の医療機関の業務範囲は、その運営主体の設立根拠法や定款の定めにより制限されますので、データ戦略の策定に際して注意が必要です（医療法39条から42条の2、国立大学法人法22条、独立行政法人国立病院機構法15条、地方独立行政法人法21条、70条など）。

医療法人を例に取れば、以下に示す「本来業務」「付随業務」「附帯業務」しか行えません。

本来業務

①病院、②医師若しくは歯科医師が常時勤務する診療所、③介護老人保健施設、又は④介護医療院の開設

付随業務

本来業務に付随する以下のような業務

- 院内に設置する売店
- 病院に隣接する患者用駐車場の運営
- 患者向けの松葉杖などの医療用器具の販売
- 無償で行う患者送迎

附帯業務（本来業務に支障のない範囲に限る）

- 医療関係者の養成又は再教育
- 医学又は歯学に関する研究所の設置
- 非常駐の診療所の開設
- 疾病予防のために有酸素運動を行わせる一定の施設の設置
- 疾病予防のための一定の温泉施設
- 上記に掲げるもののほか、保健衛生に関する業務
- 一定の社会福祉事業の実施、有料老人ホームの設置

但し、医療法人が、社会福祉法人となれば、上記の業務に加え、「収益事業」までできるようになりますので、他事業との相乗効果を狙うのであれば、社会福

祉法人となることも、検討の余地があります。「収益業務」の範囲は、厚生労働省の告示で次のように定められています。

収益事業（社会福祉法人のみ[1]）

日本標準産業分類で定める産業分類のうち、次のもの。①農業・林業、②漁業、③製造業、④情報通信業、⑤運輸・郵便業、⑥卸売・小売業、⑦不動産業・物品賃貸業（「建物売買業、土地売買業」を除く）、⑧学術研究、専門・技術サービス業、⑨宿泊業・飲食サービス業、⑩生活関連サービス業・娯楽業、⑪教育・学習支援業、⑫医療・福祉（本来業務・附帯業務に該当しないもの）、⑬教育・学習支援業、⑭複合サービス事業[2]、⑮（その他）サービス業。

上記には、社会福祉施設の運営（⑫参照）、不動産賃貸・駐車場貸（⑦参照）、学校や教室の運営（⑪参照）、広告業（⑧参照）・広告制作業（④参照）、エステ・フィットネスクラブ等の運営（⑩）、職業紹介・労働者派遣・コールセンター業（⑮参照）など幅広い範囲の業務が含まれます。一方、建設業、電気・ガス・熱供給・水道業、金融業・保険業などは含まれません。財務体質を悪化させるおそれがあると懸念されたためです。

このように、業務範囲規制があるために、データビジネスと密接に関連する事業をサイドビジネスとして行おうとしても、医療法人としてはできない場合もありますのでデータ戦略上、注意が必要です。

なお、医療法人では、株式会社の株主と異なり、社員が（i）会社財産に対する持分を原則として有しないこと[3]、（ii）配当・剰余金の交付が禁止されていること（医療法54条）、（iii）残余財産分配権も有しないこと（医療法44条5項）などが必要となります。このため、投資家が、病院に投資して、投資リターンを得ようとしてもハードルが高いです。

[1]　風俗営業、武器製造業、遊戯場など医療法人の社会的信用を害す業務でないこと、本来業務に支障を与えないこと等が求められます。

[2]　郵便業務の受託や、事業協同組合等の運営が含まれます。

[3]　持分のある医療法人は法改正で新設できなくなり、現存する「持分のある医療法人」は、法改正前の経過措置により存続を認められた医療法人です。

(2) 医療機関（病院・診療所）の義務

（ア）医療法

医療法の下で通常の医療機関にかかる義務の概要は**図表2-24**の通りです。

図表2-24 医療法による義務

ア	医療機能情報の提供義務（医療法6条の3）
イ	入院時の入院診療計画書交付・説明義務（医療法6条の4）
ウ	死亡／死産の医療事故発生時の説明・報告義務（医療法6条の10） 死亡／死産の確実な把握のための体制確保（規則1条の10の2）
エ	死亡／死産の医療事故発生時の調査義務（医療法6条の11）
オ	指針の策定、従業者に対する研修の実施その他の当該病院等における医療の安全を確保するための措置を講じる義務（医療法6条の12） 具体的には、指針の整備、医療安全管理委員会の設置（病院及び入院施設のある診療所の場合に限る）、医薬品安全管理責任者・医療機器安全管理責任者の設置、職員研修の実施、改善策実施など
カ	業務時間等の掲示義務（医療法14条の2）
キ	この法律に定める管理者の責務を果たせるよう、医療機関の管理、運営にかかる注意を行う義務（医療法15条）
ク	一定の業務について委託する場合に基準を満たす者に委託する義務（医療法15条の2）
ケ	病院に医師を宿直させる義務（医療法16条）
コ	構造・設備について、清潔を保持し、衛生上、防火上及び保安上の安全を確保すべき義務（法20条・23条、規則16条）
サ	一定の人員、施設、記録を備えるべき義務（法21条） 診療にかかる諸記録診療に関する諸記録（過去2年間の病院日誌、各科診療日誌、処方せん、手術記録、看護記録、検査所見記録、エックス線写真、入院患者及び外来患者の数を明らかにする帳簿並びに入院診療計画書）の保存義務（規則20条10号）　※特別機能病院等では求められる事項が異なります。
シ	病院報告の提出義務（施行令4条の8）
ス	努力義務 ・良質かつ適切な医療を行うよう努める義務（法1条の4第1項） ・医療を提供するに当たり、適切な説明を行い、医療を受ける者の理解を得るよう努める義務（法1条の4第2項）　など。

（イ）他法に基づく規制

医療機関には、**図表2-24**のほかに**図表2-25**の規制が適用されています。

図表2-25　医療機関への規制

医療従事者関係の規制	
医師法／ 歯科医師法	医師（歯科医師）でない者が医業（歯科医業）を行うことができない旨、及びその義務（診療録の５年の保存義務、処方箋の交付義務、無診療治療の禁止等）について規定しています。
保健師・助産師・看護師法	助産師／看護師／准看護師でない者が助産師／看護師／准看護師の業務をできない旨、及びその義務（２年毎の届出義務等）について規定しています。
その他	上記の他にも、医療機関には多数の種類の医療従事者が稼働しています。それらの医療従事者について規定した法律として、薬剤師法、栄養士法、歯科衛生士法、歯科技工士法、臨床検査技師等に関する法律、理学療法士及び作業療法士法、救急救命士法、言語聴覚士法、あん摩・マッサージ・指圧士、はり士、きゅう師等に関する法律、柔道整復師法等があります。これらの法律は、一定の範囲の業務独占と守秘義務（栄養士法を除く）を規定しています。
健康保険関係の規制	
国民健康保険法	我が国の医療サービスは保険診療と自由診療に分かれています。保険医療機関における医師に保険医の登録を必要とし（法64条）、かつ、保険給付の要件等について定めています。他に、同様の法律に、健康保険法、厚生年金保険法があります。
その他の規制	
薬機法	医薬品、医療機器、医薬部外品、化粧品の製造販売・製造・販売・広告等についての規制を定める法律です。医療機関が、製薬会社から依頼を受け、医薬品の承認申請目的の臨床試験（＝治験）を行う場合、「医薬品の臨床試験の実施の基準に関する省令」（GCP省令）などを遵守する必要があります。また、医薬品を横流しして、薬機法（・麻薬取締法等）の違反で逮捕される医師の事例などもありますので、注意が必要です。
臨床研究法	医薬品・医療機器・再生医療等製品について、その製造販売業者から依頼を受けた臨床研究、又は、未承認・未応用のものについて行う臨床研究（「特定臨床研究」）を行う場合の義務等について規定しています。具体的には、(i) 臨床研究の計画を提出し、認定臨床研究審査委員会の意見を聞いた上で、当該計画、及び臨床研究実施基準に従って臨床研究を実施する義務、(ii) 特定臨床研

	究の記録作成・保存義務、(iii) 対象者の個人情報の安全管理義務、(iv) 事故等の報告義務などについて規定しています。また、製薬会社に、利益相反状況の公表等を義務付けています。

医療機関やその役職員には、様々な法律に基づき多様な義務がかかりますので、法令・ガイドライン・指針等について、自社の社内規程・マニュアル、システム、委託先との契約等に落とし込み、これを自社の役職員や委託先に対して遵守させることが必要です。改正があった場合も同様です。

(3) 個人情報関係の規制

かつては、医療機関は、運営主体の類型により、個人情報の保護について異なる法律が適用されていました。しかし、2021年改正によって、医療機関は、個人情報保護法に基づく民間ルールが適用されることになりましたから[4]、以下、改正後の法律に従って解説します。

[4] 但し、防衛省の自衛隊病院、厚生労働省のハンセン病療養所などの例外はあります。

(ア) ガイダンスと黙示の同意

医療機関で取り扱う個人情報は、基本的には要配慮個人情報に該当します。そうすると、医療機関は、患者から医療情報を取得・第三者提供する際に、原則として同意を取得する必要があることになります（個情法17条2項・23条）。

医療の現場では、診療方針決定の場面でインフォームド・コンセントが必要になることがありますが、その前に個人情報の取扱いについての個人情報保護法上の同意を必須とすることは、現実的ではありません。そこで、患者への医療の提供や医療機関運営に必要な範囲で、「黙示の同意」が比較的広く是認され、個別の同意取得を不要とできる旨の解釈が取られています（個人情報保護委員会・厚生労働省「医療介護関係事業者における個人情報の適切な取扱いのためのガイダンス」（以下「ガイダンス」）のⅢの3及び5参照）[5]。

[5] 旧法においても、国立病院、公立病院等でも、十分な配慮が望ましいとされ、事実上ガイダンスが参照されていました。吉峯耕平ほか「健康医療情報の法規制（下）」BLJ2018.07を参照。

① 個人情報の利用目的として院内掲示で掲げられた目的のうち、患者への医療の提供に必要なもの（公的医療保険への請求等のための第三者提供を含みま

す）については、本人の留保がある等の特段の事情がない限り、黙示の同意があったものと扱うことが認められています。

② 同様に、以下の点も院内掲示等に含まれていれば、その点についても、黙示の同意があったものと扱うことが認められています。

- 患者への医療の提供のため、他の医療機関等との連携を図ること
- 患者への医療の提供のため、外部の医師等の意見・助言を求めること
- 患者への医療の提供のため、他の医療機関等からの照会があった場ß合にこれに応じること
- 患者への医療の提供に際して、家族等への病状の説明を行うこと

但し、②の場合も、黙示の同意は、患者のための医療サービスの提供に必要な利用の範囲に限られますし、院内掲示等では、(i) 同意しがたいものがある場合には本人の明確な同意を得るよう医療機関等に求めることができること、(ii) そのような患者からの求めがない場合には、同意が得られたものとすること、(iii) 同意及び留保は、いつでも患者が変更できることを、あわせて掲示することが必要と規定されています。

（イ）実務上の問題

個人情報保護法では、例えば、(i) 医療機関が、病院施設の共同利用制度等を設け、外部の医療機関の医師による医療施設・設備等の利用を認めている場合に、患者の個人情報との関係をどう整理するか、(ii) DMP業者、広告業者、CRMサービス業者等を活用する際の整理をどうするか、(iii) 製薬会社に対する医療機関のデータの提供をどのように整理するかなど、様々なケースが問題となります[6]。但し、医療機関の場合は、要配慮個人情報を有している場合が多いですので、オプトアウト構成によることは、次世代医療基盤法の認定事業者に対する提供の場合を除き、かなり困難です。

[6] 吉峯耕平・大寺正史『製薬と日本社会―創薬研究の倫理と法―』（上智大学出版、2020）

(4) 医学研究

医療機関にとって、医学研究は、診療とは異なる規制が適用される場面です。診療では、個人情報保護法及びガイダンスに基づいて、黙示の承諾に基づく医療

情報の利用が認められますが、医学研究ではこの法律構成は適用されません。医学研究は、医療水準の底上げという公益的な目的があり、患者（被験者）個人の利益との対立関係があります。そのため、介入研究でのインフォームド・コンセントの要求をはじめとする、独特の規制があります。医学研究の規制は、世界医師会によるヘルシンキ宣言が中心になっていますが、その下に法律の規制と「人を対象とする生命科学・医学系研究に関する倫理指針」等のガイドラインによる規制があります。

（ア）医学研究にかかる倫理指針

医療機関等が、医学研究を行うに際しては、個人情報保護法とは別に、以下に示す倫理指針の適用があり、その遵守が求められます。法律ではないため、違反しても刑事罰は課されませんが、違反すれば、国などによる補助金の打切り等の理由となりえますし、コンプライアンスの観点から社会的に問題視され、医療機関の社会的評価が下がる可能性もありますので、注意が必要です。

• 一般分野の倫理指針

人を対象とする生命科学・医学系研究に関する倫理指針

• 特別分野の倫理指針

遺伝子臨床研究指針、生殖補助医療研究指針、ES樹立指針、ES分配使用指針、iPS指針など[7]

[7] 正式名称は、それぞれ「ヒトゲノム・遺伝子解析研究に関する倫理指針」、「遺伝子治療当臨床研究に関する指針」、「ヒトES細胞の樹立に関する指針」、「ヒトES細胞の分配及び使用に関する指針」、「ヒトiPS細胞又はヒト組織幹細胞からの試食細胞の作成を行う研究に関する指針」です。

医学系研究指針では、「研究計画の策定」「倫理委員会の審査」「インフォームド・コンセント」という3つの柱があります。具体的には、(i) 研究者が被験者に対するインフォームド・コンセントを原則として得るべきこと、(ii) 研究責任者が、①適切な研究計画を策定し、研究機関の長の許可を得るべきこと、②研究が適正に実施されるよう関係者を指導・管理すべきこと、③一定の重要事項について研究機関の長へ報告すべきこと、(iii) 研究機関の長が、①必要な体制・規程の整備をすべきこと、②健康被害の補償等の措置を講ずべきこと、③研究結果等の登録、公表をすべきこと、④適用のある指針に適合していることの確認、自己評価を行い、適合していない場合は改善策を講ずべきこと、⑤研究について、倫理審査委員会の意見を求めるべきことなどを規定しています。

個人情報保護法と医学研究指針との関係で、同法の例外規定への該当性が問題になっています。個人情報保護法では、「学術研究機関等」（大学その他の学術研究を目的とする機関若しくは団体又はそれらに属する者）について、その個人情報等を取り扱う目的の全部又は一部が「学術研究の用に供する目的」である場合について、個人情報保護法の制限の例外規定を設けています（同法18条3項5号・6号、20条2項5号～7号、27条1項5号～7号）。例えば、大学病院・研究機関等、又は、その構成員の構成員については、研究目的の個人情報の取扱いについて個人情報保護法の制約が適用されないこととなります。これは、学問・研究の自由（大学の自治を含む）に配慮した規定です[8]。

なお、前述の「人を対象とする医学系研究に関する倫理指針」等のガイドラインは、法改正に伴い、例外規定にあわせて改正されるものと予想されています。

[8]　2021年改正前の旧個人情報保護法では、76条の適用除外の規定が設けられていましたが、法改正に伴い、例外事由に変更されました。

（イ）医学研究に関する法律

医学研究の一部には、法律の規制が適用されます。一部の介入研究を対象とした、臨床研究法、再生医療を対象とした再生医療法、医薬品等の治験を対象とした薬機法に基づくGCP省令が挙げられます。ディオバン事件などにおける医療機関におけるデータ改ざん等を受けて施行された「臨床研究法」では、前述のガイドラインと比べて、より厳格な規制を設けています。データ戦略との関係では、臨床研究実施基準（＝省令）の順守義務と特定臨床研究の記録の作成・保存義務に注意が必要です。

この臨床研究実施基準との関係で特に要注意なのは、利益相反管理が求められているということです。利益相反管理との関係では、Q3-7でも述べますが、次に示す「利益相反状態の特定」「利益相反のリスク・コントロール（事前抑止策）」「データ改ざん等の不正の発見（事後対応）」の3点が重要であり、そのための体制の整備が必要となります。

・利益相反状態の特定

研究責任医師による「関係企業等報告書」の作成、利益相反のある研究者による「研究者利益相反自己申告書」の提出、実施医療機関の管理者又は所属機関の長による「利益相反確認報告書」の作成を求めています。

・利益相反のリスク・コントロール（事前抑止策）

特定された利益相反の状況を基に、同法のガイダンスに従った「利益相反管理計画」の作成が医療機関に求められます。例えば、医療薬品の製造販売業者の研究者や、重大な利益相反状態にある医師の関与に条件を設けることなどが求められています。

・データ改ざん等の不正の発見（事後対応）

「臨床研究法における利益相反管理ガイダンス」では、モニタリング（臨床研究チームのうちの研究分担医師による別の医師担当部分のモニタリング等）や、監査（臨床研究に携わらない者による監査）が求められています。

体制の整備

「利益相反管理基準」の策定及び当該基準に則った臨床研究の実施が必要です。また、研究従事者や委託先の監督等も必要となります。

（ウ）次世代医療基盤法（別名「医療ビッグデータ法」）

2018年5月より、「医療分野の研究開発に資するための匿名加工医療情報に関する法律」（通称「次世代医療基盤法」）が施行されています。同法は、医学研究における医療ビッグデータの利活用を促進するための法律です。

前述の通り、原則として要配慮個人情報にあたる医療情報を取得するためには、患者の明示的な同意が必要になるのが個人情報保護法の原則です。これに対し、診療で医療情報を使う場合には、一定の要件を満たした団体を、「認定匿名加工情報作成事業者」として認定した上で、病院等が患者から収集した情報を、当該認定業者に対して、オプトアウトの方法により提供することを可能にしています。オプトアウトとは、すなわち、患者が拒否の意思を表示しなければ、提供が可能となる方式です。但し、このオプトアウト方式の採用の前提として、患者に対する通知と、主務大臣に対する届出を求めています。また、認定業者へのデータの提供にかかる記録作成・保存義務を、医療機関に課しています。

医療機関や製薬会社等は、当該認定業者から、匿名加工された情報の提供を受け、これを、研究活動に活用することが可能となります。

(5) 医療情報システムと電子カルテ

医療機関では、患者から医療情報を預かっており、医療情報システムを整備して、その管理をする立場にあります。医療情報の管理においては、(i) 個人情報の保護と安全管理義務、(ii) 法定情報の保存義務という観点からの規制が適用され、「医療情報システムの安全管理に関するガイドライン」の遵守が求められます。

(ア) 個人情報保護と安全管理義務

個人情報保護法上、医療機関は、患者の医療情報について安全管理措置を講じる義務を負っています。安全管理義務は、情報セキュリティを確保することを内容とする義務ですが、安全管理ガイドラインが、セキュリティ関係の要件を詳細に定めています。具体的には、ISMS (情報セキュリティマネジメントシステム) の実践を求めると共に、保健医療福祉情報システム工学会 (JAHIS) の規準等も参考となる旨等を記載しています。医療機関が整備する医療情報システムは、この安全管理ガイドラインと後述する事業者ガイドラインを遵守することになります。

(イ) 法定文書の電子的作成・保存等 (e文書法)

医療法、医師法、薬機法など、様々な法律に基づいて、医療機関は、法定文書の作成・保存・提供等を義務付けられますが、e文書法により、多くの文書について、電子的に作成・保存・提供等をすることが認められます。電子化が進んでいない医療機関においては、e文書法に対応した形で、データ戦略を検討することが重要と言えます。まず、厚生労働省所管の法律において電子保存が可能な文書 (「法定文書」) については、e文書法の厚生労働省令の別表1の1から別表1の4で定められています。次に、電子保存を行う場合の要件については、同省令の4条に定められています。

医療法や医師法等に基づき保存が必要となる法定文書の多くについては、電子的に保存する場合に、法令上、見読性（画面への出力・印刷可能）、真正性（改変／消去の事実及びその内容を確認することができる措置を講じ、かつ、電磁的記録の作成にかかる責任の所在を明らかにすること）、保存性（復元可能な状態で保存しうる措置を講ずること）が基本的に求められています。なお、医療法・医師法等に基づく法定文書の電子保存については、医療情報システムの安全管理に関するガイドラインの7章に詳しく記載されており、参考となります。但し、薬機法に基づく法定文書等のように、上記三要件のうち、見読性しか法令上は必要とされていない文書（同省令の別表1の1参照）などは、7章の射程外とされていたりして、かなり複雑です。

病院においては、医療過誤訴訟等への対応をも意識して、体制を整備する必要があります。例えば、カルテにおいて、医師法では、「病名、主要症状、治療方法（処方及び措置）」等を記載することとなっていますが、これらを記載するに際しても、訴訟を意識して、(i) SOAP（以下参照）の記載を徹底したり、(ii) 診断等の際に考慮した存在した事実だけでなく、一定の事実の不存在（症状等の不存在）まで丁寧に記載するようにしたり、(iii) 5W1Hの記載を徹底すること等も訴訟対策として有用と考えられます。

SOAP

- Subjective（主観／患者の訴え）
- Objective（客観／検査結果・診察により観察された症状等）
- Assessment（評価／病名等の医師による診断の結果）
- Plan（計画／治療方法）

(6) オンライン診療

通常の医療サービスにおいては、上記安全管理ガイドラインに基づいて電子カルテ等の医療情報システムが利用されますが、近時は、オンライン診療システムを用いたオンライン診療が実施されることがあります。医師は、医行為については、「自ら診察しないで治療を」することが禁止されており（無診察治療の禁止）、原則として対面診療が必要とされています（医師法20条）。オンライン診療は、一定の要件を満たすことにより医師法20条の例外として実施されています。また、実務上、保険診療においてオンライン診療を実施するにあたっては、通常の診療と異なる保険点数が適用されることに留意が必要です。

オンライン診療を実施するためのシステムが遵守しなければならないのが、「オンライン診療の適切な実施に関する指針」です。同指針は、医療情報システムに接続しない汎用システムによるオンライン診療を認めており、やや緩い規制を定めています。但し、①医師－患者関係と守秘義務、②医師の責任、③医療の質の確認及び患者安全の確保、④オンライン診療の限界などの正確な情報の提供、⑤安全性や有効性のエビデンスに基づいた医療、⑥患者の求めに基づく提供の徹底、といった医師の重い責任を規定しています（同指針8～9頁）。

(7) 広告について

医業若しくは歯科医業又は病院若しくは診療所に関して、広告をする場合には、医療法（同法6条の5）及び医療広告ガイドラインの規制が適用されます（もちろん、景表法などの他の関連法令の適用も免れません）。

• 虚偽広告等の禁止

(i) 虚偽広告、(ii) 比較広告（すなわち、他の病院又は診療所と比較して優良である旨の広告）、(iii) 誇大広告、(iv) 客観的事実であることを証明することができない内容の広告、(v) 公序良俗に違反する内容の広告が禁止されます。また、医療広告ガイドラインでは、(vi) 他法令や当該法令に関連する指針に抵触する広告を行わないことは当然と記載しています。

• 広告可能事項の制限

医療法では、広告が可能な事項を限定列挙しています。すなわち、法令で認められた事項以外は、広告に記載してはならないとされています。但し、「医療に関する適切な選択が阻害されるおそれが少ない場合」には、制限が解除されます。

医療広告との関係では、2017年の医療法改正とそれに伴う政省令・ガイドラインの改正（2018年6月1日施行）との関係に注意が必要です。

第1の改正点として、医療機関のウェブサイト等は、従来、「広告」に該当しないとされてきましたが、2017年改正により、医療機関のウェブサイト等も、「広告」に含められることとなっており、「医療機関ホームページガイドライン」が新設されていますので、注意が必要です。

第2の改正点として、ウェブサイト等に「広告可能事項の制限」の規制が適用されますと、かえって、利用者に対する情報提供が阻害されかねないことから、医療機関のHP等における適正な内容の広告等については、広告可能事項の制限の規制が解除される建付けとされました。

3　医療情報システムの事業者について

上記の通り、医療機関は患者から医療情報を預けられています。しかし、医療機関は、基本的には医療サービスを患者に提供するためのプロフェッショナルであり、医療情報を処理するためのIT基盤を提供するための専門業者ではありません。現実問題として、医療機関は、専門のベンダー等に対し、医療情報システムの構築運用を委託する必要があります。その場合、専門ベンダー（受託事業者）は、個人情報の取扱いの委託先として安全管理義務を負うことになり、この安全管理義務は、医療機関が患者に対して負う第一義的な安全管理義務を分担することになります。また、医療機関は、安全管理義務の一環として、受託事業者に一定の安全配慮義務を課す義務を生じますが、かかる義務を適正に履行するためには、受託事業者が説明義務を履行することが不可欠です。

このように、医療情報システムの提供については、医療機関が前述の安全管理ガイドラインを遵守していることを前提に、事業者は「医療情報を取り扱う情報システム・サービスの提供事業者における安全管理ガイドライン」を遵守することになっています。

4　医薬品・医療機器等の製造販売業者、販売業者

(1) 関連する法律

（ア）薬機法

(i) 総論

薬機法に基づく許認可の概要は、**図表2-26**のとおりです。

図表2-26　薬機法に基づく許認可の概要

医薬品	製造販売	許可制。なお、品目毎の承認も原則必要
	製造	許可制
	販売	許可制
	調剤＆販売	薬局の許可が必要[9]
医薬部外品（薬用シャンプー等）	製造販売	許可制。なお、品目毎の承認も原則必要
	製造	許可制
	販売	製造販売にあたらない販売は許可制なし
化粧品	製造販売	許可制。なお、未表示成分を含む場合は承認必要
	製造	許可制
	販売	製造販売にあたらない販売は許可制なし
医療機器	製造販売	許可制。なお、医療機器のリスクに応じ、品目毎に、承認、第三者認証、届出が必要
	製造	許可制
	販売・貸与	高度管理医療機器、特定保守管理医療機器のみ許可制

[9]　院内の調剤所は、薬局の許可取得は不要ですが、他で製造・調剤された医薬品、薬剤の販売はできません。

薬機法では、医薬品、医療機器、医薬部外品、化粧品等の製造販売業者・販売業者・製造業者等の義務について規定しています。製造販売業者といった場合には、日本の市場に自己の責任で置く者という意味で、国内の医薬品会社、又は、国外から医薬品を輸入する輸入業者等がこれに当たります。

一方、製造業者といった場合は、実際に、医薬品を製造する工場を有する法人などを指します。製薬会社が、自ら工場をもって製造まで行う場合は、製造販売と、製造の両方の許可が必要となります。そして、販売業者といった場合は、製造販売業者以外で、医薬品の販売を行う事業者を指します。

(ii) 製造販売業者の義務

製造販売業者との関係では、医薬品等の製造販売業者に求められる省令の遵守が重要です（**図表2-27**）。データ戦略的な観点から、一言でまとめれば、これらの省令に沿った内容で製造販売等を行うためのデータ・マネジメント（Q1-3）が必要となるということです。

図表2-27 医薬品等の製造販売業者に求められる省令

GLP省令	医薬品の安全性に関する非臨床試験の実施の基準に関する省令
GCP省令	医薬品の臨床試験の実施の基準に関する省令
GMP省令	医薬品及び医薬部外品の製造管理及び品質管理の規準に関する省令
QMS省令	医療機器及び体外診断用医薬品の製造管理及び品質管理の基準に関する省令
体制省令	医療機器又は対外診断用医薬品の製造管理又は品質管理にかかる業務を行う体制の整備に関する省令
GQP省令	医薬品、医薬部外品、化粧品及び再生医療等製品の品質管理の規準に関する省令
GPSP省令	医薬品、医薬部外品、化粧品、医療機器及び再生医療等製品の製造販売後安全管理の基準に関する省令

(iii) 薬局、医薬品の店舗販売業者

薬局、医薬品の店舗販売業者による義務の概要については、**図表2-28**のとおりです。なお、高度管理医療機器等の販売業者の類型については、紙面の都合もあり、割愛します。

(イ) 薬剤師法

薬局において販売に従事する薬剤師が薬剤の調剤を行ったときは、調剤録への記入義務があり、薬局が調剤録・処方箋について3年の保存義務を負います（薬剤師法27条・28条)。なお、別の法律となりますが、薬局及び医薬品の店舗販売業者は、医薬品の販売時に記録作成・保存義務がかかっています（薬機法規則14条・146条)。

(ウ) 健康増進法

健康増進法では、特別用途食品（乳児向け、病者向け、妊婦向け等）の許可制や、特定保健用食品制度（いわゆる「トクホ」）等について定めると共に、食品の虚偽広告、誇大広告等を禁止しています。このため、食品メーカーや、その広告を受

図表2-28　薬局、医薬品の店舗販売業者による義務

<table>
<tr><th colspan="2"></th><th>販売業者</th><th>販売方法</th><th>販売担当者</th><th>氏名・年齢・他の薬の使用状況等の確認義務</th><th>書面による情報提供義務</th><th>指導義務・相談に応じる義務</th></tr>
<tr><td colspan="2">調剤済み薬剤</td><td rowspan="2">薬局[10]</td><td rowspan="3">対面販売のみ</td><td rowspan="4">薬剤師のみ</td><td>○（法９条の３第２項）</td><td>○（法９条の３第１項）</td><td>○（法９条の３第１項）</td></tr>
<tr><td colspan="2">薬局医薬品[11]</td><td>○（法36条の４第２項）</td><td>○（法36条の４第１項）</td><td>○（法36条の４第１項、４項）</td></tr>
<tr><td colspan="2">要指導医薬品</td><td rowspan="4">薬局又は医薬品販売業者</td><td>○（法36条の６第２項）</td><td>○（法36条の６第１項）</td><td>○（法36条の６第１項・４項）</td></tr>
<tr><td rowspan="3">一般医薬品</td><td>第1類</td><td rowspan="3">対面又はネット販売</td><td>○（36条　の10第２項）</td><td>○（36条　の10第１項）</td><td rowspan="3">△指導義務はないが、相談に対する情報提供義務（36条　の10第５項）</td></tr>
<tr><td>第2類</td><td rowspan="2">薬剤師又は登録販売者</td><td>△濫用のおそれのある医薬品は義務あり。それ以外は努力義務（法36条の10第４項）[12]</td><td>△濫用のおそれのある医薬品は義務あり。それ以外は努力義務（法36条の10第３項）</td></tr>
<tr><td>第3類</td><td>△濫用のおそれのある医薬品のみ義務あり[13]</td><td>△濫用のおそれのある医薬品のみ義務あり</td></tr>
</table>

[10] 病院も販売が可能です。
[11] 処方箋医薬品を含む概念です。なお、薬局だけでなく卸売販売業者も販売が可能ですが、エンドユーザーには、販売不可です。
[12] 医薬品の店舗販売業者は、濫用等のおそれのある医薬品の販売・授与に際し、相手方の氏名・年齢（若年者である場合に限る）、購入の状況等を確認する必要があります（規則147条の3）。
[13] [4] に同じ。

託する企業等は、同法を遵守する必要があります。

(エ) 臨床研究法

製薬会社等[14]が自社の医薬品の臨床研究を行っている医療機関に対し、研究費・寄付・執筆料等として資金提供を行っている場合には、臨床研究法が適用されます。製薬会社等は、(i) 自社製品の臨床研究へ資金提供を行うときは、医療機関と契約を締結して行うことが義務付けられ、かつ、(ii) 資金提供の公表義務が生じます。また、医療機関による同法の遵守をサポートしていく必要が生じます。

[14] 医薬品等（医薬品・医療機器・再生医療等製品）の製造販売業者及びその関係法人（例：子法人）をいいます。

（オ）海外法

製薬会社や、健康食品等のメーカーの場合、海外にも、輸出を行っている場合が多いですので、海外法にも注意をする必要があります。例えば、製薬会社が、米国で医薬品の承認を得るためには、米国法の遵守も必要となり、ALCOA-CCEAなども、厳格に遵守する必要が生じてきます（Q1-3参照）。また、海外の独禁法、米国の海外腐敗行為防止法（FCPA）、英国の贈収賄禁止法への違反行為や、不正なキックバック等の違法行為が生じないよう、しっかりとした体制整備を行う必要があり、違法行為の防止の観点からは、内部者通報等のデータをうまく分析・活用して早期に違法行為の芽を摘むことが重要です。

(2) 法定文書の電子保存等（e文書法）

e文書法との関係については、2（5）（イ）をご参照下さい。

(3) 個人情報との関係

製薬会社等も個人情報保護法の規制を遵守する必要があります。また、次世代医療基盤法との関係については、2（4）（ウ）をご参照下さい。また、「医療・介護関係事業者における個人情報の適切な取扱いのためのガイダンス」は、薬局等にも適用があるものと当該ガイダンスでされています。

(4) 倫理指針

製薬会社も、医薬品等の研究活動を行う場合には、医療機関のように倫理指針が適用されます。

(5) システムの安全管理

医療機器の製造販売業者との関係では、「医薬品・医薬部外品製造販売業者等におけるコンピュータ化システム適正管理ガイドライン」、「医療機器におけるサイバーセキュリティの確保について」と題する通達が出ています。また、薬局等との関係では、「医療情報システムの安全管理に関するガイドライン」が適用されます。

(6) 広告について

（ア）誇大広告等

薬機法では、医薬品、医薬部外品、化粧品、医療機器又は再生医療等製品について、(i) 虚偽広告、(ii) 誇大広告、及び (iii) 医師等が効果・効能を保証したとの誤解を与える広告が禁止されています（同法66条）。また、承認又は認証を要する医薬品、医療機器又は再生医療等製品であって、承認又は認証を未取得のものについての広告が禁止されています（同法68条）。

（イ）医薬品と同様な効果・効能をうたった健康食品・サプリ等の広告

健康食品・サプリ・シャンプー・化粧品等について、①人若しくは動物の疾病の診断・治療・予防に使用される目的の物であること（例：がんが治ると標榜）、又は②人若しくは動物の身体の構造・機能に影響を及ぼす目的に役立つ物であること（例：痩せると標榜）を、明示又は暗示するような広告を行えば、その販売物が医薬品に該当してしまい、違法となる場合があります。但し、医薬部外品、化粧品、再生医療等製品、機能性表示食品等について、それぞれ認められた範囲の効果・効能をうたっている場合は、問題ありません。医薬品というと、医薬品成分を含んでいないと医薬品にあたらないと思っていらっしゃる方もいるかもしれませんが、そうではなく、医薬品と同様な効果・効能をうたって広告等をして販売を行えば、基本的に医薬品として取り扱われてしまうのです。したがって、広告を行う場合には、表現に注意する必要があります。なお、食品にかかる広告との関係では、食品衛生法にも留意が必要です。

（ウ）医療機器と同様な効果・効能をうたった機械・器具等の広告

機械・器具等の広告においても、医薬品と同様な目的（（イ）の①及び②参照）の物であることを明示又は暗示するような広告（例：効果・効能、又は、形状等が医療機器と類似した広告）を行えば、医療機器に該当してしまう場合があります。したがって、医療機器として未承認の機械・器具等について広告を行う場合は、医療機器にあたるとの批判を受けないよう、表現に注意する必要があります。

（エ）医薬品の行動履歴ターゲティング広告

医薬品については、行動履歴に基づくターゲティング広告が禁止されていますので、注意が必要です。

(オ) 医薬品等広告適正基準

上記の禁止事項等も含んだ、「医薬品等広告適正基準」及び「薬品等広告適正基準の解説及び留意事項等について」を厚生労働省が公表しているため、これらに沿った広告審査を行うことが有用です。広告業者等の場合において、いちいちこれらの審査を行うことが煩雑である場合は、AI等を活用して、業務の効率化を図ることも考えられます。

5　医療に近接する分野のサービスの提供業者

(1) 医師法との関係

医療と類似／近接するサービスを提供する際には、自社のサービスが、医業に該当しないかを検討することが必要となります。ここに「医業」とは、「医師の医学的判断及び技術をもってするのでなければ人体に危害を及ぼし、又は危害を及ぼすおそれのある行為」(「医療行為」) を業として行うこと[15]をいいます。医療行為には、手術、注射等も含まれますし、病気・怪我等を診療し、投薬・治療の要否や治療方法の内容について判断する行為 (診断行為) も、「医療行為」に含まれます。

[15]「業として」とは、反復・継続する意思をもって行うことをいいます。

例えば、カイロプラクティックでは、脊髄損傷等の事故も生じていますが[16]、(医師・あはきの) 無資格者が首に強い刺激を与える手技などを行えば医行為に該当するおそれがありますし、エステで皮膚を強力なレーザーで火傷 (やけど) させて永久脱毛する施術も医行為に該当するおそれがあります。一方、単なる「健康相談」にとどまる場合はあたらないと一般的には解釈されています。

また、広告に際して、「がんが治ります」などと記載してしまいますと、医療広告となってしまい、上述の医療法の広告規制が適用され、違法となってしまいますので、注意が必要です。

[16] 国民生活センター： http://www.kokusen.go.jp/pdf/n-20120802_1.pdf

(2) 遺伝子検査サービス

（ア）医業との関係

遺伝子検査サービスを行う場合、まず、医業に該当しないかが重要です。この点、厚生労働省は、遺伝子要因だけでなく、環境要因が疾患の発症に大きく関わる「多因子疾患」のみを対象としている場合であって、かつ、統計データと検査結果とを比較しているにすぎない場合には、遺伝子検査が「医行為」に該当しないと解しています[17]。

一方、「単一遺伝性疾患」の場合、例えば、「あなたの遺伝子配列は、ハンチントン病（あるいは筋強直性ジストロフィー）の遺伝子変異を含んでいる」等と判断する行為は、診断行為に該当する可能性があります。

また、検査対象者である個人を特定して、疾患リスクを予測・判断する行為は、「診断」となり、医行為に該当すると解されています。

[17] ゲノム医療等実用化推進TF2016年３月30日「消費者向け遺伝子検査ビジネス」

（イ）サービス提供との関係

遺伝子検査サービスには、「遺伝子検査ビジネス実施事業者の遵守事項」が適用されます。インフォームド・コンセントが求められると共に、インフォームド・コンセントの取得に用いる文書についての要件を定め、かつ、その同意の記録保存などを求めています。また、DNA 鑑定分野においては、試料採取対象者から「対面」で同意を得なければならないと規定しています。DNA鑑定とは、親子関係や血縁関係の存否を確認するためになされる鑑定ですので、通常の体質調査等のための遺伝子検査よりも、一般に影響が大きいため、「対面」での同意取得が求められているものです。

この他、(i) 検査実施施設においては、各検査工程の標準化のための標準作業手順書（作業マニュアル）の整備、機器の保守点検作業書等を整備しなければならないこと、(ii) 検査の実施、内部精度管理の状況、機器の保守点検の実施、教育・技術試験の実施等に関する記録を作成しなければならないこと、(iii)）一定の品質保証の仕組みを構築すべきこと、(iv)）クレームに関する記録を保存すべきこと、(v) 事故時に監督官庁に報告すべきことなどを規定しています。

（ウ）個人情報との関係

個人情報の取扱いとの関係では、個人情報保護法及び「個人遺伝情報ガイドライン」が適用されます。同ガイドラインでは、個人遺伝情報を用いた事業実施の適否等を審査するため、個人遺伝情報取扱審査委員会を設置し、事業実施の適否、実施中の事業に関して必要な措置等について、科学的、倫理的、法的、社会的、技術的観点から審査するものとしています。

（エ）研究について

遺伝子解析等の研究との関係では、民間企業が行う研究にも、「ヒトゲノム・遺伝子解析研究に関する倫理指針」（いわゆる「ヒトゲノム倫理指針」）の適用があります。また、ヒトゲノム倫理指針でカバーされていない事項については、医学系倫理指針が適用されます。

(3) あはき業者、エステ、カイロプラクティックなど

（ア）サービス提供との関係

あん摩マッサージ師、針師、きゅう師には、あはき法が適用されます。一方、これらに該当しない者（例えば、エステ等）によるマッサージ行為や、カイロプラクティック等との関係では、医業に該当しないかが問題となります。また、エステ業者の場合、特定商取引法に基づく特定継続的役務に該当するケースがあり、特定継続的役務にかかる規制がかかる場合があります。

（イ）個人情報との関係

特筆すべき点はございません。

（ウ）広告の関係

あはき法との関係では、法律改正が間に合っておらず、あはき業者のウェブページは、未だに広告に該当しないと解されているようです。また、広告できる事項が、あはき法で限定されていますので、注意が必要です。あはき法に該当しない業者についても、特商法による広告規制や、景表法等の一般法に基づく規制はかかりますので、注意が必要です。

6　医療・健康の情報サイト

医療・ヘルスケアに関する情報発信は、一般公衆に対するものと、特定の人の状況に応じた情報提供とがあります。

(1) 一般的な情報発信

一般的な情報発信の分野で大きな問題となったのは、DeNAが運営するウェブサイト「WELQ」の事例です[18]。WELQ社は、健康に関する記事を大量に掲載していましたが、誤った記事や不適当な記事が多いとネット上で強い批判を受けたものです。WELQ社では、SEO対策として、月あたり約1,000～3,000件、累計3万5,000件もの記事を掲載していました。クラウド・ソーシングを活用して、記事を大量生産した結果、広告規制や著作権法違反の疑義が生じたほか、情報の正確性が犠牲になっていました。例えば、ムカデに噛まれたあとに熱いお湯をかけるとよいという記事があり、救急現場から誤った措置によって健康被害が生じているとの批判がありました。その結果、WELQだけでなく、計11ものウェブサイトを閉鎖せざるを得ない状況になってしまいました。

一般的な情報発信についての法規制は特にありませんが、広告に該当すれば、医療法（医療機関、医業）、薬機法（医薬品、医療機器）、健康増進法（健康食品）等の広告規制が適用される場合があります。単なる情報サイトでも、そのウェブサイトに、広告を掲載する場合、そのウェブサイトのコンテンツと、広告とが一体として、広告と評価される可能性もありますので、注意が必要です。

また、広告規制がかからない場合にも、医療情報の内容について、正確性が担保されていないと、WELQ事件のように、社会的批判を呼び、大きく企業価値を毀損する場合がありますので、医師に監修してもらう等、情報の内容の正確性を確保することが重要であると言えます。

[18] 第三者委員会報告書（http://v3.eir-parts.net/EIRNavi/DocumentNavigator/ENavigatorBody.aspx?cat=tdnet&sid=1450400&code=2432）

(2) 特定の人に向けた情報発信

特定のサービス利用者の心拍数データ等の一定のデータを受けた上で、これを分析する等して、当該利用者にカスタマイズした情報発信を行う場合、(1) で述べた点に加え、「診断行為」等にあたって、医師法の「医業」に該当して違法とならないかが問題となりえます。

7 まとめ

上記で述べたとおり、医療系の分野で、データ戦略を考える際には、かなり多数の法令、ガイドライン等を検討に入れる必要があり、コンプライアンス面から慎重な検討が必要となるため、注意が必要です。

また、倫理面・道徳面がかなり重要な分野であり、仮に法律に違反しなかったとしても、反倫理的である、非道徳的である等との批判を受ければ、医療機関として致命的な事態を引き起こす可能性があります。このため、データ戦略面において重要な意思決定を行う場合には、医療機関の倫理委員会等で慎重に検討することが有用です。

Q2-20

消費者からの声を活用する場合、どのような点に注意したらよいでしょうか？

企業が持つ多様な消費者からの声が「個人情報」に該当する場合、利用目的、第三者提供等について、原則として本人の同意が必要です。一方、業務妨害者リストや統計情報のように、同意がなくても、利用、第三者提供等できると解される場合があります。

執筆：辻畑 泰喬、中崎 隆

1 消費者からの多様な声とその活用

企業には、肯定的か否定的かを問わず、消費者から様々な意見が様々なチャネルを通って寄せられてきます。例えば、企業が設置しているホームページの問合せフォーム、コールセンター、店員への直接の意見、ご意見箱、ご愛用ハガキ、インタビュー、アンケート調査等、様々なツールを通じて意見が寄せられます。その内容も、製品・サービスについての意見や苦情、消費者の趣味・嗜好や日常の行動、店舗や店員の接客態度への苦情、会社の経営方針やコンプライアンスについての意見等多様です。

このような消費者からの声を活用して、当該消費者に対する商品の提案等をすることも考えられますし、消費者の声を集計・分析して、自社の製品・サービスの開発や、マーケティングに活かすこともできます。また、この情報を、自社だけでなくグループ会社間で共有して活用することも可能ですし、それにとどまらず、他社に販売することも考えられます。

このように、企業が持つ消費者からの声の活用方法は多様です。

2 消費者からの声も「個人情報」？

消費者からの声がもし「個人情報」に当たるのであれば、個人情報保護法の規制がかかることとなります。そこで、消費者からの声がそもそも「個人情報」といえるのかをまずは考えてみます。

個人情報保護法が規制対象とする「個人情報」とは、(i) 生存する個人に関する情報であることを前提とした上で、(ii) ①当該情報に含まれる氏名、生年月日等により特定の個人を識別することができるもの（他の情報と容易に照合することにより特定の個人を識別できるものを含む)、又は、②個人識別符号を含むものをいいます。消費者からの声には当該消費者や従業員の情報が含まれている場合があり、その場合、上記 (i) はクリアしますので、後は、①か②のいずれかに該当すれば「個人情報」ということになります。

ここでは、消費者からの声に関する情報を、便宜上、**図表2-29**のA～Cに分類して考えてみたいと思います。

図表2-29 消費者からの声を分類

分類	保有する情報の内容
分類A	消費者等の氏名が含まれている場合。 例：「お問合せ者情報：甲野乙郎、45歳、男性、東京都千代田区･･･在住」「ご意見内容：霞ヶ関店の接客態度が･･･」
分類B	消費者等の氏名はないが、顧客ID、電話番号等が含まれている場合。 例:「お問合せ者情報: A123456、090･･･、45歳、男性、東京都在住」「ご意見内容：霞ヶ関店の接客態度が･･･」
分類C	消費者等の氏名、顧客ID、電話番号はないが、年代、性別等が含まれている場合。 例：「お問合せ者情報：40代、男性、東京都在住」「ご意見内容：霞ヶ関店の接客態度が･･･」

分類Aは、氏名が含まれている以上、上記①に該当するため「個人情報」といえます。

分類Bは、顧客IDや電話番号等があっても、その情報のみから誰かを特定することは困難ですが、企業はこの消費者からの声とは別に顧客管理データベース等を持っており、顧客ID等を媒介としてそのデータベース内の情報と結び付けることが容易にでき、それによってどの特定の消費者からの声であるかを把握することができるのが一般的です。このように、仮に容易に照合することで特定の個人を識別できるのであるならば、上記①に該当することになるため「個人情報」といえます。

分類Cは、「40代、男性、東京都在住」といっても誰のことなのか分かりませんし、これと顧客データベース等を結び付けることも一般的には容易ではありません。このように、容易に照合できないなら「個人情報」とはいえません。他方で、例えば、意見内容等から顧客を特定できるような例外的場面においては、「個人情報」ということになります。

消費者からの声が「個人情報」になるか否かは、当該ケースごとに判断していくことになります。

なお、匿名加工情報の制度に基づき、もともと個人情報であった情報を個人情報には該当しない情報として利活用する方策や、改正個人情報保護法で導入される匿名加工情報の制度の利用という選択肢もあり得ます。また、「統計情報」として、自社内で活用したり第三者に提供したりするという選択肢もあります。これらの点は、後で説明します。

3　活用時に個人情報保護法との関係で気を付けること

もし消費者からの声が「個人情報」に該当するとなると、個人情報保護法に基づく様々な規制に服することとなります。また、各種ガイドラインにも留意する必要があります。この関係では、まず、(i) 個人情報の利用目的への同意、(ii) 第三者提供についての同意、(iii) 要配慮個人情報の取得に際しての本人の同意との関係がよく問題となります。また、金融機関の場合は、機微情報を、本人の同意があっても、金融業務等以外との関係で、取得・利用してはならないという規律がありますので注意が必要です。Q5-10も参照。また、グループ会社への一定の顧客情報の共有が制限される場合もあります。Q5-9も参照。

4　業務妨害者リストの利用と共有

消費者から寄せられる声の大部分は、今後の施策に向けた有益な情報として活用していくことができますが、ときには消費者という名を借りて企業から金銭を不正に引き出すことを目的としたり、企業の業務を妨害したりすることを目的とする等、意図的な業務妨害者と評価できるような事態も起こり得ます。各企業が不当要求に対して適切かつ毅然とした対応を講ずるため、このような業務妨害者に係る情報（以下「業務妨害者リスト」）をグループ企業やグループの垣根を越えた他社と共有することがあります。

この業務妨害者リストには、当該妨害者の個人情報（個人データ）が記載されているのが通常であり、この場合、企業が当該リストを業務妨害対応のために利用し、他社と共有するに際しては、利用目的の問題と提供の問題が生まれます。もっとも、これらの利用及び提供行為は、基本的に企業の財産保護のために必要であって本人同意を得ることが困難と考えられるため、この場合は、利用目的として特定していなくても適法に業務妨害者対応のために利用することができ、かつ、共同利用という方法をとるまでもなく、グループ内外を問わず提供することができます（個情法16条3項2号、23条1項2号）。なお、例えば、X社がY社から業務妨害者リストを取得したというケースで、当該業務妨害者の逆恨みにあって情報提供者たるY社が被害を受けるおそれがあると認められる場合等においては、X社は、取得時に業務妨害者リスト掲載の本人に対して利用目的を通知等する必要もないと解されます（個情法18条4項1号、2号）。

5　匿名加工情報による活用

改正個人情報保護法は匿名加工情報制度を創設しました。これは、簡単にいうと、個人情報に匿名化等の一定の加工を施すことで、個人情報ではないものとして一定の制約下で利活用できるようにした制度です。この利活用に際しては、目的外利用と第三者提供に係る本人同意が不要になるという点が最大の特徴で、情報の利用・流通の促進が期待されています。例えば、業界団体が苦情窓口を設けて、消費者からの苦情を集め、そのデータを、参加企業にフィードバックするというような事例でも、匿名加工情報の制度を活用することが考えられます。

匿名加工情報とするための加工の程度について、こうすれば常に大丈夫という一律の具体的基準がある訳ではありませんが、特定個人を識別できず（非特定個人識別性）、かつ、元に復元できない状態にすること（復元不能性）が求められており、例えば、氏名等の個人識別情報の削除・置換、運転免許証番号等の個人識別符号の削除・置換、顧客ID等の連結符号の削除・置換、極めて高年齢・高収入等の特異な記述の削除・置換等の措置を講じていくことになります（**図表2-30**）。

図表2-30　匿名加工情報のイメージ

氏名	年齢	性別	店舗	来店時間	注文のメニュー番号	天気	消費者の声
削除	30歳代	男	新宿	18時台	2,10	晴	店員の態度が悪かった。
削除	50歳代	女	大阪	20時台	8,12	雨	料理がまずかった。
削除	20歳代	男	仙台	15時台	5	曇	良かった。

この匿名加工情報の制度は、あくまで匿名性を維持することが大前提ですので、ターゲティング広告等には基本的に向きません。一方、例えば、「30代／男性／関西」「50代／女性／雨／夜」等といった一定の分類（クラスター）ごとの消費者の傾向を分析するためには有用です。後述の統計情報ですと、分析が既に済んでしまった情報ですが、匿名加工情報の場合は、匿名加工が済んだだけで、分析を行う前の生の情報を、第三者に渡せる訳です。

6　統計情報（統計データ）としての活用、第三者提供

匿名加工情報の場合は、匿名化されて誰の意見かは分からなくなっていますが、個人ごとにどのような「消費者の声」であったかが分かる形となっています。消費者の声が分類され、多数の消費者のデータが集積されて、統計データとなっている場合は、匿名加工情報についての規制はかかりません。すなわち、匿名加工情報と同様に、利用目的や、第三者提供等について、本人の同意は不要となる他、安全管理措置義務や照合禁止義務等の匿名加工情報についての規制も不要となります。例えば、「30代男性で、夜に2（麻婆豆腐）のメニューを頼んだ方で、料理について、好評価は100人、悪い評価は50人」等というデータです。

このように、個人情報として扱うのか、匿名加工情報として扱うのか、統計情報として扱うのかによって、取扱いが異なってきますので、賢くデータを活用する必要があります。

コラム

【コラム】 ドタキャン客についてのデータベース

業務妨害者リストと似たものとして、ドタキャン客の電話番号のデータベースがあります。レストラン等が、予約時間の直前にキャンセルした客又は事前連絡なくキャンセルした客（ドタキャン客）の電話番号のみを共有するという取組において、電話番号は個人情報に該当するのでしょうか[1]。個人情報保護委員会の個人情報保護法の通則ガイドライン等に係るQ＆Aの1－3では、「他の情報と容易に照合することにより特定の個人を識別することができる場合、当該情報と併せて全体として個人情報に該当することがあります」と記載されています（個情法2条1項1号）。

そして、ドタキャン客の電話番号の提供を受けたレストランは、自分の店を予約する際に登録される電話番号と照合して、電話番号が同一であれば、ドタキャン客と判断する訳です。

しかも、個人所有の携帯電話番号の場合には、個人と携帯番号とがほぼ1対1で対応していますから、まさに、予約をする個人が、ドタキャンをした客であるということが、かなりの確度で分かる訳です。

以上を踏まえますと、ドタキャン客データベースの事例では、提供を受けたレストランとしても、データベースが個人情報を含む可能性があるものと取扱うのが穏当であるように思われます。但し、仮に個人情報に該当するとしても、業務妨害者リストのように、個人情報保護法23条の適用除外に当たらないかという点については、検討の余地があるように思われます。

［1］ https://news.careerconnection.jp/?p=50147

Q2-21

情報銀行との関係でどのような点が問題となりえるのでしょうか？

総務省・経済産業省は、情報信託機能の認定に係る指針を公表し、これに基づき日本IT団体連盟が、情報銀行の認定を行っています。情報銀行のサービスを提供する場合、情報銀行との名称を用いずに当該サービスを提供している事業者も多いため、情報銀行との名称を用いたいのか、利益相反をどのようにコントロールするのか、同意の取得法をどうするか、認定を得るのか等が問題となりえます。

執筆：中崎 隆

1 情報信託機能の認定に係る指針

総務省と経済産業省は、2018年6月に「情報信託機能の認定に係る指針ver1.0」を公表し、これを受けて、同年8月に「三菱UFJ信託銀行が情報銀行へ参入」等と日経新聞等が報道し、その後、同社を含めたいくつかの企業が情報銀行業務に参入しています。ここでは、上記指針で、総務省と経済産業省が実現しようとしている情報銀行について簡単に説明したいと思います（**図表2-31**）。

まず、この指針では、情報銀行（情報利用信用銀行）とは、個人とのデータ活用に関する契約等に基づき、PDS（Personal Data Storeの略。個人が自らデータを蓄積・管理し、他者と自由に共有して活用する仕組等を指す）等のシステムを活用して個人のデータを管理すると共に、個人の指示又はあらかじめ指定した条件に基づき個人に代わり妥当性を判断の上、データを第三者（他の事業者）に提供する事業と定義しています。

図表2-31　情報銀行、名簿屋、ID連携サービス等の比較

	情報銀行	名簿屋	ID連携サービス等（ネット業者）
個人情報取得時の適法性	○　必要	○　必要	○　必要
顧客による約款同意	○　あり 同意取得が前提	△　オプトアウトが多く、通常は同意なし	○　あり
第三者提供の判断	本人の指示等の範囲内で、本人に代わって判断することを基本的に想定	オプトアウト方式の場合は同意なし。それ以外は本人が判断	本人が判断
利益相反のリスク	○　リスク大 情報銀行に裁量有	×　オプトアウトでは、依頼関係なし	×　本人の指示で提供するため、リスク小
提供可能な個人情報の範囲	△　クレジットカード番号、銀行口座番号、要配慮情報は対象外	△　要配慮個人情報についてはオプトアウトによる提供NG	○　限定なし
許認可	基本的に不要	オプトアウトの届出	基本的に不要

2　情報銀行と呼びたいのか

(1) 情報銀行との呼称の採否

情報銀行についての第1の論点は、「情報銀行」と呼びたいのかということです。上記指針のパブリックコメントにおいて、全銀協は、「情報銀行」の概念が、銀行法上の「銀行」とは異なるにもかかわらず、「情報銀行」との名称を用いると利用者が誤認しかねない旨を指摘しています。確かに、「○○社が情報銀行として認定された」等とのニュースが流れれば、その会社が、銀行のように政府の許可を得た信頼性の高い事業者であるとの誤解を一般に与えかねないように思われます。銀行法6条2項でも、銀行でない者が、銀行との文言を自らの名称又は商号に含めることを禁止しています。

同規定の趣旨に鑑みれば、総務省・経済産業省として、「情報銀行」との用語を用いず、「パーソナル・データ・ストア（PSD）事業者」（あるいはデータ・バン

ク）等と別の用語を用いるべきではなかったかとも考えられます。

また、「情報銀行」と呼べば、金融庁が許可を与えた金融業務を行う企業であるとの印象を与えますが、情報銀行業務は、金融庁の許可なく行うことができるものですし、基本的に非金融業務と考えられます。この観点からも、顧客や提携先等に誤解を与える可能性があります。

以上に加え、情報銀行との名称を用いることで、顧客の個人情報でお金儲けをしている印象を顧客に与え、敬遠されるおそれもあります。経済産業省・総務省は、GAFAを追いかけるために日本の情報銀行を促進しようとしているように見えますが、顧客のデータを集めて、GAFAと同じようなことをして金儲け（マネタイズ）したいといった場合に、顧客がよいイメージを持つとは限りません。むしろ、嫌悪感を抱かれる可能性も十分にあります。

GAFAは、強力な本業を他に持っている訳です。Googleメール、Google Map等の別の強力なサービスがあった上で、そこで、強烈な顧客利便性を示した上で、顧客の情報を集めています。そのような利便性のPRに力点を置かずに、「情報銀行」という形でPRをするようなマーケティング戦略としてよいのかという点は、考慮されてよい点でしょう。

「情報銀行」との名称を用いずに情報銀行と同様なサービスも同様なサービスを提供している事業者も数多くあります。「情報銀行」との名称を用いてその点に力点を置いてマーケティングしたいのか、慎重な検討を行うことが有益です。

(2) 情報信託との用語の採否

上記に付随して、「情報信託」という用語を用いたいのかも論点となります。「信託」といった場合、信託された財産が、受託者（＝通常は信託銀行）に移転可能であることや、「当該財産が金銭であること又は換価可能であること」等が前提となっています。

個人情報は、このような「財産」に該当しないと解されますので、情報銀行に個人情報を預託することは、信託法上の「信託」とは位置付けられないと考えられます。全銀協のコメントも、これに対する役所の回答でも、情報銀行の事例は、信託法上の「信託」と異なることを前提としているように読めます。

にもかかわらず、上記指針では、「信託」との用語が用いられてしまっています。理由としては、その用語が「定着している」からということのようです。しかし、顧客としては、信託法や、信託業法に基づく顧客保護が情報信託にも及ぶと誤解しかねません。誠にミスリーディングな用語法です。

この用語法により、「信託業法の規定を類推適用すべきでないか」「金融庁の所管とすべきでないか」「信託会社／信託銀行の独占とすべきでないか」というような議論も派生的に生じ得ます。

このため、情報銀行サービスを自社で提供とするとしても、「情報信託」等というミスリーディングな用語は用いないことが考えられます。

3　顧客からの同意の取得方法

第3の論点は、情報銀行における同意の取得方法です。上記指針では、「上場会社／その他含む」「観光目的／公共目的」といった同意の取得法も許容されており、（従来の個人情報保護法の解釈の下では、適法性・適切性について疑義が生じそうな）かなり包括的な同意取得も、許容されているように見えます。そこで、そのような承諾の取得方法が、個人情報保護法・ガイドライン、海外法等の下で本当に適法・適切と評価できるのかを慎重に検討することが有益です。

4　情報銀行の認定を受けたいのか

第4の論点は、認定を取得した方が得なのかという点です。認定取得により裁量型の運用（後述）が是認されやすくなり、また、（特に無名な企業の場合、）認定取得により顧客に安心感を与え、PR効果がある等のプラス面もあるかと思います。

一方で、(i) 認定取得のコスト、(ii) 認定条件や認定団体との契約に適合することによる業務態様の制限その他の負担、(iii) 情報銀行として顧客の個人情報でお金儲けをしているイメージを顧客等に与えるリスク、(iv) 周囲の耳目を集めて炎上しやすくなるリスク等のマイナス面もあります。

日本IT団体連盟のHPによれば、既に7社が同連盟から情報銀行の認定を受けたようです。一方、IT大手や、三菱UFJ信託銀行を含めた数多くの企業が、情報銀行の認定を受けずに、情報銀行サービス（又はこれと同様なサービス）を提供しているようであり、認定を取るかについては各社において慎重に判断することが有益です。

5　利益相反の管理

5点目の論点は、利益相反についてです。情報銀行は、どういった提携先に情報を提供するか等について、顧客のために裁量を持って判断することとなり、顧客のために善管注意義務を負うこととなると解されます。と同時に、情報銀行は、顧客の情報を、できる限りたくさんの提携先に提供して、手数料収益をあげたいというインセンティブを有します。

しかも、その手数料収益を実質的に負担することになるのは、本人ではなく、提携先ということになりそうです。このため、情報銀行は、お金の出し手である提携先の利益を、顧客の利益に優先してしまう危険があります。利益相反の問題です。上記指針では、利益相反管理との文言が見当たりませんが、一定の利益相反管理措置は講じられてしかるべきように思います。顧客の利益を軽視するサービスが顧客に支持されるとは思われません。

6　銀行等の金融機関が情報銀行業務を行う場合の論点

(1) 銀行法との関係

上記に加え、銀行やそのグループ会社が情報銀行業務を行う場合は、銀行法の業務範囲規制等に留意する必要があります（Q5-12参照）。

例えば、銀行は、その影響力の大きさ故に、他の分野の事業者を圧迫しないよう、また、銀行の財務の健全性を害さないよう、兼業規制がかかっており、行い得る業務の範囲が規制されています。このため、銀行は、広告事業やデータ事業等の兼業は、基本的にできないこととなっています。

そして、ここで問題となっているような情報銀行業務（パーソナル・データ・ストア類似の業務）は、本質的には、ネット業者が行っているID連携サービス等とかなり近く、データ・ビジネス（＝基本的には非金融業務）のコア部分とも評価し得るような業務です。

ウォレット・サービス等のように決済のために必要な情報が想定されているのであれば、金融業務と親和性が高いと言いやすいですが、クレジットカード番号や、銀行預金口座番号等は情報銀行の対象業務から除外されています[1]。

上記のような規制に基づき、銀行／信託銀行等の金融機関が情報銀行業務を行う場合、一定の手当が必要となりますし、一定の制約を受けることとなります[2]。

このような規制を踏まえ、金融グループ内において、情報銀行業務を行う場合においても、銀行本体で行うのかといった点も含め、慎重に検討を行う必要が生じます。

[1] クレジットカード番号の提供先等について、本人が決定せず、情報銀行に裁量を認めるとすれば、国際カードブランドのルールに違反しないか等も問題となりますし、PCI DSS等の安全基準の遵守も必要となるため、クレジットカード番号等を対象としないことには、一定の合理性があるように思います。

[2] 銀行・信託銀行が情報銀行業務を行うことができたとしても、広告事業、ネットモール事業、クラウド事業等まで行うことは基本的にできませんから、ライバル社と比べて不利な条件で、グローバルなライバルと戦わなければならないこととなりかねません。しかも、かなりのシステム投資等を必要とするでしょうから、本業に悪影響を与える可能性もあります。

(2) 金融分野ガイドラインとの関係

金融機関が情報銀行業務を行う場合、情報銀行業務に個人情報保護法に係る金融分野ガイドラインが適用されるかという点が問題となります。情報銀行業務は基本的に非金融業務と言えそうですが、情報銀行が、自社が別途行う金融業務（例：銀行業務、信託業務、貸金業務）において得た顧客に係る個人情報を、情報銀行業務のために用いるのであれば、金融分野ガイドラインの適用がありそうです。

例えば、金融分野ガイドラインの適用がある場合、同ガイドラインでは、(i) 個人データを提供する第三者、(ii) 提供を受けた第三者における利用目的、(iii) 第三者に提供される情報の内容を本人に認識させた上で同意を得ることとしていますから、指針で例としてあがっているような包括的な同意の取得法を情報銀行が行った場合、同ガイドラインに違反しないか慎重な検討が必要となりそうです。

第3章

経営管理等とデータの活用

Q3-1

経営の迅速化のためにどのようなアイデアがあるでしょうか？

経営の迅速化のためには、意思決定のためのデータ収集を迅速に行い、適切に意思決定の権限を移譲した上で、意思決定プロセスをオンライン化する、契約締結手続をオンライン化する等の方法が考えられます。

執筆：木佐 優

1　経営の迅速化

経営の迅速化というと、非常に範囲の広いテーマですが、ここでは、法務の視点と関係の深い、意思決定とそのプロセスを中心に取扱います。意思決定の迅速化の手段として、会社組織における権限委譲とそのリスクへの対応を、業務プロセスの迅速化として、意思決定プロセスや契約手続のオンライン化や情報のリアルタイム化を取り上げます。

2　意思決定の迅速化

取締役会を置いている一般的な株式会社では、会社の意思決定は、会社法の下、大雑把に、代表取締役が単独で決定できるもの、取締役会決議も必要なもの、さらに株主総会決議も必要なものに分かれています。日常業務のほとんどは代表取締役が単独で決定できる事項ですが、全てについて代表取締役の判断を仰ぐとすると、会社の経営が止まってしまうことは、想像に難くありません。そこで、通常は、経営代表取締役が単独で決定できるものについて、さらに、稟議規程、職務（決済）権限規程といった社内規程によって、代表取締役を頂点とする会社組織のピラミッドの下へ下へと代表取締役の権限を委譲し、重要性や緊急性に応じて、代表取締役や幹部クラスの判断を経ずとも、迅速に会社の意思決定ができるようにしています。

(1) 権限委譲

係長→課長→部長→社長と組織のピラミッドの階層が増えるほど、承認を取るべき人が増えて時間が掛かるだけでなく、具体的で鮮度の高い情報から遠いところで最終決定がなされ、意思決定の質も下がることから、課の廃止といった階層の削減だけでなく、プロジェクト制、事業部制、社内カンパニー制、事業会社を持株会社が投資家視点でモニタリングする体制といった、最終決定権者を現場に近付ける試みがなされてきています。経営の迅速化のための組織の在り方については、ここではこれ以上触れませんが、職務（決済）権限規程等において、例えば部長レベルで決済できる金額を引き上げるといった形での権限委譲は、意思決定の迅速化の1つの手段です。

(2) リスク管理

一方で、現場の裁量が増えるほど、不適切な意思決定が経営陣の把握しないところでなされ、会社に損失が生じるリスクが高まります。このようなリスクを抑えるために、職務（決済）権限規程等によって定められる意思決定プロセスに組み込んでおくべきであるのは、契約書の法務部門によるチェックと経理部門による会計面でのチェックです。

契約は、簡単にいえば、契約相手に対して自社が有する権利と契約相手に対して負う義務を記述した書面です。それだけでなく、義務を果たせなかった場合に負う損害賠償等の責任の範囲も記載されています。法務部門が契約をレビューする際は、必要な権利は確保されているか、履行困難な義務を負っていないか、損害賠償等の責任の範囲は適切か、といった点を確認するだけでなく、会社によっては取引に法令や社内ルールに違反するところがないか、といった点も確認することから、意思決定の内容をその実行者とは異なる視点でチェックすることができます。

経理部門によるチェックには、予実管理による経費のコントロールだけでなく、不適切な会計処理の予防という意味もあります。

なお、このような意思決定プロセスにおけるリスク管理については、会社法上の大会社に義務付けられる内部統制（業務の適正を確保するための体制の整備の決定、会社法362条5項、4項6号）や上場企業に義務付けられる内部統制報告書の作成（金商法24条の4の4第1項）においても重要です。内部統制については、

Q3-2をご参照ください。

3 業務プロセスの迅速化

(1) 意思決定プロセスのオンライン化

21世紀に入ったばかりの頃、日本の多くの会社では、関係者に了承を得た上、稟議書を回して関係部署のハンコをもらう、というスタイルの意思決定プロセスをとっていることが一般的でした。

その後、電子メールやインターネット、モバイルやITシステムの発展に伴って、関係者に了承を得るプロセスにおいては、資料を簡単に共有できる電話・ビデオ会議システムやチャットといった、リモートでありながら顔を突き合わせて行う場合に近いコミュニケーションを実現するツール（スカイプ等）の活用により、時間及び距離の制約が絶対的なものではなくなりつつあります。これを受け、会社によっては、意思決定自体についても、会社法上要求される取締役会議事録への署名又は記名押印を電子署名に置き換えたり、紙ベースだった稟議をシステム化したり、電子メールでの承認で足りるとしたりして、いつどこにいても承認ができるようにし、迅速化が図られています。

(2) 契約手続のオンライン化

もちろん、このような、オンライン化、システム化の対象は、意思決定プロセスにとどまるものではありません。業務自体のオンライン化、自動化あるいはシステム化は1950年代から発展を続け、サプライチェーンのシステム化、金融取引のシステム化からAmazon社等のオンラインショッピングモールの拡大まで、企業間、個人と企業の間を国境さえ超えて連結するまでになっており、AIの活用等によって、人の意思を介さず処理できる範囲も増え続けています。

さらに、米国においては、企業間の契約であっても、契約書のPDFファイルにそれぞれ電子署名を付して送り合って契約締結することの方が一般的になっています（米国では同一のファイルに電子署名をせず、それぞれ自社が電子署名を付したファイルを送り合って、契約締結とすることも珍しくありません。その旨を認める条項が契約書に設けられています）。お互いの距離が離れていても、郵送の時間を考慮せずに契約締結が可能なため、契約締結手続の迅速化に役立っています。

一方で、日本の企業間の取引においては、いまだに、紙の契約書に、代表取締役の印又は役職名が入ったいわゆる丸印を押すのが一般的です。当事者が押印後に郵送し、押印して返送してもらうことになるため、時間だけでなく、手間と郵送費がかかります。また､紙の文書を保管する手間と費用もばかになりませんし、いちいち倉庫から取り出す手間を省くためにPDFをとる手間も必要です。

この違いは、電子署名の効力に対するアプローチの違いから来ています。簡単に言うと、一般に、日本の電子署名法では、電子署名が、紙への署名又は押印と同等の効力を持つためには、特定認証局を利用した、公開鍵暗号方式に基づくデジタル署名が必要である、と理解されています。条文上は、「電子署名を行うために必要な符号及び物件を適正に管理することにより、本人だけが行うことができることとなるものに限る」（電子署名法3条）とされていて、上記の方法に限定されている訳ではないのですが、他の方式が上記の要件を満たすとした行政の解釈も判例もないため、より簡便な方式の電子署名の導入に二の足を踏んでいる企業が多いのが実情です。

米国の場合、電子署名の効力について、法令上はセキュリティの方式を問わず有効とし、実務及び判例の展開に委ねた結果、紙にサインしてスキャンして作成したPDFを送る方式から、クラウドサービス上にアップロードしたファイル上にボタンを押してサインを付す方式まで、様々な方式が用いられ、迅速な契約締結に一役買っています。

日本でも、以前から押印や署名の有効性が問題となった事例の多くは、個人の実印を無断に持ち出して押印したような限定的な場合であり、企業間の取引において争われる例は多くはありません。また、現在は、筆圧やペンの傾き、速度等を計測しておいて同一人物の署名かどうかを判別する機能を備えた電子署名等、合理的に考えれば上記の電子署名法3条の要件を満たすといえる電子署名の方式がいくつも登場してきています。そこで、このような方式の採用も含め、企業間の契約において電子契約を活用していくことも、経営の迅速化を図る1つの手段といえるのではないでしょうか。特に、コロナ後は、電子契約の採用が、日本企業の間でも、重要な課題となっているように思われます。

(3) 情報のリアルタイム化

法務の視点からは離れますが、情報をリアルタイムで把握できるようにして、業務の迅速化を図っている事例は、枚挙にいとまがありません。日本のタクシーでも、米国のUberのように、事前にスマートフォンのアプリ上でクレジットカードを登録しておき、乗車中にアプリで認証すれば、到着時に自動的に精算して請求書をメールで送ってくれるサービスが始まっています。米国の企業には、Uberの請求データを自社の経費精算システムに自動で取り込んで、ワンボタンで経費精算できるようにしているところもあります。このように、経費精算のような事務作業を、データをリアルタイムで連携することによって、簡易迅速にできるようにして、経営の迅速化を図ることができます。

なお、コーポレートカードの使用履歴を他の交通費の精算や出張報告と結び付けて、自動で分析することで、実際には出張では行っていない場所のホテルや交通費の精算を見つけ出したりする等、不正を発見しコストを削減するためのデータ活用を行っている企業もあります。

また、救急車にタブレット端末を配備し、救急車の中から「どの病院が受入可能か」といった情報をリアルタイムに知ることができるシステムを構築し、救急搬送の迅速化によって救命の可能性を広げた事例（佐賀県の99さがネット）のように、組織間での情報共有をリアルタイム化することで、大きな成果を得ることができるかもしれません。

FintechというITを基盤とした新たな金融サービスが登場している金融業界においても、地方銀行の支店が月次で把握していた資産家の相続の情報を、日次で把握できるようにすることによって、他の金融機関に資産を移されないよう対応をとる、といった情報のリアルタイム化の工夫によって、既存の業務の迅速化にとどまらない改善が図られています。

Q3-2

内部統制は内部統制部門に任せ、データ戦略部門とは関係がないとすべきでしょうか？

いいえ。内部統制とは、組織を動かす際の指針となるもので、データ戦略との関係でも、内部統制の考え方を理解してこれを実践することは大変に有益です。

執筆：中崎 隆、村上 光明

1　内部統制とは

(1) 内部統制とは

内部統制とは、一言で言えば、組織が適正に運営されるための仕組のことをいいます。

(2) 歴史的経緯

組織の役員（＝会社の取締役、公益法人の理事等）は、組織の目的達成のため、善管注意義務を負います。しかし、組織の規模が一定以上に大きくなると、役員の善管注意義務を全うするため、組織の目標を達成するためのルール（社内規程、業務マニュアル等）を作って、組織を適正に運営するための仕組（体制）を構築し、効率的に経営を行っていく必要があります。組織の運営手法、経営手法等については、過去何十年もの間、色々な組織で粉飾決算等の会計不正が繰り返され、証券市場等に大混乱を起こしてきた歴史的な経過を踏まえ、外部監査法人による会計監査の義務化や、株式引受を行う証券会社によるチェック等の外部監査（External Control）の制度が色々と導入されてきました。

その後、外部監査の限界から、改めて部統制（Internal Control）の重要性が認識され、1992年に米国トレッドウェイ委員会組織委員会（通称「COSO」）が、「内部統制の統合的枠組」（「COSO報告書」）を公表しました。エンロン事件（2001年）という、世界有数の上場会社が、組織的に大規模な粉飾決算を行い、その証拠を組織的に大量に破棄して隠蔽したという悪質な事件がありました。不正には大手の外部監査法人が手を貸していたことも発覚し「内部統制の重要性」が再認識され、米国で、2002年に内部統制を上場会社に義務付ける企業改革法（SOX法）が成立するきっかけともなりました。日本でも、2006年の会社法・金融商品取引法の改正や、その後の各種業法の改正等により、大会社、上場会社、金融業者等、多くの類型の会社に対し、内部統制の体制整備の義務が課せられるようになっています。

(3) COSO報告書

内部統制の考え方は、COSO報告書に由来する所が大きいので、まずは、COSO報告書の考え方について、簡単に紹介します。COSO報告書では、3つの目的、5つの構成要素、そして、17の原則を挙げています。

（ア）3つの目的

第1に、その組織の業務目標の達成です。組織として設定する事業目的の達成が、内部統制の第1の目的として位置付けられています。

第2の目的は、適正な「報告」です。投資家等に対する財務報告が主として想定されていますが、2013年のCOSO報告書の改訂により、環境報告書等の非財務報告も、ここでいう「報告」に含まれることが明らかとされています。エンロン事件のような粉飾決算を行えば、経営陣や実行犯が刑事罰の対象となるだけでなく、会社としても、市場からの退場を余儀なくされる場合が少なくないですから、適正な報告の確保は、各企業にとって重大な課題です。

第3の目標は、「法令等の遵守」、すなわち、コンプライアンスの確保です。ここでいう「法令」には、金融商品取引法や会社法等の株主や投資家に対する財務報告と密接に関係する法令も含まれますし、独禁法、景表法、業法等の他の法令も含まれますし、外国の法令も含まれます。また、法令「等」の遵守といった場合、反社対策のように、法律で対策を講じることが明示的に義務化されていなくても、「企業が社会の一員として当然になすべきと期待される対策の実施」も含まれています。

（イ）5つの構成要素と17の原則

COSO報告書が挙げている5つの構成要素と17の原則は、**図表3-1**の通りです。

図表3-1　COSO報告書の5つの構成要素と17の原則

5つの構成要素	17の原則	
統制環境	1	誠実性と倫理観に対するコミットメントの表明
	2	取締役会による経営者からの独立性及び内部統制の監視責任の表明
	3	取締役会の下での経営者による組織構造、報告経路及び適切な権限・責任の構築
	4	有用な人材の確保、育成、維持についてのコミットメント
	5	組織体の目標達成に当たっての内部統制に対する責任ある個人の確保
リスク評価	6	組織体の目的に関連するリスクの識別と評価が可能となるよう、十分な明瞭性を備えた目的の明示。
	7	組織体の目的達成に関連するリスクの識別と、当該リスクの管理方法を決定するためのリスク分析
	8	組織体の目的に関連するリスクの評価における、不正の可能性の検討
	9	内部統制システムに重要な影響を与え得る変化の識別と評価
統制活動	10	組織体の目的達成に対するリスクを許容可能なレベルまで低減するのに役立つ統制活動の選択と整備
	11	組織体の目的達成を支援する技術に関する全般的統制活動の選択と整備
	12	期待を明確にした方針と方針を有効にさせる関連手続を通じた統制活動の展開
情報と伝達	13	内部統制の他の構成要素が機能することを支援する、関連制のある質の高い情報の入手、又は作成・利用
	14	内部統制の他の構成要素が機能することを支援するのに必要な、内部統制の目的及び責任を含む情報の組織体内部における伝達
	15	内部統制の他の構成要素の機能に影響を与える事項に関する、組織体外部との情報伝達
モニタリング	16	内部統制の構成要素が実在し機能していることを確かめるための、日常的評価・独立的評価の選択・適用・実施
	17	不備の評価、及び上級経営者・取締役会を含む是正措置の責任者に対する評価結果の適時の伝達

2 データ戦略と内部統制

内部統制の考え方は、組織を動かす時に参考となる考え方ですが、COSO報告書では、様々なレイヤーで内部統制を検討することを推奨しています。いわゆるCOSOキューブの考え方です。すなわち、会社全体としての内部統制、事業部門ごとの内部統制、子会社ごとの内部統制といったように、様々なレベルで内部統制を考えることが期待されています。

データ戦略との関係でも、内部統制を検討することが有益ですが、17も原則を挙げられては、とっつきにくいと思いますので、まずは、内部統制でよく言われる3つのツールから始めるとよいのではないかと思います（**図表3-2**）。

図表3-2 内部統制の3つのツール

3つのツール	概要
業務記述書	業務プロセスを文章で記述したものです。作業手順、作業内容、システム、証憑（しょうひょう）、作業担当部署等を記載します
業務フロー図	各部署における業務フローの概要を記載し、ワークローを図示したものです
リスクコントロール・マトリックス	リスクと、各リスクに対応するためのコントロール措置を記載した表です

まずは、内部統制の評価を行う業務分野を決めたら、(i) システム運用側のマニュアル、(ii) システムを利用する側（事業部門等）のマニュアル、(iii) 関係する社内規程等を突き合わせ、業務記述書と業務フロー図を作成します。

その次に、当該業務分野におけるデータ戦略的な観点からのリスクを列挙していきます。例えば、データが正確でないリスク、データの収集のタイミングが遅れるリスク、データが十分に集まらないリスク、データが漏洩したり、目的外利用されたりするリスク、関連法令や他社との契約に違反するリスク等、様々なリスクをブレーンストーミングすることになります。

そして、その次に、そのリスクに見合った適切なコントロール措置（リスク低減措置／リスク管理措置等）を検討することとなります。

リスクに対し、社内規程や社内マニュアル、社内システム等で設定されたコントロール措置が過大であれば、社内規程・マニュアル・システム等を見直し、適切な内容へと是正することとなります。

こういった作業は社内の内部統制部門に任せて、データ戦略担当は無関心という方がいらっしゃるかもしれませんが、3点セットを精査することで、業務改善策等を見つけることができる場合も少なくありません。

なお、本書のテーマである「データ戦略と法律」という観点からは、法令や社内規則等のこともよく知っている法務部門の担当者等に、助力してもらって、3点セットをチェックしてもらうことが有意義と考えています。

(i) 法令との整合性、(ii) 社内規則との整合性、(iii) 他社と締結済みの契約との整合性等のチェックは重要です。リスクコントロールがリスクに見合った適度のものとなっていない場合には、社内規則、マニュアル、システム、他社との契約等の変更に向けて作業を行うことが重要ですが、後から法務に助力を求めるよりは、最初から助力を求める方が迅速、効率的かつ効果的に作業を進められる場合もあります。

本書の執筆に当たってインタビューを行ったある金融機関の法務担当役員は、「内部統制の仕組の立上げにもかかわったし、自社の法務部門において、3点セットの作成や見直し作業をサポートしている」とおっしゃっていました。また、金融機関の若手の社内弁護士の方が、3点セットの作成等の作業を手伝っている旨を執筆されていたのを読んだこともあります。外部の専門家に支援を求める企業もございます。

データ戦略について意識の高い企業は、こういった他社の取組をまねしてもよいのではないかと思います。

3 データ戦略におけるデータガバナンスと内部統制

(1) データガバナンスと内部統制

GAFAに代表されるデジタル・プラットフォーマーの隆盛に代表される通り、データを利用したビジネスの影響力は拡大しています。DX（デジタルトランスフォーメーション）は、企業の競争力維持・強化のためにも欠かせません。他方で、デジタル化による新たなリスク（個人情報や企業の重要データや機密データの漏洩、プライバシー侵害等）が拡大していることもまた事実です。このようなデータの利活用と保護のバランスをどのように取るかはデータガバナンスの問題ですが、内部統制とどう結び付けて考えればよいでしょうか。

まず、データガバナンスという言葉は、定まった定義はありませんが、データマネジメント（データの利活用）を統制する概念と考えるのが一般的です。内部統制とは、上記の通り会計上の不正を防止する観点から導入され、現在では広範囲にわたって企業自身のコントロール（統制）が適切に組織内に行き届いていることを担保する仕組みですが、企業内の重要な資産である情報（データ）に関する統制機能がデータガバナンスであり、企業内の資産を統制し、その結果、ステークホルダーからの信頼を確保するという点で両者は共通であり、矛盾するものではありません。データガバナンスを進めれば、その分、内部統制にも活用できるという、補完的な関係にあるといえます。

(2) データ戦略におけるデータガバナンス（特にパーソナルデータについて）

企業においてデータを利活用しようと考えたときに、データガバナンスを導入することは必要不可欠です。プライバシーにかかわるデータや機密データ等に関し、一旦企業不祥事が発生して社会的非難（炎上）を浴びれば、社会や個人からの信頼を失い、企業価値を大きく棄損する結果になりかねないからです。

特に個人（消費者）に関するデータに関しては、単に個人情報保護法を遵守していれば大丈夫という従来の考え方は、大きな転換期を迎えています。たとえ法令を遵守していたとしても、結果的にプライバシー侵害等の企業不祥事が生じれば、それだけでステークホルダー（消費者や取引先）に対する信用を失うおそれがあるからです。そういった意味では、プライバシー侵害については行為責任的（あらかじめ決められたルールを遵守すれば責任を負わない）な視点ではなく、結果責任的な視点から、如何にプライバシー侵害を発生させない仕組みを（ガバナンス）を導入するかが重要となってきます。

ところで、パーソナルデータに関するデータガバナンスについては、2020年月に総務省と経済産業省の主導で、「DX企業のプライバシーガバナンスガイドブック（案）Ver1.0」が公表されました。同ガイドブックでは、経営者が取組むべき三要件として、(i) プライバシーガバナンスに対する姿勢の明文化、(ii) プライバシー保護責任者の氏名、(iii) プライバシーへの取組に対するリソースの導入を取り上げ、プライバシーガバナンスの重要項目として、(a) 体制の構築、(b)

運用ルールの策定と周知、(c) 企業内のプライバシーに係る文化の醸成、(d) 消費者とのコミュニケーション、(e) その他のステークホルダーとのコミュニケーションをあげています。

詳細は、同ガイドブックを参照いただきたいと思いますが、特に (e) その他のステークホルダーとのコミュニケーションをあげているのが特徴的です。プライバシーという概念自体、「相手がどう感じるか」を基準とせざるを得ない性質があるため (そういった意味で、結果責任的であるということです)、常に、外部から見た企業の在り方を、企業内部に取り込んでいく姿勢が問われます。逆に言えば、プライバシー侵害を発生させない仕組みづくりを積極的に行っている企業は、消費者やステークホルダーとのコミュニケーションを活発に行って、企業価値を創出できるのです。同ガイドブックも、プライバシーに適切に対応するということは、自社製品・サービス、の品質向上であり経営問題であることをはっきりと打ち出しています。

4　結語

話は少し変わりますが、システムの外部委託契約の交渉等を行うに際しても、提案依頼書／要求仕様 (Request For Proposal (RFP)) 等が詰められている事業責任者の事業は、うまくいく場合が多いような印象を持っています。事業戦略といった場合は、戦略面/企画面だけでなく、技術面、システム面、法務面、会計面等、様々な分野の専門家の知恵を集め、細部まで丁寧に詰めて、プロジェクトをまとめ切る能力も必要ではないでしょうか。「魂は細部に宿る」といいますから、内部統制の考え方を参考に、読者と関連する事業又は新規プロジェクトの業務フロー等を、一度、検討して見るといいかもしれません。

Q3-3

従業員や採用応募者に関する情報収集や利活用に際し、法務的な観点で留意すべきことは何でしょうか？

従業員情報の利活用に際しては、「データ収集時に生ずる問題」「データの保管に関する問題」「データの活用方法に関する問題」「親会社等との情報のやり取り（第三者提供／共同利用等）の問題」等があります。また、監視されているという印象を与えないようにデータの利用目的や利用方法等を明確化し、社内から信頼されている人をしかるべき部署の責任者とすることで、社内の納得感を高めることが重要です。 **執筆：村上 光明、板倉 陽一郎、中崎 隆**

1　データ利活用のメリットと問題点

(1) 利活用への期待

近年、企業の人事関連業務（採用、育成、評価、配置、勤怠管理）に、最先端のIT関連技術（HRテクノロジー、Human Resource × Technology）を使う手法が注目を浴びています。例えば、採用に当たっては、応募者が私用しているSNS（ソーシャル・ネットワーキング・サービス）の情報等を自動収集し、採用の判断要素に加える取組等が話題になっています。不正検知や離職率低減の観点からは、勤務時間中の位置情報、入退室の情報、送信メール、インターネットのアクセスサイト等を自動で収集し、情報漏洩等の不正行為をしているおそれのある従業員を検知したり、離職する可能性のありそうな従業員を見つけたりできるのではないかと期待されてます。業務の効率化という観点からは、スケジュール表等の情報をAIに分析させ、より効率的な働き方をAIに提案させる取組も進んでいます（米Microsoft等）。

また、データを十分に活用することで、これまでフェアでない評価を受けていた従業員に光を当て、生産効率の高い従業員の行動特性を分析し、他の従業員への教育に活かす等のメリットが考えられます。

(2) 問題点

一方、従業員や採用応募者のプライバシーを尊重する必要があり、かつ、労働関係法令等の遵守も必要となるため、情報の収集や活用には、法的にどのような問題が生じるのかを、あらかじめ十分に検討しておく必要があります。大きく分類すると、「データ収集時に生ずる問題」「データの保管に関する問題」「データの活用方法に関する問題」「親会社等との情報のやり取り（第三者提供／共同利用等）の問題」等が考えられます（**図表3-3**）。

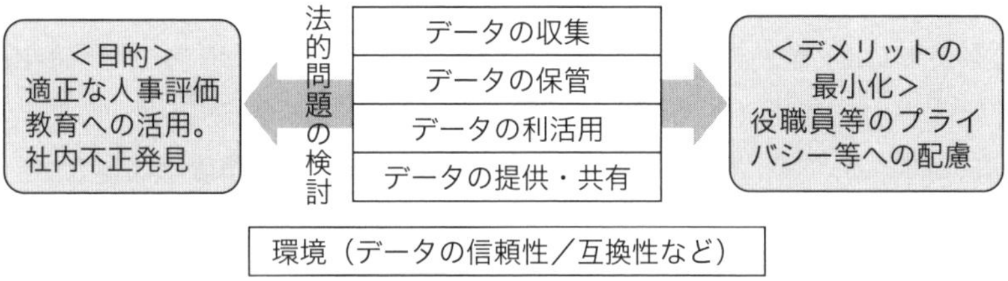

図表3-3　データ利活用の問題点

2　データの収集に関する論点

(1) 役職員等の個人情報に関するプライバシーポリシーの制定・改定

個人情報の取得を行う場合、個人情報保護法の規定（同法16条等）を遵守するため、個人情報の利用目的等を定めたプライバシーポリシー（あるいは、個人情報保護指針／個人情報の取扱いに関する規定）を定めるのが通例です。具体的には、「役職員等の個人情報に関するプライバシーポリシー」「採用応募者の個人情報に関するプライバシーポリシー」等を、通常のプライバシーポリシーと別に制定する例が多いようです。これは、役職員、採用応募者、退職者の場合、(i) 個人情報の活用の範囲が広範となりがちであること、(ii) 取得する情報が、思想・信条、健康診断の結果といった「要配慮個人情報」を含む場合が多いこと、(iii) 個人情報保護法、雇用管理分野における個人情報保護に関するガイドライン、労働関係法令等との関係にも留意する必要があること等によるものと考えられます。

また、グループ会社間での共同採用／人事異動等のため、当該プライバシーポリシーにおいて、グループ会社間での個人情報の共同利用についての規定を置く例もよく見られます。

なお、「要配慮個人情報」に当たらない情報を取得して分析した結果、例えば、「うつ傾向がある」(病歴に該当する可能性がある)等、要配慮個人情報に当たる情報が生み出される危険があります。分析から推知される情報が「要配慮個人情報の取得」(個人情報保護法第17条2項)に当たるかどうかは、現在議論になっているところです。

「役職員等のためのプライバシーポリシー」の制定や改定の際には、(就業規則に準じて)事前に労働組合や従業員の代表者と協議することが積極的に検討されるべきです(労働基準法90条参照)。(i)要配慮個人情報の取得について本人の同意が基本的に必要とされていること(個人情報保護法17条2項)や、(ii)採用応募者について収集する個人情報は、本人の同意がない限り、採用活動に必要な範囲にとどめるべきとされること(職業安定法5条の4)等との関係で、本人から、「同意書」、あるいは、同意ボタンへのクリック等の形で、明示的な同意を得ておくことが重要です。プライバシーポリシー等を変更する場合も同様です。

(2) 不正な方法による個人情報の取得の禁止

不正な方法による個人情報の取得は禁止されていますが(個人情報保護法17条2項)、Facebook等のSNSを通じた個人情報の取得が許容されるかどうかがよく問題となります。例えば、リクルーターが応募者を審査するために、その目的を隠してFacebookで「友達」申請を行って友達に公表された情報を見るケースや、応募者と友達になっている人に依頼して応募者の情報を見せてもらうようなケースは、「不正な方法」による個人情報の取得に当たらないかが論点となり得ます。

(3) プライバシー権

プライバシーポリシー等にも規定することとなるデータの収集項目や範囲を検討するに当たっては、本人のプライバシーに配慮する必要があります。業務上の必要性もない個人情報を取得したり、違法な目的や業務上の目的からはずれた目的のために個人情報を収集したりすれば、プライバシー権侵害として、損害賠償の対象となり得ます(民法415条・709条参照)。また、役職員等のプライバシーに関わるデータを取扱う(人事部門等の)役職員が当該データを悪用・漏洩することを防ぐ体制が整っていないことによりプライバシーが侵害された場合、同様に、損害賠償の対象となり得ます。

例えば、関西電力事件では、共産党に同調すると会社が疑った従業員について、他の役職員がロッカーを無断で開けて私物の手帳を写真に撮影した行為等が、違法なプライバシー侵害等に当たるとして損害賠償の対象になっています（最高裁1995年9月5日 第三小法廷判決）。また、従業員の同意なく、HIV試験を行ったことがプライバシー侵害等に当たるとした裁判例もあります（警視庁事件、T工業事件）。従業員の会社メールの無断の監視についても、裁判例で争われた事例があります。

プライバシー侵害の成否の判断に際しては、業務上の必要性（業務上の利用目的の正当性・重要性や、取得対象情報の必要性の程度）と、本人の不利益（対象となる情報の秘密性の程度等）を、利益衡量することが有用です。但し、本人の任意な同意があれば、プライバシー権侵害は成立しないのが原則です。とはいえ、「強制された同意で、任意な同意ではない」との主張や、「違法目的での利用や濫用的な利用は、同意の射程外」という主張もあり得ます。

したがって、プライバシーポリシー等においては、重要な具体例等も入れて分かりやすく説明することで、同意の有効性／射程を争われないようにすることが重要です。それと共に、個人のプライバシーに関わる、業務の必要性を説明できないような従業員のデータは取得しないことが重要です。例えば、法人携帯のGPSやビーコン等を活用して、位置情報を取得するといった場合、何のために、その情報を取るのかを明確にする必要があります。バスの運行管理なのか、タクシー等の手配のためなのか、勤怠管理のためなのか、何の目的のために情報を取得するのかを検討する必要があります。

仮に、「従業員が同じビル内のどこにいるかを把握することにより、その人を捕まえて、相談等をしやすくする」という目的であれば、「座席にいるかどうか」「何階にいるか」といった精度で足りるかもしれず、「自社ビル内のお手洗いにいる」ことまで分かるような精度は必要ないかもしれません。「過度に精度の高い位置情報を社内で共有することで、従業員のプライバシーを不当に侵害しないか」「本当にそこまでする必要があるのか」「どの範囲でそのような情報へのアクセス権限を認めるべきか」等を慎重に検討する必要があります。

そして、そのような情報が当該利用目的以外の目的に悪用されたり、漏洩したりしないよう、セキュリティ措置を講じた上で、漏洩や目的外利用等について監視を行う仕組を構築しておくことが重要です。

(4) 不当な差別の禁止と不当な差別につながりかねない情報の取扱い

雇用関係の法令との関係では、不当な差別を認めず、公正な人事上の取扱い（採用／解雇／懲戒処分等）を求める趣旨の規定が、国内においても、海外においても、いくつもあります（労働基準法3条、男女雇用機会均等法5条・6条・9条、障害差別解消法8条1項）。労働者の募集等について規制する職業安定法においても、「人種、国籍、信条、性別、社会的身分、門地、従前の職業、労働組合の組合員であること等」を理由とした差別を禁止しています（同法3条）[1]。職業安定法に係る指針においても、情報の収集方法や収集する内容を規制しています（次の(5)参照）。採用活動を行う場合は、このような規制との関係にも十分に注意する必要があります。

[1] 厳密には、職業安定法3条は、職業紹介・労働者派遣等の場面にのみ適用され、一般の事業者が、労働者の求人を行う場面では適用されないと解されているようです。

(5) 採用活動等におけるSNS活用の是非

SNS等には過去の犯罪行為を自白していたり、公に差別的な表現をしていたりすることもあるので、その人物の適格性や、会社のレピュテーションを毀損するような行為をしていないか等をチェックできるので、SNS等の確認は必要であるとの考え方があります。しかし、職号安定法第5条の4に関する厚労省の指針（1999年労働省告示第141号）によれば、求職者の個人情報を収集するには、本人から直接収集するか、本人以外から収集する場合には本人の同意を得たうえで収集することとされており（第四の一（二））、しかも、その場合であっても、例外を除き思想・信条等の情報を禁止しています。さらに厚労省が示している「採用選考時に配慮すべき事項」には、尊敬する人物に関することや購読新聞・雑誌・愛読書等に関すること等が含まれ、これらの情報を収集することも就職差別に該当するおそれがあるとしています[2]。求職者のSNSに上記の情報が記載されている場合はもとより、そうでない場合でも、SNSを活用した情報収集自体が問題視されるリスクがあります。

海外では、宗教等の様々な事由による差別に対する規制が日本に比べて厳しい（欧州GDPR9条1項等）ため、宗教その他の不当な差別につながり得る事由を採用面接等で聞かないように徹底されています。

「差別的な採用だ」「差別的な解雇だ」等と法的手続で争われれば、対応コストがかなりかかってしまいますし、差別的な企業であるとのレッテルを張られれば、事業に大きな支障が生じます。

[2] https://www.mhlw.go.jp/www2/topics/topics/saiyo/saiyo1.htm

(6) マイナンバー

企業は、その従業員に対して払う給与から、源泉徴収を行う必要があるため、原則として、その従業員の個人番号（マイナンバー）を取得する必要があります。マイナンバーについては、Q5-6を参照。

3 データの保管に関する論点

データの保管との関係では、個人情報保護法等に則って、セキュリティ面をきちんと確保して、役職員等の情報を管理することが重要です。役職員等の個人情報が漏洩したり、他の従業員によって悪用されたりすれば、役職員のプライバシー権が侵害されるだけでなく、ハラスメント、しつこいつきまとい、恐喝、横領等の別の不正行為を招くことも少なくありません。適正に管理する必要があります。

(1) 私物PC等の活用

私物のPCや携帯電話等を社内に持ち込み、これを業務に活用することを認める施策を「BYOD（Bring your Own Device）」と呼びます。BYODを認めた場合、業務上のデータが私物に残ることになります。これにより、(i) その従業員が辞めた場合、その従業員が有していたデータが会社に残らない、(ii) 監視しにくく、私物PC等を通じた情報漏洩が起きやすい、(iii) その従業員に不正の疑いが生じた場合に私物PCや携帯電話等の調査を求めても、その従業員が会社による調査への協力を拒否しかねない、といった問題が生じます。

また、海外での訴訟等の法的手続において、関連する証拠についての証拠開示を求められた場合、私物のPC等に保管された業務上のデータにまで証拠開示が義務付けられかねません。証拠を開示できないと開示義務違反（証拠隠蔽）となり、最悪の場合、それだけで敗訴するリスクもあります。

会社の業務上のデータなので、「会社が当該私物上のデータに自由にアクセスできる」と規定すればよいとの考えもありますが、こういった私物PC等にはその従業員の個人情報が大量に保管されているので、従業員のプライバシー等にも配慮する必要があり、会社が無条件に見てよいとはならないでしょう。私物PC等の業務での利用を認めるにしても、利用方法や、情報漏洩等の疑いがある場合の調査手続等について、慎重に社内ルールを定める必要があります。

(2) 私的メールアドレスの業務への活用

役職員が業務のために私的メールアドレスを活用する場合も、BYODと同様の問題が生じかねないので、同様の注意が必要です。米国では、ヒラリー元国務長官が私的メールアドレスを公務に活用していたことが大きな問題になりました。

4 データの利活用に関する論点

従業員等のデータ利活用時のポイントは以下4点です。

- プライバシーポリシー等の利用目的／利用方法の範囲内であること。
- プライバシー権を侵害するような態様の利用でないこと（例：アクセス権限等は、利用目的に必要な範囲に限定すること）。
- 差別的、濫用的な利用でないこと。
- 法令等（マイナンバー法、欧州GDPR等）に違反する利用でないこと。

特に、「差別的な利用でない」という点は意識すべきです。過去には、テレビ局のアナウンサーが過去にキャバクラで働いていたことについて、“正直に申告していなかった”ことを理由に内定を取消したものの、「職業差別的」と批判されて取消を撤回した事件がありました。差別につながるような情報の提供を求めることすら問題視されるリスクがあることを、よくよく理解しておく必要があります。

他方、AI等によって従業員の動きをモニタリングし、労働生産性を向上させようという取組も検討されています。これについては、AIの情報リソースとなるデータに偏りがあればかえってバイアスが含まれることになり、労働者が不当に不利益を受けるおそれがあることが指摘されており（厚労省の2019年9月11日付労働政策審議会労働政策基本部会報告書)、注意が必要です。

5　データの第三者提供／共同利用

グループ会社間で出向したり兼務したり、また、共同採用の取組を行うために、グループ会社間で人事等の情報を共有したりすることは多く見られます。この場合、特に注意しなければならないのはGDPR等との関係です。欧州の子会社が、日本にある親会社に、その子会社に所属する役職員へのデータ提供を行えば、その子会社は、GDPRの規定を遵守する必要が生じ、親会社にも、GDPRと同等な措置を求めることになります。国ごとに適用される法令が違うので、グループ会社間での役職員等の情報を共有するには、適用される現地法等にも十分に注意する必要があります。

最近では、登録者のクッキーを利用して算出した内定辞退率を企業に提供した、いわゆる「リクナビ事件」が契機となり、データの提供先において個人データとなることが想定される場合には、提供先が本人の同意を得ることを提供元が確認する義務を負う等の法改正が予定されています。また、「委託」（個人情報保護法第23条5項1号）という名目で、実質的に第三者提供（同法）を潜脱するような企業に情報を提供するリスクにも注意が必要です。

6　データ利活用のための環境整備（データの品質等）

データの利活用において、環境整備の重要性や、情報・データの信頼性が重要であることは既に述べていますが、採用・人事評価・懲戒・解雇といった場面では、その判断の前提となる情報やデータの信頼性が特に重要です。ここでは、その点を少し掘り下げます。例えば、役職員等のSNSのアカウントにひどい内容が記載されていたとしても、その情報をうのみにして直ちに懲戒解雇するのは避けるべきです。アカウントが乗っ取られ、悪意のある第三者によって荒らされていたり、ウイルス等に感染して自動的に投稿がなされたりして、SNSに記載された情報を本人が発信していない可能性があるからです。証拠による事実認定は裁判がその典型ですが、事実認定が難しい事案では、証拠による事実認定が得意な法務部門等の協力を得るとよいでしょう。

7 データ戦略的な観点から

役職員等のデータ活用に当たって、データ戦略的な観点からは新しいツールやサービスを積極的に試した方がよいと思いますが、その際、「関係者間の利害調整（Win-Winな関係の構築）」と「社内からの信頼の醸成」が重要です。

(1) 関係者間の利害調整（Win-Winな関係の構築）

関係者間の利害調整という観点からは、(i) 役職員等のプライバシーに配慮した利用方法、システム、ルール作りにすることと、(ii) そのメリットを役職員等に実感してもらえる形で制度を運用して納得感を得ることが重要です。例えば、不正防止のためのメール等の監視は、ネガティブな印象を役職員等に与えるかもしれません。しかし、警察官や監視カメラがなければ犯罪を抑止できません。上場企業なら、不正行為を防止する監視体制を有していない方が問題で、一定の監視は必要でしょう。また、役職員等の個人情報を守り、自社の役職員等を不正に巻き込まないためにも重要だと思います。

多くの企業で不祥事が起きていますが、「監視の不存在」を不正の理由として挙げる犯罪者が多くいます。きちんとした監視やアラート（警告）を行うことによって、監視されているという事実を役職員に再認識させることで、役職員が犯罪に手を染めないようにできるのです。この他、不正行為があったと判明した場合、監視があることにより、一定の役職員等がその不正行為に関与していないことを立証できることもあります（無実の証明）。

(2) 信頼の醸成

データ戦略に際しては、信頼の醸成も重要です。「隠れてこそこそと監視されている」「気持ち悪い」等というマイナスの印象を役職員等に与えてしまえば、役職員等から異論が出て、社内のデータ活用は進まなくなってしまうでしょう。この観点からは、(i) 社内のデータ活用ルール等の透明性、(ii) 活用ルール等の遵守の徹底、(iii) 適切な監視、(iv) 個人情報を取扱う部署・監視を行う部署等の責任者の人選等が重要です。

Q3-4

グループ内でのデータ共有の方針・仕組の決定に際しての留意点は何でしょうか？

データ共有の必要性・ニーズを洗い出した上で、法令等による制約（インサイダー等）を考慮に入れ、共有の範囲を適正に設定する必要があります。そして、適正、円滑なデータの共有を確保できるような仕組作りを進めることが必要となります。

執筆：安藤 広人、中崎 隆

1　総論

グループ内でのデータ共有の方針・仕組の決定に際しては、データ共有の必要性・ニーズ、データ共有が必要となる項目、時期等を検討し、その共有方法が、法令等による制約に違反しないかを検討し、共有の仕組を適正に構築する必要があります。

2　共有ニーズの洗い出し

社内のデータ共有を検討する場合（Q1-9参照）と同じように、グループ会社間でのデータ共有を検討する場合にも、まずは、データ共有の必要性・ニーズ等から検討する必要があります。ここでは、事業の遂行、事業の報告、法令等の遵守、リスク管理という切り口から検討します。

(1) 事業の適正な遂行／主に事業部の観点

まずは、自社グループ内の各社において、各事業をうまく遂行するためにグループ内他社から共有を得ることが必要な情報・データを整理する必要があります。例えば、グループ会社間でのクロスセリング・相互送客、ターゲティング広告の精度アップ等を目指す際には、顧客／潜在顧客をよりよく知るために、顧客データについて、「グループ会社全社で顧客データを共有」して、顧客についてより多くのデータを獲得するというニーズがあるかについて検討されてよいでしょう。以前は、ビッグデータを持っていても、分析がなかなか追いつきませんでしたが、今は、リアルタイムに大量のデータを分析して、ターゲティング広告等につなげることができます。データの対象顧客数が少なければ、有意な分析結果等も得られないでしょうから、グループ間でデータをなるべく共有してデータ量を増やしたいという強いニーズがあるのではないでしょうか。

また、迅速な経営という観点からは、(後述の四半期報告書等に合わせて、四半期ごと、すなわち、3カ月ごとに売上を集計するのではなく) 月次、週次あるいはさらに進んで日次で、売上データ等を集計して、ビジネスインテリジェンス (BI) ソフト等を利用して、そのデータをタイムリーに分析/活用し、迅速な経営を実現することも考えられます。この他にも、様々なデータの共有ニーズがあるのではないでしょうか。

(2) 事業の適正な報告 (reporting) /主に財務/経理/IRの観点

次に、適正な報告の実施の観点からの検討が有用です (**図表3-4**)。

図表3-4 対外的・対内的な事業報告

事業報告の分類	概要	
対外的報告	開示のため (有価証券報告書、四半期報告書、大量保有報告書、臨時報告書、決算短信、計算書類等)	金融商品取引法、会社法、金融商品取引所規則に基づく法定開示・適時開示 (義務的開示) や、任意開示を行うため、グループ会社の情報を得るニーズがあります。仕組構築に際し、財務・経理・IR・法務等の関連部門との相談が重要です
	官庁や所属団体への届出・報告のため	業法等に基づく、官庁や所属団体 (自主規制団体等) への届出・報告のために、グループ各社に関係する一定のデータの共有を受けるニーズがあります。仕組構築に際し、法務・コンプライアンス等の関連部門との相談が重要です
	契約に基づく報告のため	顧客/取引先/提携先/投資家その他の第三者との契約に基づく報告義務の履行等のため、グループ会社の一定の情報を得るニーズがある場合があります

対内的報告	業務遂行のため	「(1) 事業の適正な遂行／主に事業部の観点」参照
	対外的報告実施のため	「対外的報告」参照

各グループ会社が、それぞれ、対外的な報告を適正に行うために、どのような報告がどの会社で必要となり、かつ、その報告のために他のグループ会社からどのような情報を共有してもらう必要があるかについて、検討する必要があります。開示との関係では、例えば、連結決算を導入している企業であれば、各連結子会社の（個別の）財務諸表、内部取引消去のためのデータ[1]、セグメント情報作成のためのデータ、キャッシュ・フロー計算書作成のためのデータ等が親会社で必要となります。上場会社における臨時報告書との関係では、例えば、連結子会社についての一定の重要事実（災害による被害、提訴／提訴を受けたこと、重要な合併・分割等）の発生についても、臨時報告書の提出が必要となりますので、そういった情報が遅滞なく集計され、グループ内の上場会社である親会社に伝達されるよう確保する必要があります。逆に、親子上場の場合等が典型ですが、子会社において適切な開示／届出等を行うために、親会社から子会社に対して、一定の情報／データの連携を行うことが必要となる場合もあります。

開示以外にも、業法等に基づき、監督官庁や所属団体（自主規制団体等）に対する報告・届出を行うべき場合がありますが、この関係で、グループ各社に関係する一定のデータの共有を受けるニーズがあるかという点についても、整理して把握しておくことが必要です。共有されるべき情報が共有されないことにより、報告義務違反、届出義務違反となりかねないからです。特に海外にあるグループ会社の場合、何十億円、何百億円もの罰金／課徴金あるいは、業務改善命令・業務停止命令等と厳しい制裁が科される例も少なくありませんので、要注意です。

契約に基づく報告義務との関係にも注意が必要です。契約書において、レベニューシェア等のために、報告義務についての規定がある場合は、報告すべき事項が分かりやすいのですが、例えば、顧客情報／クレジットカード情報の漏洩時の顧客に対する報告／通知等、善管注意義務（民法644条等）の履行のために、報告が必要となる場合もあります。

[1] グループ内取引（すなわち、グループ内の1社の他のグループ会社に対する売上）。

(3) 法令等の適正な遵守／主に法務・コンプライアンスの観点

各グループ会社において、法令等を遵守するために必要な情報・データが、連携されなかった場合、法令違反等の不祥事につながるということになりますから、法令等の遵守の観点からも、データ共有の必要性を検討することが重要です。

(ア) 取締役の善管注意義務との関係

親会社の取締役は、会社のために、善良なる管理者の注意を持って職務を遂行すべき義務を負います。その一環として、多くのケースにおいて、子会社等を含めたグループ全体の内部統制の仕組を構築することが必要となります。このため、親会社は、子会社・関連会社について、会社財産の毀損や違法行為を防止するため、様々な情報を取得する必要があります（**図表3-5**）。

図表3-5　親会社が取得する情報

分類	概要
取締役会関係	グループ会社の取締役会の招集通知、議事録等。※株主は、株主としての権利行使のため、議事録の閲覧・謄写請求権あり（会社法371条2項）。但し、目的外利用に注意
株主総会関係	グループ会社の株主総会の招集通知、議事録等
計算書類関係	グループ会社の貸借対照表、損益計算書等
子会社等に係る重要事項	一定額以上の投資、監督官庁に対する不詳事件届出等の重要な事項です。親会社とグループ会社との覚書等で、親会社の事前承認、又は、報告を必要とする場合が多いです

もっとも、親子上場の場合のインサイダー規制や利益相反等の情報共有の制約との関係もありますので、通常は、当該子会社等との兼務役員、グループ会社管理部門、法務部門、コンプライアンス部門、監査部門等の限定された関係者間でのデータの共有にとどめることが一般的であるように思います。

(イ) 親会社管理部門と子会社管理部門との連携

法令等遵守との関係では、親会社と子会社との間の連携強化も重要です。

1つめの理由は、交通整理のためです。右側通行でもいいし、左側通行でもいいが、どちらかに決めておく必要があるという場合も少なくありません。例えば、メーカーが、欧州の子会社でも、米国の子会社でも、日本の本社でも、集団訴訟等により訴えられているという時に、各国で、防御の方針がばらばらということでは困ります[2]。他社との契約のひな型や、経理における会計方針等についても同様なことが言えます。何らかの社内的な交通整理をしておくことが重要です。

2つめの理由は、内部統制等のためです。子会社等による事業リスクをコントロールし、違法行為等を発見して是正する必要があります。したがって、財務、経理、PR、法務、知財、コンプライアンス等の様々なバックオフィス部門との関係で、親会社の管理部門と、子会社の管理部門が連携して、様々な情報を交換することが必要となります。そこで、欧米の会社では、子会社の管理部門長が、その子会社の経営陣だけでなく、親会社の対応する管理部門長に対しても報告義務を負う二重報告（Dual Reporting）の制度を採用している場合が少なくないと聞きます。評価や採用についても、親会社の管理部門長（例えば法務部門長）が、子会社の対応する管理部門長（例えば法務部門長）について権限を有する場合が少なくないと聞きます。

[2] 親会社が、子会社から有償で法務事務を受託する場合、弁護士法72条に反しないかが問題となり得ますが、法務省「親子会社間の法律事務の取扱いと弁護士法72条」との文書では、一定範囲で、弁護士法72条に違反しないと整理しています。

（ウ）グループ全体としての取組が重要な分野

個人情報保護法との関係で、グループ内で共同利用を行っている場合等には、グループ全体としての個人情報保護法の規定への対応が必要となります。また、銀行法、金融商品取引法等では、金融機関にグループとしての利益相反管理を求めていますので、グループ内での利益相反取引を特定するため、利益相反管理部門等が、グループ会社の取引情報にアクセスできることが必要となってくる場合があります。この他、銀行法では、大口与信規制があり、銀行グループから、与信先グループへの与信の上限についての規制がありますので、そのような規制を遵守するために、グループ会社間でのデータの授受が必要です。マネーロンダリングの分野では、金融グループ全体としての疑わしい取引の届出等の対応が世界的に求められるようになってきていますので、顧客情報を名寄せして、犯罪の疑いのある顧客の取引や、反社に該当する疑いのある顧客を、抽出することが求められるようになってきています。

(エ) 契約の遵守

契約の遵守の確保という観点からも、契約書をグループ会社で共有する必要性について検討することが重要です。欧米の会社が一方の当事者となる契約では特にその傾向が顕著ですが、契約当事者だけでなく、契約当事者のグループ会社までをも拘束するような条項が入っていることがよくあります。例えば、親会社を含めたグループ会社が、「相手方当事者の従業員を引き抜いてはならない」「相手方と競合する事業を行ってはならない」等といった条項です。契約条項が共有されていなければ守れませんので、グループ会社間で契約を共有する必要がある場合があります。契約管理システム等を通じてグループ会社の法務部等が契約書を閲覧できるようにすることで、円滑に対応できる場合もあります。

(4) リスクの管理／主に、リスク・マネジメント、不正発見等の観点

「資産の保全」という観点からは、取引先の倒産による債権の回収困難、横領、従業員等による営業秘密等のライバル社への流失等のリスクに対応するため、グループ内で共有が必要となるデータを洗い出す必要があります。そして、会社の重要な「資産」[3]の取得・移転・廃棄等を行う場合に一定の手続を必要とする等でリスク対応策を講じ、かつ、「資産」の取得・移転・廃棄等に際し、証跡（証拠）が残るようにすることが重要です。

[3] ここで「資産」といった場合、本書では、会社にとって重要な「データ」を含めて考えています。単なるデータについては、財務諸表上は、「資産」としては計上困難な場合が多いかと思いますので、データを「資産」に含めることに違和感を抱く方もいらっしゃるかと思いますが、本書では、「データにも重要な価値があり、その保全策が必要」と考えています。

(ア) 与信管理

与信管理の観点からは、取引先等に対する債権の貸倒リスクに対応するために、与信管理規程を設け、与信審査を行っている企業が多いかと思います。その際、グループ全体としての顧客や取引先（及びそれぞれのグループ会社）に対する与信管理の観点も重要です。大口取引先等に対するグループ単位での与信管理の必要は、銀行に限らないでしょう。また、例えば、グループ会社の1社に対して、債務不履行をしたというような事情も、取引先の与信状況を判断するために

は、大変、有益なデータとなり得ます。

このように、グループ全体としての与信管理も一定範囲で必要ですし、個社における与信管理においてグループ内の他社のデータが有益となることもあります。

(イ) 稟議規程との関係

自社が保有するデータを無償で他社に提供/利用許諾すること等について、稟議規程等で承認を求めていない会社も多いのではないかと思いますが、データにも価値があると考えるのであれば、グループで共同利用するデータ等を、グループ外の他社に提供/利用許諾することについて、稟議規程等に基づき、一定のチェックが必要とすることも考えられます。

(ウ) 横領、背任等による損害の防止

不正行為は、複数のグループ会社を利用して、複雑なスキームで行われることがあり、グループ内の各社が別々に不正行為のモニタリングをしているだけでは、不正行為を発見できない場合があります。監査役、コンプライアンス部門、内部監査部門等が、不正行為を発見できるようにするために、(i) 不正行為の証跡等が残るような仕組/システムとすること、(ii) 不審な取引を自動的に検知するシステムとすること、(iii) これらの部門に広いアクセス権限を認めること等が重要です。

3 共有の制約

グループ会社間での共有が逆に制約される場合もありますので、共有が制約されるのがどのような場合なのかについても、注意する必要があります。

(1) インサイダー情報

インサイダー情報については、特に厳格な情報の取扱いが求められます(Q3-5参照)。

(2) 個人情報保護法・他国の個人データ保護法令等による制約

個人データを、社内で共有するにとどまる場合、個人情報保護法との関係では、「個人データの第三者提供」には当たりません。一方、個人データを、グループ会社間で共有する場合、基本的に「個人データの第三者提供」に該当してしまいます。顧客データの共有だけでなく、グループ会社の従業員の人事データ、社員ディレクトリ（社員の連絡先・顔写真等）のグループ会社との共有等についても、個人データの第三者提供に当たる場合があります。共同利用と構成するのか、同意のある第三者提供と構成するのか、オプトアウトと構成するのか、委託と構成するのか、適用除外と構成するのか等を検討する必要があります。

(3) 利益相反

利益相反との関係も要注意です。例えば、あるグループ会社の顧客のデータを、顧客と競合する別のグループ会社のビジネスのために用いれば、利益相反が生じます。また、顧客のデータを、顧客と競合する広告主等のために利用すれば、利益相反が生じます。また、業法との関係で、利益相反等による弊害を防止するため、データの共有が制限される場合があります。Q3-6及びQ5-9もご参照ください。

(4) 独占禁止法

独占禁止法との関係にも要注意です。親会社とグループ会社が、同じ商材を販売している場合等には、価格情報等の共有が、独占禁止法に違反してしまう場合があります。Q5-15も参照。

(5) クレジットカード番号

クレジットカード番号については、割賦販売法に基づき、加盟店や、カード会社等に、特別の安全管理措置を講ずるべき義務が課せられています。カード番号非保持の措置を取る加盟店を除けば、基本的には、PCI DSS（Payment Card Industry Data Security Standard）の対応が必要となってしまいます。このため、グループ会社とカード番号を共有するのは基本的に避けるべきで、カード番号の共有を行う場合は、当該グループ会社にも、PCI DSS対応を行わせる等、慎重な対応を行うことが必要となります。

(6) 情報の漏洩、目的外利用の防止の観点

各業種の官庁は様々なガイドライン等を設けていますので、グループ会社間での共有を行う場合は、そのようなセキュリティ上のガイドライン等にも配慮する

必要があります。

(7) 他国法

上記の他、他国に共有先の子会社等が存在する場合には、当該他国法にも留意する必要があります。例えば、米国の子会社との関係では、米国において訴訟を受ける可能性が他のグループ会社より高いと思われますが、米国では幅広いDisclosure（開示）の制度があり（Q5-18参照）、そのような各国に特有の規制等をも考慮して、データ共有の範囲を決定することが有益です。

(8) 契約に基づく制約

データ提供を他社から受けている場合には、その他社との契約に基づき、データをグループ会社で共有することに対して制限される場合があります。例えば、データについて、他社からのライセンスにより取得している場合には、当該ライセンス契約との関係で、グループ会社への提供（サブライセンス等）が許諾されているのかという点について、検討を行う必要があります[4]。

[4] データを保存しているシステムについても、他社から利用許諾を受けたソフトウエア／サービス等を利用している場合には、当該ソフトウエア／サービス等について、グループ会社による利用が認められているのかという点も検討する必要があります。法人ごとのライセンス等となっていれば、子会社の役職員にアクセス権限を付すことができません。別の契約が必要となってしまいます。

4　共有のタイミング

データ共有の仕組を構築するに当たっては、データ共有のタイミング・期限等にも、留意する必要があります。上場会社が四半期ごとに提出が求められる四半期報告書については、各四半期が終了した後、45日以内の提出が法律で義務付けられていますが、その45日の中で、どのようにデータをそろえるかというスケジューリングを考える必要があります。

例えば、売上算定のために必要なデータ[5]の提供を他社から受ける期限、グループ会社の各社で財務データを集計する期限、グループ会社が親会社にデータを報告する期限、監査役／監査会社に財務書類等のドラフトを提出する期限、印刷会社（＝Edinet等の対応を実施）に四半期報告書のデータを提出する期限、四半期報告書の公表日等と分けて考える必要があります。決算短信の場合は、四半期報告書よりも早く公表しますので、スケジューリングはさらにシビアです。

他社を買収した際に、買収先が海外の小さい会社だと、上記のスピード感についてこられず、苦労する場合もあります。データ戦略担当としては、社内において、経理部門等を中心に、そのようなデータのやり取りがあることを意識し、関係部署間でのシステム接続等の調整がうまくいっているかを確認するとよいでしょう。

[5] 例えば、レベニューシェア方式で他社から支払を受けている場合の他社の売上額のデータ。

5 各論

(1) 共同利用の範囲をどのように設定するか

ケース１：グループ全体での共同利用のケース

顧客の個人情報について、共同利用の範囲を、グループ会社全体としている例もあります。すなわち、グループ会社全社との間で、共通の目的の下で、共同利用としている例もあります。例えば、共同利用の範囲として、「○○株式会社の関係会社（財務書類規則に定義するものをいう）」等と包括的に記載することにより、グループ会社が増えてもよいようにするケースも見られます。子会社や、関連会社が増える度に、その会社を共同利用の範囲に含めるために、プライバシーポリシーを変更する等ということでは迂遠ですし、共同利用できる情報の範囲が（変更後のプライバシーポリシーに同意した顧客の情報等に）限定されてしまいかねないからです。

ケース２：親会社とその1つの子会社との間の共同利用とするケース

親会社とそのグループ会社との間で、個別に、共同利用を設定するケースもあります。例えば、金融業との関係では、親会社とそのグループ会社間での情報の共有について、一定の制約がある場合もありますので、このような手法を検討することが有益です。

ケース３：親会社と、子会社・関連会社の大部分との間で共同利用を行うが、一定の子会社は除外するケース

一部のグループ会社について、資本関係が薄い、安全管理態勢がまだ整っていない、システムが異なる等、様々な理由から、共同利用の範囲から外すことがあります。

ケース４：ケース２とケース３の組み合わせ

ケース２とケース３を組み合わせるケースもあります。この場合、共同利用の目的や共同利用の項目が、子会社ごとに異なることになり、顧客に分かりにくくなりがちですので、分かりやすい記載を心がけることが重要です。

(2) 経営情報管理ツール

親会社や子会社等の事業成績の速報値等を、統合、分析等するためのビジネスインテリジェンスソフトの導入に際しては、メリットだけでなく、コストやインサイダー規制等にも配慮して、アクセス権限の範囲を決定することが有益です[6]。グループ各社で導入することも考えられますが、グループ全体でまとめて導入というケースも多いのではないでしょうか。

[6]　データが、ベンダーのサーバーに保存されるのであれば、クラウドサービスについての節も参照。

(3) 顧客データベース

顧客のデータについては、グループ内のシナジーを出すために、顧客ID等を用いて、グループ内で顧客管理の一元化を進めることが考えられます。一方、利益相反管理や優越的地位の濫用等のデータ共有の制約には、注意が必要となりますので、アクセス権限管理の方法等は、特に慎重に検討する必要があります。

(4) 契約システム等のバックオフィスのシステム

バックオフィスに係る事務との関係では、データの品質の確保、業務フローの統一・簡便化等の観点から、一定のシステム等を構築することが必要不可欠と言えます。例えば、「業務提携を検討している相手方の企業グループとの関係で、自社グループがどのような契約を締結しているかを把握するための自社グループ会社への問合せ等に何日もかかってしまう」「契約や利用規約の最終版のワードファイルを見つけることにすら苦労する」というようなことでは、バックオフィスの業務を円滑に遂行できません。法務業務等のバックオフィスの業務を円滑に回すためには、契約管理システム等のしっかりしたシステムが必要不可欠です。子会社等において、独自のバックオフィスのシステムを導入することが不合理と思われる場合には、親会社と共有のシステムを活用すること等が積極的に検討されてよいでしょう。

(5) 内部通報のシステム

内部通報について、各社で別々に行っているケースもあれば、子会社まで含めて内部通報に対応しているケースもあります。しかし、子会社の社長等による横領・背任等の不正も起きていること等にも鑑み、子会社での内部通報対応に加え、親会社においても、内部通報対応を行う例が世界的に増えているように思います。特に、南米や、アジア等の子会社では、贈収賄等に対して抵抗があまりない国民性の国もあり、腐敗防止法や賄賂防止法等との関係で、多額の罰金・課徴金等を受けない等という観点からも、子会社まで含めた、グローバルな内部通報制度を設けることが有益であるように思います。この観点からは、内部通報の連絡等の分析を容易にするような外部サービスもあり、こういったサービスの採用が積極的に検討されてよいように思います。日本の親会社のコンプライアンス責任者・担当者が、全ての内部通報に等しく目を通すというようなことでは効率が悪いでしょう。

コラム

グループ内での取引時確認等の効率化

データ戦略という観点からは、ネット取引の促進が重要ですが、金融サービスの契約時等に求められる免許証等の提示等の本人確認は、かなり煩雑で時間もかかります。グループ会社のいずれかが顧客の取引時確認を既に行っているのであれば、犯罪収益移転防止法に基づき取引時確認の省略や、当該グループ会社の確認記録への依拠ができないかを、検討することが有益です。取引時確認等を効率的に行うことにより、グループ会社間のシナジーを高め、ビジネスを促進できる可能性があります。

同様に、顧客の属性情報等の変更についても、犯収法上、記録義務がありますが、顧客に属性情報の変更の届出をしてもらう際に、利用している自社グループの会社のサービスについて、それぞれ別々に属性情報の変更の届出をしてもらうよりは、1回の変更届出でまとめて手続ができた方が、お客様にとっても、負担が減り、利便性が増します。

Q3-5

インサイダー情報についてどのように管理すればよいのでしょうか？　また、どのような対策が必要となるでしょうか？

インサイダー情報は、厳格に管理する必要があります。対応としては、インサイダー情報の管理責任者／管理部署の設置、社内にあるインサイダー情報を把握するための仕組の構築、インサイダー情報管理の仕組の構築、インサイダー情報に係る社内規程の整備等が考えられます。また、自社に係るインサイダー情報が未公表のままでは、自社株買い／新株発行等に支障を来すことから、適切なタイミングでインサイダー情報の公表を行うことも重要です。

執筆：安藤 広人、中崎 隆

1　インサイダー情報

インサイダー情報をかいつまんで説明すれば、「上場会社」の株価に一定の影響を与えるような「未公表」の「重要事実」を指します。例えば、海外の主力工場で爆発事故が起きて全焼したというような事実も該当しますし、自社の従業員が顧客からの預り金を何百億円も横領したというような事実も該当します、また、他社との合併あるいは他社株の公開買付を取締役会で決議したというような事実も該当します。非上場の会社に関する事実であっても、親会社が上場していて、その親会社の株価に一定の影響を与えるような重要事実であれば、その親会社との関係でインサイダー情報に該当します。一方、重要性が認められなければ、インサイダー情報に基本的に当たりません。

2　インサイダー取引規制

(1) インサイダー取引の禁止

インサイダー取引とは、典型的には、上場会社の役職員・取引先の役職員等の関係者（以下「会社関係者」）が、その地位や立場上知ったインサイダー情報の公開前に、その上場会社の株式の売買を行うことです。会社関係者が、その知人にインサイダー情報を知らせて、その知人がその上場会社の株式の売買をする行為もインサイダー取引に該当します。インサイダー取引は金融商品取引法で禁止されており、刑事罰等の対象となります。

(2) インサイダー情報の伝達・推奨行為の禁止

会社関係者が、知人に株式の売買をしてもらうことを意図して、インサイダー情報を知人に伝達する行為や、インサイダー情報に係る上場会社の株式の推奨行為をすることも同様に禁止されています。

3 インサイダー情報の管理の必要性

近時では、証券取引等監視委員会は、IT技術の進展に合わせて市場の取引を分析してインサイダー取引を監視するようになっており、毎年数十件のインサイダー取引について課徴金納付命令の勧告がなされています。勧告では社名も公開されています。自社の役職員がインサイダー取引をしたり、インサイダー情報の漏洩をしたりした場合、会社の信用が大きく毀損します。インサイダー情報という、超重要な情報ですら適切に管理できない会社に、顧客は、自分の個人情報等を預けることを躊躇するでしょう。データ戦略にも、大きなマイナスです。インサイダー情報は、適切に管理する必要があります。

4 インサイダー情報の管理

(1) 一元的管理

インサイダー情報を管理する場合に、まず重要なのは、インサイダー情報を集約して、一元的に管理することです。そのために、まずは、インサイダー情報を統括して管理する責任者と部署を設置することが重要です。その際、法務責任者が、インサイダー情報の管理責任者となる事例もあるようです。金融商品取引法についての一定の知識も必要ですし、機密の情報を扱うという意味で、社内からの信頼も必要なポジションですので、一定の親和性があるのかもしれません。

(2) 網羅的な情報の収集

次に、重要なのは、社内にあるインサイダー情報が、当該責任者／部署に網羅的に集まるようにする仕組を作ることです。自社が上場企業や、上場企業のグループ会社である場合は、その業績に大きな影響を与えるような、自社による他社の買収の交渉・決定、大きな不祥事等の事実について速やかに把握できる仕組が必要です。また、自社にとってインサイダー情報となる情報だけでなく、取引先の企業グループにとってインサイダー情報となる情報についても把握が必要です。このことは、証券会社／印刷会社（＝有価証券届出書等を印刷）等の社員が、顧客である法人のＭ＆Ａや、TOB（公開買付）の情報を取得して株式を買って利益を上げたというような事例で過去に摘発されていることからも明らかです。

このように、取引先の企業にとってインサイダー情報に該当するのかについても注意する必要があるのですが、取引先の情報を十分に持っていない場合等、判断が困難なケースもあり得ます。判断が困難な場合、取引先にインサイダー情報に該当するかどうかについて、理由も含めて確認しておくことが考えられます。なお、取引先の判断を常にうのみにしてよいというものではありません。微妙なケースでは、慎重な対応を取っておくのが基本です。

(3) インサイダー情報の管理

まず、自社にあるインサイダー情報として、どのようなインサイダー情報があり得るかを整理し、そのインサイダー情報をどのように管理するかを決定する必要があります。この点からは、案件ごとの管理と、部門ごとの管理の両手法が併用されてよいように思います。例えば、自社と他社との大型Ｍ＆Ａ案件等については、案件ごとの管理をすることが考えられます。具体的には、(i) インサイダー案件指定をし、(ii) 当該案件についてのインサイダー情報管理責任者を指定し、(iii) 案件関係者のリストを作成し、(iv) 案件関係者にインサイダー指定された旨を案内し、「関係者リストに掲載されていない者への口外禁止」等のルールを周知し、かつ、(v) 関係者を増やす場合にインサイダー情報管理責任者の承諾を必要とする運用等が考えられます。

一方、例えば、自社やグループ会社の未公表の経営情報（BS／PS等）については、財務部門で恒常的に取扱いがあると考えられますので、個別に案件指定をするというよりは、包括的に、インサイダー情報として扱うものと取決め、部署ごとの対応を取ることが考えられます。取締役会の事務局部門（法務部門／総務部門）等も同様に、部門ごとの管理の手法が検討されてよいと思われます。具体的な管理の一例として、**図表3-6**のような対策を講じることが考えられます。

図表3-6 インサイダー情報管理の対策

分類	概要
物理的管理	経理部門等の部署への立入は原則として関係者に限る、会議はオープンスペースでなく会議室で行う等
技術的管理	案件フォルダ等へのアクセス権限は関係者に限ること等
人的管理	関係者リストを作成し、関係者以外への情報の共有を禁止すること、秘密保持契約の締結を徹底すること等。M＆A等の相手方のあるインサイダー案件では、相手方を含めたプロジェクト関係者の管理が重要です。インサイダー案件に該当することを相手方企業にも伝え、情報取扱ルールを遵守してもらえるよう確保することが重要です

(4) インサイダーに係る社内規程の整備

このように、どのようにインサイダー情報を管理するかを検討した上で、インサイダー情報管理規程を整備する必要があります。多くの上場会社においては、インサイダー情報管理規程が既にあるのではないかと思いますが、法令改正等もありますし、自社での運用状況を踏まえて、一定期間ごとに見直すことが重要です。インサイダー規程の制定／見直しに際しては、インサイダー規程について法律事務所等が作成したひな型を参考とすることも考えられますが、自社にあっているかという点の検討は不可欠です。例えば、従業員による自社や他社の株式の個人としての売買をどの範囲で認めるかという点（事前承諾を必要とするのか、届出でよいとするのか、規制を設けないのか等）、部署ごとに規制を変えるのか等といった点は、会社の実態に合わせて決定する必要があります。また、インサイダー規程との関係で、時々論点になるのは、インサイダー規程について、就業規則として位置付けるのかという点です。Q3-8も参照。

(5) インサイダー情報の開示

インサイダー情報の管理については、インサイダー情報を適切なタイミングで公開してしまってインサイダー情報ではなくしてしまうことも重要です。また、インサイダー情報と関連する行為（例えば、自社株買い・新株発行）の発生タイミングを調整することも重要です。インサイダー情報を持ったまま、自社株買い等を行うという訳にもいきませんので、有価証券報告書を出した直後等、タイミングを見計らって自社株買い、新株発行等を行う必要があります。その際、秘密の大型の重要案件（他社の買収等）は、それまでに終わらせて公表しておく等といった工夫も必要となります。

(6) インサイダーに係る社内規程違反のモニタリング

インサイダー規程を設ければそれで終わりということではなく、従業員による不正のリスクの大小に応じ、モニタリングが必要となります。

(7) 社内教育／社内啓蒙活動

社内教育や、社内啓蒙活動に際しては、監督官庁の公表資料や、ニュースで問題になった事例等も紹介しつつ、自社で有することとなりやすいインサイダー情報の例、社内モニタリングの結果等も照会しながら、インサイダー情報の管理について、適切な社内教育／啓蒙活動を行うことが重要です。この観点からは、証券取引等監視委員会の公表資料が参考になります。例えば、インサイダー取引における重要事実の内容一覧（「金融商品取引法における課徴金事例集」より）によれば、インサイダー取引として課徴金の勧告がなされた事例で多かったものは、(i) 新株発行、(ii) 合併等の組織再編、業務提携・解消、(iii) 公開買付、(iv) 業績予想の修正であったとのことです。また、見落としがちですが、(v) 海外を含む子会社について発生した重要事項についての事例もあったようです。

この他、過去のニュースや、プレスリリースで報道された摘発事例等も具体的に紹介すると、記憶に残りやすいでしょう。また、金融庁の「インサイダー取引規制に関するQ＆A」も、2019年7月29日より、インサイダー取引規制の基礎的な考え方についての説明が追加されてより分かりやすい内容になっているため、非常に参考になります。

Q3-6

利益相反との関係で情報をどのように管理すればよいでしょうか？

利益相反に対応するためのポイントは、(i) 部門間・担当者間の案件ごとの情報のやり取りを遮断／管理する等して、利益相反取引／利益相反状況（併せて「利益相反状況等」）を事前に減らすこと、(ii) 利益相反状況等を発見・特定できるようなシステムを作ること、(iii) 利益相反状況等が生じた場合は、利益主体が害されないよう適正な条件で取引や研究等が行われるよう確保すると共に、(iv) 法令等に基づき必要となる情報開示を適時に行うことや、利益主体（＝顧客等）の同意取得等の手続を経ることが重要で、かつ、(v) 上記を遂行するための体制整備や、利益相反管理方針等の策定も必要です。

執筆：安藤 広人、中崎 隆

1　利益相反とは

利益相反（Conflict of Interest）とは、取締役、専門家等の者が、他の者（「利益主体」）のために行為をする場合において、自らの利益とその利益主体の利益とが相反する（又は相反するおそれのある）関係を生ずる行為をいいます。例えば、ある会社の代表取締役が、会社から、自己がギャンブルする目的等のために個人としての立場で資金を借り入れるような行為は、利益相反行為の一例です。また、証券会社が、自己の顧客から株式を自己勘定で買い取る取引も利益相反の一例です。データ戦略により引き付けた例を挙げますと、広告会社が、広告出稿主である自動車会社A社のデータを、他の広告出稿主である自動車会社B社の広告のために用いる行為も、利益相反に該当します。顧客である自動車会社A社とB社は、ライバル関係にあるから、利益が相反するのです。

利益相反取引は、利益主体（すなわち、顧客等）の利益を害するおそれがありますので、法律、ガイドライン、業界団体の自主規制等により、様々な形で規制されています。また、法律上の規制がなかったとしても、利益相反取引については、顧客等の利益を害するおそれがありますから、顧客等に隠れて利益相反取引を行えば、その信頼を失い、顧客等を失うおそれがありますので注意が必要です(**図表3-7**)。

図表3-7 利益相反による弊害を管理するための法令等による規制の例

他人のために事務を受託する者	利益主体	法的な規制の内容
取締役	会社	利益相反行為については、取締役会に報告の上、決議を経る必要。また、有価証券報告書等での開示が必要。一定の兼職制限
銀行、証券会社、保険会社等	顧客	利益相反取引を特定し、顧客が害されないよう体制を整備する義務等
格付機関	顧客/投資家等	利益相反管理体制の整備義務等
代理人	委任者	双方代理の禁止(民法108条)
親権者	子供	特別代理人の選任が必要(民法826条)
弁護士	顧客	訴訟等の事件の相手方から依頼された事件の受忍禁止等(弁護士法25条、日弁連の職務倫理規程)
会計監査人	顧客/投資家等	一定の顧問先等の監査証明の禁止(公認会計士法24条の2)、利害関係の監査証明書への明示義務(同法25条2項)等
臨床研究実施機関	依頼メーカー/医薬品の利用者等	利益相反管理基準を策定し、研究対象医薬品のメーカーからの報酬の有無等を確認の上、利益相反管理計画を策定し、適正に管理する義務等(臨床研究法規則21条)

2 役職員と会社との関係での利益相反行為

企業内部においても、利益相反が問題となるケースが多く見られます。

(1) 取締役との関係での利益相反

取締役は、会社の内部情報に精通していますが、その内部情報を会社のためではなく、自己のため、あるいは、会社以外の第三者のために使うおそれがあります。また、内部情報ではなく、取締役が外部から得た情報についても、本来であれば会社のために使うべき情報であったにもかかわらず、これを適切に使わず自己の事業に利用してしまうおそれがあります（会社の機会の奪取）。このような利益相反行為に対して、法は、取締役に対し、一般的な義務として会社に対する善管注意義務（民法644条）、忠実義務（会社法355条）を規定する他、競業避止義務（同法356条1項1号、365条1項）、利益相反取引規制（同法356条1項2号、3号、365条1項）を規定して一定の歯止めを設けています。

取締役による利益相反取引については、取締役会の承認が必要ですので、(i) 取締役と会社の間でなされる取引、(ii) 取締役が親会社、グループ会社の取締役を双方兼務している場合は、親会社とグループ会社の間の取引のうち、両社の利益が相反する取引等の利益相反取引に当たる取引の情報が一元的に集まる仕組を構築する必要があります。但し、取引条件が、独立した当事者との取引条件と同じである等の理由で、会社を害するおそれが少ないと認められれば、取締役会の決議が不要となりますので、同一条件による約款取引等まではカバーする必要がない場合がほとんどです。

上記と関連して、グループ会社間の取引（100％出資関係の場合を除く）では、両会社間の利害が対立するおそれがありますので、両会社を兼務する取締役による両会社間の契約書への捺印／稟議承認や、情報の取扱いには、注意する必要があります。また、親会社と子会社が両方上場しているという「親子上場」の場合、親会社と子会社との間の取引や、情報の共有等による利益相反に関し、海外投資家を中心に、厳しい目が向けられていますので、注意が必要です。

(2) 職員による利益相反

取締役だけでなく、従業員や業務委託先についても内部情報等を利用しての利益相反行為が考えられます（特に、海外では、担当者へのキックバックの支払により取引を取得するというような行為について、刑罰により厳しく罰している国もあり、注意が必要です）。そこで、役職員による不正流用等を牽制するため、(i) 稟議に際し、申請者とは別の者の承認を必要としたり、承認権者が承認対象取引について利害関係を有する場合には、利益相反関係のない別の役職員の承認を必要としたり、(ii) 情報のアクセス権限管理をしっかりしたり、(iii) 不正を発見するためのモニタリング等が重要となります。

3　顧客に対する利益相反行為

顧客との関係でも、利益相反は生じます。会社と顧客の利益が相反するケースもありますし、顧客同士の利益が相反するケースもあります。顧客から事務を受託した者は、一般に、顧客との関係で、善良な管理者の注意義務を負います（民法644条）。そして、専門性が高ければ高いほど、善良な管理者の注意義務も重くなると考えられる傾向にあり、利益相反取引との関係についても、牽制の必要性が高くなると一般に考えられています。

そこで、金融分野等、顧客から事業者の専門性に対する信頼を保護する必要の高い分野では、業法で、利益相反について管理を義務付ける条項を設けています。例えば、銀行法や金融商品取引法では、銀行や証券会社等に対し、利益相反管理体制を整備することを求め、顧客の保護を図っています。Q5-9も参照。

これに加え、特に利益相反のおそれの高い行為類型について、特別な規制を設けています。例えば、証券会社（金融商品取引業者）が、顧客の資産の運用を行うに当たって、有価証券の売買を行う場合、その売買を成立させる前に、自己の計算において顧客の注文より有利な価格で有価証券の売買を行うこと（フロントランニング）は、顧客の情報を利用して自社側に有利に取引を行う典型例ですが、金融商品取引法において禁止されています（金融商品取引法42条の2第5号）。

業法による規制がない場合であっても、先ほど広告会社について述べたように、利益相反行為を疑われることは、顧客喪失や会社の信頼喪失につながるおそれがありますので、事業を行うに当たっては、利益相反への一定の配慮が重要です。

4　顧客以外の外部者との関係での利益相反

利益相反は、顧客以外の外部者との関係でも問題となります。例えば、監査法人による監査報告は、顧客法人からの依頼を受けて作成されるものですが、投資家や債権者等のために作成されるという側面もあります。監査法人が、監査費用を払う顧客法人の言いなりになって、粉飾のある決算に監査証明を行えば、その決算書類を信じてその会社の株式を買った投資家等が害されることとなってしまいます。そういう意味で、顧客法人と、投資家等との間で、利益が相反する関係があります。また、格付機関が付す格付けについても同様です。

この他、臨床研究を行う研究機関についても、研究対象となる医薬品メーカーからお金をもらっていた臨床研究機関が、研究データを偽造していたことが問題視されています。臨床研究データは、医薬品の安全性を審査する際に用いられますので、臨床研究は、間接的には、医薬品を投薬される将来の患者のために、適正に行われる必要があるのです。そういう意味で、医薬品の認可をなるべく早く受けたい医薬品メーカーと、適正な臨床研究を必要とする、将来の患者との間の利益が相反する関係にあります。そこで、このような利益相反関係が生じる場合にも、業法等に基づき、利益相反の管理体制が求められていることがあります。

5　利益相反管理体制の整備のためには

利益相反管理体制を整備するに当たって、大事なポイントは7点あります。第1に利益相反を管理する責任者／部署を明確にすることです。第2に、利益相反により自社／顧客等が害される危険が高い取引／状況を洗い出すことです。第3に、利益相反の状況が過度に生じることを抑止するために、自社／顧客等に係る財産／情報へのアクセスを、必要な範囲に限定することです。第4に、利益相反の状況が生じてしまった場合には、その状況についての必要な情報を収集し、利益相反取引を中止するのか、実施するのか、実施するにしても弊害防止措置を講ずるのか（例えば、取引条件を公正な取引条件に変更する等）等を、営業部門とは独立した部門が検討することです。第5に、利益相反取引等により、不正が行われた場合に、事後的に、犯人発見と事案解明が可能となるよう、自社又は顧客の資産・情報へのアクセスや、社内稟議／利益相反の判断等に係る記録を保存しておくことです。第6に、不正な取引を発見するためのモニタリングを行うことです。最後は、上記のような利益相反管理のための措置について、管理方針や社内規則として取りまとめ、その管理方針の概要を公表することです。利益相反管理の対応を粛々と遂行するだけでなく、会社として、取組を対外的に宣言することにより、対外的な信頼確保につなげるのです。

6　結語

データ戦略を検討する際の1つの視点として、セキュリティや個人情報保護法の安全管理措置等の視点とは別に、利益相反についても考えておくべきです。

Q3-7

海外の子会社／関連会社との役職員の兼務・兼任について、どのような点に留意すべきでしょうか？

海外の子会社／関連会社（以下「子会社等」という）と役職員を兼務させて常駐させた場合、当該兼務者と共有した情報は、その子会社等に共有したものと扱われる可能性があります。そのような情報の共有が、法令や他社との契約に違反しないか、注意する必要があります。また、海外法の適用との関係では、その子会社等の所在国に、自社が営業所／支店等を有していなくても、当該国に、営業所等を有するものと扱われて、海外法の適用を受ける可能性があります。この他、自社と関連会社の利益相反にも注意する必要があります。

執筆：木佐 優

1　役職員の兼務・兼任

グローバル・レベルで採るべきデータ戦略を考えるに当たっては、日本の親会社の役職員による海外の子会社等との兼務・兼任のメリット・デメリットについて、理解しておくことが重要です。株主（出資者）としての権利だけでは、海外の子会社等をコントロールするためには十分ではない等として、日本の親会社の役職員を子会社等に派遣し、海外子会社等をコントロールすることがよく行われています。しかしながら、常に海外の子会社等に専従とすると、親会社のリソースが不足することとなりかねないことから、日本の親会社の役職員としての立場を保持したまま、海外の子会社等の役職員の立場を兼務・兼任させることがよく行われています。また、逆に、子会社等が所在する外国で採用した役職員について、グループ内の連携強化等のため、親会社との兼務・兼任をさせる事例もあります。

2　兼務・兼任のメリット

兼務・兼任のメリットとしては、当該子会社等との連携強化以外に、以下の点が考えられます。

(1) 人的リソースのシェア

まず、自社グループをよく知る人的リソースをシェアすることによって、新規に採用して教育する時間と費用を節約しつつ、親会社での業務から得られる情報や人的ネットワークを活用して効率的に業務を遂行することができます。また、企業グループのビジョンやポリシーの浸透、企業文化の融合の観点からも、メリットがあります。

(2) IT資産のシェア

兼務・兼任の者が、親会社で用いているPC、アプリケーションソフトウエアやWebサービスを、子会社等向けの業務においても用いることができ、データ戦略上、コスト面でのメリットがあります。もちろん、親会社がライセンスを受けたソフトを、子会社等の業務のために活用すれば、ライセンス契約違反となる場合もあり得ますので、ライセンスの範囲には注意が必要です。

3 留意すべき点

このようなメリットがある半面、兼務・兼任には、一定のリスクも伴います。会社法や業法等における法令上の兼務・兼任の制限の規定に留意する他、次のようなリスクに留意するとよいでしょう。

(1) 情報の授受との関係で生じるリスク

兼務・兼任を行っている役職員に、自社から情報を渡した場合、それは、(i) 自社内の情報の共有なのでしょうか、それとも、(ii) 子会社等の役職員に対する情報の第三者提供なのでしょうか、それとも、(iii) 双方の性質を帯びるのでしょうか。兼務・兼任の役職員が、どのような立場で、その情報を受取り、どのようにその情報を扱うべきかという点については、あらかじめ、情報の授受の際に、明らかにすることが考えられます。例えば、親会社の従業員としての立場の場合と、子会社等の役職員としての立場の場合とで、電子メールアドレスや、ノートPC等を使い分けることで区別を試みる手法も1つの方法です。

しかし、そのような取扱いをしたとしても、行政庁等が、情報の授受が双方の性質を帯びる等と勝手に認定してしまうリスクもあります。例えば、親会社と関連会社とで、同じ製品を販売しているというようなケースにおいて、その製品の価格情報を、兼務役職員であるＡさんに伝えた場合、その価格情報は、「自社の従業員としてのＡさんに伝えたもので、関連会社の役職員としてのＡさんに伝えたものではない」等という理屈が、独禁当局に通じるでしょうか。Q5-15も参照。また、個人情報関係の規制、外為法関係の規制（一定の技術についての国外移転についての許可制）、他社との間のライセンス契約、守秘義務等との関係でも、同様な問題が生じます。このため、情報の共有、移転との関係では、特に、慎重な取扱いが求められることとなります。

(2) 海外法適用リスク

海外に親会社と兼務・兼任する役職員を常駐させた場合、親会社に、その国の法令の適用を受けるリスクが生じます。例えば、本社（親会社）と子会社等で兼務比率を10％対90％とした役職員が、米国の子会社等で常駐しているというようなケースでは、親会社としては、米国に営業所・拠点等を設けているという意識はないかもしれません。しかし、海外規制当局は、自国（上記事例では米国）に、営業所・拠点等を設けているものと扱って、自国の法律を適用してくるリスクがあります。特に、法人税等との関係で、恒久的施設（PE）があると扱われてしまうと、その外国において、親会社にも納税義務があることとなりかねませんので、税務書類の準備や納税等が、相当な負担となり得ます。

また、米国における訴訟リスクは負担が重いので要注意です。Q5-18も参照。例えば、関連会社が、米国の企業から技術提供を受けた場合において、米国の企業が、日本の親会社がその技術を不当に使っている等と、米国の裁判所で訴える場合、米国に兼務職員がおらず、親会社の営業所もないのであれば、親会社は米国の裁判所の裁判管轄（personal jurisdiction）に服さないのに、兼務職員が米国にいることによって、親会社が同時に米国で訴えられるというような事例も生じます。兼務職員の存在だけで親会社について裁判管轄が認められることは考えにくいのですが、子会社等に法人としての独立した活動実態が認められないとすると、子会社等の活動を、親会社の活動と同一視することによって、裁判管轄が認められるおそれがあります。そこで、子会社等について、以下の点に留意することが必要です。

- 現地の会社法に従って、形式上、独自の意思決定が独自の機関によってなされている体裁を保つこと。
- 子会社等の従業員の雇用主を親会社ではなく子会社等とすること。
- 子会社等が独自の銀行口座、会計帳簿を持ち、独立した会計処理を行っていること。

なお、労働法に関しては、労働契約上の準拠法ではなく、勤務地の労働法の規制を受けるのが通常です。海外の子会社等で雇った（外国籍の）従業員に、親会社と兼務を付けた場合、親会社において、就業規則・雇用契約等における海外労働法対応や、海外の社会保険制度対応等が必要となる場合があります。

(3) 利益相反に係るリスク

「親会社と子会社等が同種のビジネスを行っており、顧客層が重複し得る場合」や「親会社と関連会社の間で取引が生じる場合」等が典型ですが、親会社の役職員としての立場と、子会社等の役職員としての立場の間で利益相反が生じる場合があります。そのため、兼務役職員が子会社等の取締役である場合には、取締役による利益相反取引については取締役会決議が必要というような（海外の）会社法に基づく規制が係る場合があります。また、取締役としての（海外法に基づく）善管注意義務や忠実義務を果たせるのかという点等について、注意する必要があります。親会社と子会社等の利益が相反する場合には、親会社の役職員としての義務と、子会社等の役職員としての義務が、相反することとなりかねないからです。子会社等がJVの場合、JVの相手方企業が、利益相反を望まないケースもあります。海外の方が、利益相反には一般的に厳しい傾向にあるからです。このように、利益相反があるために、ビジネスを迅速・円滑に進めることに支障が生じるリスクについても、考慮に入れることが重要です。

4 結語

兼務者・兼任者を少なくし独立性を高めるほど、メリットが失われるだけでなく、コントロールが効かなくなり、不適切な行為が行われるリスクが高まるという面もあることから、一筋縄ではいかない問題ですが、データ戦略上、上記のようなリスクをも考慮して、適切な情報管理と兼務・兼任の在り方を探っていく必要があります。

コラム

親会社と子会社等のどちらの立場なのか

どちらの立場での行為なのかという問題が生じるのは、情報の授受の場面に限りません。様々な場面で、同様な問題が生じます。例えば、親会社の製品を、子会社等が代理店として販売している場合、兼務役職員が製品について行った口頭の説明が、親会社としての説明なのか、子会社等としての説明なのか、区別できないというようなケースも考えられます。

このようなリスクを低減するためには、どちらの立場で行動しているのかについて、対外的にも対内的にも明確にすることが重要であると言えます。例えば、親会社としての名刺と子会社等の名刺の両方を取引先に渡す方もいらっしゃいますが、そのような営業手法を会社として許容するのかという点も含めて、リスク低減策を検討することが有用です。

Q3-8

データ関連の社内規程類を作成する際に、留意すべき点はどのような点でしょうか？

社内規程の整備にあたっては、(i) 責任者・責任部署を明確としているか、(ii) 実際の自社のリスクをコントロールできるような内容になっているか、(iii) 個人情報保護法、業法等の法令の要求を満たしているかという点が視点として重要です。また、情報関連の社内規程の整備に当たっては、それぞれの規程がデータ戦略との関係で統一的・全社的な視点で作成される必要があります。

執筆：安藤 広人、中崎 隆

1　社内規程の整備にあたって考慮するべき点

社内規程は、業務記述書や業務フロー等と共に内部統制を実現する一つの重要な要素であると位置付けられます（Q3-2も参照）。社内規程の整備にあたっては、ひな型を利用することも多いと思いますが、ひな型をそのまま採用するのではなく、次のような観点から検討を行い、自社にあった内容に修正することが重要です。

(1) 責任部署・責任者を明確にしているか

まず、セキュリティ等の各社内規程との関係でも、グループ全体／会社全体のセキュリティ等について責任を負う部署を定めることが重要です。１カ所に穴があれば、そこを狙われる訳で、グループ全体／会社全体について、横断的・統括的にリスクを評価し、当該リスクに応じた効果的な対策を検討し、実施できるようにすることが重要です。責任部署・責任者としてどの部門・役職員が適切かは企業によって異なりますので、しっかり検討して、定める必要があります。

(2) リスクベース・アプローチ

データ関係の社内規程をなぜ作るのかと言えば、(i) データ活用の確保、(ii)

データの漏洩・不正アクセスのリスクの低減や、(iii) 法令・契約等の遵守等、一定の目的を達成するためです。当該目的を実現するための手段となる対応策（社内ルール等）についても、企業によって効果的であったり、効果的でなかったりします。薬が人によって効いたり、効かなかったりするのと同じです。例えば、クレジットカード番号を保有する企業の場合、割賦販売法等に基づいて、PCI DSSというデータ安全基準への準拠が基本的に必要となりますが、その準拠に1000万円以上の費用がかかったりします。そこで、その費用負担を避けたい企業においては、クレジットカード番号の非保持の措置を講じたりする訳です。カード番号を非保持としている企業においてPCI DSS完全準拠をしている企業と同じような社内規程等とすれば、過大なセキュリティ対策となりかねない訳です。過大で、役職員が守ろうと思えないような内容を社内規則等に定めるべきではありません。意味がある、実効的な対策とするべきなのです。

(3) 法令・ガイドライン、他社との契約、業界標準等に沿った内容か

社内規程等を制定するに際しては、業法その他の自社に適用のある法令・ガイドラインや、他社との契約・業界標準等に沿った内容とすることが重要です。例えば、金融庁は、預金取引・資金移動取引等との関係で、不正取引を未然に防ぐため、金融機関に対し、多要素認証等の顧客認証措置を求める傾向が顕著ですので、そういった要求にも対応していく必要があります。また、法令・ガイドライン・契約・業界標準等は、時の移り変わりに従って変わっていくものですから、そういった変化にも対応する必要があります。

2　データ戦略を実行するに当たっての社内規程の整備

データ戦略を実行するに当たっては、経営陣は、どのようなデータを取得するのか、どのように取得するのか（個人情報として取得するのか、それとも統計データとして取得するのか）、どのようなルートで取得するのか（アプリを通じて取得するのか、第三者から購入するのか）、どのように管理するのか（仮名化するのか、社内でのアクセス制限の範囲をどうするのか）、どのように利用していくのか、どのような安全管理措置を講ずるのか等についての方針を定め、この方針に従って、システムを構築し、情報セキュリティレベル等を決定することになります。その際、データの活用の促進（アクセル）と、リスクコントロール（ブレー

キ）の双方を表裏一体のものとして捉えて方針を決定していく必要があります。金融庁が、経営戦略とコンプラ戦略が一体である点をリスク管理基本方針で強調しているように、データの活用促進と、リスクのコントロールは、表裏一体のものなのです。（サッカーでも「フォワードは攻めにだけ参加すればよい」とは誰も言わない訳です）。

3　どのような規程を整備するか？

データの取扱いとの関係で重要な社内規程としては、情報セキュリティ関連の規程、個人情報保護関連の規程、営業秘密関連の規程、インサイダー情報関連の規程等があります。

(1) 情報セキュリティ関連規程

データ戦略との関係でも、まず基本となるのは情報セキュリティに関連する規程類です。情報セキュリティについての規程は、大まかな方針を定める情報セキュリティポリシー、情報セキュリティ一つ一つの項目について定めた対策基準、さらに具体的な手順を定めた対策手順等に分かれます。どのような規程を整備し、それぞれの規程を社内の各種規程のどの位置に位置付けるか等については、企業ごとにデータ戦略も考慮して決めていくことになります。具体的にどのような事項について決めていくかについては、例えば、(i) 情報資産の洗い出しと管理、(ii) 人的管理体制（組織体制、教育等）、(iii) 物理的管理体制（サーバールームへの立ち入り制限やIT機器の管理等）、(iv) 技術的管理体制（アクセス権限の設定、外部からのアクセス制限等）、(v) 委託先の管理体制（クラウドや運用保守先の管理）、(vi) グループ企業の管理等があげられます。

(2) 個人情報取扱規程

一般的にマーケティングのデータについては、個人情報を含んでいることが少なくなく、また、そもそも企業活動を行っていくに当たって、個人情報を取扱わないとは考えにくいため、基本的に個人情報取扱規程を整備することになるでしょう。情報セキュリティ規程との関係では、情報セキュリティ規程において情報のリスクアセスメントをする場合に、個人データをどのように取扱うかという点を考えておく必要があります。また、個人情報保護法において仮名化したり、匿名化したりすることにより義務内容が変わってくることがあるため、情報セキュリティ規程や、それをさらに具体化した細則等により、取扱いを検討しておく必要があります。

(3) 営業秘密管理規程

近時では、データについては不正競争防止法上の営業秘密として保護するケースが増えています（Q5-14参照）。営業秘密については、秘密管理措置の内容として規程の整備が法的に要求されているとまではいえないところはありますが、どの情報を営業秘密として取扱うのか、また、営業秘密とする情報についての社内での取扱いをどのようにするのか等を明らかにするため、規程を整備しておくべきでしょう。営業秘密管理規程の中で営業秘密として指定される情報については、情報セキュリティ規程においても、情報セキュリティを確保するべき対象であるとされなければなりません。

4　陥りがちな落とし穴

よく陥りがちな落とし穴として、データ戦略の統括部署がしっかりしていないと、グループ内の企業ごと、部署ごと、業務ごと等に、各種規定や、システム等の対応が区々となってしまうということがよくあります。責任部署・責任者が異なるが故に、(i) 相互に整合性の取れていない規程・システムとなってしまったり、(ii) 似たような対応を講ずるために、別々の規程／別々のシステムに基づき、冗長的なフローが必要となって、非効率となってしまったり、(iii) 対応レベルがまちまちに設定され、大きなセキュリティの穴が生じてしまったりします。（特に、委託先、再委託先等との関係でこの問題は深刻です）。

また、プライバシーマーク等の第三者認証（Q4-2）を取得しようとする場合、そのアドバイザーの用意するひな型通りの社内規程等を採用し、自社にあったものとなっていない社内規程となってしまうというのは、よくあるダメな事例の典型例です。自社にあっていないが故に、普段は全く守られない社内規程となってしまい、第三者認証機関がチェックをする時だけ、社内規程を守っているふりをしたりするのです。社内規程を守らなくてもよいという意識が定着すると、セキュリティ対策も何もあったものではありません。

この他、セキュリティ対策等の導入時にだけ頑張って、その後の見直しが不十分な事例もよく見られます。例えば、アクセス権限等の管理者を各部署に定めても、そのアクセス権限等の管理者が退職してしまうこともある訳で、役職員の退職・交代等があっても、しっかり機能するような形で、セキュリティ対策等を講じる必要があります。人事システム等と連動し、管理者が退職になったり、他部署に異動したりして管理者不在となった場合にアラートがあがるようにし、社内規程やシステム等の背後にある考え方を明文化して残し、人が変わってもきちんと機能するようなセキュリティ等の仕組みを構築する必要があります。特定の役職員の存在／能力／頑張りに依存するような、属人的なシステムにならないように留意することが有用です。

5　テレワークへの対応

コロナ発生後に増加しているテレワークへの対応においては、増加する費用の負担をどうするか、就業場所の変更を要するのか、就業時間をどうするのか等を、社内規則等において新たに規定する等、条項の変更が必要となることがあります。厚労省のガイドライン（テレワークの適切な導入及び実施の推進のためのガイドライン）等も参照のうえ、自社にあった対応を検討することが有用です。

Data Strategy and Law

第4章

セキュリティ管理、有事対応

Q4-1

サイバーセキュリティとデータ戦略の関係で、法務的な観点から留意すべき点は何でしょうか？

法令・ガイドラインや行政処分事例等を分析し、行政処分リスクを分析すると共に、不正送金・漏洩等による損害リスク等を考慮し、リスクに見合った、バランスのあるセキュリティ措置を講じていくことが重要です。

執筆：安藤 広人、中崎 隆

1　サイバーセキュリティ対策

コロナ禍の影響でリモートワークも増える中、サイバー犯罪がさらに増大する傾向にあり、サイバーセキュリティ対策の重要性はますます増しています。サイバーセキュリティ対策は、データ戦略との関係でも土台となるようなものであり、一定のサイバーセキュリティ対策を講じることが不可欠となっています。サイバーセキュリティ対策が不可欠であるといっても、バランスも重要です。データ戦略上の目的との関係で、データ活用の際の利便性や、コスト面とのバランスをうまく取る必要があります。

筆者らは、「法務的な観点から、どこまでは最低限やる必要があるのか」等の質問を受けることがあります。予算面の制約等もある中で、どこまでやるのか、また、どのように優先順位をつけて対策を講じていくのかは、各社にとって悩みどころではないでしょうか。このQでは、法務的な観点から、サイバーセキュリティとの関係で、筆者らがどういう側面に着目しているのかを説明していきたいと思います。

2　リスク評価と法務・コンプライアンス的な観点

(1) 行政処分リスク、行政指導リスクの分析

各事業者は、個人情報保護法に基づき、自社の個人顧客等の個人データを安全に管理する措置を講ずることが求められています（個情法20条）。また、銀行、

資金移動業者、暗号資産交換業者等の金融機関等の事業者は、業法に基づき、法令等遵守態勢の一貫として、顧客情報等の安全管理や、サイバーセキュリティ対策等を実質的に義務付けられていたりします。

サイバーアタックを受けて、(i) 個人データが漏洩したり、(ii) 不正送金・暗号資産盗難等の被害を受けたり、(iii) ランサムウエア（ウイルス）等に感染して身代金（ランサム）の支払を求められたりすれば、業務改善命令・業務停止命令等の行政処分を受けたり、行政指導を受けたりすることがあるということです。行政指導というと大したことがないように聞こえるかもしれませんが、総務省による電気事業法に基づく某社に対する行政指導のように、社会的に大きく報道されて、炎上するケースも少なくありません。

各事業者は、法令、ガイドライン、裁判例、行政処分事例等を分析し、立入検査等に耐えられるような状況とする必要があります。したがって、システム構築・改築等に際しては、セキュリティ部門・システム部門等が、法務部門・コンプライアンス部門等と事前に相談し、致命的な問題がないかを検討することが重要です。また、法令・ガイドライン等の改正により、迅速な対応が必要となる場合もありますので、定期的な情報連携も重要です。

このように、法令等を遵守し、行政処分等を受けないようにするという点の確保は、最低限対応が必要なポイントと思われます。

法令においては、クレジットカード番号のように、求められるセキュリティレベルについて、かなり具体的に記載している例があります。例えば、クレジットカード決済を可能とする加盟店となりたければ、安全管理措置を講じる必要がありますが（割賦販売法35条の16）、PCI DSSという基準を遵守するか、又は、クレジットカード番号の非保持措置を講ずる必要があると解されています（経済産業省「割賦販売法（後払分野）に基づく監督の基本方針」Ⅱ-2-2-5、「クレジットカード・セキュリティ・ガイドライン」）。このため、非保持措置の基準を満たしているかという点を法務的な観点から検討することを依頼されることもあります。

また、金融法等との関係で、サイバーセキュリティ対策については、リスクに見合ったものである必要があるとするリスクベースアプローチの考え方が一般的ですので、自社のセキュリティ対策が、リスクに見合ったものか（行政処分を受けるおそれがあるものか）という点について意見を求められることもあります。

この辺りのリスク判断も、関連する法令・ガイドライン・監督指針等にも精通した、法務・コンプライアンス部門が主導して行うことが有益です。

具体例をあげると、某電話会社系の決済業者（資金移動業者／電子決済等代行業者）のアカウントを通じて、銀行預金から多数の不正送金が行われたことを受けて、金融庁は、多要素認証を強力に推進しましたが、資金移動業者・電子決済等代行業者として、多要素認証に対応が必要となるのか、いつまでに対応するべきか等ということを検討するに際しても、金融庁の監督指針・ガイドライン等の知識は必要でしょうし、金融庁の温度感にセンシティブな法務・コンプライアンス部門の方がより精緻な判断をなしうるでしょう。

顧客のID・パスワードについては、フィッシング等により漏洩が生じることが当たり前という時代が到来してしまっており、欧州ではPayment Services Directive（支払サービス指令）等に基づき基本的に多要素認証が義務付けられている等といった世界的動向も背景としてあり、金融庁も多要素認証の重要性を強調しています。また、こういった事情を背景に、犯収法に基づく本人認証（2回目以降の取引において本人確認を省略するために必要）について、警察庁も、厳格化する傾向がみられます。顧客の本人認証に際しても、こういった監督官庁の動向等も踏まえて、自社における対応方針の決定を必要があるのであり、法務・コンプライアンス的知見が重要な役割を果たす場面があります。

(2) 損害のリスクの評価

不正送金等が生じれば、自社として、大きな損害を被ることとなりかねません。例えば、2018年には、日本航空社が、ビジネスメール詐欺にあい、偽の請求書に基づき、約3億8000万円を誤って支払ってしまったとの報道がありました（2018年1月10日付の読売新聞）。自社や、委託先等の従業員による不正送金（横領）等の事例も後を絶ちません。また、暗号資産交換業者が、暗号資産を盗難される事例も繰り返されています。コインチェック事件では、580億円相当の暗号資産が盗難されました。

金融機関（銀行・資金移動業者・カード会社等）の場合、顧客に過失があったと認められない限り、不正送金の損害を金融機関側で負担することが少なくなく、年間に何億円もの損失を金融機関が負担する事例も少なくないと聞きます。なりすまし等による、デビットカード・クレジットカード取引の場合、加盟店側で3

D Secure［国際ブランドが推奨する本人認証手段］等の措置を講じていない場合、（カード発行者が3D Secureに対応していることを示せば）、Visa／Mastercard等の国際ブランドルールに基づき、不正送金による損失をすべて加盟店側が負担しなければならないものと基本的にされたりします。また、個人情報、クレジットカード番号、顧客・取引先のデータ等を漏洩すれば、契約違反として損害賠償請求を受けるリスクもあります。この他、レピュテーションリスク（信用低下リスク）も考慮する必要があります。不祥事件による信用低下により、顧客が大きく離反したり、株価が暴落したりするケース等もめずらしくありません。

このように、サイバーセキュリティ事案発生時には、様々な種類の損害が生じるおそれがありますので、ありうる様々なサイバーセキュリティ事案を想定した上で、自社の損害リスクを丁寧に分析することが有用です。そして、例えば、他社等からの損害賠償リスクとの関係では、他社との契約内容も検討することが有用ですし、カード番号の漏洩リスクとの関係では国際ブランドルールをも分析することが有用であったりしますので、契約等に詳しい法務・コンプライアンス部門と協働することが有益です。

(3) 法務・コンプライアンス的な観点

法務・コンプライアンス部門は、上記のような観点から検討を行い、リスクが大きすぎると判断する場合には、代替案等も検討した上で、赤信号を出すこととなります。法務・コンプライアンス部門は、単なるブレーキである等と印象を受ける経営者・データ戦略担当者もいらっしゃるかもしれませんが、ブレーキがない車を想像していただければと思います。危なくて運転できません。最終的なリスク判断は、経営陣が議論して決定すべきですが、経営陣としては、利便性・コスト等の様々な要素を検討する中で、法務・コンプライアンス的な要素をも考慮した上で、サイバー・リスクについてのリスク判断を行い、リスクに見合った措置を講じる必要があるのです。

3　サイバーセキュリティと体制整備

会社にとっての多くの課題と同じように、サイバーセキュリティについても、全社一体となって取り組む必要があります。堤防に小さな穴があれば、そこから堤防が決壊してしまうのと同じで、サイバーセキュリティも、組織として、きちんと体制を整備して行う必要があります。

この観点からは、(i) データ戦略上の目的を確認した上で、(ii) 情報資産（データベース等）及びこれらに対するリスクの洗い出しを行って、それぞれの情報資産にとって必要となるセキュリティレベル／セキュリティ措置を決定し、(iii) 当該情報セキュリティ措置を確保するのための社内ルール等を整備し、(iv) 教育・研修、チェック（内部監査等）を通じて社内ルール等の遵守を確保する必要があります。

社内ルール作りに際しては、個人的な経験として、①リスクに見合ったバランスのあるルールとすること、②人を過度に信用しないこと、③定期的な訓練・検証を行うことが重要であるように思います。

①との関係では、想定されるリスクシナリオを検討した上で、そのリスクに効果のある措置を導入するべきです。厳しすぎて守れないようなルールや、守っても面倒なだけでリスクに対して効果が著しく薄いようなルールは、改定を検討するべきです。絵に書いた餅では意味がありません。

②との関係では、「セキュリティ・バイ・デフォルト」の考え方が重要です。人はミスを起こすものですし、従業員によっては、悪意で情報を持ち出したり、横領したりする方もいます。役職員を信用しすぎず、役職員によるミス、犯罪行為等を検知し、未然に防止できるような仕組みを構築する必要があります。例えば、何十億円もの預金残高がある、銀行口座からの送金権限を、委託先に付与しているケースに接したことがありますが、どんなに委託先を信頼していたとしても、一定の牽制は必要ではないかと思われます。

③との関係では、例えば、金融庁は、「金融分野におけるサイバーセキュリティ強化に向けた取組方針」において、平時のサイバー対策と、緊急時のインシデント対応とに分類した上で、前者については、脆弱性診断等の実態把握と対策の実施、基礎的な態勢整備の重要性を強調し、後者については、実践的な侵入テスト（TLPT）や、金融庁演習・NISC等の演習への参加の重要性を強調しています。要は、サイバー攻撃等があった場合に、対策が機能しないと意味がないため、きちんと、演習・訓練（ペネトレーションテスト等）を行って、対策が機能するよう確保する必要があるということです。

例えば、サイバーアタックや情報漏洩等が仮に発生した場合に備えてCSIRT（シーサート：Computer Security Incident Response Team）を設置し、日ごろから情報収集を行い、実際にインシデントが起こった場合の対応についても実践的な訓練をしておくことが考えられます。令和２年改正個人情報保護法では、個人情報の漏洩等の事故発生時に個人情報保護委員会への報告義務が規定されると共に、本人（データ帰属主体）への通知義務が定められております（個情法22条の2)。迅速な対応が必要となるため、事前準備の重要性が今まで以上に増すと考えられます。

なお、個人情報の漏洩・不正利用等の事故のうち、かなりの数が、業務委託先を通じて生じています。最近も、某ソーシャル・ネットワーキング・サービス提供会社が、中国の委託先が国内サーバーにアクセスして個人データを閲覧することができたことを発表し、これを受けて、個人情報保護委員会及び総務省は、委託先の管理が不十分であった等として同社に行政指導を行ったと公表しています。委託先等との契約に基づき、適切な安全管理義務を課すだけでなく、その履行状況もきちんとモニタリングする必要があります。

４　最後に

コロナ禍を受けて、サイバーセキュリティ対策の重要性が増していますが、サイバーセキュリティ対策との関係でも、法務・コンプライアンス面をも考慮した対策を講じる必要があります。

Q4-2

情報のマネジメントシステムに関する第三者認証（ISMS、プライバシーマーク、CBPR等）を取得することを検討しています。第三者認証の取得にはどのようなメリットがあるでしょうか？　また、認証の取得に当たり、どのような点に留意すればよいでしょうか？

第三者認証取得のメリットとしては、国・自治体や取引先の入札や取引を獲得するための前提条件をクリアすることができること、対外的な信用の向上、情報の管理体制の水準の向上・効率化等が挙げられます。取得に当たっては、社内の部門、社外の専門家の協働・連携、取得後の持続可能な運用を考慮した実態に沿ったルールを作り、認証の更新をしない場合の対外的な公表方法等認証取得後も見据えた対応がポイントといえます。

執筆：笠松 航平、板倉 陽一郎

1　第三者認証を取得する意義

情報のマネジメントシステムに関する第三者認証は、入札や取引の前提条件として国・自治体や取引先から求められる場合があり、この場合、第三者認証を受けていなければ、入札や取引を獲得するための前提条件をクリアすることができないことになります。また自発的に第三者認証を取得する意義として、対外的には、取引先や消費者その他ステークホルダーからの信用の向上、対内的には、情報の管理体制の水準の向上・効率化等が考えられるところです。

もっとも、第三者認証といっても、ISMS認証、プライバシーマーク及びCBPR等、様々な認証があります。認証取得を検討する担当者としては、各認証の特徴を考慮の上、第三者認証を取得するか否かを決定し、取得する場合はデータ戦略に最適な認証の選択を検討することが肝要です。

以下、担当者の検討の参考となるよう、ISMS、プライバシーマーク、CBPRの比較を**図表4-1**にまとめました。

図表4-1 ISMS、プライバシーマーク、CBPRの比較

	ISMS	プライバシーマーク	CBPR
規格・基準	国際標準規格 ISO/IEC27001：2013 日本工業規格 JISQ27001：2014	日本工業規格 JISQ15001:2006	APEC情報プライバシー原則（APECプライバシーフレームワーク3章参照）
適用範囲	事業所単位、部門単位でも適用可能	法人単位	法人単位
対象となる情報・資産	適用範囲内の全ての情報資産（ハードウエア含む）	個人情報	個人情報（Personal Information。APECプライバシーフレームワーク2章9.では、any information about an identified or identifiable individualと定義）
有効期間	3年	2年	1年
費用の目安	認証機関に支払審査登録費用（事前相談、見積可）。別途コンサルタントに支払費用	申請料・審査料・付与登録料：事業者規模により、合計31万4,288円から125万7,144円（消費税込）。別途コンサルタントに支払費用	モデル審査料：66万4,457円（消費税別）、認証管理料（1年間）：取得企業の売上高により、7万5,000円～100万円（消費税別）。別途コンサルタントに支払費用
取得期間の目安	事業の規模、特性、設備の状況等により、最短で3.5～4カ月（JIPDECウェブサイト）	モデルスケジュールでは最短4カ月。現地審査で指摘事項があった場合、その改善に要する期間が加算（JIPDECウェブサイト）	モデル審査期間は4週間（JIPDECウェブサイト）
国内認証機関	JIPDECが認定した機関（JIPDECウェブサイトで掲載）	JIPDECその他JIPDEC指定審査機関	APEC認証の機関（現在は、JIPDEC）
国内取得数	6,343件（2021/4/9現在）	1万6,485社（2019/9/30現在）	国内は3社（2020/12/21現在）

2 ISMS認証とは

ISMSとは「Information Security Management System」の略称で、一般に、情報セキュリティに関する管理の仕組、又は情報セキュリティマネジメントシステムに対する第三者認証制度という意味で用いられています。

ISMS認証を取得するメリットとして、一般に、対外的に情報セキュリティの信頼性を確保できること、入札条件や取引への参加の条件を充足できること、入札や参加を優位に進められること等が挙げられています。認証を取得・更新するに当たっては、情報マネジメントシステムを構築・継続的に運用する必要があり、組織の情報セキュリティ管理体制を強化する効果もあるといえます。また、効率的な情報資産管理、社内のセキュリティ意識の向上等につながることも期待されるといえるでしょう。さらに、ISMSの認証基準（日本工業規格 JISQ27001：2014）は、国際標準規格（ISO/IEC27001：2013）と整合しており、国際標準に適合したマネジメントシステムを構築するために有益なツールとなり得ます。

認証取得を希望する企業は、選択したISMS認証機関に申請し、当該機関から、書面審査と実地審査を受けることが必要となります。なお、ISMS認証機関は、一般財団法人日本情報経済社会推進協会（JIPDEC）ウェブサイトで掲載されています（2021年4月2日現在、27機関）。

審査日数は、最短で3.5～4カ月とされています（JIPDECウェブサイト）。取得に際しての費用やスケジュールは、事業の規模、特性、設備の状況等個別具体的な事情により異なります（ISMS認証は、プライバシーマークやCBPRと異なり、事業部・課単位等でも取得可能です）。なお、自治体によっては補助金等支援制度が利用できる場合があります。

マネジメントシステムの対象となる資産は、個人情報に限られず、適用範囲内の全ての情報資産（ハードウエア含む）が対象となりますので、個人情報の取扱いの有無・頻度を問わず、情報セキュリティを向上させたい企業にとってISMS認証を取得することは選択肢となると考えられます。

3 プライバシーマーク制度とは

プライバシーマーク制度とは、日本工業規格「JIS Q 15001個人情報保護マネジメントシステム―要求事項」に適合して、個人情報について適切な保護措置を講ずる体制を整備している事業者等を認定して、その旨を示すプライバシーマークを付与し、事業活動に関してプライバシーマークの使用を認める制度です。プライバシーマークは、一般にPマークとも呼ばれることがあります。

プライバシーマークを取得するメリットとしては、個人情報保護の遵守、個人情報の適切な取扱いを推進できること、対外的に高いレベルの保護水準を確立していることを示して信頼を得られることが挙げられています（要求事項として、個人情報保護法よりも高いレベルも求められています。例えば、個人情報保護法23条（2021年改正後27条。以下同じ）2項と異なり、名簿業者等が実施しているオプトアウトによる個人データの第三者提供は認められていません）。

認証取得を希望する企業は、JIPDEC又はJIPDEC指定審査機関に申請し、当該機関から、書面審査と実地審査を受けることが必要となります。なお、JIPDEC指定審査機関については、JIPDECのウェブページで最新の機関が掲載されています。

JIPDECの定めるモデルスケジュールでは、取得には少なくとも4カ月を要するとされており、現地審査の指摘事項等によってはさらに時間が掛かる場合があります。また費用として申請料・審査料・付与登録料が必要で、具体的には、小規模事業者で合計31万4,288円、中規模事業者で合計62万8,573円、大規模事業者で合計125万7,144円（いずれも消費税込）とされています。なお、事業者規模の区分（小規模、中規模、大規模）は、登記された資本金の額又は出資の総額、従業者数、及び業種を基準として判定されます。また自治体によっては補助金等支援制度が利用できる場合があります。

なお、「JIS Q 15001個人情報保護マネジメントシステム—要求事項」は2017年12月に改正されておりますので、JIPDECの公表する最新の情報に留意する必要があります。

4　CBPRシステムとは

CBPRシステムとは「APEC Cross Border Privacy Rules System」の略称で、アジア太平洋経済協力（APEC）の越境プライバシールールシステムを意味します。CBPRシステムは、APECの参加エコノミーから個人情報を越境移転する必要がある企業のプライバシーポリシーや、個人情報の取扱いの実務が、APEC情報プライバシー原則の要求事項を満たしているか否かを認証するものです。実際の認証は2013年に開始しています。

APEC情報プライバシー原則では、9原則（(i) 損害の回避 (ii) 通知 (iii) 取得の制限 (iv) 個人情報の利用 (v) 選択 (vi) 個人情報の完全性 (vii) セキュリティ対策 (viii) アクセス及び訂正 (ix) 責任）から構成され、APECでは、APECの参加エコノミー（2021年4月9日現在では、日本、米国、カナダ、メキシコ、シンガポール、韓国、オーストラリア、台湾及びフィリピンに、この原則に基づく個人情報保護制度の策定を勧奨しています。

CBPRシステムに関する認証を取得するメリットとしては、CBPRシステムに参加しているエコノミー内において、個人データの移転（輸出、輸入双方）が容易になることが挙げられます。例えば、個人情報保護法24条（2021年改正後28条。以下同じ）では外国にある第三者に個人データを提供する場合（国内とは異なり、個人データの委託や共同利用の場合も含みます）に、原則、外国にある第三者への提供を認める旨の本人の事前同意を必要としていますが、個人情報保護委員会のガイドライン（外国にある第三者への提供編）（2021年1月一部改正）によると、提供先の外国にある第三者がCBPR認証を取得している場合は、個人情報保護法24条は適用されない（委託や共同利用の場合には同意不要、第三者提供の場合は同法23条の同意で足りるということになります）と解釈されています（個人情報保護法規則11条の2第2号）。また、同ガイドラインでは、提供元の国内の事業者がCBPR認証を取得している場合にも、個人情報保護法24条は適用されないと解釈されています（個人情報保護法規則11条の2第1号）[1]。なお、個人データの移転が容易・円滑となることに加えて、CBPRシステム取得により、APECエコノミー内における取引先や消費者からの信用を高める効果もあると思われます。

認証取得を希望する企業は、自社の越境個人情報保護に関するルール、体制等について自己審査を行い、その内容についてAPECが認定したアカウンタビリティエージェント（日本では、2021年4月9日現在、JIPDEC）から書面審査と実地審査を受けることが必要となります。

取得のスケジュール・費用について、モデル審査期間・モデル審査料等参考となる情報がJIPDECのウェブサイトで掲載されています。資本金3億円以上、かつ従業員301人以上のサービス事業者がAPEC域内に向けてネット通販を行っており、顧客データを日本国内に移転させているケースを前提としたモデル審査期間は4週間とされています（ISMSやPマークと比較すると短いといえます）。また、モデル審査料は66万4,457円（消費税別）とされ、1年間の認証管理料は、取得事業者の売上規模により変動し、7万5,000円から100万円（消費税別）とされています。

日本国内で認証を取得する事業者は3社に留まっており（米国の認証取得事業者数は2021年4月9日時点で31社）、普及には少し時間を要するかもしれませんが、APEC域内での個人データの移転を伴う事業を行う事業者等にとっては選択肢となると考えられます。

なお、2015年2月からは、取扱者（委託先）の認証制度であるPRP（The Privacy Recognition for Processors）も開始していますが、日本は参加していません。

[1] 但し、CBPRシステムの趣旨からは、提供先の外国にある第三者の所在エコノミーはCBPRシステムに関する認証が取得可能なエコノミーに限られるのではないかとの議論も存在する点は留意が必要です。

5 留意点

まず、社内の多くの人を巻き込んだ重要な取組となりますので、トップマネジメントがリーダーシップを発揮して取組むべきといえます。また、多面的、専門技術的な検討も必要となり、情報システム部門、法務部門、コンプライアンス部門、社外のコンサルタント等との連携も大切といえるでしょう。

また、第三者認証は、一度取得したら完了という性質のものではなく、取得後の持続可能な運用を考慮した、実態に沿ったルール作りをすることもポイントと考えられます。PDCA（Plan Do Check Action）サイクルを回す必要がありますし、更新にも費用と時間が必要です。まずは無理のない範囲ではじめて、段階的に精緻化していくことも選択肢と考えられます。

さらに取得後、企業の判断で、第三者認証を返上する場合や更新しない場合もあると思いますが、こうした場合、レピュテーションを維持する観点からも、対外的な公表の方法や代替となる措置等を慎重に検討する必要があると考えられます。過去、第三者認証を返上し、自主基準に従って個人情報を取扱うことを公表した企業に対し、消費者等が当該企業の個人情報保護水準の低下等を懸念して炎上が起きた事例もあります。

このように第三者認証を取得する担当者としては、情報システム部門、法務部門・コンプライアンス部門、社外のコンサルタント等ともうまく連携して、導入の準備を行い、取得後も継続的に適切に運用、管理していく必要があります。

Q4-3

社内不祥事に対する第三者委員会等の調査に関し、データの取扱いについてどのような点を留意する必要があるでしょうか？

法令違反等に起因する不祥事が生じた場合、事実関係を調査し、原因究明や再発防止策の策定を早急に実施して、ステークホルダーからの信頼を回復することで、企業価値の毀損を防止することが急務となります。近時の企業活動においては、膨大なデジタルデータの生成・流通・保存が日常的に行われており、事実調査において、専門的なデジタル調査を実施することは必須となっています。デジタル調査を円滑に実施するためには、平時から、情報管理体制を構築・運用しておくことが重要です。

執筆：関口 康晴

1　社内不祥事と社内調査・第三者委員会調査

昨今、食品偽装やデータ偽装、企業開示情報の虚偽記載、反社会的勢力との接触等、企業の信頼を揺るがすような社内不祥事が後を絶たず生じています。近時では、新幹線の台車に亀裂が生じたことや、リニアモーターカーのトンネル工事に関する大手ゼネコンの談合等が新聞紙上等を賑わしています。一旦社内不祥事が生じると、その企業の商品やサービスの利用者に不信感・不満が生じ、その企業の信頼が大きく揺らぐことが少なくありません。このことは、企業が内部統制システム等を構築し不祥事予防を徹底していても、業績を向上させたい等の当該企業の従業員や部署の思惑等により生じるため、どの企業においても生じ得るリスクです。企業は、自社においても社内不祥事が生じ得るリスクが内在していることを前提に、リスクが顕在化したときの対処について日頃から検討して準備をしておく必要があります。

社内不祥事が発生した場合、当該企業においては、速やかに調査を実施し、事実関係を認定して、原因を究明し、再発防止策を策定することが必要となります。これらが適切に実施されることで、損なわれた企業の信頼の回復が可能になり、過剰な社会的批判や無用な風評被害を避けることにもつながります。特に、企業の信頼が著しく損なわれている場合や、社内不祥事に経営トップが関与しているような場合、社内で調査等を実施することは不適切とされ、独立した立場の委員からなる第三者調査委員会を設置することが多いです。

2　企業活動とデータ

1980年代以降、急速に発展した情報通信技術やコンピュータ技術は、大量の情報が瞬時に入手、処理できる環境の整備につながり、企業活動において生成・流通・蓄積される情報データも、それまでのアナログデータからデジタルデータに置き換わりました。そして、デジタルデータの情報量は、2000年以降のブロードバンド化の進展に伴う通信ネットワークの高速化・多様化、スマートフォン等の情報端末の発展、クラウドサービスの誕生及び普及により加速度的に増加していくことになりました。企業の事業に関するデータについてみると、例えば、顧客データベース、経理データ、POSデータ、電子レセプト、業務日誌、販売ログ、電子メール等が日々、生成・流通・蓄積されています。このようなデジタルデータは、これからも情報化社会の進展に比例して増えていくことが容易に想定されます。

3　不祥事対応とデジタルデータ

(1) デジタル調査の重要性

企業活動にとってデジタルデータの密度が増大し、日々の企業活動の痕跡が大量のデジタルデータの形で残っている現在、社内不祥事が生じた際の事実認定のためには、デジタルデータの調査が極めて重要です。不祥事が判明してから調査する際、直ちに、紙の書類、デジタルデータといった証拠を可能な限り保全・収集し、分析した上で、関係者のヒアリングを実施するという順序を取ることが一般的です。デジタルデータの保全・収集・分析が適切になされるか否かは、調査委員会が作成する報告書の信頼性に直結するといえます。

第三者委員会の調査は、日弁連のガイドラインに基づいて実施されるのが通常ですが、「第三者委員会は、デジタル調査の必要性を認識し、必要に応じてデジタル調査の専門家に調査への参加を求めるべきである」[1]と、デジタル調査の専門家の起用を求めています。ここでいう「デジタル調査の専門家」は、デジタルフォレンジック[2]というデジタルデータの解析・証拠化の専門技術に特化した業者を指します。

[1] 「企業等不祥事における第三者委員会ガイドライン」
[2] 高橋ほか「デジタル証拠の法律実務Q＆A」66頁。

(2) デジタル調査の調査水準

ただ、日弁連ガイドラインでは、具体的にどのような調査を行うべきかという行為規範までは具体的には示していません。しかし、専門業者（四大監査法人の内部又はグループ会社のデジタルフォレンジック部門か、デジタルフォレンジック専門会社）では、専門的な調査手法がほぼ確立されており、このような専門的な調査水準に則った調査を行う必要があります。不祥事調査は、不祥事によって失墜した会社の信頼を回復するためのものであり、株主、監督官庁、株式市場、顧客（消費者）、監査法人等のステークホルダーに対して、十分な調査を実施したことを説得的に示す必要があります。監督官庁、金融商品取引所、監査法人といったステークホルダーは、内部にデジタルフォレンジックの専門家を抱え、デジタル調査の専門的な手法になじんでいますから、専門家による適切な調査が実施されない場合、必要な調査が尽くされていないため、会社の事実認定は信用できないと判断する可能性があります。デジタル調査が不十分だったことが一因となって、問題が収束せず、1年足らずの間に4度にわたって調査委員会が設置された事例もあります[3]。

[3] ジャパンベストレスキューシステム株式会社では、子会社で行われた不正会計に、親会社経営陣が関与していたのかが問題になりました。3回にわたって第三者委員会を設置しましたが、いずれも経営陣の関与は認定しませんでした。これに対し、4回目の調査委員会では、メール等の詳細な調査（消去されたメールの入手を含む）を実施し、経営陣の関与を認定しました（ジャパンベストレスキューシステム株式会社内部調査委員会「調査報告書（開示版）」より）。「第三者委員会報告書格付け委員会」の評価において、久保利英明弁護士は、「本件報告書は…メールの確保や復元がなされれば…鋭い事実認定が可能になるという示唆を与えている。これからの事実調査はデジタルフォレンジックを活用しなければ証拠価値の高い書証を入手できず、これらの力を借りなければ虚偽の陳述を調査委員会は見破ることはできないと言うことを示した」として高く評価しています。
http://www.daisanshaiinkai.com/cms/wp-content/uploads/2015/04/150428_chousa2453.pdf
http://www.rating-tpcr.net/wp-content/uploads/81a944169ce30c03ef73bc1f32d287b1.pdf

(3) データの保全

まず、不祥事に関与した（疑いのある）者を特定し、関係するデータが社内にどのように存在しているのかをリストアップする必要があります。この作業をデータマッピングと呼びます。関与者の社用PCだけでなく、メールシステム、共有ファイルサーバー、業務システム等のデータ、会社貸与の携帯電話（フィーチャーフォン、スマートフォン）、タブレットやUSBメモリー、メモリーカードまで対象にする必要があります。そのようにリストアップされた機器、媒体を、収集・確保した上で、データをコピーします。

また、会社が把握していないデータが存在する可能性がありますから、私物機器（PC、携帯電話、タブレット、USBメモリー、メモリーカード等）が存在しないかを、関与者に確認する必要があります（私物機器の取扱いについては後述します）。1通のメールが、不正への関与の決定的な証拠となることもありますから、そのようなメールが収集できなかった場合に、不十分な事実認定となるリスクがあることは当然です。すなわち、この段階で、漏れなくデータを押さえることが、より正確な事実認定のためには、大変に重要です。

(4) 解析・絞り込みとレビュー

様々なデータが保全・収集されますが、これに対し、専門的な解析を実施する必要があります。例えば、不祥事の関与者は、証拠となるメール等を削除している可能性が高いですから、削除されたデータの復元作業を実施します。また、解析作業によって様々なログを利用することができます（例えば、電源のON/OFFの履歴、特定のUSBメモリーを接続した履歴等）。

現代の企業には大量のデータが存在し、関与者の数が増えると収集されたデータ量が膨大なものとなりがちです。例えば、三菱自動車の第三者委員会調査では、5700Gバイトのデータが収集され、781万件が調査対象として抽出されています[4]。このような膨大なデータを全て検討することは、実際のところ不可能なので、何らかの手法によって、調査対象を絞り込む必要があり、重複排除、キーワード検索、人工知能等が用いられます。そして、絞り込まれたデータを、最終的には人海戦術で精査していくことになります。

このようなプロセスでデジタル調査が実施され、その結果を踏まえて関係者のヒアリングへと進んでいきます。ヒアリング結果に応じて、デジタルデータを異なった角度から精査したり、検索キーワードを追加したりといった必要も生じます。

[4] 「燃費不正問題に関する調査報告書」3頁。https://www.mitsubishi-motors.com/content/dam/com/ir_jp/pdf/irnews/2016/20160802-02.pdf

4 平時のデジタルデータの取扱い

以上のように、デジタルデータの有無が社内不祥事を発生させた企業のその後の信頼の回復につながるものである以上、平時からその扱いについては留意しておくべきです。以下、平時におけるデータの扱いのポイントについて示します。

(1) デジタルデータの管理体制

不祥事発生時には企業の信頼が毀損しており、スピーディーに的確な調査を完了し、再発防止策を発表して信頼を回復することで、企業価値の毀損を食い止める必要があります。そのためには、平時から、企業が組織として、いかなる情報がどこにあるのかを把握しておく必要があります。これは、内部統制の一環として、情報管理体制の構築・運用を徹底することを意味します。例えば、PCのローカルにメールデータを保存するメールクライアントソフトを利用していると、どのメールを保存し、いつ廃棄するのかをコントロールすることが難しくなりますし、多数のPCを対象に逐一データ保全の手続を取らなければならず、データ復元等の専門的な解析が必要になり、費用と時間がかかってしまいます。したがって、クラウドで提供されているメールシステムを利用する方が、企業としての情報管理の観点からは望ましい面が多いと言えます。

(2) 私物機器の取扱い

従業員に私物機器（PC、携帯電話、タブレット等）を業務に使用させるかどうかは、調査を円滑に実施できるかに関係します。企業が所有するPCについては、企業側に管理権限があるため、PC自体の調査やファイルサーバー等の調査も比較的容易に行うことができます[5]。これに対し、従業員の私物機器の場合、たとえ企業活動に使用していたとしても、機器自体の所有権は当該従業員に属するため、企業が所有するPCと同列に扱うことはできません。従業員には、調査への協力が必要かつ合理的であれば、調査協力義務が認められる場合もありますが[6]、仮に調査協力義務があるとしても、従業員が機器の提出を拒否した場合、強制的に当該機器を取得することは困難です。結局、私物機器については、調査協力義務の有無にかかわらず、従業員の同意を取得し、その任意の協力によって調査を実施する必要があります。

特に、私物携帯電話（スマートフォン）の使用については、BYOD（Bring

Your Own Device）と呼ばれ、利便性、コスト削減の観点から積極的に認める企業もあるようです。しかし、何の対策も取らずにBYODを認めることは、情報漏洩等のセキュリティ上のリスクもありますし、不祥事調査において調査が不十分となってしまう可能性もあります。BYODを実施するのであれば、MDM（Mobile Device Management）等と呼ばれる専用の管理ソフトを導入する等して、業務に関するデータを会社が管理できるようにすることを検討する必要があります。

[5] もっとも、従業員のプライバシーとの関係で、無制限に調査を実施できる訳ではない点に注意を要します。日経クイック事件（東京地判2002年2月26日労判825号50頁）では、「調査等の必要性を欠き，調査の態様等が社会的に許容し得る限界を超えていると認められる場合には労働者の精神的自由を侵害した違法な行為として不法行為を構成することがある」と判示されています。

[6] 最判1977年12月13日民集31巻7号1037頁（富士重工事件）。

(3) 調査に対する社外協力

企業活動においては、自社のみならず、他社に業務を委託したり、下請企業に業務を請負わせたりすることがあり、委託先や下請企業の従業員を不祥事調査の調査対象とする必要が生じます。しかし、委託先／下請企業が使用していたPC等の機器の提出を求めることは、容易ではありません。企業が他社に委託や下請として業務を発注する場合、業務委託契約や請負契約に、委託先／下請企業に対して、一定の場合に調査協力義務を課しておくべきでしょう。もっとも、調査協力義務があったとしても、委託先／下請企業が協力を拒んだ場合、強制的にPC等の機器を保存・調査するのが難しいのは、従業員の私物機器の場合と同様です。

Q4-4

従業員・元従業員による情報持ち出し等の不祥事が起きた場合にどのように対応すればよいでしょうか？

不祥事が発生した場合、経営陣や法務・広報担当者を含むチームを結成し、事実関係の調査・被害拡大の防止・再発防止策の検討といった対応を機動的に行い、公表する必要があります。 **執筆：村上 光明、永井 徳人**

1 情報の持ち出し、漏洩に伴う企業リスク

現代は、ITの飛躍的な進歩により、企業等の組織は、大量のデータを保有するようになりました。半面、重要なデータがデジタル化され、一度に大量のデータが持ち出されるリスクが高まるようにもなっています。一旦企業の管理する秘密情報が漏洩し、仮にインターネット上に流出した場合には、不特定多数に容易に伝播するため、これらの全ての情報を回収・削除するのは、極めて困難な状況に陥ります。その場合、企業は、民事上の損害賠償責任を負ったり、個人情報保護法上の制裁を受けたりする他、法的責任のいかんを問わず、レピテーションリスク（企業イメージ低下のリスク）が高まることは、過去の多くの情報漏洩事件が示すところです。

これまで、このような情報漏洩が発生する原因の多くは、従業員や元従業員による情報の持ち出しによるものでした。企業のデータ戦略を進める上で、このような従業員・元従業員による情報の持ち出しを未然に防ぐと共に、万が一持ち出しが判明した場合には、速やかに適切な措置を講ずるための方策を用意することは、必要不可欠と言えるでしょう。

2 持ち出しの予防策

内部者による情報の持ち出しを防止するには、就業規則やセキュリティポリシー等の内規において情報の適切な取扱いを定めた上で、それを実現するための具体的な方策をとっておく必要があります。例えば、次のような対策が考えられ

ます。

- 事業所や特定のセイキュリティルームへの入退室管理（ID等による入退室の際の認証と記録）。
- ファイルへの適切なアクセス権限の設定（業務に必要な範囲でのアクセスコントロール）。
- ファイルの持ち出し管理（私物PCの持ち込みやLANへの接続の禁止、会社貸与PCの持ち出し管理・禁止、USBメモリー等の外部記録媒体へのコピーの禁止、私用のウェブメールやクラウドストレージ等へのアクセスのブロック等）。
- 従業員等からの守秘義務等に関する誓約書の取得（従業員の入退社時、委託先の従業員が社内での常駐を開始・終了する場合等）。
- 社内教育（研修、疑似的な不正URLを含むメール送信によるセキュリティの訓練等）。
- 従業員の行動のモニタリング（キーワード等による従業員のメールの監視、システムログの保存・分析等）。

これらの対策には、社内規則に基づく啓蒙のような組織的・人的な措置もあれば、秘密情報へのアクセスを技術的・物理的に制限するといった措置もあります。特に、社内での啓蒙では、経済的理由や会社への腹いせに企業の情報を持ち出すことは、会社だけでなく同僚であった従業員にも多大な迷惑をかけると共に、刑事罰（個人情報保護法や不正競争防止法上の懲役・罰金刑）や民事上の損害賠償責任を負う結果となり、持ち出す従業員にとっても大きなダメージとなることを繰り返し教育することが重要です。また、従業員の行動をモニタリングしていることを周知させるだけでも、不正行為に対する抑止力となります。

3　テレワークの拡大に伴う新たなセキュリティ対策

新型コロナウイルス感染症拡大によって、企業内には急速にテレワークの導入が進められています。一方で、国土交通省が実施した「新型コロナウイルス感染症対策におけるテレワーク実施実態調査」[1]では、テレワークを実施して生じた具体的な問題として、「会社でないと閲覧・参照できない資料やデータ等があった」（26.8%）が最も高い割合で取り上げられており、テレワークを推進する上で、企業内にある資料やデータ（情報）の取扱い、そして情報漏洩のリスクは避けて通れません。テレワークのセキュリティ対策については、テレワークの利用形態が多種多様なことからここですべてを解説することはできませんが、総務省が発表している「テレワークセキュリティガイドライン」は、テレワークにおけるセキュリティ対策の考え方やポイント、具体的対策が網羅的にまとめられていますので、ぜひご一読ください。

[1] 2019年度テレワーク人口実態調査
（https://www.mlit.go.jp/report/press/content/001338554.pdf）の25頁以下に記載。

4　退職者による秘密漏洩の対応策

退職予定者との間で、退職後の守秘義務について契約を締結したり誓約書を取得したりすることはもちろんですが、技術的側面からは、退職希望者のデータチェックによる漏洩防止策・予防策が考えられます。具体的には、会社が退職希望者を把握した段階で、退職希望者が使用していたPC等のデータを複製し、それをデータベース化して調査・分析する等の手段を講じることです。この調査対象には、USBメモリー等の外部記録媒体の接続履歴、退職希望者へのメールの履歴、ネットワークへの接続履歴等が含まれます。退職日までに調査・分析を終えて具体的な対応を行います。情報漏洩を防ぐための極めて有効な方策と考えられており、予防効果も期待できます。

他方、このような仕組は、従業員から“監視されている”という感覚を過度に持たれないように設計しなければなりません。また、従業員に対するプライバシー侵害の問題がありますので、モニタリングを行っていることについて、事前に従業員に告知した上で、過度に従業員のプライバシーに立入らないように配慮する必要があります。

5　持ち出しが判明した場合に備えた事前準備

何か問題が起きた場合、迅速、適切に対応するためには事前の準備が必要です。この事前の準備として特に必要なことは、情報漏洩対応の枠組、手順に関する規程・マニュアル等の整備です。普段から情報漏洩のリスクを想定し、対応の仕組を準備できていれば、事件発生時のダメージを最小限度に抑えることができます。セキュリティ侵犯事件に対応するための情報漏洩事件対応チーム（CSIRT：Computer Security Incident Response Team）を普段から構築しておく企業も徐々に増えてきています。「備えあれば憂いなし」です。

6　持ち出しが判明した場合の対応策例

データ持ち出しが判明した場合の対応策は**図表4-2**のように進めます。

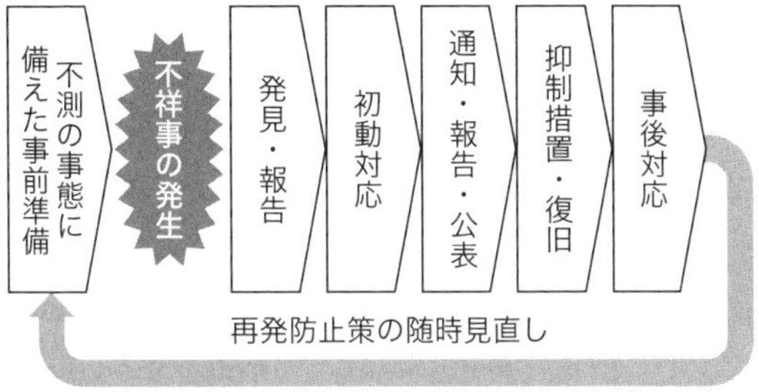

図表4-2　データ持ち出しが判明した場合の対応策

(1) 発見・報告

情報が漏洩しているのではないかという懸念を契機とした具体的な対応のための準備段階が最初のステップになります。情報が漏洩したと疑われる問合せがあった場合は、情報漏洩事件対応チームの構築や対応の指示を決定する責任者に、そのような事実を報告し、次のステップに進むか否かについて判断資料を提供することになります。

(2) 初動対応

次に、情報漏洩事件対応チームが、漏洩事件判明に関する報告を契機として事件の発生状況を確認し、その事件の重要性の判断を行い、対応戦略を決定すると共に、被害拡大を防止するために必要な緊急処置を行うステップです。情報漏洩事件対応チームは、会社の経営陣・コンプライアンス担当者・技術担当者等により構成されますが、内外の利害関係者への報告や後日の責任追及（会社が持ち出し者に対する責任追及する場合もありますし、逆に、会社が顧客から責任追及される場合もあります）に対応するため、広報担当者や法務担当者も含めるべきでしょう。適時、社外の専門家のアドバイスを受けることも考えられます。

また、この情報漏洩事件対応チームは、極めて多数の困難な判断を迅速に行う必要があるため、適切な対応をして行くための体勢作りを事前に十分に検討しておく必要があります。初動対応では正確な情報の収集・保全が問題となります（後述）。

(3) 通知・報告・公表

情報漏洩について、利害関係者等に対し、事故・事件の発生及び組織の対応状況について、事実を開示するステップです。2次被害回避・類似事件の予防・謝罪の意図等の表明といった観点から必要なプロセスです。当該情報漏洩の被害を受けた顧客（個人情報、企業情報の帰属先）、取引先等の当事者への情報開示は当然として、監督官庁、報道機関、当事者以外の取引先等への情報開示も必要か検討する必要があります。現代社会において、一般消費者との接点を有する企業、組織等においては、説明責任を果たすことは、社会的義務であると認識し、特に2次被害の拡大のおそれがある場合には迅速な公表を検討すべきです。

事実を開示するに当たっては、正確な事実を開示する必要があります。情報や指揮系統の一元化を行い、「正確な情報の記録・集中・管理」をすることが求められますが、一方で、正確な事実の公表に時間がかかるのであれば、一旦、暫定的な情報を迅速に公表等し、後日改めて追加情報を開示する方が、誠実な対応と捉えられます。

(4) 抑制措置・復旧

情報漏洩によって発生した被害の拡大を防止し、その被害を回復するプロセスであり、ある意味で、事件対応の最大の目標です。システムに情報セキュリティ上の脆弱性が発見されれば、これを消滅させてシステムを回復します。但し、2次被害防止のために緊急性の高い措置は、(2) の初動対応として行い、(3) のプロセスでその対応状況を報告する必要があります。例えば、電子商取引サービスを提供する企業において顧客のIDとパスワード情報が流出した場合、直ちに顧客への了解を得た上でアカウントの停止や変更等の措置を執り、なりすましによる発注等の2次被害を防止します。上記のようなプロセスを経て、事業継続のために計画的に事業を通常の状態に復帰させます。

(5) 事後対応

事業を回復させ、情報漏洩によって発生した諸問題についての被害の拡大阻止・回復を始め関係各位に対する法的責任・説明責任を果たしていくプロセスです。漏洩した従業員等が判明した場合には、その従業員等に対する損害賠償請求や刑事告訴等の方策を講じることも考えられます。また、中長期的な視点からの再発防止策を策定して、実行し、随時、見直しをしていくことも重要です。

7　情報（証拠）の保全

(1) 情報（証拠）保全の必要性

情報漏洩事件に迅速・適切に対応するためには、できる限り早急に事実関係を調査して、原因を究明すると共に、証拠を保全しておく必要があります。特に、従業員や元従業員による情報の持ち出しの場合は、その従業員がいつデータベースにアクセスしどのような操作を行い、どの範囲の情報を取得し漏洩したかと言った点を調査すべきことになります。

調査結果は、後々の法的手続等において証拠として利用される可能性があります。そのため、当該証拠の収集・検査・報告の過程で変質していないことを明らかにするため、一連の証拠保全の手続に問題がないかといった経過も併せて記録しておく必要があるでしょう。専門的な知見を持った第三者に、調査の立会いや調査自体を依頼することも考えられます。

(2) サーバー等の調査

自社サーバーから情報が漏洩した場合、まずは、そのサーバーに保存されているログ等を調査して、事実関係解明のための何らかの手掛かりとなる情報が得られないか探るべきでしょう。どの程度の情報が得られるかは、漏洩発生時点で導入されているツールの種類や設定によりますので、情報漏洩を想定した事前のプランニングも必要です。クラウド上のレンタルサーバー等の場合には、利用サービスによって調査範囲が制限される可能性があります。また、ファイルサーバー上で特定の従業員が使用する領域を調査する場合や、従業員の業務用の電子メールを調査する場合には、従業員の同意が必要かという問題意識があります。しかし、調査の必要性があり、合理的な方法で行われる限りは、従業員の同意を不要と判断した判例もあります。一方で、調査担当者が私的な興味で、調査対象の従業員のプライバシー情報を取得し保有するような行為は、プライバシー侵害に当たると考えられます。

(3) 従業員が使用するPCの調査

情報を漏洩した疑いのある従業員のPCを調査することは、事実関係の確認に有用です。削除されたファイルやメールの復元が必要な場合には、専門的な技術を持つ業者に依頼した方が良い場合もあります。問題となるPCが私物の場合、(i) 会社が従業員に対して私物PCの提出を求めることができるか、(ii) 従業員が会社の指示に反して私物PCを提出しない場合、会社が私物PCを強制的に確保するにはどうすればよいのか、(iii) 私物PCを調査する際には、従業員から同意をとっておく必要があるか、その同意の範囲や同意があったことを証明する方法、(iv) 従業員のプライバシー情報が含まれている場合に無制限のデータコピーが許されるか等の問題がありますので、より慎重な対応が求められます。

8　情報漏洩等への対応のポイント

現代社会において、情報漏洩等の不祥事は企業にとって深刻なダメージを与えかねません。こうした事態を回避するには、平時から、情報漏洩事故等に備えた体制を整備した上で、有事には、機動的に対応することが必要です。

Q4-5

秘密保持契約との関係では何に注意すべきでしょうか？

重要な情報／データの授受に先立って、秘密保持契約の締結を徹底することが重要です。また、秘密保持契約においては、自社のデータを守る等という観点から、その内容をチェックすることが重要です。一方、迅速な経営という観点からは、スピード感も大事で、いかに効率的に、短い期間で対応するかという観点も重要です。

執筆：島﨑 政虎、中﨑 隆

1　秘密保持契約とは

秘密保持契約とは、契約の当事者が、授受する情報についての秘密保持義務を課す契約をいいます。英語では、Non-Disclosure Agreement（又はConfidentiality Agreement）と言い、NDAと略されることが多いです。秘密保持契約で定められている典型的な条項は、次のような内容です。

- 秘密情報の定義。
- 秘密情報を安全に管理すべき義務（善良な管理者の注意義務）。
- 秘密情報の目的外利用の禁止。
- 秘密情報を漏洩し又は開示者の同意なく第三者提供することの禁止。
- 相手から開示を受けた秘密情報を漏洩した場合の通知等の義務。
- 契約期間。

なお、秘密保持契約は、契約交渉等の準備として締結されることが多いです。契約交渉の結果、お互いに業務提携、業務委託等の別の契約を締結する場合には、その契約に含まれた秘密保持条項により、秘密を保持すべきこととするのが一般的です。このため、秘密保持契約の期間は、1年から2年等と短いことも多いです。

2　秘密保持契約の重要性

秘密保持契約は、データ戦略の基本と言えます。まず、自社のデータを守るという観点から重要です。自社が他社（交渉先等）に渡す秘密情報が漏洩し放題ということでは、データ戦略は成り立ちません。また、秘密保持義務をかけずに機密情報を第三者に渡せば、当該機密情報について、不正競争防止法（又はこれに相当する他国法）における「秘密情報」（Trade Secret）としての保護を受けることは困難です。機密情報が不正に盗用されても、当該法令に基づく損害賠償請求や、情報の利用停止請求等が困難となりかねません。次に、他社から提供を受けるデータの取扱いについて制約がかかるという意味で重要です。秘密保持契約に基づいて他社から提供を受ける情報／データの利用目的は限定されますので、この観点からも、データ戦略に影響してきます。

3　秘密保持契約締結に関する注意点

(1) 自社のデータを守るという観点から

自社のデータを守るという観点からまず重要なのは、他社に非公開の（重要な）情報／データを渡すに先立って、秘密保持契約（又は秘密保持条項の入った契約）の締結を徹底するということです。この点は、社内ルール化することが重要です。また、秘密保持契約の内容の適正を確保する観点から、(i) 秘密保持契約のひな型を用意しておくこと、(ii) 利用目的を必要な範囲に限定すること、(iii) 秘密情報の定義が狭すぎないかをチェックすること、及び、(iv) ひな型以外の形態で秘密保持契約を締結する場合は法務部門等のチェックを経ること等が重要です。なお、秘密保持契約といっても、片方の当事者だけが秘密保持義務を負い、もう片方の当事者は秘密保持義務を負わない、片務の契約もあります。自社が全く秘密情報を渡さないということでない限り、自社に不利な片務の秘密保持契約を締結すべきではありません。

(2) 他社データを利用する際の制約

他社から提供されるデータを守るという観点で重要なのは、(i) 利用目的が狭すぎないかをチェックすること、(ii) 秘密情報の定義が広すぎないかをチェックすること等です。

(3) その他

上記の他、次のような秘密保持契約に通常入っていないような条項が入っていることもあります。

- 通常の秘密保持義務では、両当事者は、お互いに「何らかの情報を提供する義務」を負いませんが、M＆Aの交渉のための契約では、情報提供義務についての規定を設ける場合もあります。
- M＆A等について独占交渉期間についての条項を設ける場合もあります。
- 外為法（又は海外の外為法に相当する法令）等の遵守を求める規定を設ける場合もあります。

こうした条項を遵守できるのか、注意する必要があります。単なる秘密保持契約とあなどって読み飛ばさないよう気をつけましょう。

4　自分で秘密保持契約をチェックする場合の注意点

秘密保持契約については、自社のひな型でない限り、基本的に、法務部門等にチェックをお願いしているという方も、自分で直接、秘密保持契約をチェックしなければならないという場面が出てくる場合があります。例えば、代表取締役等の方が、海外出張中等に、予期せず、他社と商談の話になり、相手方から、その場で秘密保持契約へのサインを求められるケース等もあり得ます。自分で秘密保持契約をチェックするとなった場合に、注意しなければならない点は、どのような点なのでしょうか。

(1) 秘密情報の定義

秘密情報の定義については、大きく分けて3つのパターンがあります。

(ア) パターン１　全情報

本契約期間中に開示者が提供した（又は受領者が開示者について知り得た）全ての情報のことです。

(イ) パターン２　秘密情報として指定した情報

本契約期間中に開示者が提供した情報のうち、開示者が秘密情報として指定した情報（又は口頭で開示した情報については開示後○日以内に秘密情報として書面により指定した情報）のことです。

(ウ) パターン3　秘密情報として指定した情報又は開示の状況において秘密性があると判断される情報

本契約期間中に開示者が提供した（又は受領者が開示者について知り得た）情報のうち、開示者が秘密情報として指定した情報、又は開示の状況において（明らかに）秘密性があると判断される情報のことです。いずれのパターンにおいても、(i) 開示の段階において公知の情報、(ii) 開示後に受領者に過失なく公知となった情報、(iii) 独立に開発された情報、(iv) 開示者に対して守秘義務を負わない第三者から受領者が適法に取得した情報等は除かれるのが一般的です。

日本の企業との関係では、パターン2は一般的に要注意です。なぜなら、電子メール等に「Confidential」「秘密情報」等と指定することを役職員や委託先等に徹底できていないケースが散見されるからです。「Confidential」「秘密情報」と指定をしなければ、秘密情報として扱われない訳ですから、自社のノウハウ等を、相手方に販売されても、公表されても、何をされても、抗議できない契約となってしまう訳です。

(2) 利用目的

利用目的については、「○○についての契約の準備、交渉」等と記載する例を多く見ます。一方、さらに漠然と、「両社間の業務提携等に係る契約の準備、交渉」等と記載する例も見ます。自社のデータを守るという観点からは、具体的な記載の方が望ましいでしょうし、一方、情報の利用に際しての制約を緩くしたいということであれば、包括的な記載が望ましいかもしれません。バランスが大事です。

(3) 相手方の同意なく秘密情報の開示が可能な例外

秘密保持契約では、相手方の秘密情報を第三者に開示する場合には、原則として、相手方の承諾が必要となります。但し、次のような条項のうち、一定の例外規定を設けるのが一般的です。

- 裁判所からの開示命令その他法令に基づいて開示を義務付けられる場合。
- グループ会社の役職員に対して開示する場合（利用目的のために必要な範囲に限る）。
- 利用目的の達成に必要な範囲で業務委託先に開示する場合。

• 弁護士／公認会計士その他法令により守秘義務を負う者に開示する場合。

自社との関係で、どのような例外が必要かを検討して、必要に応じて文言を変更することが考えられます。

(4)「契約期間」と「契約終了後の残存期間」

秘密保持契約では、「契約期間」と別に、「契約終了後の残存期間」の概念が出てくるのですが、この両者の概念が分かりにくいとよく耳にします。誤解をおそれずに、簡略化して説明いたしますと、両者の違いは、**図表4-3**の通りとなります。

図表4-3　契約期間と残存期間の違い

分類	概要
契約期間	秘密保持等の条項の対象として保護される秘密情報の範囲を確定する概念です。この契約期間中に授受された情報のみが、秘密保持等の条項により保護されます。契約期間終了後に授受された情報は、別の契約がない限り、秘密情報として保護されないということです。
残存期間	秘密保持等の条項が契約終了後にも適用され続ける期間です。例えば、残存期間が3年であれば、契約期間中に授受された秘密情報は、契約期間中だけでなく、契約終了後3年経過するまで、秘密情報として保護され続けるということです。

契約期間については、基本的に、交渉に要する期間を目安として設定するのが一般的です。もっとも、契約交渉の都度秘密保持契約を締結するのは煩雑である等として、中には、期間の定めのない契約（すなわち、解約されない限り永久）とする企業もあります。

残存期間については、「永久に残存」を原則とする企業もある半面、「3年」等と短い期間を原則とする企業もあります。長くすればするほど契約遵守／契約管理等の負担は重くなり、短くしすぎると自社の秘密情報を適切に守れないという事態も生じます（当該期間経過後は、営業秘密としての保護を受けられないというリスクもあります[1]）。自社が提供する情報の性質、陳腐化するのに通常掛かる期間、営業秘密としての保護の必要性等、様々な要素を加味して期間を検討することが有益です。なお、「残存期間は3年とする。但し、個人情報との関係では永久とする」等と、個人情報について特別の手当を行う事例も見かけます。

[1]　Convolve, Inc. v. Compaq Computer Corp., 527 F. Appendix 910 (Ded. Cir. 2013)においては、秘密保持契約における定め方を理由に、Trade Secretとしての保護を受けられない旨が判示されました。

5 迅速な経営

秘密保持契約を締結するのは、多くの場合、契約交渉のためです。単なる契約交渉の準備のための契約に多くの時間をかけるのは、迅速な経営の観点から得策ではありません。スピード感も大事で、いかに効率的に、短い期間で対応するかという観点も重要です。重要でない争点についての妥協（リスクテーク）、優秀な法務部員の確保、電子的方法による契約締結、現場への権限移譲等、迅速な経営のために工夫できる点は色々とあります。

Q4-6

クラウドサービス利用の場合の法務上の留意点は何でしょうか？

業法、個人情報保護法、会社法に基づく取締役の善管注意義務等に違反しないようにする必要があります。また、契約時には、サービスレベル条項（SLA）、その他の条項をしっかり吟味し、クラウドサービスの特性やリスクを理解した上で、その導入範囲や契約内容を決定する必要があります。

執筆：木佐 優、安藤 広人、中崎 隆

1　クラウドサービス

(1) クラウドサービスとは

クラウドサービスとは、簡単に言えば、サービス提供業者が、ネットワーク経由で、コンピュータの機能を利用できるサービスを利用者に提供するサービスです[1]。クラウドサービスは、サービス内容に従って、主に**図表4-4**の3種類に分類できます。

図表4-4　クラウドサービスの3分類

分類	概要
Infrastructure as a Service (IaaS)	ハードウエア環境（サーバー、ストレージ、ネットワーク）を提供するものの、ミドルウエアやOS等の開発環境の設定や、アプリケーションソフトウエアの開発／メンテナンスは利用企業側で対応する類型です。
Platform as a Service (PaaS)	ハードウエア環境だけでなく、ミドルウエアやOSまでを提供する類型です。アプリケーションソフトウエアの開発／メンテナンスは、利用企業側で対応します。

Software as a Service (SaaS)	アプリケーションソフトウエアまでをネット経由で提供する類型です。例えば、ウェブブラウザで動作する、ウェブメール・文書編集・CRM・リモートデスクトップ等の幅広いサービスが該当します。

[1] 米国NIST (National Institute of Standard and Technology) の定義等が著名です。

(2) ハウジングサービスとの違い

クラウドサービスは、ハウジングサービスとは異なります。ハウジングサービスとは、一言でいえば、場所貸しです。利用企業は、サービス業者のデータセンター内の一定の場所を借りて、そこに、利用企業が買ったサーバー・コンピュータ等を自ら設置することになります。一方、クラウドサービスでは、サーバー等を購入するのはサービス業者側です。

(3) レンタルサーバーのサービスとの違い

レンタルサーバーのサービスでは、「単一」のサーバー・コンピュータの全部又は一部を利用者に使用させますが、クラウドサービスでは、「複数」のサーバー・コンピュータが接続され、一体としてサービスが提供されます。このため、クラウドサービスの方が、ウェブサイトへの急激なアクセス増等にも対応しやすいと言われます。

2 クラウドサービスを利用するメリット・デメリット

(1) メリット

クラウドサービスを利用するメリットとして、まず、需給関係に見合ったリソースを迅速に確保しやすいことが挙げられます。自社でサーバー等を保有する自社保有型の場合、サーバー増設等にも時間がかかります。また、コスト面においては、スケールメリットがあり、自社保有型より、コストを節約できる場合があります。さらに、大手のクラウド業者は、セキュリティに多額の投資をし、かつ、多数のセキュリティ専門家を抱えていることから、自社でセキュリティ対策を行うよりもセキュリティリスクを低く抑えられるという声もあります。この他、捜査機関・国税庁等による差押え・資料提出要求(及び領置)等では、パソコン・携帯電話等を含め、包括的に持っていき、何年も返還せず、業務にならないということがありますので、クラウドサーバーにデータを置いておくことにより、このような差押等による業務停止リスクを低減することができます。津波等の自然災害により資料がダメになるリスクについても同様です。

(2) デメリット

デメリットとしては、自社で、完全には管理又は把握できない部分が生じやすいことです。クラウド業者は、データセンター等への立入りや、現地監査を利用企業に認めない場合も多いです。自社データが、「クラウド業者の事業のために目的外利用されていないか」「外国政府等の第三者に勝手に提供されていないか」という懸念や、「現地監査もできないと自社が業法等の違反とならないか」という懸念の声を聞きます。また、クラウド業者が、サービスを停止したり、サービス仕様を一方的に変更したり、自社にあったカスタマイズ（仕様変更）をしてくれなかったり、対応が遅かったり、あるいは、料金を一方的に値上げしたりする可能性もあります。規約で幅広い責任制限条項が入っていて、事故が起きても十分な賠償を期待できないケースもあります。一旦、あるクラウドサービスの利用を本格的に開始すると、他のクラウドサービス業者に乗り換えたり、自社サーバーでの運用に戻したりすることが困難になる問題、すなわち、ベンダーロックインの問題もあります。

(3) メリット・デメリットの検討

クラウド業者の説明内容、契約内容等もしっかり吟味して、メリットとデメリットを比較し、導入サービス、導入範囲、導入方法等を検討する必要があります。

3　クラウドサービス導入に際しての法務上の留意点

クラウドサービスを導入するに際しては、セキュリティ面、技術面、仕様面、コスト面等、様々な角度から検討を行う必要がありますが、法務／コンプライアンス面からは、どのような点に留意すべきでしょうか。

(1) 個人情報保護法

個人情報保護法との関係では、クラウドサービス業者との間での個人情報の授受が生じないように工夫するケースをよく見ます。すなわち、個人情報保護委員会は、契約条項によってクラウドベンダーがサーバーに保存された個人データを取扱わない旨が定められ、かつ、適切にアクセス制御を行っている場合等には、第三者提供にも委託にも当たらないとの見解をとっており、これに当たるとの整理を行うのです。そのために、例えば、データベースを暗号化し、その暗号がクラウド業者に共有されない状態とする例等を見ます。

もっとも、上記の整理が行えないケースもあります。例えば、顧客管理支援（CRM）サービスにおいて、顧客に対して送信した電子メールの送信時刻や送信先等の情報が、CRM業者のサーバーに残ってしまい、当該記録をCRM業者が自社のマーケティング事業（ターゲティング広告の精度アップ）等のために活用可能であれば、個人情報の授受がないという理屈が成り立たない場合もあり得ます。このため、クラウド業者のサービスの仕様を、質問表等を利用して、しっかり理解する必要があります。

一方、個人情報の授受を肯定する場合、委託先として構成することも考えられますが、委託以外の目的に本当に個人データが使われないかの検証が必要となりますし、再委託先を含む委託先の管理が適正にできるのか等という点についても、検討が必要となります。また、海外にあるクラウド業者のサーバーに個人データが保存される場合、委託構成であっても、本人の同意取得が原則となりますので、この点の対応（又は同意取得を不要とする理屈の整理）も必要となります。

(2) 業法

業法に基づく許認可が必要な事業者の場合、業務の適正な運営を確保するための体制を整備する義務、顧客情報を安全に管理する義務、委託先を管理する義務を負っていたりして、業務に用いるシステムの安定的・継続的かつ適切な運営が求められることがあります。個人情報保護法だけ守っていればよいという訳ではないので、注意が必要です。特に金融機関の場合、監督指針等において、システムリスク管理態勢が求められ、システムの安全かつ安定的な稼働の確保が強く求められています。FISCの基準等を参考としつつ、システムの重要性（例えば、バックオフィスのシステムなのか、それとも顧客に直接影響が生じるシステムなのか）等も考慮に入れて、導入等を決定することとなると考えられます。Q5-9も参照。このように、業法上の義務を適正に履践できるかという点に留意する必要があります。

(3) 他国の個人情報保護法制

クラウドサービスの利用に際しては、海外の個人情報保護法制にも留意する必要があります。クラウドサービスを利用する事業との関係で、海外においても事業活動を展開している事業者の場合、当該国の個人情報保護法制も意識してビジネスを行っているでしょうから、一定の対策は講じていると思われます。一方、日本でしか事業活動を行っていないと事業者が思っているのに、クラウド業者が、データを海外で処理しているせいで、自社に海外法の適用が生じてしまうケースについては、うっかりしがちです。

海外法の適用があるかないかを判断するに際しては、クラウド業者がどの国のサーバーでデータを保存しているかや、クラウド業者の設立国が1つの大きな判断要素となりますので、この点をクラウド業者に確認し、他国も含む場合は当該国の法令との関係について気を付けることが有益です。最も規制が重い欧州の規制（GDPR）との関係では、GDPRが適用される場合、クラウドサービスを利用するのであれば、処理者（processor）への委託となり、内容が法定されているデータ処理契約（data processing agreement）の締結が必要です。さらに、処理者が別の処理者に再委託するには、委託元（controller）の承認を得て、同等のデータ処理契約を締結する必要があります。 クラウドサービスの利用に伴いデータの欧州外への移転がある場合には、定型書式（Standard Contract Clause）の締結等の域外移転の要件を満たす必要があり、注意が必要です。Q5-19も参照。

また、中国でビジネスを行う場合や、中国にサーバーがあるクラウドサービスを利用する場合、中国のサイバーセキュリティ法（2017年施行）にも注意が必要です。同法では、中国で収集した個人情報、重要なデータを中国国内で保管することを求め、「正当な業務上の理由」により国外に移転する必要がある場合には、セキュリティレビューを行うこととしています。中国の法規制には、規制当局の裁量の範囲が広い傾向が見られ、不確実性が高いと言われます。中国向けのオンラインビジネスの場合、中国国内に事業所を設けてサーバー等を自社で保有する選択肢を取った場合、中国市場からの撤退が困難になる等の理由で、代わりに、中国等にサーバーを有するクラウド業者を利用するケースも聞きます。

以上のように、クラウドサービスを利用して個人情報を扱う場合、サーバー、データの所在国を確認し、適用される個人情報保護規制の要求に応じて、クラウド事業者との契約に、必要な条項を盛り込むといった対応をとる必要があります。

(4) 各国の捜査機関等によるクラウド上のデータへのアクセス／差押え

クラウド業者の所有する物理的なストレージ上には、複数のクラウド利用者のデータが保存されているのが通常ですが、例えばその中の一つに組織犯罪に関する情報が保存されていたとして、国によっては、捜査機関が、当該データへのアクセスをしたり、他のクラウド利用者のデータがあることを無視してストレージを差押えたりすることが考えられます。その結果、最悪の場合、他のクラウド利用者の巻き添えで、システムダウンといった被害を受ける可能性があります。継続性が重視されるシステムの場合、「サーバーの所在国を確認してリスクの少ない国を契約上指定する」「自社専用のストレージとする」「そのようなリスクの低いクラウド業者を選定する」等といった対策が考えられます。

(5) 輸出管理規制

安全保障の観点から、外為法により大量破壊兵器や通常兵器の開発・製造に関連する製品の輸出や、大量兵器等に係る技術（特定技術）の国外居住者への移転につき許可が必要とされており、「特定技術」として、例えば暗号技術についてもこの規制の対象となっています。そこで、社内の「特定技術」に係るデータをクラウド業者のストレージに移転しようとする場合、外為法との関係で問題を生じないか検討する必要があります。その際、経済産業省の関連する通達[2]やQ＆A等をも参照することが有益です。

[2] 経済産業省「外国為替及び外国貿易法第25条第1項及び外国為替令第17条第2項の規定に基づき許可を要する技術を提供する取引又は行為について」(1992年12月21日付の4貿局第492号)。

4 クラウドサービスを導入するに際しての契約上の留意点

クラウドサービスの契約を締結するに際しては、どのような点に留意すべきでしょうか。

(1) そもそも交渉可能かどうかの見極め

何億円、何千万円というような多額の契約の場合、クラウド契約の内容について交渉できる場合もありますが、数万円程度というような少額の契約の場合、利用規約を承諾するか否か、というような選択肢しか与えられない場合も多いです。交渉不能／交渉困難な場合においても、質問等を行うことは可能ですので、サービス内容や、契約内容をよく理解した上で、契約するかどうか等を判断することが有用です。どうしても譲れない点がある場合は、ポイントを絞って交渉すること等も考えられます。

(2) サービス内容

提供されるクラウドサービスの内容は、利用者にとっては、重要な関心事ですが、クラウド業者の規約等において、サービス内容が不明確なことが少なからずあります。サービス説明、仕様書等が別にあるのであれば、そのような文書を契約書に添付してしまうことも考えられます。また、サービスのレベル（内容・品質等）について、契約に具体的に規定することもあります。このような条項をサービスレベル・アグリーメント（SLA）と呼びます。サービス内容を契約内容としても、「サービス内容について保証しない」「SLAは法的に拘束力を持たない」と規定されることもあります。重要な点については、拘束力を持たせる等の交渉が考えられます。なお、データの保管をどこの国のサーバーで行うかについては、指定して合意しておくことが有益です。

(3) サービスの変更／停止

クラウド業者の規約では、クラウド業者がいつでもサービス内容の変更／停止をできる旨の条項がある場合があります。クラウド業者も、顧客を失うことはおそれていますから、あまり強引なことはしないと期待できるかもしれませんが、いざという時のリスクを検討しておく必要があります。

(4) 契約期間

クラウド固有のリスクではないですが、契約期間について検討が必要です。長期間の契約をした後に、システム開発の失敗、方針変更等によって、クラウドサービスの利用が不要となったにもかかわらず、途中解約が制限されているために、使用しないサービスについて対価を支払続けざるを得ないというリスクがあります。

(5) セキュリティ

セキュリティについては、個人情報保護法や、業法等を意識した内容とする必要があります。例えば、クラウド業者に、セキュリティを確保するための措置等を講ずる義務があるかを確認することが重要です。この観点で問題になることが多いのは「監査権」です。クラウド業者はセキュリティ確保等を理由として、利用者によるデータセンター等の監査を認めないことが少なからずあります。監査できないことにより、委託先管理やセキュリティ対策等として違法とならないか、慎重に検討することが必要となります。

セキュリティに関する対策については、質問票を送付して回答を得ること等を通じ、クラウド業者のセキュリティ対策が自社で必要となるセキュリティ基準を上回っているかどうかを確保する方法が行われます。回答の内容の正確性を表明し、保証してもらうことも考えられます。また、個人データの授受がなされていないものと構成できるように、クラウド業者が利用者の顧客等に係る個人データの取得を行わないこと、かつ、クラウド業者が、利用者のデータを目的外利用しないことを約束することも考えられます。

クラウド業者側は、第三者のセキュリティ認証を取得していることを理由に、セキュリティ対策は万全と説明することもあります。そこで、第三者認証の維持と、レポートの提出を契約で義務付けることも一案です。但し、第三者認証の基準にも様々なものがあり、特徴が異なりますし（Q4-2参照）、第三者認証を取得していた企業からカード番号が多数漏洩した事例も報告されており、第三者認証があるからといって、安全性が保証される訳ではありません。

(6) 事故時の対応

データ漏洩、目的外利用、サービス停止等の事故が生じた場合の通知義務や、事故の原因等の調査結果報告の義務、是正措置を講ずる義務等が規定されているかを確認することが有益です。また、日本語での対応をしてもらえるかという点を重視する企業もあります。

(7) 責任制限／裁判管轄

事故等が起きた場合の補償については、クラウド業者の規約の多くには、責任制限の規定が入っています。また、準拠法・裁判管轄が海外となっていたりして、訴訟の提起が事実上困難なケースも少なくありません。クラウド業者の責任上限額や、準拠法、裁判管轄等も考慮に入れて、クラウド業者を選択することが有益です。

(8) データ移行

ベンダーロックインの問題に対しては、「データ移行の仕組を事前に確認しておく」「契約上、クラウド業者に対し、汎用性のあるデータ形式に変換した上で交付するといったデータ移行に関する義務を課しておく」等の対応が考えられます。また、複数のクラウド業者の併用の対応もあり得ます。

なお、クラウドサービスを活用する際に、クラウド業者とは別の業者（例えば、クラウドデベロッパー）からの支援を受けることもありますが、上記の説明の論点と似た論点がよく問題となります。

Data Strategy and Law

第5章

データ戦略と関連する法律

Q5-1

データ戦略と関連する法律には、どのようなものがありますか？

各種業法、個人情報保護法、マイナンバー法、民法、著作権法その他の知財関連法、不正競争防止法、独占禁止法、金融商品取引法、外国為替・外国貿易法（いわゆる外為法）等様々な法律が関連します。

執筆：中崎 隆、佐藤裕子

1　業種を問わずに事業者に適用され得る法律

(1) 個人情報保護法

個人情報や個人データの取扱いについて規制する法律です。Q5-2参照。

(2) マイナンバー法

個人番号（＝マイナンバー）、及び個人番号を含む情報（＝特定個人情報）の取得・取扱・管理等について規制する法律です。金融機関等の場合、顧客のマイナンバーの取得が必要となる場合がありますし、その他の事業会社においても、自社の従業員等のマイナンバーの取得が必要となる場合があります。マイナンバーについては、目的外利用等が禁止されていますので、どのように規制を守るか等が問題となります。Q5-6参照。

(3) 景品表示法

景品規制と表示規制に関する法律です。データ戦略においても、データをプロモーションや広告に活用することが重要となりますが、その際、「配布する景品やポイントが法律で認められた範囲内か」「取引条件の表示が違法（優良誤認表示、有利誤認表示）でないか」等が問題となります。Q2-7参照。

(4) 特定電子メール法

メールを送ることの承諾を得られていない人に対するメールの送信を原則として禁止する法律です。Q5-12参照。

(5) 金融商品取引法

(i) 開示規制、(ii) 金融商品取引業者等の業者規制、(iii) インサイダー取引の禁止等の金融商品に関する禁止行為について定める法律です。(i) の開示規制により、上場会社等は、有価証券報告書や四半期報告書で財務データ等の開示を行うことが義務付けられますが、その財務データ等をどのように集計し、どのようにその正確性を確保するのか等が問題となります。また、インサイダー情報の管理との関係では、インサイダー情報を含むデータへのアクセス権限をどのように制限するか等が問題になります。Q3-5参照。

(6) 会社法

会社の設立、運営、資金調達等について規制する法律です。企業の計算書類等の株主総会等での承認や、決算の開示等が求められていますので、財務データ等の正確性をどのように確保するかといったことが問題になります。

(7) 独占禁止法

私的独占、不当な取引制限（カルテル、入札談合等）、不公正な取引方法（優越的地位の濫用等）等の行為を規制する法律です。例えば、「Facebookのような SNSの分野で支配的なシェアを有する事業者が、利用者に対してそのサービスを利用させるに際し、個人情報を幅広い範囲（漠然とした範囲）で利用する旨の同意を取得してしまうことが優越的地位を濫用していないか」ということがドイツで調査された等と公正取引委員会の資料には記載されています。Q5-15参照。

(8) 不正競争防止法

不正な競争を防止するための法律です。営業秘密やデータベースの不正取得行為、不正利用行為等を刑罰により禁止し、民事上の救済措置を定めています。「辞めた従業員による営業秘密（のデータ）の持ち出し」「競合他社による営業秘密の不正利用」「取引先による秘密保持条項に違反した態様での営業秘密の不正利用」

等が禁止されます。

(9) 不正アクセス禁止法

サーバー等への不正アクセス行為や、不正アクセス行為のためのID・パスワード等のフィッシング行為等について禁止する法律です。例えば、某掲示板の運営者は、利用許諾を得ていない他社によるAPIを利用した自社の掲示板サイトのスクレイピング行為が不正アクセス行為に該当するとして、スクレイピングを行っている業者に違法である旨の通知を行ったと報道されています。

(10) 外為法

貿易取引や、国外との送金取引、その他の越境取引について規制する法律です。データ戦略との関係では、一定の情報／技術（暗号技術、軍事関連、核関連等）の国外持出禁止規制や為替取引時の本人確認義務等が問題となります。Q5-16参照。

(11) 外国法（「EU一般データ保護規則（GDPR）」等）

外国の居住者に向けた事業活動をしている場合には、当該国の法令を遵守しなければなりません。特に重要なのは、欧州の個人情報保護法に相当する法律「EU一般データ保護規則（GDPR）」です。GDPRは、2018年5月25日より施行されており、日本の個人情報保護法より厳しい部分もあるので注意が必要です。Q5-19参照。

2　特定分野の事業を行う事業者にのみ適用される法律

(1) 業法

「業法」とは、特定の事業を行う場合に適用される規制について定める法律のうち、その事業を行うために許認可（免許、許可、登録等）を必要とするものを一般的に指します。銀行であれば銀行法、保険会社であれば保険業法、建設業者であれば建設業法等を指し、「○○業法」という名称の場合が多いので、「業法」と呼ばれています。

自社に適用される業法がなぜ大事かといえば、それは、許認可が取消されてしまえば、その事業ができなくなってしまうからです。しかも多くの場合、監督官庁が定期的に立入検査をするので法令違反が見つかりやすいのです。自社が業務停止命令を受けるという事態を想像すれば、その重要性が分かると思います。業法についてはQ5-7参照。金融関連の規制についてはQ5-8、Q5-9参照。

なお、インターネットサービス（電子メール、掲示板、SNS、チャット等）を提供する場合、電気通信事業に該当することがあり、同法による登録・届出等の要否が問題となったり、通信の秘密との関係が問題となったりします。Q5-13も参照。

(2) 特定商取引法

訪問販売、電話勧誘販売、通信販売、連鎖販売（マルチ商法）等について規制する法律です。データ戦略との関係では、通信販売業者に対する広告表示義務や、未承諾電子メールや未承諾FAXの原則禁止の規制等がよく問題となります。

(3) 犯罪収益移転防止法

金融機関やカード会社、宅建業者、郵便転送業者・電話転送業者等に、本人確認（正確には取引時確認）や、疑わしい取引の届出義務等を課しています。Q2-11も参照。

(4) 中小小売商業振興法

コンビニエンスストア等の本部（フランチャイザー）に対して、フランチャイジーとの契約締結前の書面交付を義務付けています。

3　私人間の財産関係・権利関係について主として規制する法律

(1) 民法

一般的な私人間の財産関係や権利関係について規定する法律です。大きく分けると物権、債権、不法行為、不当利得、家族法等に分かれます。このうち、不法行為との関係では、不法行為によって他社に損害を加えた場合は、損害賠償責任を負う旨が規定されています（民法709条）。

データ戦略との関係では、例えば、個人情報を漏洩したとして債務不履行（契約違反）や不法行為により損害賠償の請求訴訟を提起されてしまう場面や、プライバシー権を侵害したとして不法行為により損害賠償の請求訴訟を提起されてしまう場面等が考えられます。

(2) 著作権法

著作権の保護のための法律です。データ戦略との関係では、例えば、キュレーションサイトであるWELQの事件で問題となったように、ウェブサイトに掲載されている写真・画像・文章等の利用が第三者の著作権を侵害しているかといった点が問題となったりします。

(3) 商標法

商標（ロゴやサービスマーク等）の保護のための法律です。

(4) 特許法

特許の保護のための法律です。

4　結語

データ戦略に従事する方は、データ戦略と関係する法律にどういう法律があって、どういう場面で問題となるのかのイメージを持つとよいと思います。

ここでは、一般的にデータ戦略と関係する機会が多い法律について簡単に紹介しました。大事なのは自社に適用される法律についての知見を深めることです。

データ戦略に従事する自社の役職員を対象とした社内研修を法務部門（あるいは法律事務所）に依頼する等して、自社の戦略に関係してくる法律や場面等について紹介してもらい、アンテナの感度を良くしておくのも、データ戦略を推進する上で有益かもしれません。

Q5-2

個人情報保護法とはどのような法律でしょうか？

個人情報保護法では、個人情報の取得、利用、第三者提供、消去等について、規制する法律です。　**執筆：中崎 隆、佐藤 裕子**

1　個人情報保護法の規制の概要

個人情報保護法には「個人情報」「個人データ」「保有個人データ」という概念があり、それぞれに規制内容が定められています（**図表5-1**）。

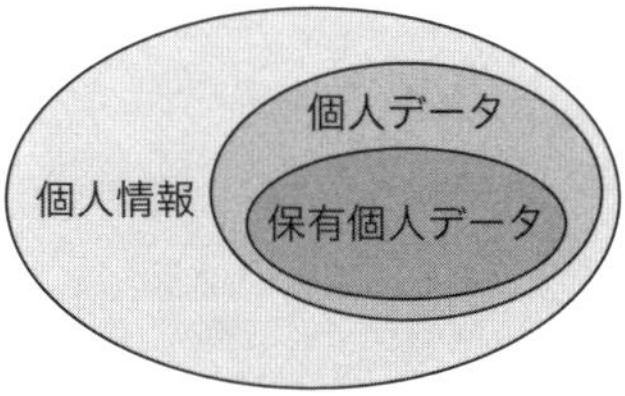

図表5-1　個人情報、個人データ、保有個人データの関係

(1) 個人情報について

個人情報に係る規制の概要は、**図表5-2**の通りです。

図表5-2　個人情報の規制

分類	概要
個人情報の取扱い	1.個人情報の利用目的をできる限り特定しなければならない
	2.あらかじめ本人の同意を得ないで、特定された利用目的の達成に必要な範囲を超えて、個人情報を取扱ってはならない
個人情報の取得	1.偽りその他不正の手段により個人情報を取得してはならない
	2.本人から直接書面（電磁的記録を含む）に記載された当該本人の個人情報を取得する場合、あらかじめ、本人に対し、その利用目的を明示しなければならない

個人情報の取得	3.個人情報を取得した場合、あらかじめその利用目的を公表している場合を除き、速やかに、利用目的を本人に通知し、又は公表しなければならない
	4.要配慮個人情報については、あらかじめ本人の同意を得なければ取得してはならない
利用目的の変更	1.個人情報の利用目的を変更する場合には、変更前の利用目的と関連性を有すると合理的に認められる範囲を超えて行ってはならない
	2.利用目的を変更した場合は、変更された利用目的について、本人に通知し、又は公表しなければならない
苦情処理	1.個人情報の取扱いに関する苦情の適切かつ迅速な処理に努めなければならない
	2.個人情報の取扱いに関する苦情の適切かつ迅速な処理を達成するために必要な体制の整備に努めなければならない

(2) 個人データについて

個人情報が整理されてデータベース化された場合、そのデータベース等を構成するデータは、個人データに該当します。個人データに係る規制の概要は、**図表5-3**の通りです。

図表5-3 個人データの規制

分類	概要
個人データの第三者提供	1.あらかじめ本人の同意を得ないで、個人データを第三者に提供してはならない
	2.外国にある第三者に個人データを提供する場合には、あらかじめ外国にある第三者への提供を認める旨の本人の同意を得なければならない
	3.個人データを第三者に提供したときは、データ提供に係る記録を作成し、保存しなければならない
	4.第三者から個人データの提供を受けるに際しては、個人データの取得の経緯等の確認を行い、その記録を作成し、保存しなければならない

個人データの安全管理・監督	1.個人データの漏洩、滅失又は毀損の防止その他の個人データの安全管理のために必要かつ適切な措置（安全管理措置）を講じなければならない
	2.従業者に個人データを取扱わせるに当たっては、当該個人データの安全管理が図られるよう、当該従業者に対する必要かつ適切な監督を行わなければならない
	3.個人データの取扱いの全部又は一部を委託する場合は、その取扱いを委託された個人データの安全管理が図られるよう、委託を受けた者に対する必要かつ適切な監督を行わなければならない
個人データの正確性の確保・消去の努力義務	1.利用目的の達成に必要な範囲内において、個人データを正確かつ最新の内容に保つよう努めなければならない
	2.個人データを利用する必要がなくなったときは、当該個人データを遅滞なく消去するよう努めなければならない
個人データの漏洩時の報告義務・通知義務（2020年改正法）	1.一定の個人データの漏洩等が生じたときは、個人情報保護委員会規則で定めるところにより、当該事態が生じた旨を個人情報保護委員会に報告しなければならない
	2.一定の個人データの漏洩等が生じたときは、個人情報保護委員会規則で定めるところにより、本人に対し、当該事態が生じた旨を通知しなければならない

(3) 保有個人データについて

「保有個人データ」とは、個人データのうち、自社が、内容の訂正、追加、削除、公表等の権限を有する個人データをいいます。但し、6カ月以内に削除する個人データ、及び、個人データの存否を明らかにすることにより、(i) 違法又は不正な行為を助長・誘発するもの、(ii) 本人又は第三者の生命、身体又は財産に危害が及ぶおそれがあるもの等は除かれます。保有個人データに係る規制の概要は、**図表5-4**の通りです。

図表5-4　保有個人データの規制

分類	概要
開示請求	1.本人は、個人情報取扱事業者に対し、当該本人が識別される保有個人データの開示を請求することができる

開示請求	2.保有個人データの開示請求を受けたときは、本人に対し、書面又は合意された方法により、遅滞なく開示しなければならない
	3.保有個人データの全部又は一部について開示しない旨の決定をしたとき又は当該保有個人データが存在しないときは、本人に対し、遅滞なく、その旨を通知しなければならない
訂正・追加・削除請求	1.本人は、個人情報取扱事業者に対し、当該本人が識別される保有個人データの内容が事実でないときは、当該保有個人データの内容の訂正、追加又は削除（訂正等）を請求することができる
	2.訂正等の請求を受けた場合には、利用目的の達成に必要な範囲内において、遅滞なく必要な調査を行い、その結果に基づき、当該保有個人データの内容の訂正等を行わなければならない
	3.訂正等を行ったとき、又は訂正等を行わない旨の決定をしたときは、本人に対し、遅滞なく、その旨（訂正等を行ったときは、その内容を含む）を通知しなければならない
利用停止等	1.本人は、個人情報取扱事業者に対し、当該本人が識別される保有個人データが法16条の規定（利用目的による制限）に違反して取扱われているとき又は法17条の規定（適正な取得）に違反して取得されたものであるときは、当該保有個人データの利用の停止又は消去（「利用停止等」という）を請求することができる
	2.利用停止等の請求に理由があることが判明したときは、違反を是正するために必要な限度で、遅滞なく、当該保有個人データの利用停止等を行わなければならない

開示、訂正、利用停止等の請求に応じる手続も煩雑ですので、例えば、クッキーについては、有効期間を6カ月内とし、その後は、クッキー情報を削除する等して「保有個人データ」に該当しないようにし、開示、訂正、利用停止等に応じなければならない情報の範囲を限定する手法もよくとられます。

2　個人情報の取得

(1) 取得に際しての利用目的の明示（個人情報保護法18条）

個人情報の取得には大きく分けて2通りの方法があります。

(ア) 個人情報を本人から取得する場合

本人と契約する場合等本人から個人情報の提供を受ける場合であって、かつ、ウェブサイトのフォームへの入力、電子メール、その他書面(電磁的書面を含む)で個人情報の提供を本人から直接受けるときは、人の生命・身体・財産の保護のために緊急に必要なケースを除き、本人に利用目的を事前に明示した上で、個人情報の提供を受けることが必要となります(同法18条2項)。

一方、本人から個人情報の提供を受ける場合であっても、口頭等の書面以外の方法で個人情報を取得する場合、上記の規定は適用されませんが、あらかじめその利用目的を公表している場合や、取得の状況から見て利用目的が明らかであると認められる場合等の一定の場合を除き、速やかに、その利用目的を本人に通知し、又は公表しなければなりません(同法18条1項)。

そこで、事業者としては、個人情報の利用目的を明らかにしたプライバシーポリシー等を自社のウェブサイトの目立つ場所に掲示したり、プライバシーポリシー等への同意を得たりする等の対策が採られているケースが多く見られます。

(イ) 他の事業者等の本人以外の者からの提供を受ける場合

他の事業者等、本人以外から個人情報の提供を受ける場合、その提供元の事業者が、自社に個人情報を提供することについて、本人が同意していることが基本的に必要です。

(2) 不正の手段による個人情報の取得の禁止

個人情報取扱事業者は、偽りその他「不正の手段」により個人情報を取得してはならないとされています(同法17条1項)。この「不正の手段」とは、例えば、録音していることを隠して個人情報を盗聴して録音するような場合や、提供を受ける個人情報が違法に取得されたものであることを(半ば)知りつつ個人情報を取得する場合等を指します。特に、名簿屋から個人情報を取得する場合は、こうしたケースに当たらないか要注意です。

個人データの提供を受ける場合には、違法に取得されたものでないことを確認するため、基本的に、取得の経緯等についての確認を行う必要があり(同法26条1項)、かつ、その確認の記録の作成・保存義務を負います(同法26条3項)。

(3) 要配慮個人情報の取得についての追加的な規制

要配慮個人情報とは、人種、信条、社会的身分、犯罪歴、刑事事件・少年事件の手続の履歴、病歴、障害、医師等による診断の結果、犯罪により損害を被った事実といった個人情報等のことで、あらかじめ本人の同意を得なければ取得することができないという追加的な制約があります（同法17条2項）。また、金融分野のガイドライン等において、センシティブ情報の取得・利用等についての一定の制約が定められています。Q5-10も参照。

3 データの利用

(1) 利用目的の範囲内での利用

個人情報取扱事業者は、あらかじめ本人の同意を得ないで、利用目的の達成に必要な範囲を超えて、個人情報を取扱ってはなりません（同法16条1項）。

例えば、懸賞に応募したハガキに書かれている住所等の個人情報は、当選した商品の発送に使うのであれば目的の達成に必要といえるでしょうから、明示的な同意がなくても利用可能といえそうです。しかし、ハガキに書かれている個人情報を営業用のダイレクトメール送信に用いると、上記規定に違反すると解されます。このため、そのような目的に使いたいのであれば、その点について、本人から同意を得ておくことが必要です。

(2) 利用目的の変更の制限

事業者はプライバシーポリシー等の利用目的を変更することはできますが、「変更前の利用目的と関連性を有すると合理的に認められる範囲」でなければなりません。それは、「変更後の利用目的が変更前の利用目的から見て、社会通念上、客観的に見て、本人が通常予想できるといえるか」という基準で判断されます。その範囲を超えた変更を行う場合は、変更後のプライバシーポリシー等に改めて同意を得る必要があります。新たな同意が得られていない既存の利用者の個人情報は、変更後の利用目的のためには使えません。プライバシーポリシー等を変更する場合には、要注意です。

4 第三者提供

個人情報取扱業者は、第三者に個人データを提供する場合には、原則として本人の同意を得なければなりません。但し、次の場合は例外となります。Q5-5も参照。

- 法令に基づく場合。
- 人の生命、身体又は財産保護のために必要な場合であって、本人の同意を得ることが困難であるとき。
- 公衆衛生の向上又は児童の健全な育成の推進のために特に必要がある場合であって、本人の同意を得ることが困難であるとき。
- 国の機関若しくは地方公共団体又はその委託を受けた者が法令の定める事務を遂行することに対して協力する必要がある場合であって、本人の同意を得ることにより当該事務の遂行に支障を及ぼすおそれがあるとき。
- 個人情報保護委員会にあらかじめ届出たオプトアウト手続を用いる場合（但し、(i) 不正取得された個人データや (ii) 他の事業者がオプトアウト手続により取得し、提供を受けた個人データは除く）
- 合併その他の事業の承継に伴う場合。
- 共同利用の場合。
- 業務委託の場合。

例えば、「反社会的勢力（暴力団等）である」という情報を、自社のグループ会社と共有する場合は、生命・身体・財産を保護するための例外に当たり、本人の承諾なしに共有可能と整理できる場合が多いでしょう。また、個人情報を第三者に提供する場合には、基本的に、記録の作成・保存義務を負いますので、その点にも注意が必要です（同法25条1項）。

5　管理

個人情報取扱業者は、個人データの安全管理のために必要かつ適切な措置（安全管理措置）等を講じなければならないとされています（同法20条から22条）。安全管理措置等として講ずべき水準は、一律に定まるものではなく、「個人データが漏洩等をした場合に本人が被る権利利益の侵害の大きさを考慮し、事業の規模・性質、個人データの取扱状況、個人データを記録した媒体の性質等に起因するリスクに応じて、必要かつ適切な内容としなければならない」とされています。具体的に講ずべき対策等については、行政機関が公表するガイドライン等も参考にして決定すべきでしょう。

6 消去

「個人情報取扱業者は、利用目的の達成に必要な範囲内において、個人データを正確かつ最新の内容に保つと共に、利用する必要がなくなったときは、当該個人データを遅滞なく消去するよう努めなければならない」とされます（同法19条）。したがって、利用者の住所変更等を把握した場合には、そのことをデータベースに反映することが有用ですし、必要のなくなった個人情報については、削除を検討することが有用です。

また、個人情報保護法は、利用目的の制限を超えて利用されている場合や不正の手段を用いて個人情報が取得された場合等、本人が「当該保有個人データの利用停止又は消去を請求することができる」旨を規定していますので（同法30条）、利用者から請求があった場合には、これに誠実に対応する必要があります。

7 個人データの漏洩時の報告義務・通知義務

2020年法改正により、個人データの漏洩等（個人の権利利益を害するおそれが大きいものとして個人譲歩保護委員会規則に定めるもの［例：クレジットカード番号やインターネットバンキングのID・パスワード等］）が発生した場合においては、個人情報保護委員会への報告及び本人への通知を義務化されるようになります。但し、一定の例外があります。

8 個人関連情報の規制

2020年法改正により、個人に関連する情報を第三者に提供する場合において、提供先において個人データとして取得されることが想定されるもの（「個人関連情報」）を提供するときは、提供先の企業において、事前に本人の同意を得ることが必要になり、加えて、提供元の企業においても、提供先の企業が同意を得ているかどうかを確認する義務が生じることとされました（改正法26条の2）。

9 ガイドライン

個人情報保護法保護員会は、各種ガイドラインを設け、個人情報保護法の条文の解釈を明らかにしています。また、金融分野、医療関連分野、電気通信事業分野、放送分野等、各分野に特化したガイドラインが設けられており、それぞれの分野における事業を行うに際して、上乗せの規制がされている場合があります。ガイドラインは、法令と異なり、拘束力がないのが原則ですが、法令の解釈と位置付けられる場合、法令自体は拘束力がありますので、事実上遵守が必要となります。

金融分野等の業法等では、法令の遵守だけでなく、「業務の適切性」を確保するための体制の整備を求めていますので、ガイドラインの重要部分の遵守も、「業務の適切性」に含まれると言われてしまえば、守らざるを得なくなります。事業者の立場からすれば、ガイドラインの記載は無視し得ないというのが、実情ではないでしょうか。そのため、データ戦略を検討する際には、個人情報保護委員会が定める通則的なガイドライン以外に、監督官庁が定める他のガイドラインの内容にも気を配る必要があります。

Q5-3

個人情報保護法では個人情報をどのように定義しているのでしょうか？

個人情報とは、(i) 生存する「個人に関する情報」であって、その情報に含まれる氏名、生年月日その他の記述等によって特定の個人を識別することができるもの、又は、(ii)「個人識別符号が含まれる情報」をいいます（第2条第1項第1号・同2号）。

執筆：中崎 隆、佐藤 裕子

1　個人情報の定義

個人情報には2類型あります。

- (a) 生存する個人に関する情報であって、その情報に含まれる氏名、生年月日その他の記述等によって特定の個人を識別することができるもの（他の情報と容易に照合することができ、それにより特定の個人を識別することができることとなるものを含む）。
- (b) 生存する個人に関する情報であって、個人識別符号が含まれる情報。

2　(a) の類型の個人情報について

(1)「生存」する「個人」に関する情報であること

個人情報は、「生存」する「個人」に関する情報である必要があります。「死者」に関する情報は、個人情報の定義に含まれていません。但し、死者に関する情報が、同時に、遺族等の「生存する個人」に関する情報でもある場合、その遺族等との関係で「生存する個人」に関する情報となると解されています。このため、死者に関する情報についても、「生存する個人」の場合と同様な安全管理措置等を講じる方が安全です。また、企業の財務情報等のような「法人」に関する情報は、個人情報の定義に含まれていません。但し、「法人」に関する情報であっても、それが同時に役職員に関する情報でもある場合は、（当該役職員との関係で）

個人情報となると解されています。例えば、取引先の担当者の名刺の情報等も、個人情報に該当するとされます。

(2) 個人を識別可能であること

個人情報は、その情報により、又は、容易に照合できる他の情報と併せて、特定の個人を識別することができるものです。「特定の個人を識別することができる」とは、社会通念上、一般人の判断力や理解力を持って、生存する具体的な人物と情報との間に同一性を認めるに至ることができることをいいます（**図表5-5**）[1]。

図表5-5　個人情報に該当する例と該当しない例

分類	例
該当する例	・本人の氏名（同姓同名の方がいるかもしれませんが、社会通念上、個人情報に該当すると解されています） ・名刺に記載された情報 ・防犯カメラに記録された映像情報であって、本人が判別できるもの ・特定の個人を識別できるメールアドレス情報 （例：ryu-nakazaki@xxxxxxx.co.jpのように個人の氏名が判別できる場合） ・特定の個人を識別できる音声録音情報
該当しない例	・死者に関する情報 ・個人を特定できない統計情報 ・法人に関する情報（但し、法人の役職員に関する情報は個人情報に該当します）

[1]　個人情報保護委員会「『個人情報の保護に関する法律についてのガイドライン』及び『個人データの漏洩等の事案が発生した場合等の対応について』に関するＱ＆Ａ」のQ1-1。

3　(b) の類型の個人情報について（「個人識別符号」が含まれる情報）

「生存する個人に関する情報であって、個人識別符号が含まれる情報」も「個人情報」に該当します。「個別識別符号」とは、関連する政令や規則でその類型が限定的に列挙されており、具体的には、次のような情報が該当します。

- 生体認証データ等（DNA、顔認識データ・指紋認識データ等）。
- サービス等において特定の個人に割り当てられるデータ（パスポート番号、運転免許証番号、マイナンバー等）。

4　留意点

外国に居住する個人に関する情報も、「個人情報」の定義に含まれます。官報やインターネット等で公表された情報であっても、「個人情報」に該当し得ます。例えば、ある個人が破産した事実が官報に掲載された場合、その情報は、公表されていますが、その個人が破産した事実も、個人情報に該当します。また、「趣味」や「血液型」等、それ単体では個人情報に該当しない情報でも、氏名等の特定の個人を識別できる情報と一緒に記録されていれば、全てが個人情報に含まれます。例えば、ある個人の履歴書に、趣味や性別が書いてある場合、こうした情報も、個人情報に含まれることになります。

Q5-4

匿名加工情報とはどのようなものでしょうか？

2013年のSuicaの事例は、匿名加工情報との関係ではどのように整理されるのでしょうか？　「匿名加工情報」とは、一定のルールに従って個人を特定できないように加工した情報で、「個人情報」には該当しないものとなります。匿名加工情報を作成・利用する場合でも、データ戦略を進めるに当たっては、法令の義務に加えて、利用者への配慮を検討すべきでしょう。

執筆：高橋 孝彰

1　匿名加工情報に関する背景・状況

(1) 法改正の背景

2015年に個人情報保護法が改正されて、匿名加工情報が定義され、これを作成・運用する上での手続が制定されました。この規定は、個人情報を匿名化したビッグデータ等の利活用について、1つの解決策を示したものです。

この改正前でも、個人情報を基に、特定の個人を識別できない統計情報等に加工して、個人情報でない情報として扱うことは、理論上可能とされていました。しかし、ビッグデータ等について、個人情報を匿名化した上で利活用することをデータ戦略上検討するに当たっては、どの程度の匿名化を施せば個人情報でなくなるのかについて、法律上明らかになっておらず、また専門家の間でも解釈が分かれていました。このような問題が顕在化したケースの1つが、下記3に示すSuicaの事例です。このような状況で、企業等が保守的に考えると、個人情報を匿名化して利活用することを躊躇するという萎縮効果が生じていました。

そこで、2015年の改正では、(i)「匿名加工情報」を定義して、匿名加工情報については個人情報に適用される諸規定を適用しないこととし、(ii) 匿名加工情報の作成や運用についての手続も規定されました。このように、個人情報を匿名化したビッグデータを利活用する場合において、どのような加工・手続を行えば良いかが明らかになりました。

(2) 活用状況

2020年3月26日時点で、500社以上の事業者が匿名加工情報の作成等を公表しています。匿名加工情報を活用している業種は、小売業、金融業、医療・福祉、会計事務所等で、個人情報保護委員会の事務局レポートでは、具体的なユースケースが紹介されています。

2　制度概要

(1) 匿名加工情報の定義・位置付け

「匿名加工情報」とは、特定の個人を識別することができないように個人情報を加工し、個人情報を復元できないようにした情報です。その加工方法としては、法令上、次のようなルールが定められています。

- 特定の個人を識別できる記述等（氏名、住所等）の全部又は一部を削除又は置換（復元可能な規則性がある方法を除く）。
- 個人識別符号（生体認証データ等）の全部を削除。
- 個人情報と他の情報とを連結する符号（分散管理するデータベースを相互に連結するためのID等）を削除。
- 特異な記述等（例えば「年齢116歳」という情報）を削除。
- その他、個人情報とデータベース内の他の個人情報との差異等の性質を勘案した適切な措置。

単に氏名等を削除したり置換したりして加工しても、何らかの方法で個人情報を復元できる場合には、「匿名加工情報」ではありませんので、注意が必要です。より具体的な加工方法については、個人情報保護法に基づく認定を受けた認定個人情報保護団体等が、業界ごと等にルールを策定することが期待されています。加工されて匿名加工情報となった情報は、個人情報には該当しません。そのため、第三者に提供する際の本人の同意等、個人情報に関する規定が適用されないことになります。

(2) 匿名加工情報の作成・取扱時の規制

匿名加工情報の作成者や匿名加工情報を含むデータベース等を事業に用いる事業者（匿名加工情報取扱事業者）には、匿名加工情報を作成したり取扱ったりするに当たり、個人情報保護の観点から、**図表5-6**のような義務が課されています。なお、匿名加工情報を受領しただけで、データベース等として扱ったり、事業に用いたりしていない場合には、「匿名加工情報取扱業者」に当たらず、**図表5-6**の規制は適用されません。

図表5-6　匿名加工の規制

規制の内容		規制対象となる匿名加工情報取扱事業者	
		作成者	その他
適正加工義務	「(1)匿名加工情報の定義・位置付け」の基準に従った匿名加工	○	−
安全管理措置等	加工の際に削除した情報や加工方法に関する情報の漏洩防止措置	○	−
	安全管理措置、苦情処理その他の適正な取扱いを確保するための措置、その内容の公表の努力義務	○	○
作成時の公表義務	匿名加工情報の作成後、遅滞なく、匿名加工情報に含まれる個人に関する情報の項目をウェブサイト等で公表	○	−
提供時の公表義務	匿名加工情報の第三者への提供に先立ち、匿名加工情報に含まれる個人に関する情報の項目、提供方法をウェブサイト等で公表	○	○
識別行為禁止	本人を識別するための匿名加工情報と他の情報との照合禁止	○	○
	削除された情報や加工方法に関する情報の取得禁止	−	○

なお、匿名加工情報の加工方法・取扱い等については、個人情報保護法や個人情報保護委員会規則だけでなく、個人情報保護委員会の定めるガイドラインが作成されている他、各事業者が関係する認定個人情報保護団体の作成した個人情報保護指針も検討する必要があります。

3　Suicaの事例

(1) 事案の概要

「Suica」は、JR東日本をはじめとする鉄道各社で利用できる乗車カードで、鉄道以外の各店舗等で電子マネーとしても利用できます。2013年6月、東日本旅客鉄道株式会社（以下「JR東日本」）が、株式会社日立製作所（以下「日立」）に対して、同年7月に、次の条件で、「Suica」の利用履歴データを提供することが明らかになりました。

- 利用履歴データは、氏名、電話番号、物販情報等を除外し、生年月日を生年月に変換した上、ID番号を不可逆の別の番号に変換する。
- 契約上、日立が特定の個人を識別することを禁止する。

これに対して多くの利用者から、個人情報・プライバシー保護の観点から消費者意識に対する配慮に欠けるのではないかという批判や不安の声が挙がりました。また、一部の専門家からは、データを継続して提供すると個人が識別でき、他の情報との照合によって個人の特定につながるのではないか等といった批判的な指摘もされました。さらに、同年7月中旬には、「国土交通省がJR東日本に対し『事前に利用者に説明すべきだった』と注意」との新聞報道がなされました。これを機に、この問題に関するTwitterのツイート数も大きく増加し、いわゆる「炎上」状態となりました。

これらの批判を受け、JR東日本は、2013年7月下旬、利用者への告知やオプトアウト手段の周知を軸とした対策を発表しましたが、同年10月初頭の時点では、オプトアウトの申出は約5万5,000件に上ったと言われています。その後、JR東日本は、2013年9月に有識者会議を設置し、翌2014年2月に中間報告書、2015年10月に最終報告書を公表する事態にまで至りました。

(2) 問題の所在

(ア) 個人情報保護法との関係

Suicaの事例は、2015年の個人情報保護法の改正により匿名加工情報が定義される前に発生したものですが、改正前の個人情報保護法では、どのような要件の下であれば、匿名化した情報が個人情報に当たらなくなるかは、明確に規定されておらず、専門家でも解釈が分かれていました。JR東日本は、「提供されるデータ単体では、特定の個人を識別できないので個人情報に当たらない」という判断をしたと考えられ、JR東日本は、本件データが個人情報である場合を想定した手続（利用規約の変更手続や本人の同意等）を行っていませんでした。しかし、「提供元

(JR東日本)で、別のデータと照合すれば特定の個人を識別できる」「継続的なデータであれば、特定の個人を識別し得る」、つまり、「個人情報に該当し得る」として、個人情報保護法に反するのではないかとの指摘を受けることとなりました。

改正後の個人情報保護法では、匿名加工情報の作成や取扱いにおける手続が明確化され、これに従えば、匿名加工情報が個人情報に当たらないこととなり、上記の問題に対する1つの解決策が示されました。

(イ) その他の問題点

Suicaの事例における問題点は、匿名加工情報との関係では、上記の通り、個人情報保護法の改正で匿名加工情報が定義されたことにより一応の解決を見ました。しかし、ビッグデータの利活用を進めるためには、個人情報保護法その他法令とは別に、社会の理解を得るための情報開示等も重要といえます。Suicaの事例は、本件データが個人情報に当たるかという問題もさることながら、本件データの提供について、事前に十分な説明や周知を行わなかったことが、そもそもの炎上のきっかけとなっています。改正後の個人情報保護法では、匿名加工情報の提供に際し、本人への説明や同意は不要とされていますが、利用者からの批判を防ぐためには、なお本人への説明等をすべきか考慮し、利用者との信頼関係を築くことが今後も重要であるといえます。

4　仮名加工情報との相違

2020年の個人情報保護法改正では、新たに「仮名加工情報」という制度が導入されました。仮名加工情報は、それ単独では特定の個人を識別できない程度に加工された情報ですが、他の情報と照合することで特定の個人を識別することができる個人情報の一種である点が、匿名加工情報と大きく異なります。仮名加工情報は、他の情報と照合することが不可能な程度に加工を要する匿名加工情報よりも加工が容易であり、それでいて匿名加工情報と同様、集団の性向分析に利用することができます。

他方、復元等によるプライバシー侵害のリスクも大きいため、本人を識別することを目的として仮名加工情報を他の情報と照合することが禁止されたり、第三者への提供に原則として本人の同意が必要な点等で、匿名加工情報との相違があります。

Q5-5

個人情報保護法の近年の改正により、個人情報を外部に提供する際の規制がどのように変わったのでしょうか？

本人の同意なく提供する方法としては、個人情報でない形式で提供する方法として匿名加工情報の制度が導入されました。本人の同意を前提とした第三者提供については、トレーサビリティの確保が必要となり、要配慮個人情報の提供や国際間の提供には特別な配慮が求められます。また、個人情報でない情報であっても、提供先において個人情報に該当することが想定されれば、本人の同意等の確認が求められることとなりました。

執筆：櫻井 駿、永井 徳人

1　個人情報保護法の規制の概要

(1) 個人情報保護法の影響

データを活用しようとする場合、B2Cのビジネスでは、大半のケースで個人情報を扱うことになります。B2Bのビジネスであっても、意図せずに個人情報が含まれていることもあり、データ戦略を考えるに当たっては、個人情報保護法の規制についての検討は、避けては通れないと言っても過言ではありません。特に、個人情報を外部に提供する場合は、個人情報保護法を明確に意識する必要がある局面の1つです。なお、100%子会社であっても、個人情報を提供する場合には、「第三者」として扱う必要があります。

(2) 改正による外部提供への影響

個人情報保護法は、2015年に実質的に初めて大きな改正が行われ（2017年5月30日より全面施行）、個人情報等を提供する場合の手続等についても改正されました。2020年の同法の改正では、外部提供に関する本人の権利の拡充も図られました。なお、2015年の改正前は、事業活動に利用する個人情報が5000人分以下の小規模取扱事業者が規制対象外とされていましたが、この例外は廃止され、およそ全ての事業者が、個人情報保護法の適用を受けることとなりました。そのため、個人情報の取扱規模にかかわらず、個人情報の取扱いについて、適切な対応が求められています。

(3) 個人情報の提供に関する規制

個人情報を第三者に提供するには、原則として、本人の同意が必要ですが、**図表5-7**のような例外が認められています。それぞれの方法には、メリット・デメリットがありますので、それを踏まえて、本人の同意を得るか、同意を得ない場合にはどの方法を選択するかを検討する必要があります。

図表5-7　個人情報を第三者提供する際の例外

法令上の位置付け		提供方法	本人の同意	記録・保存義務
個人情報でない形式での提供		統計情報等	不要	不要
		匿名加工情報	不要	不要
		個人関連情報	必要な場合あり	必要な場合あり
個人情報の提供等	第三者への提供	本人の同意に基づく提供	必要	必要
		オプトアウト	不要	必要
		例外規定 ・法令に基づく場合 ・生命・身体・財産の保護に必要で同意取得が困難な場合等	不要	不要
		適用除外 ・マスコミの報道 ・大学等の学術研究等	不要	不要
	第三者に該当しないこととされる	委託先への提供	不要	不要
		合併等の事業承継	不要	不要
		共同利用	不要	不要

2　個人情報でない形式での提供

(1) 統計情報等

個人情報を加工して統計情報等を作成し、加工後の情報からは特定の個人が識別できない場合、その統計情報等は、個人情報には該当しません。そのため、本人の同意がなくても、統計情報等を第三者に提供することが可能です。

(2) 匿名加工情報

従来、個人情報をどこまで加工すれば個人情報でなくなるかといった基準は必ずしも明確でなく、企業等が個人情報を加工して利用するのを躊躇する傾向がありました。そこで、2015年の法改正で、「匿名加工情報」が新設され、個人情報でない形式に加工して第三者に提供等する方法が示されました。詳細はQ5-4参照。

(3) 個人関連情報

提供元においては個人情報に該当しない閲覧履歴、クッキー情報等を外部提供する際、個人情報保護法の規制が及ぶのか不明確な部分がありました。この点について、2020年の法改正では、氏名等と結び付いていない閲覧履歴、クッキー情報等であっても、提供先が個人データとして取得することが想定される個人関連情報である場合には、本人の同意等の確認が必要となりました。詳細はQ2-8参照。

3　個人情報の提供に関する規制

(1) オプトアウト

オプトアウトによる個人情報の提供とは、(i) 第三者提供を利用目的にすること、(ii) その対象の個人データ項目、(iii) 第三者への提供の方法、(iv) 本人の求めに応じて第三者提供を停止すること、(v) 本人の求めを受け付ける方法を、あらかじめ本人に通知又は本人が容易に知り得る状態に置いて、各事項を個人情報保護委員会に届出た上で、本人の同意なく提供する方法です。また、2020年の法改正により、(vi) 第三者提供を行う事業者の氏名又は名称、住所、代表者の氏名、(vii) 第三者提供される個人データの取得の方法、(viii) 第三者提供を開始する予定日等その他の個人情報委員会規則で定める事項も通知・公表等の対象となりました。

なお、上記改正により、次の個人情報は、オプトアウトによっては外部提供できないこととなりました。

- 第三者からオプトアウトによって提供を受けた個人情報
- 不正に取得された個人情報

(2) 要配慮個人情報の提供

要配慮個人情報についても、オプトアウトにより、第三者に提供することはできません。「要配慮個人情報」とは、個人情報の中でも特に取扱いに配慮が必要な重要情報で、次のような情報です。

- 人種、信条、社会的身分、病歴、犯罪の経歴、犯罪により害を被った事実。
- その他、特に配慮を要するものとして、政令によって定めるもの。

要配慮個人情報は、原則として本人の同意なく取得することができません。但し、要配慮個人情報の第三者提供について提供元が本人の同意を得ている場合には、提供先の第三者による取得についても同意が得られているものと考えられ、改めて提供先での取得について本人の同意を得る必要はありません。なお、要配慮個人情報の提供については、通常の個人情報と同様に、**図表5-7**のような例外(オプトアウト以外)が適用されます。

(3) トレーサビリティの確保

事業者が個人データを第三者に提供する場合、提供者は、個人データの提供の年月日や受領者の氏名等を記録し、一定期間保存することが義務付けられます。また、事業者が個人データを受領する場合、受領者は、提供者の氏名や提供者が個人データを取得した経緯を確認すると共に、受領年月日や確認事項等を記録し、一定期間保存することが義務付けられます。従来、本人が、第三者提供に関する記録について開示請求することは想定されていませんでしたが、2020年の法改正によって、本人も、自らの個人データの提供記録の開示を求めることができるようになりました。

但し、形式的に第三者提供に当たるあらゆる場合に、上記の確認・記録義務を課すと、過度な負担となりかねないため、例えば次のような場合には、解釈上、確認・記録義務が課されないこととされています。

- 本人による提供と解釈される場合。SNS上で、投稿者のプロフィール、投稿内容等を取得する場合等。
- 本人に代わって提供していると解釈される場合。振込依頼を受けた銀行が、振込先の銀行に口座情報を提供する場合等。
- 本人と一体と評価できる者に提供していると解釈される場合。家族と来店した顧客に対して、顧客の取引状況等を説明する場合等。
- 受領者による取得行為を代行していると解釈される場合。ホームページ等で公表されている情報の提供等。

なお、解釈上、確認・記録義務が課されない場合であっても、形式的に第三者提供に当たる以上、提供についての本人の同意取得まで不要となる訳ではありません。

4　国際的な個人情報の提供

(1) 外国にある第三者への個人情報の提供

(ア) 提供に関する手続等

日本国内にある者の個人データを外国にある第三者に提供する場合、提供先の外国で日本と同じ水準の個人情報保護規定が設けられていないと、提供された個人情報の保護が担保できないことから、2015年の法改正により、特別の規定が設けられました。外国の第三者に個人データを提供する場合には、法令に基づく場合等を除いて、本人の同意が必要となり、委託先への提供やオプトアウトといった例外規定により、本人の同意が不要となることもありません。

但し、上記の規定は、(i) 個人の権利利益を保護する上で我が国と同等の水準と認められる個人情報の保護に関する制度を有しているとして個人情報保護委員会規則で定める国（本書執筆時点ではEU加盟諸国及び英国）については、適用されません。また、(ii) 個人データの取扱いについて個人情報取扱事業者が講ずべき措置に相当する措置を継続的に講ずるために、個人情報保護委員会規則で定める基準に適合する体制を整備している「第三者」に対する提供にも、適用されません。

（イ）本人への情報提供

国を超えた個人情報の利活用の多様化も踏まえ、2020年の法改正によって、上記（i）や（ii）に該当しない外国にある第三者に個人情報を提供する場合、本人に対して、次のような情報を提供しなければならなくなりました。

- 第三者が所在する外国の国名
- 第三者が所在する外国における個人情報の保護に関する制度に関する情報
- 第三者が講ずる個人情報の保護のための措置に関する情報

また、第三者が上記（ii）の場合は、本人の求めがあれば、当該第三者の個人情報の取扱状況の確認体制等に関する情報提供をしなければなりません。

（2）外国にある個人情報取扱事業者への適用

2015年の法改正以前は、個人情報保護法は、外国にある事業者には適用されませんでしたが、企業活動や物流のグローバル化に伴い、外国の事業者が得た日本国内にある者の個人情報も保護する必要性が高まりました。そのため、現行法では、外国にある個人情報取扱事業者にも、個人情報保護法の一部を適用することとされました。具体的には、外国にある個人情報取扱事業者であっても、日本国内にある者に対する物品又は役務提供に関連して個人情報を取得し、外国において個人情報（又はその個人情報を用いて作成した匿名加工情報）を取扱う場合には、日本の個人情報保護法の一部が適用されます。2020年の法改正では、本人以外から個人情報を間接的に取得した外国にある事業者も適用対象となる可能性があり、適用される個人情報保護法の範囲も一部ではなくなりました。外国の事業者に対して、個人情報保護法が適用されるのは、上記（1）の日本国内から個人データの提供を受ける場合だけに限られないので、注意が必要です。

（3）EU域内から移転された個人データの取扱い

2019年1月23日、日本とEUは、両者間の円滑な個人データの移転等を目的として、十分な個人情報保護制度がある旨の認定をそれぞれ行いました。もっとも、日本の個人情報保護法による保護が、EUのGDPRと比べて不足している部分については、その差分を埋めるために、個人情報保護委員会により、「個人情報の保護に関する法律に係るEU及び英国域内から十分性認定により移転を受けた個人データの取扱いに関する補完的ルール」が定められ、上記認定日から施行されています。この補完的ルールは、個人情報取扱事業者を法的に拘束するものであり、国内の個人情報を取扱う以上の配慮が求められています。

Q5-6

マイナンバー法とはどのような法律でしょうか？

マイナンバーは、一般的な個人情報よりも、高度なセキュリティを持って取扱う必要があるとされています。マイナンバーは、現時点では、「社会保障」「税」「災害対策」といった行政手続にしか利用できませんが、今後、民間利用の開放等、利用範囲を拡充することも検討されています。

執筆：高橋 孝彰

1　概要

2015年に国民固有の番号としてマイナンバー（個人番号）が割り振られ、2016年からその利用が始まりました。マイナンバー法（正式名称「行政手続における特定の個人を識別するための番号の利用等に関する法律」）は、行政機関、地方公共団体その他の行政事務を処理する者が、マイナンバーを活用し、異なる分野に存在する個人の情報を照合してこれが同一人物の情報かどうかの確認を容易にし、行政事務の効率化を図るものです。

この内容からも分かるように、マイナンバー法は、少なくとも本書執筆時点では、マイナンバーの利用について、行政機関での利用のみを目的としたものとなっており、利用範囲も、行政が管轄する範囲に限定されています。

しかし、一般の民間企業も、従業員や発注先の個人事業主等のマイナンバーを取扱うことが必要です。マイナンバーの取扱いについては、一般的な個人情報よりも厳密な対応が求められます。

2　利用範囲

(1) 現状

現在、マイナンバー法で認められている用途は、「社会保障」「税」「災害対策」に関連する手続についてのみです。マイナンバーの利用目的・利用範囲は、マイナンバー法により具体的に明記されています。そのため、マイナンバーの利用を民間のビジネス等に開放するには、法律の改正が必要となり、たとえ本人が同意しても、上記以外の目的では、使用することはもちろん、単にマイナンバーを収集・保管することも、その提供を求めることも禁止されています。

マイナンバーを民間目的で使用することはできませんが、民間事業者が全くマイナンバーを取扱わない訳ではありません。上記のような事務処理に関して必要な個人番号を記載した書面の提出等の事務を行う者は、その事務を行うために必要な限度で個人番号を利用することができます。例えば、給与所得者の場合、社会保障や税関係の申請は、勤務先がまとめて代行することとなり、この事務を行うのに必要な範囲で、民間企業もマイナンバーを扱うことになります。

但し、これらはマイナンバーの利用が認められている手続を行うために「取扱う」にすぎず、民間企業におけるデータ戦略の一環として、マイナンバーを民間目的で「使用」することとは異なる点に注意が必要です。上記の事務を処理するためにマイナンバーを取扱う場合でも、そのマイナンバーを流用して従業員の管理や顧客情報の管理等、マイナンバー法に定めた目的の範囲以外で使用することはできません。

(2) 今後の利用目的の拡大

民間利用への拡大については、2016年2月に内閣官房から「法律の施行の状況等を勘案し、国民の理解を得る必要があることから、3年後くらいを目途に検討を進めていきたいと考えています」との回答がありましたが、本書執筆時点でも、民間利用への拡大に関するスケジュールは確定していません。他方、行政による利用範囲は順次拡大していく方向であり、2018年からは、国民の所得を把握するために、銀行口座とマイナンバーとのひも付けが開始されました[1]。今後、このひも付けは、義務化される予定です。また、「公的給付の支給等の迅速かつ確実な実施のための預貯金口座の登録等に関する法律案」、「預貯金者の意思に基づく個人番号の利用による預貯金口座の管理等に関する法律案」等、マイナンバーの利用に絡んだ法案が国会に順次提出されています。

[1] 預金保険法施行規則21条2項参照。

3　民間によるマイナンバーの取扱い

(1) マイナンバーの位置付け

マイナンバーは、年収や社会保険の利用履歴といったセンシティブな個人情報とひも付きます。そのため、マイナンバーを含む個人情報については、一般的な個人情報よりも、高度なセキュリティを持って扱うことが求められます。マイナンバー法に関するガイドラインにおいても、セキュリティを確保する「安全管理措置」等については、一般的な個人情報と比べると、具体的で厳格な内容となっています。

(2) 取得に際しての注意点

マイナンバーは個人識別符号（Q5-3参照）として個人情報に該当しますので、個人情報取扱事業者に当たる企業等は、マイナンバーの取得に際して、その利用目的を本人に通知又は公表しなくてはなりません。個人情報保護法の改正により、およそ全ての会社が個人情報取扱事業者に当たることとなりましたので（Q5-5参照）、注意が必要です。マイナンバーの利用は、マイナンバー法に定める範囲に限定されますので、利用目的の通知又は公表も、その範囲を超えたものとならないようにする必要があります。

提供を求めることができるマイナンバーは、原則として本人のもののみですが、同一の世帯に属する者のマイナンバーの提供を求めることはできます。但し、企業等が収集できるマイナンバーはあくまでもマイナンバー法が定める目的達成のために必要な範囲ですので、例えば、家族であっても、社会保障や税における扶養親族に該当しない者等のマイナンバーの提供を求めることはできません。

(3) 名寄せ（マイナンバーを利用したデータベース等の作成・利用）

マイナンバー法が定める利用目的に関する事務を処理するために必要な範囲に限れば、マイナンバーを利用したデータベースは、「特定個人情報ファイル」として、これを作成・利用することもできます。逆に言うと、特定個人情報ファイルもマイナンバー法が定める利用目的以外では利用はできませんので、このデータベースについては、上記の利用目的以外でマイナンバー情報にアクセスできないように、適切なアクセス権限を設定する必要があります。

「特定個人情報ファイル」とは、単にマイナンバーが含まれているテーブルのみを意味するものではなく、マイナンバーにアクセスできる者が、(データベースシステム内の処理で) マイナンバーとひも付けてアクセスできる情報群を意味します。そのため、マイナンバーを利用したデータベースを構築する際は、法定の利用目的以外の事務の取扱者に対して、単にマイナンバーに関するテーブルを非表示にするだけでなく、データベースの内部処理においても、マイナンバーとひも付けた検索処理を行わないようなアクセス権限を設定する必要があります。

適切なアクセス権限さえ設定されていれば、マイナンバーを管理するデータベースに対して、法定の利用目的に関する事務を処理する者と、そうでない者が同一のデータベースにアクセスすることも差し支えありません。データ戦略との関係では、必ずしも新規のデータベースを構築してマイナンバーを管理する必要は無く、既存のデータベースにマイナンバーを追加する形もあり得ます。

(4) マイナンバーの取扱いの委託

(ア) 委託の可否

マイナンバーを利用して情報の検索・管理をする行政機関等 (個人番号利用事務実施者) や、マイナンバーを利用してそれに関係する事務を処理することができる事業者 (個人番号関係事務実施者) は、個人番号利用事務や個人番号関係事務の全て又は一部について、委託や再委託をすることができます。但し、その場合には、委託元に当たる事業者には、マイナンバー法に定められたルールに基づいて、委託先に対して、「必要かつ適切な監督」を行うことが求められます。「必要かつ適切な監督」とは、具体的には、委託先の適切な選定、委託先に安全管理措置を遵守させるために必要な契約の締結、委託先における特定個人情報の取扱状況の把握等です。

(イ) 再委託

委託を受けた事業者が、その事務をさらに再委託しようとするときには、最初に委託を行った委託元の「許諾」が必要となります。

委託者が再委託の許諾をする場合には、再委託を行おうとする時点でその許諾を求めるのが原則です。但し、委託契約の締結時点において、再委託先となる可能性のある業者が具体的に特定されると共に、「適切な資料等に基づいて当該業者が特定個人情報を保護するための十分な措置を講ずる能力があることが確認され、実際に再委託が行われたときは、必要に応じて、委託者に対してその旨の報告をし、再委託の状況について委託先が委託者に対して定期的に報告する」との合意をする場合等には、あらかじめ再委託の許諾を得ておくこともできると解されます。

もっとも、最初に委託を行った委託元は、再委託を受けた再委託先にも、間接的に「必要かつ適切な監督」を行うことが求められます。そのため、再委託先からマイナンバーや特定個人情報（マイナンバーを含む個人情報）が漏洩等した場合、最初の委託者は、監督責任を問われる可能性がありますので、あらかじめ再委託を許諾する場合等には、慎重に判断する必要があります。

4　マイナンバーカードの利用

(1) マイナンバーカード自体の利用

マイナンバー法は、マイナンバーの利用に重大な制限を設けていますが、マイナンバーカード自体や、マイナンバーカードに内蔵されたICチップ内の情報についての利用は制限を課していません。マイナンバーカードの表面には、氏名・住所・生年月日・性別・顔写真が表示され、裏面にはマイナンバーが記載されています。表面にはマイナンバーが記載されていませんので、マイナンバーカードの表面の情報から従業員や顧客の身元確認をすることを目的として、マイナンバー法が定める目的以外でマイナンバーカードの提出を求めることも、直ちにマイナンバー法に違反するものではありません。

但し、マイナンバーカードの裏面には、マイナンバーが記載されており、このマイナンバーを、法定の目的以外で閲覧・メモ・コピー等をすれば、違法となります。そのため、適切な目的の範囲でマイナンバーカードを利用するためにマイナンバーカードを預かる場合も、預かった者が裏面に記載されたマイナンバーの閲覧・メモ・コピーをしたり、そのような疑いをもたれたりしないように、その取扱方法には注意が必要です。

(2) マイナンバーカードの空き領域利用

マイナンバーカードには、ICチップが搭載されており、このチップには、電子証明書が記録されている他、空き領域があります（なお、ICチップの中にマイナンバー情報は記録されていません）。この空き領域については、民間企業も、総務大臣の審査を受けた上で、利用することが可能です。この領域を使用することで、民間企業が独自に提供するサービスを登録することもできます。

(3) マイナンバーカードの普及・活用政策について

総務省によれば、2020年5月時点でのマイナンバーカードの普及率は16%程度です。しかし、マイナンバーカードの利用はマイナンバー法上の規制がないため、政府はその活用と普及を進めています。2020年9月からは、キャッシュレス決済事業者と共同で、キャッシュレス決済を通じて獲得できるマイナポイントの付与が開始されました。同ポイントの申請にはマイナンバーカードとマイキーＩＤが必要であり、マイナンバーカード普及施策の一環といえます。

また、2021年3月からは、医療機関・薬局等で、順次、健康保険証の代わりマイナンバーカードを利用できることとなりました。さらに、2021年10月より保険証からの保険記号の取得等が原則禁止されることとなり、本人確認書類として使いにくくなったことにより、相対的にマイナンバーカードの本人確認書類としての必要性が増すこととなります。その他、マイナンバーカードと免許証の一体化が2026年中に予定されていましたが、2024年度末に前倒ししての実施が予定されています。

Q5-7

業法による規制との関係では、データ戦略上どのような点に気を付けるとよいでしょうか？

業務範囲規制、書面交付義務規制、記録作成・保存義務の規制等、様々な点に留意する必要があります。このため、法務部門等と密に連携することが重要です。

執筆：中崎 隆

1　業務範囲規制

銀行やその子会社は、一定の範囲の業務しか基本的に行ってはならないとされています。このように、業法による業務範囲の規制がある場合には、データビジネス等で稼ぐ方法が大きく制約される可能性があります。最低限、業務範囲規制が自社に適用されるのかどうかを押さえておく必要があります。

2　書面交付義務・情報提供義務

多くの法律で、契約締結時の書面交付義務、あるいは、契約締結前の書面交付義務等を課しています。また、法律によっては、書面の交付ではなく、情報提供義務を課している法令もあります。このような場合には、記載又は提供しなければならない項目が書面等から抜け落ちたり、記載が誤ったりすると法令違反となってしまいます。そういった書面の交付／情報の提供等については、機械的に正確にできるように、システム化するのが通常です。また、提供される情報・データに誤りが生じないよう、データの品質・鮮度等も確保する必要があります。

なお、契約締結時に法令に基づき交付が義務付けられる書面を「法定書面」といい、法定書面で記載が義務付けられる事項（「法定記載事項」）には「契約締結日」が含まれていることがよくあります。システム化している場合、「契約締結日」がいつなのかをシステム部門としても正確に把握しなければなりません。契約締結日がいつになるのかは、約款の定め方等によっても変わってきます。

3 記録作成・保存義務

業法では、一定の法律で定めた事項に関する記録を作成して保存すべき、とする記録作成・保存義務が課されることもあります。どのデータをシステムで保存し、どのデータはシステムで保存しないのかを決める等、データ戦略との関係でも大変重要です。なお、記録の作成・保存義務を電磁的方法によって実施する場合は、e文書法等の要件を満たす必要がありますので、e文書法等にも注意が必要です。

4 結語

業法の遵守は厳しく求められる傾向です。法令違反が監督官庁によって指摘されれば、システムの改築に何十億円かかろうと何百億円かかろうと、必要であれば是正が求められますので、その点に留意して対応することが有用です。当初のシステム設計時に対応していればコストをかけなくてもよかったのに、システム稼働後に法令違反が見つかったために、改修に何十億円もかかってしまった等という事例も耳にします。後悔しないように、システム構築時や更新時等に、法務部門に相談する他、専門の法律事務所等にダブルチェックを依頼すると、システム投資のリスクを大幅に削減できます。

なお、法律は数年置きに改正されることがあります。このため、将来の法改正等にも対応しやすいよう、システムに一定の柔軟性や拡張性を持たせることが重要です。

Q5-8

金融機関グループにおける業務範囲との関係で、データ戦略上留意すべき規制は何でしょうか？

金融機関やそのグループ会社の場合、業務範囲規制が係る場合があります。このような業務範囲規制によりデータビジネス・広告ビジネスを行うことができない場合もあるため、注意する必要があります。

執筆：上野 陽子、鈴木 正人、中崎 隆

1　総論

金融機関やそのグループ会社の場合、業務範囲規制がかかる場合があります。このような業務範囲規制によりデータビジネス・広告ビジネスを行うことができない場合があります。金融機関、その子会社／関連会社／投資先／委託先の役職員や、これらの企業とデータ・広告等に係る事業／プロジェクトを共同して行う企業の役職員は、要注意です。

2　銀行法の業務範囲規制について

(1) 銀行本体について

銀行の業務範囲は、法律で認められた範囲に限られます。これは、(i) 本業専念による効率性の発揮、(ii) 他業リスクの排除、(iii) 利益相反取引の防止、(iv) 優越的地位の濫用の防止等のためです。法律に基づき銀行が行うことができる業務範囲は**図表5-8**の通りです。

図表5-8　銀行の業務範囲

業務の種類（銀行法上の区分）		業務の例示
固有業務（同法10条1項各号）		預金、貸付、為替取引
付随業務	基本的付随業務 （同条2項各号）	債務保証、有価証券の貸付、金融業の代理・媒介、両替、ファイナンスリース、情報利活用業務 等

付随業務	その他の付随業務（同項柱書）	コンサルティング、ビジネスマッチング、M&Aに関する業務等
	法定他業（同法11条）	投資助言業務、有価証券関連業（投資信託の販売等）、信託に係る事務に関する業務、算定割当量取引に関する業務
	法定他業（同法12条）	保険の募集、確定拠出年金運営管理業、宝くじに関する業務等

例えば、広告事業、データ事業等、金融との関連性の低い業務は、「付随業務」として認められない限り、基本的に行うことができません。なお、銀行法が改正され、2020年より、付随業務として「顧客から取得した当該顧客に関する情報を当該顧客の同意を得て第三者に提供する業務その他当該銀行の保有する情報を第三者に提供する業務であって、当該銀行の営む銀行業の高度化又は当該銀行の利用者の利便の向上に資するもの」（いわゆる情報利活用業務）が追加されました（同法10条2項20号）。

「付随業務」には、法律で明示された「基本的付随業務」と、法律で明示されていない「その他の付随業務」があります。よく問題となるのは、「行おうとする業務／プロジェクトが『その他の付随業務』に当たるか」という点です。どのようなものが「その他の付随業務」として認められるかについては、次の4つの要素を総合的に考慮し、業務範囲規制の趣旨に鑑み、判断するものがあります（主要行等向けの総合的な監督指針V－3－2（4））。

- 検討の対象となる業務が銀行法10条1項各号及び2項各号（筆者注：固有業務及び基本的付随業務を指す）に掲げる業務に準じるか。
- 当該業務の規模がその業務が付随する固有業務の規模に比して過大なものとなっていないか。
- 当該業務について銀行業務との機能的な親近性やリスクの同一性が認められるか。
- 銀行が固有業務を遂行する中で正当に生じた余剰能力の活用に資するか。

前記の4つの要素を総合的に考慮して「その他の付随業務」の該当性が判断された結果、個別事案において、銀行が自社のウェブページ等の余った部分に、他社の広告を掲載することが許容されたケースもあります[1]。

なお、2021年5月に成立・公布された新型コロナウイルス感染症等の影響による社会経済情勢の変化に対応して金融の機能の強化及び安定の確保を図るための銀行法等の一部を改正する法律（2021年法律第46号）による銀行法改正（以下「2021年銀行法改正」といいます）により、付随業務にデジタル化や地方創生などに資する業務が追加されます（同法10条2項21号）。具体的には今後制定される内閣府令により、自行アプリやITシステムの販売、データ分析・マーケティング・広告、登録型人材派遣、幅広いコンサル・マッチングが定められる予定であり、銀行本体でのデータビジネスの範囲も拡大することが予想されます。

[1] 2004年6月1日付金融庁ノーアクションレター（法令適用事前確認手続）回答参照。

(2) 銀行の子会社について

銀行が子会社にできる会社の範囲についても、法律で定められており、法律により認められた以外の業務を行う会社を子会社とすることはできません。これは銀行本体に課されている他業禁止の趣旨を踏まえ銀行の子会社の業務についても規制をするという趣旨です。銀行の子会社に認められる具体的な業務範囲は**図表5-9**の通りです。⑬から⑮までの会社を除き、銀行が子会社とするためには、原則として認可を受ける必要があります。なお、金融サービス提供法の施行に伴う2020年銀行法改正により、2021年11月から金融サービス仲介業者である有価証券等仲介業務専門会社も銀行の子会社として認められます（銀行法16条の2第1項4号の2）。また、2021年銀行法改正により、銀行の子会社に「地域の活性化に資すると認められる事業活動を行う会社として内閣府令で定める会社」が追加されました（同項14号）。内閣府令は今後制定されます。

図表5-9　銀行の子会社対象会社

①銀行	②長期信用銀行	③資金移動専門会社
④証券専門会社	⑤証券仲介専門会社	⑥保険会社
⑦少額短期保険業者	⑧信託専門会社	⑨銀行業を営む外国会社
⑩有価証券関連業務を営む外国の会社	⑪保険業を営む外国の会社	⑫信託業を営む外国の会社

⑬従属業務又は金融関連業務を専ら営む会社	⑭新たな事業分野を開拓する会社（ベンチャービジネス）	⑮経営の向上に相当程度寄与すると認められる新たな事業活動を行う会社（事業再生会社）
⑯情報通信技術その他の技術を活用した当該銀行の営む銀行業の高度化若しくは当該銀行の利用者の利便の向上に資する業務又はこれに資すると見込まれる業務を営む会社（＝いわゆるFintech企業）		⑰上記①～⑯に掲げる会社のみを子会社とする持株会社（外国の会社であって持株会社と同種又は類似するものを含む）

この業務範囲規制との関係でよく問題となるのが、⑬の類型に当たる子会社で、「従属業務」「金融関連業務」を「専ら」営む会社です。後に詳しく述べますが、銀行グループに属するカード会社、リース会社等、この類型に当たる会社の役職員の方は要注意です。まず、「従属業務」とは、銀行（又は上記②から⑩に当たる会社）の業務のために営まれる業務であって、**図表5-10**のいずれかに当たる業務をいいます。

図表5-10　従属業務の一覧

①営業用不動産管理	②福利厚生	③物品一括購入
④印刷・製本	⑤広告・宣伝	⑥自動車運行・保守点検
⑦調査・情報提供	⑧ATM保守点検	⑨ダイレクトメール作成・発送
⑩担保評価・担保物件管理・担保財産の売買の代理・媒介	⑪消費者ローンの相談・取次	⑫外国為替・対外取引関係
⑬事務に係る計算	⑭事務に係る文書の作成・保管・発送等	⑮事務取次（コールセンター等）
⑯労働者派遣・職業紹介	⑰コンピュータ関連（システムの設計・保守、プログラムの設計・作成・販売・保守等）	
⑱教育・研修	⑲現金・小切手等輸送	⑳現金・小切手等集配
㉑有価証券の受渡し	㉒現金・小切手等精査	㉓自らを子会社とする保険会社のための投資
㉔自らを子会社とする銀行等のための自己競落	㉕上記①～㉔の業務に準ずるものとして金融庁長官が定める業務	㉖上記①～㉕の業務に附帯する業務

従属業務を営む会社を子会社とする場合には、当該子会社が行う業務が、上記で列挙された業務のいずれかに当たることに加えて、「当該子会社が銀行等の営む業務のために従属業務を営んでいるかどうかの基準」（＝金融庁告示で定める「収入依存度基準」）を満たす必要があります。この規制は、収入依存度規制と呼ばれています。従属業務は、本来禁止すべき他業に当たるにもかかわらず、従属業務を営む会社を子会社とすることが認められているのは、それが銀行経営の効率化に資するためであり、従ってその限りで従属業務を認めようという考え方に基づくものです。具体的には、「所属する銀行グループからの収入が50％以上であり、かつ、当該銀行グループの銀行からの収入があること」等という収入依存度基準[2]で判断することとなります。但し、2021年銀行法改正に伴い、法令上の数値基準は削除される予定です。

「金融関連業務」とは、銀行業、有価証券関連業、保険業又は信託業に付属し、又は関連する業務であって、**図表5-11**のいずれかに当たる業務をいいます。なお、金融サービス提供法の施行に伴う2020年銀行法改正により、2021年11月から金融サービス仲介業に係る保険媒介業務も追加されます（銀行法施行規則17条の3第2項3号の5）。

[2] 親銀行グループを含む複数の銀行グループから業務を受託する場合には、それらのグループからの収入の合計がこの従属業務を営む会社の収入の90％以上であり、かつ、各グループに属する銀行からの収入があるときにも、基準を満たすとされます。なお、50％基準との関係では、2016年改正により、一部の決済事業について、40％以上とされる等の規制緩和がされています。

図表5-11　金融関連業務の一覧

①銀行等の代理又は媒介	②農協等の業務の代理又は媒介	③銀行業を営む外国の会社の業務の代理又は媒介
④資金移動業の代理又は媒介	⑤信託契約代理	⑥信託兼営銀行が行う兼営業務を受託する契約の締結の代理又は媒介
⑦金銭の貸付又は金銭の貸借の媒介	⑧イスラム金融（金銭の貸付と同視すべきもの）	⑨電子決済等代行業
⑩銀行法に規定する付随業務	⑪サービサー	⑫確定拠出年金管理

⑬保険募集（保険契約の締結の代理又は媒介）	⑭投資信託受託証券・抵当証券の募集又は私募、投資顧問・投資一任契約の締結の代理又は媒介、集団投資スキーム等有価証券等運用	⑮商品投資顧問
⑯クレジットカード	⑰個別信用購入あっせん	⑱プリペイドカード
⑲リース	⑳ベンチャーキャピタル	㉑投資信託委託会社・資産運用会社として行う業務
㉒投資助言業務・投資一任契約に係る業務	㉓財産運用業務（有価証券等）	㉔M＆Aに関する相談・仲介
㉕経営相談	㉖金融経済の調査・研究	㉗個人の財産形成相談
㉘データ処理・伝送（VAN業務）	㉙金融機関の業務又は財務に関するプログラムの作成等	㉚年金に係る計算及び書類の作成
㉛算定割当量（排出権）取引	㉜電子債権記録	㉝有価証券に関する事務取次等の証券専門関連業務
㉞保険業務代理又は事務の代理等の保険専門関連業務	㉟財産の管理等の信託専門関連業務	㊱上記①～㉟の業務に準ずるものとして金融庁長官が定める業務
㊲上記①～㊱の業務に附帯する業務		

「専ら」とは、従属業務又は金融関連業務のみを行うことを指します。両方の業務を行っていても構いませんが、それ以外の業務はできないということです。さらに、業務範囲規制との関係で最近関心が高まっているものとして**図表5-9**（銀行の子会社対象会社）の⑯のFintech企業の子会社類型があります。条文としては、他のものとは異なり、様々な業務を包括的に含められるような規定とされており、柔軟な事業展開を可能とすると言われています。

(3) 銀行の関連会社、5%超の出資先について

銀行又はその子会社は、子会社対象会社のいずれにも当たらない国内の会社に対し、基本的に、議決権5%超の取得又は保有をすることができません。独占禁止法11条も銀行単体につき国内の会社に対し、基本的に、議決権5%超を取得・

保有することができない旨を定めています。

すなわち、銀行の関連会社・5%超の出資先等が、新規事業等を行ったことにより、子会社対象会社のいずれかに該当しなくなってしまえば、銀行法違反となる可能性があり[3]、また、銀行単体が国内の会社の議決権を直接取得・保有するケースでは独占禁止法違反の可能性があるため注意が必要です。

したがって、銀行の関連会社や、5%超の出資先の会社等も、業務範囲規制を意識することが重要です。

[3] 監督指針においても、銀行の子法人等・関連法人等の業務範囲について、銀行法の子会社対象会社の業務の範囲内とすることが前提とされています。

(4) 銀行持株会社本体について

銀行持株会社本体は、グループ管理（経営管理）を行わなければならず、かつ、基本的に経営管理とその附帯業務しか行うことができないという業務範囲規制が課されています。但し、銀行持株会社グループ内の銀行を含む2社以上の会社に共通する業務であって、持株会社が統括的・一元的に実施することが、銀行持株会社グループの業務の一体的・効率的な経営管理に資すると考えられる一定の業務については、認可を受けて、銀行持株会社が行うことができます。

(5) 銀行持株会社の子会社について

銀行持株会社の子会社についても業務範囲規制があり、基本的に、子会社対象会社に認められた業務範囲と同様の業務範囲でしか、業務を行うことができません。

(6) 銀行持株会社の関連会社、15%超の出資先等について

銀行持株会社又はその子会社は、子会社対象会社以外の会社の議決権の15%超を基本的に取得・保有できないとの規制があります。そして、当該規制を受けて、監督指針において、銀行持株会社の子法人等・関連法人等の業務範囲についても、銀行持株会社の子会社対象会社の業務の範囲内であることが要請されています。すなわち、自社の議決権の15%超を銀行持株会社又はその子会社に保有されている会社は、銀行法に基づく業務範囲規制を意識する必要があるということです。

(7) 銀行代理業者について

銀行代理業者については、(i) 銀行代理業及びこれに付随する業務、及び (ii) 内閣総理大臣の承認(兼業承認)を受けた業務のみを行うことができます。このため、銀行代理業者は、新たな業務やプロジェクトを検討する場合、(ii) の兼業承認が必要でないかの検証を行うことが重要です。

3　保険業法の業務範囲規制

(1) 保険会社本体について

同一の保険会社が、生命保険と損害保険の両方の業務を行うことは認められていませんし、保険会社は、法律で認められた以外の業務を行うことはできません。保険会社ができる業務の範囲は、**図表5-12**の業務に限定されています。なお、保険業法が改正され、2021年より、付随業務としていわゆる情報利活用業務が追加されました(同法97条1項14号)。また、2021年法律第46号による保険業法改正(以下「2021年保険業法改正」といいます。)により、付随業務にデジタル化や地方創生などに資する業務が追加されます(同法98条1項15号)。具体的には、今後制定される内閣府令で定められます。

図表5-12　保険会社の業務範囲

業務の種類(保険業法上の区分)	業務の例
固有業務(同法97条、97条の2)	保険の引受、資産運用
付随業務(同法98条)	金融業に係る業務の代理又は事務の代行、債務の保証、情報利活用業務等
法定他業(同法99条)	社債等の募集・管理の受託業務、保険金信託業務等

(2) 保険会社の子会社について

保険会社は、**図表5-13**のいずれかに該当する会社(以下「保険会社に係る子会社対象会社」)以外の会社を基本的に子会社としてはならないとされます。なお、金融サービス提供法の施行に伴う2020年保険業法改正により、金融サービス仲介業者のうちの有価証券等仲介業務専門会社も保険会社の子会社として認められます(保険業法106条1項6号の2)。また、2021年保険業法改正により、保険会社の子会社に「地域の活性化に資すると認められる事業活動を行う会社として内閣府令で定める会社」が追加されました（同項15号）。

図表5-13　保険業法における子会社対象会社

①保険会社、少額短期保険業者	②銀行、長期信用銀行	③資金移動専門会社
④証券専門会社、証券仲介専門会社	⑤信託専門会社	⑥保険業を行う外国の会社
⑦銀行業を営む外国の会社、有価証券関連業を行う外国の会社、信託業を営む外国の会社	⑧従属業務又は金融関連業務を専ら営む会社	⑨新規事業分野開拓会社（ベンチャー・ビジネス企業）等
⑩①から⑨のみを子会社とする持株会社		

Q5 8

(3) 保険会社の関連会社、10％超の投資先等について

保険会社又はその子会社は、保険会社に係る子会社対象会社（4(2)参照）のいずれかに該当する会社以外の国内の会社の議決権の10％超を基本的に保有してはならないとされています[4]。このような規制があるため、保険会社の関連会社[5]や10％超の投資先等は、業務範囲規制に留意が必要となる場合があります。

[4]　独占禁止法11条も保険会社単体につき国内の会社に対し、基本的に、議決権10％超を取得・保有することができない旨を定めています。

[5]　監督指針においても、保険会社の子法人等・関連法人等の業務範囲について、保険会社に係る子会社対象会社の業務の範囲内とすることが前提とされています。

(4) 保険持株会社本体について

保険持株会社は、グループ会社の経営管理、及び、これに附帯する業務の他、他の業務を営むことができないとされています。

(5) 保険持株会社の子会社について

保険持株会社は、保険会社に係る子会社対象会社以外の会社を、子会社とすることが基本的にできないとされています。すなわち、保険会社の子会社の業務範囲も、この規制を受けて、一定の制限を受けるということです。

(6) 保険持株会社の関連会社等について

銀行持株会社の場合は、銀行持株会社又はその子会社が、銀行子会社となることができる会社以外の会社の議決権の15%超を基本的に取得・保有してはならないという規制があることは上記2の通りですが、保険持株会社の場合には、同様の規定はありません。

4　金融商品取引法の業務範囲規制について

(1) 第一種金融商品取引業・投資運用業を行う金融商品取引業者について

第一種金融商品取引業又は投資運用業を行う金融商品取引業者については、本来業務（金融商品取引業）、付随業務（有価証券の貸借等）、届出を要する業務、承認を得た業務のみを行うことができます[6]。

業務範囲規制は過去に比べかなり緩和され、本業と他業との兼業は弊害がない限り、基本的に自由とされていますが、一定の業務については、依然として承認や届出が必要ですので、注意が必要です。例えば、「他の事業者の業務に関する広告又は宣伝を行う業務」は届出業務です（金融商品取引法35条2項7号、金融商品取引業等に関する内閣府令68条22号）。また、同法が改正され、2021年より、付随業務としていわゆる情報利活用業務が追加されました（同法35条1項16号）。また、2021年法律第46号による金融商品取引法改正により、第一種金融商品取引業・投資運用業を行う金融商品取引業者の付随業務にデジタル化や地方創生などに資する業務が追加されました（同法35条1項17号）。具体的には、今後制定される内閣府令で定められます。

なお、金融商品取引法では、第一種金融商品取引業者又は投資運用業を行う金融商品取引業者の子会社の業務範囲規制はありません。

[6] 但し、銀行の証券子会社については、実務上、「証券専門会社」である必要があるため注意が必要です。例えば、通常の証券会社であれば、第一種金融商品取引業の他、付随業務（金融商品取引法35条1項）や（届出が必要ですが）届出業務（同条2項）を行うことができますが、証券専門会社ではこれらの業務の全てを行うことはできません。例えば、銀行の証券子会社は、金融商品取引法上の証券会社の届出業務である資金移動業を営むことはできません。

(2) 第二種金融商品取引業又は投資助言・代理業のみを行う金融商品取引業者について

（1）のような規制は適用されません。但し、他の事業を行う場合にはその事業の種類の変更届出が必要となります。

5　業務範囲規制への対応

業務範囲規制の対象となる会社の役職員は、新規事業の立上げ等の場面において、当該事業が業務範囲規制に抵触することがないか、個別のチェックを行うことが重要です。その際、自社もデータビジネスの事業主体となるのか等といった点を、慎重に検討することが有用です。例えば、自社と他社とで共同でデータを活用するプロジェクトを実施し、当該プロジェクトにおいて他社に対する広告等の販売によるマネタイズを予定している場合には、自社が広告の販売主体となれるのかといった点も、検討しておくことが重要です。

この他、企業買収、資本提携等の場面においても、業務範囲規制による影響を検討しておくことが重要となります。金融グループの側だけでなく、金融グループの傘下に入ることを検討する企業側でも、業務範囲規制の影響については、事前に十分に検討しておくべきでしょう。

企業買収・資本提携等の結果として、業務範囲規制が係ることとなって、従前の業務を大幅に縮小・変更しなければならなくなったりすれば、かえってマイナスとなりかねないからです。マイナスが大きければ、企業買収・資本提携等まではせずに、出資を伴わない単なる業務提携にとどめるという選択肢も生じてくるのではないでしょうか。

このように、単なる業務提携にとどめるのか、出資を伴う業務提携（資本提携）までするのかといった検討を行う際にも、この節で述べたような業務範囲規制を知っておくことは、大変に重要なのです。

Q5-9

金融グループとデータ戦略との関係について留意すべき法律の規制は何でしょうか？

金融機関は通常の事業会社とは異なる規制に服します。例えば、業法上の情報保護規制や、利益相反管理の規制に服する場合があります。また、金融グループ内での兼職や情報授受についても業法によって制限を受けることがあります。このような金融機関の独自の規制により、データ共有等が制限される場合があり、要注意です。　**執筆：鈴木 正人、中崎 隆、碓井 允揮**

1　情報保護規制

銀行や保険会社は、その業務の健全かつ適切な運営を確保するための措置を講じる義務を負います（銀行法12条の2第2項、保険業法100条の2）。このうち、顧客情報保護に関連して具体的に負う義務としては、次のようなものがあります。

- 個人顧客情報の安全管理措置等（銀行法施行規則13条の6の5、保険業法施行規則53条の8）。
- 信用情報機関（全情連、CIC、JICC等）から提供を受けた返済能力に関する情報を、借入金の返済能力の調査以外の目的に利用することの禁止（銀行法施行規則13条の6の6、保険業法施行規則53条の9）。
- 機微情報の目的外利用の禁止（銀行法施行規則13条の6の7、保険業法施行規則53条の10）（Q5-10参照）。
- 委託先管理義務（銀行法施行規則13条の6の8、保険業法施行規則53条の11）。
- 社内規則等の制定、体制整備義務（銀行法施行規則13条の7、保険業法施行規則53条の7）等。

体制整備と顧客情報の保護との関係では、金融機関は、個人顧客だけでなく、法人顧客の情報の保護まで要請されます。また、FISC（金融情報システムセンター）等の基準の遵守が事実上求められる等、通常の事業会社とは求められる保護のレベルも異なります。また、顧客情報の漏洩時には、各業法に基づく不祥事件等の届出[1]が必要になる可能性があると共に、各種監督指針に基づく対応や個人情報保護法に基づく報告等が要請されることもあります。

なお、証券会社についても、個人顧客情報の安全管理措置等、機微情報の目的外利用の禁止、社内規則等の制定、体制整備等が必要となります（金融商品取引法40条2号、35条の3、金融商品取引業等に関する内閣府令70条の2第1項、123条1項6号・7号）。

[1] 銀行法53条1項8号、銀行法施行規則35条1項25号、同条8項、保険業法127条1項8号、保険業法施行規則85条1項17号、同条5項、金融商品取引法50条1項8号、金融商品取引業等に関する内閣府令199条7号。

2　利益相反の管理体制の構築

銀行、証券会社、保険会社等の金融機関は、利益相反により、顧客の利益が不当に害されることのないように、利益相反の管理体制を整備する義務を負います[2]。利益相反とは、一般に、「顧客の利益と、金融機関の利益が衝突・相反」、又は、「金融機関が義務を負っている複数の顧客間の利益が衝突・相反」する状況をいいます。例えば、「金融機関が、企業買収についてのアドバイスを、競合する複数の買い手候補企業に対して行う場面」「証券会社が、顧客による株式の発注等の情報を利用して、自己の名義で株式等の取引を行う場面」等が当たります。

利益相反取引により、顧客の利益が害される可能性があるため、金融機関は、利益相反の管理が求められるのです。

すなわち、金融機関は、利益相反取引（対象取引）を適切な方法により特定するための体制を整備することが求められると共に、利益相反取引を発見した場合には、担当部門を分離したり、取引を中止したりする等の適切な措置を講ずることが求められ、かつ、その記録保存やその実施方針の策定・概要の公表が義務付けられています[3]。このような規制を受けて、利益相反取引を特定／管理するためのシステムの構築、利益相反取引を防止するための情報のアクセス制限・アクセス管理、利益相反を管理・統括するための部署の設置等が重要となります。

また、金融庁は、金融機関に対し、「顧客本位の業務運営に関する原則」の採用を促していますが、同原則では、「金融事業者は、取引における顧客との利益相反の可能性について正確に把握し、利益相反の可能性がある場合には、当該利益相反を適切に管理すべきである。金融事業者は、そのための具体的な対応方針をあらかじめ策定すべきである」と定めています。これを受けて多くの金融機関は、利益相反の可能性の管理も行います。

なお、利益相反管理といった場合、ファイアウォール（チャイニーズウォール）等で、完全に情報を遮断することまでは基本的に求められていません。

顧客の多様なニーズに応えたり、顧客に対する善管注意義務等を果たしたり、あるいは、内部管理、法令遵守等の目的のために、グループ会社／部門の壁を超えて、顧客情報の共有を一定範囲で行うことが相当と認められる場合もあります。情報共有を完全になくすというよりは、顧客不利益を防ぐために利益相反のリスクを適切にコントロールしながら情報共有を図ることが重要と考えられます。

[2] 銀行法13条の3の2、保険業法100条の2の2、金融商品取引法36条2項。

[3] 銀行法施行規則14条の11の3の3、保険業法施行規則53条の14、金融商品取引業等に関する内閣府令70条の4。

3 第一種金融商品取引業者によるグループ会社との非公開情報の授受の制限

(1) 非公開情報の共有の制限

有価証券関連業（いわゆる証券業）を行う第一種金融商品取引業者については、有価証券の発行者又は顧客（以下「顧客等」）に関する非公開情報[4]を当該金融商品取引業者のグループ会社から受領し、又はグループ会社に提供することは原則として禁止されています（金融商品取引法44条の3第1項4号、金融商品取引業等に関する内閣府令153条1項7号）。ファイアウォール規制とも言われます。このため、顧客等の非公開情報のグループ会社への共有を望む場合、情報共有が例外的に許容される場合[5]を除き、顧客等の書面による同意を得る必要があります。

但し、法人の顧客等に関しては、オプトアウトの制度があります（同条2項）。すなわち、非公開情報の共有の停止を求める機会を適切に提供している場合は、顧客等から停止を求められるまで、当該顧客等の書面による同意があったものと扱うことが認められています[6]。なお、外国の法人顧客情報については、内外金融機関の競争条件のイコールフッティング確保の観点から、2021年6月30日にファイアウォール規制の対象外とする制度改正が行われました。

[4] 「非公開情報」とは、(i) 発行者である会社の運営、業務若しくは財産に関する公表されていない重要な情報であって顧客の投資判断に影響を及ぼすと認められるもの、又は、(ii) 自己若しくはグループ会社の役職員が職務上知り得た顧客の有価証券の売買その他の取引等に係る注文の動向その他の特別の情報（これらの情報のうち外国法人（法人でない外国の団体で代表者又は管理人の定めのある者を含む）に係るものを除く）をいいます（金融商品取引業等に関する内閣府令1条4項12号）。

[5] 金融商品取引業等に関する内閣府令153条1項7号ロ～リ。例えば、(i) 電子情報処理組織（システム）の保守及び管理を行うために必要な情報を共有する場合、(ii) 法令等に基づいて非公開情報を共有する場合、(iii) 内部管理に必要な情報を共有する場合等があります。

[6] 但し、オプトアウトに関しては金融商品取引業者等に関する総合的な監督指針に定める方法に従う必要があり、例えば、法人の顧客等に対し、あらかじめグループ会社との間で授受を行う非公開情報の範囲、非公開情報の授受を行うグループ会社の範囲、非公開情報の授受の方法、提供先における非公開情報の管理の方法、提供先における非公開情報の利用目的及びグループ会社との間での非公開情報の授受を停止した場合における当該非公開情報の管理方法を通知すること等が要請されます（同指針IV-3-1-4 (1))。

(2) 非公開情報を共有する場合の留意点

有価証券関連業（いわゆる証券業）を行う第一種金融商品取引業者が、オプトアウトの制度によりグループ会社と非公開情報の授受を行う場合、金融庁の監督指針では、以下に示す点に留意する必要があるとしています[7]。

[7] 金融商品取引業者等向けの総合的な監督指針IV-3-1-4(2)。

① グループ会社との間で授受を行う非公開情報の範囲が事前に特定されているか。

② グループ会社との間で授受を行う非公開情報について、アクセス管理の徹底、関係者による持出防止に係る対策及び外部からの不正アクセスの防止等、十分な情報管理がされているか。

③ 非公開情報の管理を一元的に行う体制が整備されているか。また、オプトアウトした法人顧客やオプトインしていない顧客に係る非公開情報（以下「非共有情報」）については、その他の非公開情報と分離して管理されているか。

④ 内部管理部門に設置する非公開情報の管理を行う責任者等が、営業部門等に対し十分に牽制機能を発揮できるような措置が講じられているか。

⑤ 非公開情報の管理を行う責任者等の権限及び責任体制や非公開情報の取扱いに関する手続が、書面等において明確にされているか。

⑥ 証券会社等又は非公開情報の授受を行うグループ会社の営業部門その他の非公開情報を用いて業務を行う部門の役職員について、以下の措置が講じられているか。（イ）当該職員が、当該証券会社等又は非公開情報の授受を行うグループ会社のうち、一社が管理する非共有情報以外の非共有情報にアクセスできないこと。（ロ）当該役職員が、そのアクセスできる非共有情報を管理する法人以外の法人が非共有情報を管理する顧客に対して、当該非共有情報を

用いて勧誘等を行わないこと。

⑦ 非公開情報を取扱う各部門と非公開情報を取扱わない各部門との間の人事異動等に際し、非公開情報が漏洩しないような措置（守秘義務規定の整備及び資料管理等）が講じられているか。

⑧ 非共有情報が委託先を経由して親子法人等に提供されることがないような措置が講じられているか。

⑥（イ）は、「ホームベース・ルール」と呼ばれるものです。これにより、例えば、同一グループ内の銀行と証券会社を兼務した場合、その兼職している役職員は、兼務している銀行又は金融商品取引業者のいずれか一方が管理する非共有情報にしかアクセスができないこととなります。特に銀行等の営業部門と兼務を行う場合は外務員登録（金融商品取引法64条）を銀行と証券会社のどちらの法人で行うのか等の課題が生じることに注意が必要です。

4　兼職規制

金融グループでは、グループ会社間で役職員を兼務させるニーズがあります。もっとも、金融機関の役員等には兼職規制があり、兼職を行う場合には認可や届出が必要になるケースがあるため注意が必要です。例えば、銀行、銀行持株会社や保険会社の常務に従事する取締役（指名委員会等設置会社では、執行役）は、内閣総理大臣の認可を受けた場合を除き、他の会社の常務に従事できません（銀行法7条、52条の19、保険業法8条）。また、金融商品取引業者（第一種金融商品取引業又は投資運用業を行う者に限ります）の取締役又は執行役は、他の会社の取締役、会計参与、監査役若しくは執行役に就任し、又は退任した場合には、遅滞なく、その旨を内閣総理大臣に届出なければなりません（金融商品取引法31条の4）。

5　金融分野ガイドライン

金融機関が個人情報を取扱う場合には、個人情報保護法ガイドライン（通則編）等の一般的なガイドラインに加えて、金融分野における個人情報保護に関するガイドライン、金融機関における個人情報保護に関するQ＆Aに留意する必要があります。例えば、要配慮個人情報（同法2条3項）とは別の概念である機微（センシティブ）情報の取扱い、個人データの第三者提供に係る本人の同意（同法23条1項柱書）の取得方法、安全管理保護措置（同法20条）等に関して、通常の個人情報取扱事業者に比べて規制が上乗せされています。Q5-10も参照。

6　マネーロンダリングの防止、反社対策

マネーロンダリング対策として疑わしい取引の届出（犯罪収益移転防止法8条）に係る業務には、データベースの構築と蓄積が極めて重要ですが、今後は、銀行単体ではなく、金融グループ全体としてのデータの共有・管理が重要になってくると言われています。Q2-11も参照。一方で金融機関がグループ会社間で反社情報等を共有するには個人情報保護法や民事上の守秘義務（下記7の判例上の顧客に対する守秘義務の他、データ提供者との間の合意に基づく守秘義務も含まれます）等にも留意する必要があり、情報共有の範囲、方法、利用、管理等に関して慎重な検討が必要になります。

7　守秘義務

金融機関は、顧客（個人・法人）との取引内容に関する情報や、顧客との取引に関して得た顧客の信用に関わる情報等の顧客情報につき、商慣習上又は契約上、当該顧客との関係において守秘義務を負い、その顧客情報をみだりに外部に漏らすことは許されないとの判例（最判2007年12月11日民集61巻9号3364頁）があり、金融機関は顧客に対して当該顧客情報に関する守秘義務を負うと解されます[8]。そこで、金融機関はデータ戦略において顧客情報を取扱う場合には、契約等に基づく守秘義務・秘密保持義務にも留意する必要があります[9]。

[8]　証券会社においても、その従業員が職務上知り得た秘密を漏洩することは禁じられています（日本証券業協会「協会員の投資勧誘、顧客管理等に関する規則」5条2項等）

[9]　全銀協報告書（「法人顧客に係る銀証間の情報共有の在り方に関する研究会報告書」）は実務上参考になると考えられます。
https://www.zenginkyo.or.jp/fileadmin/res/news/news200416_2.pdf

Q5-10

金融分野ガイドラインについて、金融機関（又はその委託先）は、特にどのような点に留意すべきでしょうか？

金融分野ガイドラインは、金融分野における個人情報の取扱いについて、金融業務の特性に鑑み、一般的な事業と比べて厳重な取扱いを求めているガイドラインです。同ガイドラインでは、「機微情報」の取得・利用・提供についての規制を設け、利用目的や第三者提供の同意を書面で得ることを求めています。

執筆担当：永井 徳人、森 大輝

1 金融分野ガイドラインの位置付け

金融機関が扱う個人情報は、資産状況に関する情報をはじめ、標準的な事業者と比べても、重要なものが多いといえます。そのため、金融分野においては、個人情報の取扱いも、より厳格に定められています。個人情報保護法については通則的なガイドライン（以下「通則ガイドライン」）が設けられていますが、金融分野に関しては、「金融分野における個人情報保護に関するガイドライン」（以下「金融分野ガイドライン」）が、通則ガイドラインに追加して事業者がとるべき必要な措置や具体的な指針を定めています。

また、安全管理措置については、金融庁が、「金融分野における個人情報保護に関するガイドラインの安全管理措置等についての実務指針」（以下「実務指針」）において、具体的な内容を規定しています。そのため、金融機関においてデータ戦略を検討する場合はもちろんのこと、事業会社がデータ戦略に関連して金融機関と連携する場合には、金融分野ガイドライン、通則ガイドライン、実務指針等の内容をチェックする必要があります。

2 「機微情報」の取扱いに留意

金融分野ガイドラインでは、個人情報の中でも、「機微情報」について、特に強い規制が課されています。「機微情報」とは、人種、犯罪の経歴、信条、病歴、本籍地等、他人に知られたくない性質の強いものです。これに類似する概念として、個人情報保護法における「要配慮個人情報」の概念がありますが、「機微情報」は、**図表5-14**のように、「要配慮個人情報」を包含する概念です。

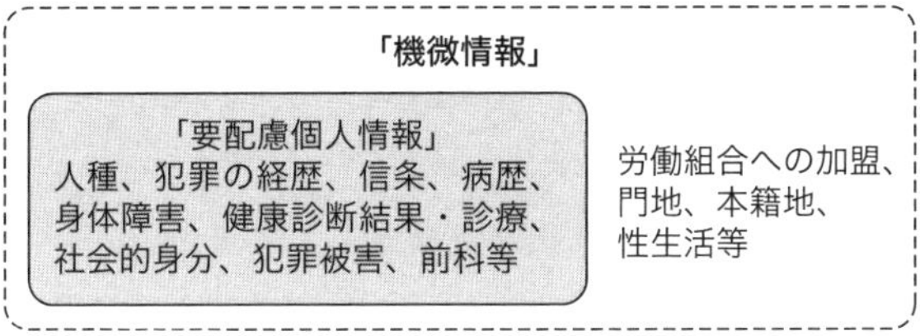

図表5-14　機微情報と要配慮個人情報

金融分野における「機微情報」は、他の分野における「要配慮個人情報」と比べて、**図表5-15**のような取扱いの差異があります。

図表5-15　要配慮個人情報と機微情報の差異

	金融分野以外における「要配慮個人情報」	金融分野における「機微情報」
①対象範囲	個人情報保護法と関連法令で定める範囲	金融分野ガイドラインで定める範囲（個人情報保護法と関連法令で定める範囲＋α）
②取得の可否	原則：取得には、本人の同意が必要 例外：法令に定める緊急事態等の場合は取得可能	原則：取得不可 例外：法令に定める緊急事態等の場合の他、適切な業務運営に必要で本人の同意を得た場合等、一定の場合に限り取得可能
③利用の可否	利用目的の範囲内で利用可能	原則：利用不可 例外：②の例外と同様の範囲に限り利用可能
④第三者提供の可否	原則：提供には、本人の同意が必要 例外：法令に定める緊急事態等の場合は第三者提供可能（オプトアウトは不可）	原則：提供不可 例外：②の例外と同様の範囲に限り提供可能（要配慮個人情報に当たらない機微情報もオプトアウトは不可）

金融分野における「機微情報」は、そもそも、一定の場合以外は、取得すらできません。例えば、金融機関が、顧客からの問合せに対応する場合等においても、機微情報を不用意に取得しないように配慮が必要です。また、金融機関や事業会社等が金融機関等と連携する場合には、データ戦略上、このような規制を踏まえてもなお機微情報の取得・利用・第三者提供が必要なのか、機微情報を取得しなくても目的は達成できないか等を慎重に検討する必要があります。

3 同意の取得を書面にてすべきこと

金融分野では、個人情報保護法に基づく利用目的及び第三者提供の同意（同法16条、23条、24条参照）を得る場合には、原則として、書面（電子的方式、磁気的方式、その他人の知覚によっては認識することのできない方式で作られる記録を含む）によることとしています。すなわち、口頭による同意は、原則として認められないということです。口頭による同意を得たことを担当者が記録する場合も同様です。但し、電話による同意を録音する方法は、「書面による」同意と認められます（同ガイドラインのQ＆A参照）。

4 個人情報の利用目的に関しての優越的地位の不当利用禁止

事業者が個人情報を取扱う際には、その利用目的を可能な限り特定する必要があり、原則として本人の同意なくその利用目的を超えて個人情報を取扱うことはできません。これは、個人情報保護法上の規制で、分野を問いません。さらに、金融機関が行う与信事業については、通常、サービスの利用者に対して強い優越的地位にあることから、その優越的地位を不当に利用することがないよう、特に**図表5-16**のような規制が課されています。

図表5-16 優越的地位の不当利用に関する規制

	一般的な事業で取得する個人情報	金融機関の与信事業で取得する個人情報
利用目的の扱い	通知又は公表	本人の同意の取得が必要
利用目的の記載方法	具体的な規制なし（本人が認識できれば可）	契約書上、利用目的と他の条項を明確に分離して記載する

利用目的の拒否	具体的な規制なし（本人が利用目的への同意を拒否した場合、サービス利用契約等の締結に支障が生じる可能性もある）	金融商品のダイレクトメール送付等の利用目的への同意が与信の条件になっている場合、その利用目的を拒否できる

このように金融分野特有の規制も多いため、金融分野において個人情報を含むデータ戦略を検討する際には、事前に規制の内容をしっかり理解する必要があります。その上で、本人の同意を取得することに必要な労力や費用と、個人情報を利用するメリットを比較する等、費用対効果を十分に検証した上で意思決定をすることが肝要です。

Q5-11

カード決済に係る規制としてどのようなものがありますか？また、データ戦略とどのように関連するでしょうか？

カード決済との関係では、銀行法、資金決済法、割賦販売法等、様々な規制が関係してきます。データ戦略を考える場合に、法律が大きな障害となる場合も多いですので、関係法令の対応について、整理しておくことが重要です。

執筆：中崎 隆

1　カード決済の重要性

クレジットカード、デビットカード、プリペイドカード（電子マネーを含みます）、ギフトカード、インターネットバンキングのカード等、世の中には様々なカードがあり、このようなカードによる決済の重要性は、年々増しています。国内においても、インターネット通販等では、クレジットカードが最も利用されている決済手段であると言われています。また、中国等では、貨幣の偽造が多い等の理由もあり、対面取引も含め、カード取引の割合が日本よりもさらに高いと言われています。今後も、カード決済の重要性は、ますます増えていくでしょう。

カード決済を提供している会社にとっても、カード決済を利用してビジネスを行っている企業（加盟店）にとっても、カード決済とデータ戦略の論点は、無視できない、重要な論点といえそうです。

2　カード決済に関連する規制の概要

データ戦略について考える前提として、カード決済には次のような法律の適用を検討する必要があります。

- クレジットカードについて割賦販売法、貸金業法、犯収法 等。
- デビットカードについて銀行法、犯収法 等。
- プリペイドカードについて銀行法／資金決済法、犯収法 等。

次に、カード決済に関連する法律について簡単に説明します。

(1) 銀行法

銀行業、すなわち、利用者からの預金の預かり、為替取引（＝大雑把にいえば送金）等の業務について免許を必要とすること等を規定する法律です。また、銀行法では、銀行業の代理・媒介を行う事業者に、銀行代理業の登録義務等を課しています。具体的には、例えば、銀行による(i)デビットカードの発行、(ii)貸付、(iii)送金等の業務に銀行法が適用されます。

(2) 資金決済法（資金移動業）

為替取引（送金）の事業については、銀行法に基づき、銀行業免許が基本的に必要となりますが、資金移動業の登録があれば、銀行でなくても一定の範囲の為替取引に係る事業をすることができます。資金移動サービス、送金サービスと称しているサービスは、おおむね、資金移動業の登録をしているサービスです。逆に、銀行業の免許又は資金移動業の登録がないのに、「資金移動」あるいは「送金」が可能とうたうと、景表法等との関係で違法となる疑いが濃厚ですので、要注意です。なお、クレジットカード取引（ショッピング取引）は、商取引一体型の決済／与信であり、純粋な金融取引とは異なる等として、「為替取引」に該当しないと歴史的に整理されてきています。

(3) 資金決済法（電子決済等代行業者）

預金口座や資金移動業のアカウントからの送金指示を代行するサービスや、預金・為替取引のアカウントの情報を、利用者に開示する事業者について、電子決済等代行業の登録義務等が課されています。銀行預金の口座情報が見られる家計簿等のサービスや、Pay-easy（ペイジー）等のサービスに適用される場合があります。

(4) 資金決済法（前払式支払手段）

資金決済法では、一定の前払式支払手段の発行者に登録／届出義務等を課しています。電子マネー、ギフトカード、プリペイドカード、商品券等を有償で発行している事業者のほとんどは、前払式支払手段の発行業者に該当します。但し、前払式支払手段の有効期限が発行から6カ月以内と設定される場合には、前払式支払手段に係る資金決済法の規制が適用されないとされていますので、その適用除外を活用している事業者も多くいます。

(5) 割賦販売法

割賦販売法では、カード会社による、クレジットカードの発行業務や、加盟店獲得に係る契約の業務を行うために登録を必要としています。加盟店については、登録その他の許認可を得る義務は課していませんが、一定のセキュリティ対策を義務付けています。そして、カード会社に対し、セキュリティ対策を講じていない加盟店と、加盟店契約を締結してはならないとの義務を課しています。

(6) 貸金業法

貸金業法では、貸付の業務を行う業者に登録義務等を課しています。なお、銀行には、銀行法が適用され、貸金業法は適用されません。クレジットカードには、加盟店でショッピングができるというショッピング機能と、キャッシング（貸付）を受けられるというキャッシング機能とがありますが、カード会社がキャッシング機能を提供する場合にのみ、貸金業法が適用されます。ショッピング機能だけであれば、貸金業法は適用されず、割賦販売法が問題となるだけです。

(7) 犯罪収益移転防止法

銀行やカード発行会社等に、取引時確認や、疑わしい取引の届出、確認記録・取引記録の作成／保存義務等の義務を課しています。「取引時確認」という用語を聞きなれない方は、免許証等による本人確認をイメージすれば十分です。Q2-11も参照のこと。

(8) 外為法・国外送金調書法

国際送金の場合は、外為法や、国外送金調書法等も問題となります。Q5-16も参照。

3　データ戦略とカード決済

(1) 銀行・カード会社等

銀行やカード会社等によるデータ戦略との関係では、次のような点がよく問題となります。

- 機微情報について、金融分野ガイドラインで取得/利用できる場合等が制限されており、利用者の同意があっても取得/利用できない場合があるとされるため、その関係をどう整理するか。Q5-10も参照。
- CIC/JICC等の信用情報機関から取得した情報について、目的外利用、第三者提供等が禁止されている点をどのように確保するか。
- クレジットカード番号等の漏洩防止（PCI DSS対応）や、不正利用防止策を講ずる義務を法令上負うが、システム上、どのように対応するか。
- APIを公開するか。また、公開する場合のAPIの規約（利用条件）をどのような内容とするか。提携先との契約において、相手方による利用目的/利用態様等を制限するか。Q2-16も参照。
- Fintech業者（○○Pay系のサービスを含む）と連携をするか。連携するとした場合、どのような契約とするか。Fintech業者を通じたセキュリティリスクや不正増大リスク等にどのように対応するか。Fintech業者によるデータの利用目的に制限をかけるのか。
- 委託先（クラウド事業者を含む）を用いるか。用いる場合、どの範囲で委託を行い、どの範囲のデータを管理させるのか。委託先との契約をどのような内容とし、また、委託先におけるデータの適正な管理、セキュリティの徹底等をどのように確保するか。
- 同意をどのように取得するか。金融分野ガイドラインにおいて、優越的地位の濫用の防止の観点から、他サービスでの利用の同意を取得してはならないとされている点（Q5-10参照）との関係をどのように整理するか。例えば、顧客から申告を受けた年収等の情報を、他の自社が提供するサービスとの関係で営業のために利用することが許されるのはどのような場合か。
- グループ会社間の共同利用を行うのか。
- グループ会社間の共同利用を行うとしても、利益相反管理のためのグループ内の弊害防止措置等との関係で、各グループ会社の顧客データベース等へのアクセス権限等について、どのように対応すべきか。Q5-9も参照。

- マネーロンダリング対策、反社対策等をどのように実施するのか。ブラックリスト/グレーリスト等を、グループ会社間でどこまで共有でき、どこからは共有すべきでないのか。
- プライバシーポリシーや個人情報保護指針等の変更の手続をどのように行うのか。
- 割賦販売法／資金決済法等に基づく加盟店調査や、反社／マネーロンダリング等の対策との関係で、取引データや苦情データ等をどのようにモニタリングし、リスクが高い加盟店とリスクが低い加盟店をどのように振り分け、また、疑わしい取引等をどのようにスクリーニングするか。
- 銀行又はそのグループ会社が、広告ビジネス等を行った場合に、銀行法に基づく業務範囲規制に違反しないか。Q5-8も参照。

(2) Fintech業者

Fintech業者については、次のような点がよく論点となります。

- 誰からデータを取得するものと構成するのか。利用者か、金融機関か。スクレイピング[1]等をする場合に、金融機関のサーバーにアクセスし、金融機関から個人情報を取得しているようにも思われるが、どのように整理するか。
- 誰の代理人/委託先と構成するか。利用者の代理人と構成するのか、それとも、金融機関の委託先等と構成するのか。それともこれらと異なる構成を取るのか。
- 金融機関が規約等でスクレイピングを禁止している場合にスクレイピングが適法か。例えば、利用者から、インターネットバンキングのIDとパスワードの交付を受けて、Fintech業者が、当該アカウントにアクセスし、情報等を取得する行為が、金融機関の利用規約で禁止されている場合に違法か、否か。不法行為は成立するのか。
- データポータビリティの動きや海外の立法の影響をどう考えるか。Q5-19も参照。
- 加盟店等から決済データをもらった場合に、当該データを、当該加盟店等と競合する事業者のために用いることの是非（加盟店との契約との関係で目的外利用に該当しないか。また、ビジネス上、利益相反的な取扱いをした場合に、契約を打切られ、データを提供してもらえなくなるリスクはないか）。

[1] ソフトウエア等を用いてウェブサイトから自動的にデータを抽出する手法。

(3) 加盟店

加盟店については、次のような点等が論点となります。

- クレジットカード番号等の漏洩防止（PCI DSS対応／カード番号等の非保持）や、不正利用防止策を講ずる義務を法令上負うが、システム上、どのように対応するか。
- クレジットカード番号等を保持するのか、それとも決済代行業者等を用いて、自社では保有しないこととするか。
- 利用者による不正、又は第三者による不正等により被害を受けないために、どのように不正取引を検出するか。
- チャージバックリスク[2]等をどのように減らすか。

[2] カード利用者が、カードの利用を否認している等の理由で、カード発行会社が、国際カードブランドのルールに基づき、売上を取消し、これにより、加盟店への支払がされないリスク。

Q5
11

4 結語

以上の通り、カード決済分野との関係でも、様々な法令が問題となります。また、割賦販売法の改正のように、PCI DSS等のセキュリティ措置が義務付けられる法令改正により、データビジネスや、各社が構築しなければならないシステム等に大きな影響が生じる場合があります。データ戦略を考える者としては、このような法律全てに精通することは困難かもしれませんが、法務部門や、外部専門家等とも協働して、対策を考えていくことが有用と思われます。

Q5-12

特定商取引法と特定電子メール法に関する注意点は何でしょうか？

データ戦略を推進するにはプロモーションが大事になります。電子メール等を用いたプロモーションに特に関係するのは、「特定商取引に関する法律」（以下「特定商取引法」）と「特定電子メールの適性化等に関する法律」（以下「特定電子メール法」）です。特定商取引法は、通信販売（ネット販売等）や訪問販売等の取引において消費者を保護する法律で、メールやFAXによる広告を規制しています。特定電子メール法は、未承諾の電子メールの送信を原則として禁止する法律です。

執筆：上野 陽子、中崎 隆

1　特定商取引法とは

(1) 特定商取引法により規制される取引類型

特定商取引法では、通信販売、訪問販売等、トラブルが発生するおそれの高い取引類型を規制しています。特定商取引法の対象となる取引類型は、「通信販売」「訪問販売」「電話勧誘販売」「特定継続的役務提供」「連鎖販売取引」「業務提供誘引販売取引」「訪問購入」です（**図表5-17**）。これらの取引類型に当たらなければ、同法は基本的に適用されません。「販売」という用語が用いられているため、商品の「販売」にのみ適用され、「役務（サービス）」の提供には適用されないと誤解されがちですが、「役務の提供」も含まれます。

図表5-17　特定商取引法の取引類型

取引類型	説明
通信販売	インターネット通販、カタログ通販等、インターネット・電話・郵便・FAX等の通信手段により申込を受ける取引です。
訪問販売	(i) 消費者の居宅・喫茶店等、事業者の営業所等以外での取引、(ii) キャッチセールス、(iii) アポイントメントセールス（販売目的を告げずに営業所等に呼び出して販売すること等）の取引です。

電話勧誘販売	電話で勧誘し、申込を受ける取引です。電話を一旦切った後、消費者が郵便や電話等によって申込を行う場合にも該当します。
連鎖販売取引	いわゆるマルチ取引(Multi-Level Marketing)。マルチ組織に加盟する会員は、加盟料等の費用を負担しますが、他の会員を勧誘して物を売ったり、勧誘した会員が払う加盟料の一部を分け前等としてもらったりすることで利益を上げることができます。違法なネズミ講との違いは、商品等の販売を伴うことです。
特定継続的役務提供	エステ・美容医療のサービスのうち、5万円超で、1カ月超の期間にわたるもの(すなわち、1カ月超のコースやチケット等)。語学教室、家庭教師、学習塾、結婚相手紹介サービス、パソコン教室のサービスのうち、5万円超で、2カ月超の期間にわたるもの。
業務提供誘引販売取引	「仕事を提供するので収入が得られる」「その仕事に必要である」等と言って商品やサービスの勧誘をする取引です。例えば、商品を試して簡単なアンケートに答えれば、モニター料を払う等といって商品を販売するモニター商法等が該当します。
訪問購入	消費者の自宅等を訪問し、貴金属等の物品を購入する取引です。

(2) 特定商取引法における規制の概要

取引類型ごとの規制の概要は、「各類型に適用される行為規則」(**図表5-18**)と「各類型に適用される民事ルール」(**図表5-19**)の通りです。

図表5-18　各類型に適用される行為規制

	書面交付義務	不当行為禁止	氏名等の明示義務	広告時の表示義務	虚偽・誇大広告禁止	再勧誘禁止	未承諾者への電子メール広告禁止
通信販売	×	△	×	○	○	×	○
訪問販売	○	○	○	×	×	○	×
電話勧誘	○	○	○	×	×	○	×
連鎖販売	○	○	○	○	○	×	○
特定継続的役務	○	○	×	×	○	×	×
業務提供誘引販売	○	○	○	○	○	×	○
訪問購入	○	○	○	×	×	○	×

図表5-19　各類型に適用される民事ルール

	クーリングオフ	不実告知等に基づく取消権	中途解約権	損害賠償等の額の制限	過量販売解除権
通信販売	×※1	×	×	×	×
訪問販売	○（8日）	○	×	○	○
電話勧誘	○（8日）	○	×	○	○
連鎖販売	○（20日）	○	○	△※2	×
特定継続的役務	○（8日）	○	○	△※2	×
業務提供誘引販売	○（20日）	○	×	○	×
訪問購入	○（8日）	×	×	○	×

※1　但し、返品に関する特約の表示がない場合の解約返品権（法15条の2）の規定があります。
※2　中途解約権を行使した場合の損害賠償等の額の制限の規定があります。

(3) 通信販売での注意点

データ戦略との関係で特によく問題になるのは「通信販売」です。そこで、通信販売に係る規制について補足します。通信販売では、消費者が事業者と対面して商品や販売条件を確認できないことから、自ずと広告が消費者に与える影響が大きくなります。特定商取引法では、通信販事業者が行う広告について次のような規制を設けています。

(i)　通信販売業者は、広告に販売業者の法人名等を表示する必要があります。多くの場合、販売を行っているページの目立つ場所に、「特定商取引法に基づく表示」というリンクを設け、リンク先のページ等に、法律で義務付けられている事項をまとめて記載しています。

(ii)　通信販売業者は、虚偽広告・誇大広告を行ってはなりません。

(iii)　通信販売業者は、承諾していない人に、電子メール広告又はFAX広告を送ってはなりません。

(iv)　クーリングオフと似た「解約返品制度」が設けられています。

(i) 表示規制では、「特定商取引法に基づく表示」を徹底することが重要です。例えば、インターネットモールサービス等を運営する場合、出店店舗が「特定商取引法に基づく表示」をしないケースがあります。そうしたケースを想定し、モールのシステムを作る段階から「特定商取引法に基づく表示」が徹底されるよう工夫し、必ず法人名、代表者名等が表示されるようにします。悪意を持った事業者は、自社に不都合な情報を隠したがりますし、追及されないよう身元を隠したがります。特定商取引法の表記を加盟店に徹底させることにより、悪意を持った業者が加盟店とならないようにする効果もあります。表示スペースが限られている場合、表記の簡略化についてガイドライン等が参考となります。読者の皆様が消費者として商品等を購入する場合、特定商取引法の表示すらきちんとなされていないようなウェブサイトでは購入しないことを強くお勧めします。

(ii) 虚偽広告・誇大広告の禁止では、特に、効果・効能をうたう広告を行う場合に要注意です。例えば、「願いが3日でかなう」とうたったブレスレットの販売業者複数社に、行政処分がなされた例があります。商品説明ページや広告等で一定の効果・効能についてうたっているケースにおいては、行政庁から、その効果・効能を立証する資料の提出を求められることがあります。その効果・効能があることを証明できるような資料を提出できなければ、虚偽広告・誇大広告と扱われ、処分の対象となる旨が法律に規定されています。「願いが3日でかなう」「血圧が下がる」「血行がよくなる」等と説明して販売するのであれば、そのような効果があることをきちんとデータ等により立証可能でなければなりません。

(iii) メール・FAXとの関係では、利用目的を示して、適正な承諾を得ることが重要です。個人情報保護法上の同意は、状況によっては黙示の同意でもよいと言われますが、特定商取引法や特定電子メール法上の同意は、明示的に取る必要があります。チェックボックスを設ける等して同意を得てください。Q1-14も参照。

(iv)「解約返品制度」とは、「解除できません」あるいは「○○の場合に限って解除できます」等の取引条件を表示していないと、消費者が商品を受領した日から8日間は契約を解除し、商品を返品できる制度です（特定商取引法第15条の2）。通信販売事業者は、どういう場合に解除を認めるのかを定め、解除の条件を消費者に分かりやすく表示する必要があります。

(4) クーリングオフ

訪問販売、電話勧誘販売、特定継続的役務提供、連鎖販売、業務提供誘引販売の取引類型では、クーリングオフ制度があり、要注意です。「クーリングオフ (cooling-off)」とは、「(頭を) 冷やす」という意味で、この制度により消費者は、契約後の一定期間、無条件で契約を解約して申込をなかったことにできます。例えば、訪問販売の場合、8日間はクーリングオフにより解約が可能です。この8日間は、契約の内容を記載した書面（法定書面）を事業者が交付してから8日間です。もし、その書面に重大な不備があると、この期間がいつまで経っても開始せず、永久にクーリングオフが可能になります。

クーリングオフがなされると、商品等を引渡していても、全額の返金をしなければなりません。例えば、商品の「かに」を消費者が食べていて返還できなくても、返金義務が生じてしまうということです（但し、健康食品、化粧品等の一定の消耗品は、消費するとクーリングオフできません）。事業者側からすれば、要注意の制度です。したがって、事業者側としては、クーリングオフのリスクを考慮に入れて対策を取ると共に、法定書面の作成・交付のシステム構築等に際し、細心の注意が必要です。

2　特定電子メール法とは

特定電子メール法は、通称「迷惑メール防止法」ともいい、電子メールの送受信上の支障を防止する観点から、電子メールの送信について規制を行う法律です。あやしい事業者が、相手方からの承諾も得ずに、電子メールを一斉に大量送信する等して、通信システムに負荷がかかっていたために制定された法律です。特定電子メール法では、次のような規制を設けています。

- 未承諾電子メールの送信禁止。
- 送信者の名称等の電子メールへの表示義務。
- 送信者情報を偽った電子メールの送信禁止。
- 架空電子メールアドレスを宛先とする電子メールの送信禁止。

3　特定商取引法・特定電子メール法と未承諾メールの禁止

(1) 未承諾メールの禁止

特定商取引法、特定電子メール法のいずれにおいても、未承諾者に対する広告のための電子メールの送信が禁止されています。いずれの法律でも、承諾者（又は電子メールを請求した者）に対してのみ電子メールを送信ができるという意味でのいわゆる「オプトイン」規制が採用されています[1]。承諾を得る方法は、ガイドラインで具体例等が記載されています[2]（**図表5-20**）。

[1] 2008年の特定電子メール法改正前は、誰に対しても電子メールを送ってもよいが、電子メールを拒否した者に対しては電子メールを送ってはならないという「オプトアウト」規制でした。

[2] 特定商取引法との関係では「電子メール広告をすることの承諾・請求の取得等に係る『容易に認識できるよう表示していないこと』に係るガイドライン」、特定電子メール法との関係では「特定電子メールの送信等に関するガイドライン」がある。

図表5-20 特定商取引法と特定電子メール法の比較

(「特定電子メールの送信の適正化等に関する法律のポイント」総務省・消費者庁・(財)日本データ通信協会より抜粋したものを著者が一部改変)

	特定商取引法	特定電子メール法
目的	消費者保護、取引の公正(広告規制)	電子メールの送受信上の支障の防止(送信規制)
規制対象となるメール	自己又は他人の営業につき広告・宣伝を行うための手段として送信する電子メール	取引条件の全部又は一部の記載のある電子メール広告(通信販売・連鎖販売・業務提供誘引販売に係るもの)
規制対象となる者	販売業者・役務提供業者、電子メール広告受託者[3]	送信者、送信委託者[4]
オプトイン方式	請求、承諾のない者に対する電子メール広告を禁止	請求、同意のない者に対する広告宣伝メールの禁止
記録の作成・保存義務	請求、承諾の記録の作成	同意を証する記録の作成
	電子メール広告を送った日から3年間保存	当該記録に係る特定電子メールの送信をしないこととなった日から起算して1カ月を経過する日まで保存
受信拒否の対応義務	受信拒否者への電子メール広告の禁止	受信拒否者への送信禁止
送信者情報を偽装した電子メール禁止	規定なし	送信者情報を偽った送信の禁止
架空電子メールアドレスを宛先とする電子メール禁止	規定なし	架空電子メールアドレスを宛先とする送信の禁止

[3] (i) 電子メール広告をすることについて相手方の承諾を得、又はその相手方から請求を受ける業務、(ii) 相手方から承諾を得たこと、又は請求を受けたことの記録を作成し保存する業務、(iii) 電子メール広告の提供を受けない旨の意思表示をするために必要な事項を表示する業務を受託している場合は、「電子メール広告受託業者」として、規制の対象となります。

[4] 送信委託者も、報告徴収・立入検査の対象となりますし、違法行為について帰責性があれば送信者と一緒に措置命令の対象となります。なお、メール配信サービス業者や配信ASP事業者等は、メール配信のためのシステムを提供していますが、電子メール送信ボタンを押す等の「操作」を行わず、かつ、「送信先・送信事項」についての「指示」も行わなければ、「送信者」にも、「送信委託者」にも当たらず、特定電子メール法の適用を受けないと解されます。

(2) 規制対象となる電子メール

特定商取引法と特定電子メール法で規制する「電子メール」には、通常の電子メール、すなわち、SMTP (Simple Mail Transfer Protocol) 等を用いた電子メールの他、携帯電話のSMS（ショートメッセージサービス）を含みます。

どちらの法律でも「広告」のための電子メールが規制対象となりますが、違いもあります。特定電子メール法では、取引条件の記載がなくても、広告・宣伝しようとするウェブサイトへの誘導のためのリンクがある電子メールは規制対象となると解されます。一方、特定商取引法では、取引条件の全部又は一部の記載がなければ規制対象とならないと解され、通信販売等の一定の取引類型に当たる場合の広告のみが対象となります。

このような違いはありますが、要するに、「自社の商品等の広告を含む電子メールの送信」「他社にその送信を委託する場合」「他社から受託する場合」は、基本的に特定商取引法と特定電子メール法に違反しないように注意が必要です。

(3) 未承諾メール禁止の例外

特定商取引法では、次の3つのいずれかに当たる場合には、未承諾者へのメール送信禁止の規定が適用されません。

- 取引関係メールに付随する広告。例えば、通信販売業者等が取扱う商品・役務に関する契約の成立、注文確認、発送通知等、取引についての「重要事項」を電子メールで通知する際、その電子メールの一部に付随的に広告を載せる場合。
- 承諾・請求を得て送信する電子メールの一部に掲載する広告。例えば、利用者が申込んだメルマガの一部に広告を載せる場合。
- フリーメール等に付随する広告。例えば、電子メールの一部に広告を掲載することを使用条件としたフリーメールやメーリングリスト等に広告を載せる場合。

一方、特定電子メール法では、次の3つのいずれかの者に対する電子メールとの関係では、未承諾メール送信禁止の規定が適用されません。

- 書面によりメールアドレスを送信者又は送信委託者に通知した者。例えば、電子メールアドレスの記載のある名刺等を渡した者。
- 電子メールによる広告又は宣伝に係る営業を営む事業者と取引関係にある者。

例えば、金融機関の顧客であって、当該金融機関に口座を開設している者。

- 自己の電子メールアドレスをインターネットで公表している団体又は個人。但し、個人については、事業者に限ります。また、電子メールによる未承諾広告を送信しないように求める旨の文言を記載している場合を除く。

どちらかの法律との関係で適用除外になっても、もう片方の法律が適用されれば、広告を含む電子メールを送れないこととなりかねませんので、要注意です。

(4) 受信拒否の対応

特定商取引法、特定電子メール法のいずれにおいても、受信拒否者への電子メールの送信が禁止されています。ガイドラインでは、受信者が望まなくなったときに、容易に受信拒否を行えるようにすることが重要であるとされています。

(5) 表示義務

特定商取引法、特定電子メール法のいずれにおいても、広告のための電子メールに下記の事項を表示することが義務付けられています。表示事項は、受信者が容易に認識することができる場所に表示されることが必要です。

(ア) 特定商取引法における表示事項

① 販売価格又は役務の対価(及び価格に送料を含まない場合は送料の金額)。
② 支払時期及び支払方法。
③ 商品の引渡、権利の移転、又は役務の提供の時期。
④ 申込の撤回又は契約の解除に関する事項。
⑤ 通信販売業者等の氏名又は名称、住所及び電話番号。
⑥ 通信販売業者等の代表者又は通信販売等に関する業務の責任者の氏名。
⑦ 申込の有効期限があるときは、その期間。
⑧ ①以外に消費者が負担すべき金銭があるときは、その内容及び額。
⑨ 商品に隠れた瑕疵がある場合の通信販売業者等の責任について定めがあるときは、その内容。
⑩ ソフトウエア等の記録されたDVD等の記録媒体を販売する場合や、デジタルコンテンツをストリーミング・ダウンロード等により提供する場合は、そ

の利用のために必要なコンピュータの仕様・性能その他の条件。

⑪ 商品の販売数量の制限その他の販売・提供の特別な条件があるときは、その内容。

⑫ 法定記載事項の記載の一部を省略する場合において、法定記載事項を記載した書面を請求した者に当該書面に係る金銭を負担させるときは、その額。

⑬ 通信販売業者等の電子メールアドレス。

⑭ オプトアウトを行うためのメールアドレス、又はURL等（但し、未承諾メール禁止の例外の３類型のいずれかに該当する場合は、表示不要)。

その他、返品に係る特約については、記載しないと効力が認められないことから、返品に関する事項（返品の可否、返品の期間等の条件、返品の送料負担の有無）を記載するのが通例です。

（イ）特定電子メール法における表示事項・表示場所

特定電子メール法における表示事項と表示場所については、**図表5-20**の通りです。但し、未承諾メール禁止の例外の3類型のいずれかに当たる場合は、**図表5-21**の②から⑤の事項の記載の表示は不要となります。

図表5-21　特定電子メール法における表示事項・表示場所

表示事項	表示場所
①送信責任者の氏名又は名称	メール本文の任意の場所
②受信拒否の通知を受けるための電子メールアドレス又はURL	
③受信拒否の通知ができる旨の記載	②の前後
④送信責任者の住所	メール本文又はリンク先のウェブページの任意の場所
⑤苦情や問合せ先等を受付るための電話番号、電子メールアドレス又はURL	

(6) 特定電子メール法のその他の迷惑メール対策

上記の他、特定電子メール法には、通信インフラの保護の観点から2つの規制があります。一つは、架空電子メールアドレスを宛先とする電子メールの送信の禁止です。プログラムにより自動的に作成された、利用者がいない電子メールアドレス宛に、電子メールを送ってはならないということです。もう一つは、送信者情報、すなわち、送信元の電子メールアドレス／IPアドレス／ドメイン名を偽装した電子メールの送信の禁止です。

4　その他

送信するメールの内容によっては、特定商取引法、特定電子メール法以外の法律により規制される場合もあります。例えば、メール広告の送信に当たっては、個人情報保護法や景品表示法もよく問題となります。また、著作権法では、著作物の無断転載等により著作権を侵害する電子メールの送信が禁止されておりますし、不正アクセス禁止法では、他人のIDやパスワード等を聞き出すいわゆるフィッシングメールの送信が禁止されています。

Q5-13

電気通信事業法における「通信の秘密」の規制とは何でしょうか。また、通信される情報を取扱う場合、どのような点に注意すればよいでしょうか？

電気通信事業者の取扱中の通信に関する情報（通信の内容自体の他、通信の日時・場所・存在等も含まれます）は、「通信の秘密」として保護され、その取扱いには、原則として、個別具体的で、明確な同意が必要です。

執筆：永井 徳人、渡邊 涼介

1　通信の秘密とは

第三者に知られずに通信することは、「通信の秘密」として保護されています。いつ誰とどんな通信をしているかといった情報を、第三者に知られないということです。これは、もともと、憲法が、民主主義の根幹となる表現の自由やプライバシーを保護するために、「国家権力が国民のコミュニケーションに介入しないこと」を保障したことに由来します。そのため、捜査機関が犯罪捜査のために通信を傍受する場合には、通信傍受法等に基づく令状が必要とされています。

「通信の秘密」は、特定者間の通信であれば、電子メールやSNS等のメッセージ機能（Facebookのメッセージや Twitterのダイレクトメッセージ等）といった電子的な通信にも適用されます。データ戦略の観点からは、マーケティング等の目的でSNS・電子メールの内容を取得・利用したり、位置情報を利用したりする場合（Q2-12参照）等には、「通信の秘密」を侵害しないか検討する必要があります。

2012年に、ヤフー社がYahoo!メールの文面を自動解析してターゲティング広告を出すサービスを導入した際、監督官庁である総務省から通信の秘密を侵害するのではないかとの懸念が示されました。この際には、ユーザーに、サービス内容や中止方法等を分かりやすく表示する等の対応がとられたことにより、許容範囲と判断されました。

2　通信の秘密の対象

(1) 対象となる通信

憲法の規定に実効力を持たせ、プライバシーを保護するために、「通信の秘密」については、電気通信事業法にも規定があります。電気通信事業法は、「電気通信事業者（下記3参照）の取扱中に係る通信」を対象として、「通信の秘密」を保護しています。発信から受信までの情報はもちろん、情報の伝達が終了した後でも、電気通信事業者の管理下にある情報（電気通信事業者の設備に保存された情報等）は、保護の対象となり得ます。例えば、受信後の電子メールの場合、受信者がPCにダウンロードしたメールデータ（PC上のメールソフトの中の情報等）は、通信の秘密の対象になりませんが、メールサーバー上に保存されたメールデータは対象となります。

なお、実質的に特定のユーザー間でのメッセージのやり取りを想定したサービスについて、サービス提供者もそのメッセージを閲覧する前提で、「掲示板」と同様の扱いをして、通信の秘密の対象とならないとしている例もあるようです。しかし、サービスの名目にかかわらず、その実態によっては、「特定者間の通信」として、通信の秘密の対象となることも十分考えられますので、実態に照らした慎重な判断が必要です。

(2) 対象となる情報

「通信の秘密」の対象となるのは、「いつ誰がどのようにどんな通信をしたか」等といった情報で、通信の伝達内容だけでなく、通信の日時・場所、送受信者の氏名・住所・電話番号・メールアドレス等、データのヘッダー情報、通信の存在自体や通信回数といった情報も含まれます。また、電子メール等の特定者間の通信は、「秘密」と推定され、保護されます。一方で、インターネット上に公開された掲示板等のウェブサイトに掲載された情報等は、「秘密」に当たりませんので、保護の対象外です。

通信の主体が法人であっても対象となりますので、この点では、「通信の秘密」は、個人情報よりも範囲が広くなります。これに対し、契約者の住所・氏名等は、通信と無関係であれば、通信の秘密としての保護対象にはなりません（**図表5-22**）。

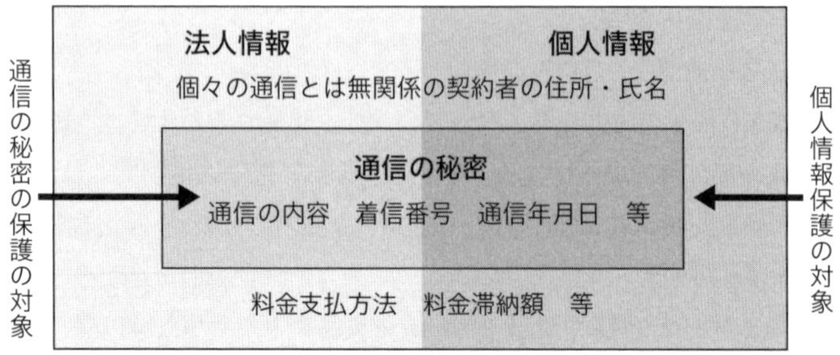

図表5-22　通信の秘密

出典：総務省「電気通信事業における個人情報保護に関するガイドラインの解説」

3　通信の秘密と電気通信事業者

(1) 通信の秘密の適用対象

上記のように、「通信の秘密」は、「電気通信事業者の取扱中に係る通信」が対象となります。そのため、通信の秘密に当たるようなデータを用いた戦略を考える上で、自社が電気通信事業者に当たるかどうかは、一つの重要なポイントです。電気通信事業者は、当然、「通信の秘密」を意識する必要があります。電気通信事業を営むには、一定の例外を除き、原則として、登録・届出が必要とされており、総務省の監督を受けることになります。そのため、通信に関するデータを扱う際には、電気通信事業法や関連するガイドライン等を遵守して、事業計画を立案し、実行する必要があります。

但し、「通信の秘密」の規制の適用対象は、電気通信事業者に限られている訳ではありません。そのため、自社が電気通信事業を行っていない場合でも、電気通信事業者と提携する等して、通信に関連するデータを扱う場合には、「通信の秘密」を侵害しないように意識しておく必要があります。

(2) 電気通信事業者の概要

電気通信事業者とは、簡単に言うと、「他人の通信を媒介する事業者」です。固定電話・携帯電話等の通信キャリアやISP（インタネットサービスプロバイダ）は、その典型例です。IP電話の事業者、MVNO[1]、インターネット関連サービス等を提供するケーブルテレビ事業者等も、電気通信事業者に当たります。また、サービスの態様にもよりますが、レンタルサーバーやホスティングサービス、特定ユーザー間でのチャットサービス、出会い系サイト等を提供する事業者も、基本的に、電気通信事業者としての登録・届出が必要です。例えば、自社の製品情報等をメールマガジンで配信する場合には、登録・届出は不要ですが、他社の依頼を受けて、メールマガジンの配信を代行する場合には、「他人の通信を媒介」していることになりますので、登録・届出が必要な電気通信事業に当たります。なお、電気通信事業者としての登録・届出が必要かどうかは、総務省の「電気通信事業参入マニュアル［追補版］」が参考になります。

外国法人等が提供するプラットフォームサービス等の国内における利用は急速に拡大する一方で、外国法人等に対する電気通信事業法の執行には限界があり、我が国の利用者の保護が十分に図られていない、国内外事業者の間で競争上の不公平が生じている等の課題が顕在化していました。このことから、2020年5月に成立、公布された電気通信事業法改正では、外国法人等に対する規律の実効性を強化するため、登録・届出の際の国内代表者等の指定義務（業務改善命令等が可能となる）、電気通信事業法違反の場合の公表制度（国内事業者等も対象に含まれる）等に係る規定が整備されました。

同改正法の施行に向けて、総務省令、ガイドライン等が整備されています。総務省「電気通信事業における個人情報保護に関するガイドラインの解説」1－2では、外国から日本国内の者に対して電気通信役務を提供する電気通信事業を営む場合にも電気通信事業法が適用される旨が明記されました。また、「外国法人等が電気通信事業を営む場合における電気通信事業法の適用に関する考え方」では、外国から日本国内にある者（訪日外国人を含む）に対する電気通信役務の提供の意図を有していることが明らかである場合は「外国から日本国内にある者に対して電気通信役務を提供する」場合に当たるとして、例えば、(i) サービスを日本語で提供している場合、(ii) 有料サービスにおいて、決済通貨に日本円がある場合、(iii) 日本国内におけるサービスの利用について、広告や販売促進等の行為を行っている場合のいずれかに該当するときには、上記意図を有していることが明らかであると判断され得ると記載されています。

[1] Mobile Virtual Network Operatorの略で、移動体通信事業者（MNO: Mobile Network Operator）の通信インフラを利用する等して、携帯電話サービス等を提供する仮想移動体通信事業者。

4　通信の秘密に当たるデータを利用する方法

(1) 侵害行為

通信の秘密を「侵害する」行為は、「知得」(積極的に通信の秘密を知ろうとする意思で知り得る状態に置くこと)、「窃用」(発信者又は受信者の意思に反して利用すること)、「漏洩」(他人が知り得る状態に置くこと)の3類型に分類できます。「知得」や「窃用」は、機械的・自動的に特定の条件に合致する通信を検知して、送受信者の意思に反して利用する場合のように、機械的・自動的に処理される仕組も該当する可能性があります。例えば、携帯電話事業者が、自動的に取得している位置情報を、電気通信事業者がユーザーの同意なく利用したり、第三者に提供したりすることは、通信の秘密の侵害となります。Q2-12も参照。通信の秘密の侵害については、電気通信事業法上の刑事罰もあり、2年以下の懲役又は100万円以下の罰金(電気通信事業の従事者の場合は、3年以下の懲役又は200万円以下の罰金)に処せられます。

また、通信の秘密の確保に支障があるときには、電気通信事業法29条1項1号に基づく業務改善命令が発動される可能性もあり、注意が必要です。総務省が、透明性・予見可能性を高めることを目的として公表した「通信の秘密の確保に支障があるときの業務の改善命令の発動に係る指針」では、想定されるケースとして、(i) 通信の秘密に係る情報の取扱いを示したポリシー・方針等が不適切な例、(ii) 通信の秘密の取得・利用等が不適切な例、(iii) 情報管理態勢が不適切な例、(iv) 苦情・相談等対応態勢が不適切な例がそれぞれ記載されています。

(2) 通信の秘密に当たるデータの利用

(ア) 通信の当事者の有効な同意

通信の秘密に当たる情報を利用するには、基本的に、通信の当事者の同意を得る必要があります。但し、この「同意」は、個別具体的で、明確なものであり、適切に取得されている必要があります(総務省「電気通信事業における個人情報保護に関するガイドラインの解説」2－13「本人の同意」参照)。こうした同意がある場合には、そもそも通信の秘密を侵害せず、仮に形式的に侵害していても下記(イ)のように違法性が阻却されると解されています。例えば、携帯電話事業者は、青少年が有害なコンテンツに接しないようにフィルタリングサービスを提供しており、形式的には「通信の秘密」に当たる情報が利用されていますが、これは、ユーザー（青少年の保護者）の同意の下で、行われています。

同意の取得については、総務省から「同意取得の在り方に関する参照文書」が公表されています。同文書では、「通信の秘密」の侵害を防止する観点からのリスク分析（特定・評価・管理）の重要性が強調される他、「有効な同意」・「同意取得の在り方」に関する考え方、ユーザーアカウント作成時における一括同意、2階層による同意取得、既存サービスに付加的サービスを追加する場合の同意取得の在り方や同意の管理に関する検討等が示されています。

（イ）違法性の阻却

通信の秘密を侵害する行為は違法ですが、刑法の一般的な法理により、(i) 正当行為の場合、(ii) 正当防衛の場合、(iii) 緊急避難の場合には、例外的に違法性がなくなる（阻却される）とされています。もっとも、こうした「違法性阻却事由」に該当するかどうかは、事案の具体的事情に応じた個別の判断となります。このため、実施を検討しているサービスが通信の秘密を侵害する可能性がある場合、専門家に相談する必要があります。電気通信事業者は、「他人の通信を媒介する」事業者ですから、この業務を正常に行うための行為は、「正当な業務」に該当します。「正当な業務」かどうかについては、Winny等のファイル交換ソフトが全盛で、著作権侵害等の違法コンテンツ流通の温床になっていると問題になっていた2006年に、参考となる事例があります。

大手インタネットサービスプロバイダのぷらら社は、かねてより、トラフィックを解析して、大量のデータが流れるWinny等の帯域を制限する行為（行為I）を行っていました。これは形式的には、「通信の秘密」に当たる情報を利用していますが、「正当な業務」として容認されていました。一方で、ぷららが、さらに1歩進んでWinnyによる通信を完全に遮断しようとした行為（行為II）については、総務省は、通信の秘密を侵害する可能性があることを示唆しました。行為Iが、他の正常な通信を確保しようとするための「制限」であるのに対し、行為IIは特定の通信を「完全に遮断」する行為であるため、「通信の媒介」を業務とする電気通信事業者の「正当な業務」の範疇に収まらないと判断されたものと考えられます。

電気通信事業者が児童ポルノの通信をブロックする行為についても、「正当な業務」として、網羅的にブロックすることまでは容認されておらず、「緊急避難」

に該当する場合に限って許容されると考えられています。つまり、児童の権利侵害が著しいか、他にとれる手段がないか等が考慮されることとなり、「正当な業務」としてブロックする場合よりも、厳格に判断されます。

(3) 個人情報との関係

通信の秘密に当たる情報の大半は、個人情報にも該当します。こうしたデータを扱う際には、「通信秘密」と「個人情報保護」の両方の側面に留意する必要があります。この点については、総務省の「電気通信事業における個人情報保護に関するガイドライン」で、個人情報保護法の他、通信の秘密を中心とした、業法上必要となる規律等が定められています。このガイドラインやその解説では、通信の秘密に関し、個人情報の取扱いとの違いによる注意も多く記載されており、参考となります。

Q5-14

不正競争防止法の営業秘密とはどのような概念でしょうか？営業秘密とされることによって、どのような保護を受けることができるのでしょうか？

非公知性、有用性、秘密管理性という要件を満たすことによって、不正競争防止法上の営業秘密となり、一定の法的保護を受けることができます。このため、営業秘密と構成されるよう、情報管理体制を整えたり、第三者に秘密情報をシェアしたりする場合には、秘密保持契約等で適切な秘密保持義務を課すことにより、秘密管理性等を確保することが重要です。

執筆：安藤 広人

1　営業秘密とは

「営業秘密」とは、秘密として管理されている生産方法、販売方法その他の事業活動に有用な技術上又は営業上の情報であって、公然と知られていないものをいいます（不正競争防止法2条6項）。

情報そのものは、民法において所有権の対象であるとは考えられておらず、企業内で秘密にしておく必要がある情報については、営業秘密としての保護を検討することになります。情報が営業秘密に該当するか否かについては、後述するような要件を満たす必要がありますが、技術情報のみならず、顧客名簿等についても、営業秘密とされることもあり、広く秘密情報を保護することができます。

近時では、新日鉄住金の高機能鋼板の製造技術が韓国POSCOに流出したケースや、東芝のNAND型フラッシュメモリーの製造技術が韓国SKハイニックスに流出したケースにおいて、これらの技術が営業秘密であることを前提として、不正競争防止法による損害賠償請求がなされています。また、顧客名簿が流出したケースにおいても、持ち出した者に対して、不正競争防止法上の営業秘密侵害罪が適用された事例があります。

2 営業秘密の要件

不正競争防止法による営業秘密とされるためには、(i) 秘密として管理されていること（秘密管理性)、(ii) 生産方法、販売方法その他事業活動に有用な技術上又は営業上の情報であること（有用性)、(iii) 公然と知られていないこと（非公知性）の3つの要件を全て満たすことが必要です。

この要件のうち、秘密管理性を獲得するためには、営業秘密にしておこうとする情報を秘密として管理しなければなりません（秘密管理措置)。この秘密管理措置のレベルとしては、相当に高度なものでなくても、当該情報を取得、使用又は開示を行おうとする従業員や取引相手先が、当該情報を企業が秘密として管理しようとしている情報であることが容易に認識できるレベルであることで足りるとされています（経済産業省「営業秘密管理指針」)。

ある情報が営業秘密の要件を満たし、営業秘密と認められることにより、民事では差止や損害賠償の請求ができ、刑事では営業秘密侵害罪が適用されることによって、保護され得ることになります[1]。

[1] 実際に保護を受けるためには、不正競争防止法の他の要件も満たす必要があります。

3 情報セキュリティと営業秘密

営業秘密の要件である秘密管理性を獲得するために、例えばデータベース上のデータであれば、当該データに対するアクセス制限等を行うことが考えられます。一方で、データに対するアクセス制限は、情報セキュリティを高める施策の1つとしても位置付けることができます。すなわち、情報セキュリティ対策を行うことは、一方で当該情報に対して秘密管理性を与え、ひいては不正競争防止法による保護を受け得ることにもなる訳です。

したがって、社内の情報管理を行うためのシステムを構築する場合には、情報セキュリティの観点からのみ検討するのではなく、営業秘密性の獲得という観点からも検討が必要です。

4 営業秘密の社外での保管・利用

営業秘密は、社内で利用／保管するだけではなく、グループ企業で利用／保管したり、業務委託先で利用／保管したり、さらに、営業秘密をライセンスしてライセンス料を得る等、社外において利用／保管することも考えられます。

社外で営業秘密を利用／保管する場合、子会社や業務委託先、ライセンシー等からの営業秘密の流出や不正利用に対しても適切に不正競争防止法による保護を受けることができるようにするため、秘密保持条項が含まれている契約を締結した上で、営業秘密を開示する際に子会社等の第三者に渡す情報が営業秘密であることを明示することが重要です（Q4-5も参照）。

5　限定提供データ

情報処理関連技術の発展により、大量のデータ（ビッグデータ）を収集することができるようになり、またこうしたデータを解析することにより新たな知見が得られるようになっています。このようなデータについては、第三者と共有したり、取引の対象となったりすることがありますが、秘密管理性や非公知性の要件を満たさず、営業秘密としての保護を受けられるか明らかでない場合もありました。そこで、2018年に不正競争防止法が改正され、一定の要件を満たすデータを「限定提供データ」（同法2条7項）として法的保護の対象とすることとなりました。

「限定提供データ」とされるは、以下の要件を満たすことが必要です（経済産業省「限定提供データに関する指針」も参照）。

- 技術上又は営業上の情報であること
- 業として特定のものに提供するものであること（限定提供性）
- 電磁的方法により相当量蓄積されるものであること（相当蓄積性）
- 電磁的方法により管理されるものであること（電磁的管理性）

限定提供データの提供者は、一定の不正競争行為（不正な取得／使用／開示）に対して差止等が請求でき、また、損害賠償を請求する際に、損害賠償の額の推定規定を利用することができるようになります。但し、営業秘密の場合と異なり、刑事罰は設けられていません。

6　データ戦略とデータの公開、非公開

データ戦略との関係では、データを、⑴ 公開する、⑵ 限定された第三者に公開する、⑶ 完全に秘匿する、という3つの考え方があります。

(1) データを公開する場合、例えば、ウェブサイトでデータを公開することによって、ウェブサイトにアクセスを誘引することができますし、広くデータを利用してもらい、その結果を解析するためにデータを公開することも考えられます。しかし、データを公開した場合、一般不法行為での救済の可能性はあるものの、営業秘密や限定提供データとしての保護を受けることは難しくなるでしょう。

次に、(2) 限定された第三者に公開する場合としては、事業提携や共同研究開発の相手方に技術情報を開示するように、かなり深い関係を持つ第三者に提供する場合や、データそのものを販売対象として、ライセンスを受けた第三者に提供する場合があります。これらについては、営業秘密又は限定提供データとしての保護を受けることが可能ですので、要件を満たすような管理を行うほか、提供にあたってのライセンス契約や秘密保持契約においても、選択した法的保護を受けうるような内容を備えることが必要となります。

最後に (3) 完全に秘匿する場合については、高額の投資をしたデータであったり、競争力の源泉となる可能性が高い重要なデータであったりするでしょう。営業秘密としての保護を受けることは可能となりますが、データの性質上、一度流出してしまうと、法的保護では損害を担保することができない可能性がありますので、情報セキュリティを高めるなどの事実上の保護が重要となります。

データ戦略との関係では、データを容易に取得することができるか、データを公開することによりビジネスチャンスを広げることができるか、データの粒度を下げることによって公開することができるか、すぐに陳腐化するデータか等により、データの公開非公開、公開する範囲などを決定し、それに応じた法的保護を受けうる管理体制、契約関係の整備が検討されることになります。

Q5-15

独占禁止法との関係で留意すべき点は何でしょうか？

優越的地位の濫用、カルテル等の規制に違反してしまうことのないよう、留意する必要があります。また、企業買収に際しては、独禁当局に届け出て審査を受ける必要がある場合があり、その場合には、消費者や競争にもたらされるメリットを説明することが重要です。 **執筆：平山 賢太郎、島崎 政虎**

1　データ戦略と独占禁止法

ビッグデータが事業戦略の決定において重要な位置を占め、事業者同士の競争における重要な要素となってきたことを受けて、ビッグデータの「不当」な収集や利用について競争政策（独占禁止法）の観点から規制を行うべきではないかという問題意識が急速に高まっています。

このような中、独占禁止法を所管する公正取引委員会は、「データと競争政策に関する検討会」を設置して2017年6月に報告書を公表しました。この報告書は公正取引委員会の正式な運用指針ではないものの、ビッグデータの「不当」な収集や利用に対して独占禁止法の観点から規制を行う場合において検討の出発点として参照されるガイダンスであるといえますので、ビッグデータに関わるビジネスを進める際に十分に理解しておくことが重要です。

2　独占禁止法の観点からの基本的な考え方

データの収集／集積や利活用は、ニーズにマッチした商品やサービスを消費者に提供したり（レコメンド機能）、機器の保全に活用されたりして、通常は、競争を促進したり消費者にメリットをもたらすものであるといえます。

しかし、データへのアクセスを不当に拒絶することにより他の事業者の新規参入を困難にしたり、競争上不当な手段を用いて収集したデータを利活用したりすることによって、競争が制限される場合には、独占禁止法上の問題が生じます。例えば、オンライン上におけるプラットフォーム（電子商店街等の取引を仲介する場）において、多くの顧客が特定の商品を購入し、その購買/苦情等のデータが集積される結果、「データの集積 → 商品の機能向上 →さらなるデータの集積→さらなる機能向上」というメカニズムが働いて寡占化が進行するのではないかと指摘されており（「データと競争政策に関する検討会」報告書6頁）、このような事態に各国の独占禁止法は対処できるのか、またどのように対処すべきかがさかんに議論されています。

そこで、以下においては、独占禁止法の観点から留意すべきポイントを次の3つの場面に分けて説明します。

(1) データの収集

(2) 収集したデータの利活用を巡る様々な行為

(3) 企業買収やデータライセンスによるデータ集積

3　独占禁止法の観点から検討すべき行為

(1) データの収集

データを収集する行為が、それ自体として独占禁止法上問題となることは通常はないと考えて差し支えありませんが、例えば、次の場合には、例外的に独占禁止法上の問題を生じます。

- 不当な手段でデータが収集された場合（優越的地位の濫用）。
- データの収集が競争者間の協調行為（カルテル等）につながる場合。

(ア) 優越的地位の濫用（不当なデータ収集）

取引の一方当事者が他方当事者に対してデータを提供させる行為は、一方当事者が他方当事者に対して取引上優越的な地位にあり、かつデータ提供の内容等が他方当事者に不当な不利益を与える場合には、優越的地位の濫用に該当する場合があると考えられます。例えば、「デジタルプラットフォーム事業者と個人情報等を提供する消費者との取引における優越的地位の乱用に関する独占禁止法上の考え方」では、優越的地位濫用[1]に関して、消費者からの個人情報やその他の情報の不当な取得や利活用が、優越的地位濫用に該当しうる旨の指針を示しています。

また、「金融分野における個人情報の保護に関するガイドライン」は、優越的地位濫用に関して、金融分野の個人情報取扱事業者が与信事業に際し融資先の個人情報を取得する場合に、「取得した個人情報を与信業務以外の金融商品のダイレクトメール発送に利用する」という利用目的への同意を求める例を挙げながら、取引上の優越的な地位を不当に利用し与信の条件として同意させるべきではない旨の指針を示しています。Q5-10も参照。

したがって、金融業界・通信業界等において有力な地位にある事業者は、顧客にデータを提供させ、その利用目的について同意を取得する場合に、いたずらに「自社の現在及び将来のサービス全てにおける利用」という包括的な同意を要求するのではなく、個別のサービスそれぞれに対して利用者に個別に同意を求めることで目的を達成できないか、検討することが重要です。

[1] 銀行法施行規則第14条の11の3第3号、金融商品取引業等に関する内閣府令第150条第3号、同第153条第10号等。

(イ) 競争者間の協調行為（カルテル等）

複数事業者が共同してデータを収集することは、機械の不具合データを共同で収集して製品の安全性を向上させたり、共同で収集したデータを新商品の共同開発のために活用したりする等、むしろ望ましい正当なものが多いといえます。しかし、共同で収集したデータから競合他社の製品価格や販売数量を把握できるようになってしまうと、データの共同収集が競合他社との協調行動（カルテル等）につながる懸念が生じます。この検討においては、子会社でないJV（ジョイント・ベンチャー：合弁会社）や持分法適用関連会社を競合他社と扱うべき場合があるので注意が必要です。したがって、共同データ収集においては、収集の対象とするデータ項目を設定する際に、独占禁止法の観点からの検討を経ることが重要です。

(2) 収集したデータの利活用を巡る様々な行為

収集したデータの利活用も、それ自体として独占禁止法上問題となることは通常はないと考えて差し支えありませんが、例えば次の場合には、例外的に独占禁止法上の問題を生じます。

- 共同のアクセス拒絶。
- データポータビリティの不当な制限。

(ア) 収集されたデータへのアクセスを拒絶する行為

独占禁止法の解釈においては、事業者がその単独の判断で(他の事業者と共同せずに)、誰に、どのような条件で商品を供給するか決定することは、基本的には事業者の自由であるとされています。このことは、収集されたデータについても同様であり、それを誰にどのような範囲でアクセスさせるかは、原則としてそれぞれの事業者の自由であるといえます。但し、「QRコード等を用いたキャッシュレス決済に関する実態調査報告書」や「家計簿サービス等に関する実態調査報告書」では、有力な銀行が、コード決済事業者や家計簿サービス事業者に対してAPI接続等の取引を拒絶したり接続料の水準を事実上拒絶と同視し得る程度まで引き上げる、銀行から取得した情報の取扱いを制限するなどの場合、例外的に独占禁止法上問題となる場合があると考えられる、とされています。

また、複数事業者が共同でデータを収集した上で他の事業者によるアクセスを拒絶することは、事業者の自由といえる上記の範囲を超えますので、独占禁止法の観点から慎重な検討を要する場合があります。上記の公正取引委員会研究会報告書では、(i) シェアの合計が相当程度高い複数の事業者が共同収集したデータについて、(ii) ある特定の事業者に対し共同のデータ収集作業への参加を制限し、かつ、(iii) 合理的な条件の下でのアクセスを認めない場合であって、その効果として当該第三者において他の手段を見いだすことができずその事業活動が困難となり市場から排除されるおそれがあるときには、例外的に独占禁止法上問題となる場合があると考えられる、とされています。

(イ) 収集したデータのアルゴリズム化を不当に行う行為

事業者が収集したデータをアルゴリズム化する際、どのような順位付けでアルゴリズムを構築するか決定することは基本的には事業者の自由であるとされています。一方で、デジタルプラットフォーム事業者が合理的な理由なく恣意的・透明性を欠く運用をした場合、例外的に独占禁止法上問題となる場合があると考えられる、とされています。例えば、「飲食店ポータルサイトに関する取引実態調査報告書」では、市場において有力な地位を占める飲食店ポータルサイトが，合理的な理由なく，恣意的にルール(アルゴリズム)を設定・運用することなどにより，特定の飲食店の店舗の評価(評点)を落とすなど，他の飲食店と異なる取扱いをした場合には，例外的に独占禁止法上問題があるとの指針が示されています。

また、2020年6月3日公布の「特定デジタルプラットフォームの透明性及び公正性の向上に関する法律」では、デジタルプラットフォームのうち特に取引の透明性及び公正性を高める必要性の高いものを提供する事業者に対し、商品掲載順序決定に用いられるアルゴリズムのうち、主要な基準を開示するよう求めています（同法５条２項１号ハ）。プラットフォーマーが収集したユーザーの登録情報、注文履歴その他の様々なデータの使い方のうち一部の開示が要求されるという点で注意が必要です。

(ウ) その他の不当な利活用行為

以上の他にも、データの利活用に関しては、(i) データの提供とその解析等他のサービスを抱き合わせで販売する行為、(ii) 自社とのみデータの取引をすることを義務付ける行為、(iii) 機械学習技術等の要素技術を有償/無償で提供する条件として、当該提供者以外の者によるデータ収集/利用を制約する行為等が、独占禁止法上問題となり得ると議論されていますので、注意が必要です。

(3) 企業買収やデータライセンスによるデータ集積

(ア) 企業買収に関する独禁法による一般的な規制

日本及び各国の独占禁止法は、企業買収案件のうち当事会社の国内売上高等に基づく基準値を超える大規模な案件について、買収実行（クロージング）前の届出を義務付け、当局による審査を経て承認があるまでは買収を実行できない旨の制度を設けています。当局による審査は、企業買収によって将来の市場における競争が制限されることとなるか否かという観点から行われ、懸念のある案件については、買収実行が禁止されたり競争確保のための条件を付して承認されたりすることとなります。

当局から承認が得られていないのに、買主側企業と対象会社（買収される会社）が顧客データベース等を統合して営業活動のために共同で利用すれば、このことは競合他社とのカルテルとして各国の独禁法に違反する場合があると同時に、企業買収審査についての手続を定める各国の法令違反となる場合がありますので注意が必要です。一方で、統合後のビジネスを統合完了初日からスムーズに開始するために必要な準備行為は許されます。その線引きについては、専門家等に相談しながら案件ごとに検討する必要があるでしょう。

(イ) データ分野における企業買収に対する独禁法による規制

事業活動におけるデータ収集の重要性が増大し、企業がデータ収集にしのぎを削っているといわれていますが、データ収集の手段には、自社のビジネスを通じて収集する方法のみならず、データを既に保有している企業を買収したり、データの利用権を得たりすること(データライセンス)も考えられます。

企業買収等による場合には、独禁法の問題が生じる場合があり、企業買収等によって支配的な地位を獲得するのではないか、という問題が生じることがあります。特に、最近、被買収企業の売上が大きくなくても、データベース等を獲得することにより、市場を支配できるような影響力を有することとなる(あるいは影響力をさらに強化する)場合があるのではないかという問題が、欧州を中心として各国当局による注目を集めています。このような懸念を背景として、例えば、トムソン・ロイター合併案件では、欧州委員会が両社のデータベースにより生まれる市場支配力を懸念し、合併を承認するに際して、データベースを他社にもライセンスする等の措置(問題解消措置)を講じることを条件としました。また、ドイツでは、国内売上高が小さい企業を買収する案件であっても、買収価格が一定の規模を超える案件は届出の義務が生じることとする旨の独占禁止法(競争制限禁止法)改正が行われ(2017年)、データベースが潜在的に有する価値(これが買収価格に反映されます)に基づいて審査対象が拡大されることとなりました。

このような動きが各国で既に見られるようになっており、日本でも同様のことが予想されますので、データ戦略の観点からも、M&Aを実施する際には、専門家と事前に検討を行うことが有益です。

(ウ) 戦略的な対応

事業戦略的な観点からは、顧客データベースを多く有している企業とのM&Aをするに際しては、(i) 買収・合併等の後に相手方の顧客データベースを利用できるか(個人情報保護法/プライバシーポリシー/NDA、その他の観点から利用制限がかからないか等)、(ii) 既存顧客の同意は取れているか、プライバシーポリシーを変える必要があるのであればどう変えるか、(iii) 両社のシステムをどのように統合するか、(iv) 相手企業において過去に違法なデータの取扱いがなされていなかったか等を検討する必要がありますし、これらと併せて、合併審査の手続等の独占禁止法の規制にも留意する必要があります。

海外（特に欧州）でも事業を行う会社の場合、合併後のプライバシーポリシーの変更等が独占禁止法との関係で問題視される場合もあります。例えば、Facebookの事案では、買主側企業と対象会社（買収される会社）がそれぞれユーザーに対して示しているプライバシーポリシーを統合しない旨を企業買収審査の際に当局に報告していたにもかかわらず、買収後にプライバシーポリシーを統合したところ、欧州委員会は、企業結合審査において虚偽の報告をしたと判断し、制裁金の支払を命じました。このような事態を避けるために、データ戦略部門は、法務部門とも密接に連携しながら、将来にわたるデータ戦略を構築する必要があるといえます。

また、子会社は基本的には競合他社と扱わない（すなわち、子会社との情報交換が違法なカルテルとされることはない）とされることが一般的ですが、これとは異なり、子会社でないJVや持分法適用関連会社は競合他社と考えておくべきであり、これらの会社との間での価格情報や顧客情報等の共有がカルテルとして独禁法上問題となることがあり得ます。これらの会社との間で共有したいと考えていた情報が、実は共有できないと後になって判明すれば、データ戦略やビジネスに想定外のダメージをもたらしかねません。したがって、例えば、JVの設立において51％の過半数の持分を取得して子会社とするか否か等、専門家と相談して、独禁法も含めた多面的な検討を行うことが有用です。

コラム

データポータビリティ制度

携帯通信業界においては、通信サービスの顧客が電話番号等の個人データを他の携帯電話会社と契約するため“持ち運ぶ”ことができる「データポータビリティ」制度が導入されました。これは、携帯通信会社が、競合他社の顧客を介して当該競合他社が保有するその顧客のデータへアクセスできるようにした制度です。携帯通信会社間の競争を促進して市場支配力の維持・強化が抑止されることが期待されますので、競争上望ましい政策的措置であると評価されています。

Q5-16

外為法はどのような法律でしょうか？　また、データ戦略との関係で外為法についてどのような点に留意すべきでしょうか？

外為法は、クロスボーダーの取引について規制する法律です。例えば、海外送金、国外から国内への投資、国内から国外への投資、輸出入、情報持出等について規制しています。データ戦略との関係では、暗号技術等の一定の技術情報の国外移転についての規制等に留意する必要があります。

執筆：中崎 隆

1　外為法とは

外国為替及び外国貿易法（以下「外為法」）は、クロスボーダーの取引について規制する法律です。クロスボーダーの送金取引だけでなく、クロスボーダーの投資取引や、技術移転取引等についても規制しています。

例えば、北朝鮮に、日本国内から送金することは事前許可の対象とされていますし、また、北朝鮮に、核ミサイル等の技術を移転することも事前許可の対象となります。許可がされることはまずありませんので、実質、禁止されています。

このように外為法は、テロリスト／テロ国家や制裁対象国への送金、技術移転等を防止する目的を有しています。また、例えば、海外からの魚類等の輸入を制限する等、国内の需給関係等を適切な水準に維持することを目的とした法律です。

1984年、東芝の子会社である東芝機械が、ココム協定に基づく外為法の規制に違反して工作機械をソ連（当時）に輸出したことが問題となりました。当該工作機械がソ連のスクリュー音の静粛性向上に貢献してしまったとして、米国では、東芝バッシングが起こり、米国の議員が東芝製の製品をハンマーでたたき壊して大問題となりましたので、ご記憶の読者もいらっしゃるかもしれません。この事件で、東芝機械には罰金200万円の判決、東芝機械の幹部2人にも有罪判決が下され、また、親会社の東芝の代表取締役も責任を取って辞任しました。この事件は、その後も東芝の業績に悪影響を与えたと言われています。

なお、その後、外為法違反の罰金は、2017年から上限10億円に引き上げられています。この点からも、外為法が、重要な法律であることが理解できるかと思います。

北朝鮮のスパイが日本にも潜伏していると言われていますが、北朝鮮の核ミサイルの開発や軍事力増強等につながる可能性のある技術や機械を、北朝鮮やテロリスト等に供与したり漏洩させたりすれば、その企業は外為法違反となるだけでなく、国内外で大きな批判・制裁を受けることになるでしょう。

2 製品の輸出入に際しての該非判定

製品を輸出したり、輸入したりするに際しては、外為法その他の輸出入関連法令や、海外の法令との関係で、許可等の手続が必要な製品かどうかについての判定（該非判定）が重要です。この該非判定のためには、製品に含まれる物質、原料等についてのデータを正確に取得し、管理する必要があります。

原料等を他社から取得している場合には、他社から提供を受けるデータ等の正確性を担保する必要があり、実務上は、契約等で手当されているケースが多く見られます。

3 情報の持出規制

外為法とデータ戦略との関係では、情報の国外持出規制にも留意する必要があります。この規制では、軍事技術・核技術・暗号技術等の国防にとって重要と考えられた一定の範囲の技術情報について、国外の第三者への技術供与・技術移転等について許可が必要とされています。このため、これらの技術を取扱う企業や、大学等は、組織内において扱う技術が海外に移転したり、漏洩したりしてしまわないよう、マニュアルや規則を整備し、その遵守を確保するための体制を整備する必要があります。

よく問題となるのは、海外から来た研修生等が技術を本国に持ち帰ってしまったり、あるいは、海外の取引先に対して営業用に技術情報を含むメールを送信したりして、技術が持ち出されたりしてしまう事例です。IT企業の場合は、暗号技術等の管理がよく問題になります。友人へのメール、技術者仲間間でのやり取りであっても、営業用のやり取りであっても、役職員による全ての情報のやり取りが、外為法違反となり得ますので、要注意です。

企業のデータベースの構築、セキュリティ対策、社内規則の策定等をするに際しても、外為法を考慮に入れることが有用です。

4 対内直投/対外直投の規制

データ戦略を考えるに際しては、海外の企業とのM＆A等も大事です。考慮しなければならないのは、対内直投/対外直投等の規制です。簡単にいえば、海外の会社が、日本のエネルギー等の国策上重要な分野の会社に投資をする場合には、事前届出が必要となっており、日本国が反対する場合には、その投資をすることができないこととなっています（審査付事前届出制）。サイバーセキュリティの確保の重要性が高まっていることを踏まえ、事前届出業種の範囲が拡大され、2019年8月31日以降に情報通信サービス関連業種等に係る対内直接投資等を行おうとする際には事前届出義務が課せられることになっています。

上場企業の場合、特に注意すべきなのは、自社における外国投資家の持株比率です。外国投資家の持株比率が50％を超えれば、日本国法に基づいて設立された企業であっても、外国投資家として扱われてしまうのです。自社が「外国投資家」となってしまえば、日本のエネルギー等の企業に対する投資が困難となりかねませんし、国内の他の企業に対してM＆Aを行うに際しても、色々と手続が面倒になる可能性があります。M＆Aを通じて、データ戦略を考える場合には、重要な考慮要素の1つですので、頭の片隅に入れておきましょう。

5 海外の外為法に相当する法令の遵守

外為法に相当する法律は、海外にもあります。特に、米国の輸出管理規制（Export Administration Regulation）には、要注意です。米国では、米国からの輸出取引だけでなく、再輸出取引まで規制しています。このため、米国の企業によっては、契約において、「米国の輸出管理規制を遵守し、かつ、違反があった場合、相手方の損害を賠償する」との条項を入れてくることがあります。

海外においては、日本以上に外為法違反等に対する罰金や制裁が厳しいため、外国の輸出管理規制をも意識して、セキュリティ等のルールを策定していく必要があります。基本的には、日本の外為法で規制されている製品・技術と重なる部分が多いと思われますが、異なる部分もありますので、要注意です。

Q5-17

米国における情報に係る規制の留意点は何でしょうか？

データ保護に関しても、営業秘密に関しても、連邦法、州法が複雑に入り混じった規制となっており、具体的な規律の内容を把握するためには、現地の専門家への問合せも検討すべきです。　**執筆：木佐 優、板倉 陽一郎**

1　米国における規制の複雑さ

米国は日本と最もつながりの深い外国とも言え、米国に支社・支店があったり、米国が本社であったりする企業は多く存在します。そのため、データ戦略を考えるに当たっても、米国での戦略を合わせて考えたいところですが、下記に述べるように、米国の規制は、連邦法、州法が複雑に入り混じり、その内容を把握することは容易ではありません。概略を把握した上で、現地の専門家への問合せも検討すべきでしょう。

2　データ保護に関する規制

米国には、欧州や日本のような、データ保護（個人情報保護）に関する統一的な法令は存在しません。連邦法レベルでの民間分野のデータ保護については、FTC法（連邦取引委員会法）5条に基づき、「不公正・欺瞞的な行為又は慣行」を禁止するという方法で監督・執行がなされています。

事業者は、自ら掲げるプライバシーポリシーに違反した場合には欺瞞的であるとしてFTC（連邦取引委員会）からの法執行を受けることがあり得ます。それ以外にも、FTCは、「不公正」「欺瞞」のそれぞれについて実務を重ねてきています[1]。

FTC法5条は、民間事業者に対するデータ保護の規律として通則的な役割を果たしていますが、個別分野のデータ保護を規律する連邦法として、医療保険の相互運用性と説明責任に関する法律（HIPAA）、児童オンラインプライバシー保護法（COPPA）、金融サービス近代化法（Gramm-Leach-Bliley Act）等を適宜参照する必要がありますし、州法による規律も無視することはできません。例えば、データ侵害通知（Data Breach Notification）に関する規律は各州法でなされていますし、近年では、ケンブリッジ・アナリティカを巡るスキャンダル[2]に呼応して、カリフォルニア州において、カリフォルニア消費者プライバシー法（California Consumer Privacy Act of 2018）が成立する等の動きも見られます。これらに加えて、プライバシー侵害を理由としたクラス・アクション（Q5-18参照）を含む判例法を把握する必要があります。このように、米国におけるデータ保護に関する規律を把握するのは困難な作業です。

[1] 詳細についてはクリス・フーフナグル著・宮下紘他訳『アメリカプライバシー法　連邦取引委員会の法と政策』（勁草書房、2018年予定）（原著：Hoofnagle, Chris Jay. Federal Trade Commission privacy law and policy. Cambridge University Press, 2016.）参照。

[2] 英国ケンブリッジ大学の心理学者アレクザンドル・コーガン氏が、Facebook社と提携してFacebookユーザーに、「性格診断」と証して、27万人に診断テストをさせる等し、診断テストを受けたユーザーのFacebook上の「友達」も含め5000万人分を超える個人データを収集し、本人の承諾がないにもかかわらず、ケンブリッジ・アナリティカ社に不正に販売したとの内部告発が同社の元従業員からあった事件。同社は不正を否定するも、社会問題となり、同社は2018年に破産手続を申請。

3　営業秘密に関する規制

米国で2016年5月に施行された営業秘密防御法（DTSA：Defend Trade Secret Act）は、営業秘密を民事上保護するための同国で初めての連邦法であり、州間又は国外との商品・役務の取引に限ってですが、営業秘密の侵害に対して、一般的に連邦裁判所で訴訟を提起することができるようになりました。それまでは、営業秘密を保護する法律は、州法レベルでのみ存在し、48州では内容の標準化が図られていたものの、連邦裁判所で争うことができるケースは限られていました。なお、既存の州法による保護も存続します。

このDTSAは、民事手続上、緊急性の高い限られた場合に、対象者に事前に知らせないまま、差押えを行うことができるとした点（ex Parte Seizure）と、企業の内部告発者に対して営業秘密開示について免責を認めている点が特徴的です。後者に関して、従業員やコンサルタントとの契約において、免責について通知することも求められています。

営業秘密の保護が強化されたという意味では企業にとって歓迎すべきことではありますが、米国において営業秘密侵害を理由とする訴訟のリスクが増加したということでもあり、データ戦略を考えるに当たって、他社の営業秘密の取扱いについては、一層の注意が必要です[3]。

[3] DTSAに関する著名な事件として、Google社の自動運転車開発企業であるWaymo社が、同社の元エンジニアが、同社の営業秘密を退職前に持ち出し、Uber Technologies社のために用いたとしてUber Technologies社を提訴した、Waymo LLC v. Uber Techs., Inc.（No. C 17-00939 WHA）。2018年に和解。

Q5-18

米国の民事訴訟に係る法令の規定について教えてください。クラス・アクションやディスカバリ等で、対応が大変だと聞きます。どのようなリスクがあり、どう対応すればよいのでしょうか？

米国の民事訴訟には、ディスカバリという厳格な証拠開示手続があり、訴訟の争点に関連する証拠は、全て開示しなければならないのが原則です。企業は、訴訟が合理的に予測された時点で訴訟ホールドを実施して、情報の廃棄を確実に防ぎ、関連性と開示除外事由の有無をチェックする必要があります（ドキュメント・レビュー）。カルテル規制やFCPAも、証拠の取扱いについては、これに近い構造を持っています。弁護士秘匿特権の活用、訴訟ホールドの徹底、データ・リテンション・ポリシーに基づくデータの適切な消去等の対応が必要で、日本企業の実情に応じて意思決定すべきでしょう。

執筆：吉峯 耕平

1　米国民事訴訟の概要

(1) 米国の民事訴訟のリスク　―日本との違い

米国の民事訴訟は、日本の民事訴訟と比べて、非常に大きなリスクがあります。その違いは大きく2つあり、1つは敗訴した場合に生じる損失が非常に大きいということ、もう1つは、ディスカバリをはじめとする手続上の負担が大きいことです。

前者は、懲罰的損害賠償、陪審制度、集団訴訟（クラス・アクション）[1]等といったいくつかの要因によるものです。日本企業が多額の損害賠償を命じられた事例として、武田薬品のPL（製造物責任）訴訟があります[2]。これは、アクトスという2型糖尿病治療薬により膀胱ガンの健康被害が生じたという集団訴訟で、4,000件の訴訟が広域係属訴訟（MDL：Multi District Litigation）という手続で一括審理の対象となり、最初に審理された訴訟で、60億ドル（実損害の約5,400倍）の懲罰的損害賠償を認める陪審評決が下されました（後に判事が2,700万ドルに減額）。このような天文学的な懲罰的損害賠償を認める判断がなされたこともあり、武田薬品は、24億ドルを支払う和解に追い込まれたのです。

[1] 米国の集団訴訟制度で、直接の訴訟当事者になっていない同一事案の被害者にも、判決の効力が及ぶのが特徴。
[2] 井原宏「医薬品製造物責任訴訟におけるディスカバリ手続違反及び懲罰的損害賠償をめぐる争い」NBL1043号96頁（2015）、第一東京弁護士会総合法律研究所編著『法務リスク管理の最前線』（清文社、2016）128頁以下。

(2) ディスカバリ　―広範な開示義務

米国の民事訴訟は、手続的な負担が重く、対応費用が1億円規模を超えることは日常茶飯事です。その負担の大きな部分を占めるのが、ディスカバリという証拠開示手続です。

米国法の起源となった英国では、訴訟は「トランプのカードを表向きにして（Cards face up on the table）行われるべきだ。それが裁判の正義にかなう」という考え方があります[3]。日本の民事訴訟では、文書提出命令が一般義務化されたとはいえ、これに対応する例外が判例上広く認められており、日米の訴訟手続は英米法のそれとは発想が異なるといえます。

米国においては、訴訟当事者は、訴訟の争点と関連性のある証拠を、原則として全て開示する義務があります。例外は、弁護士と依頼者の間の秘匿特権（2 (1) 参照）、ワークプロダクトの法理[4]、裁判所の保護命令等です。

具体的な手続としては、当事者は、訴訟が合理的に予測された時点で、関係のありそうな資料を保全しなければなりません。これを「訴訟ホールド（Litigation Hold）」といいます。そして、膨大な資料（紙文書、デジタルデータを問いません）を全てチェックして、関連性があるか、開示除外事由（弁護士・依頼者間の秘匿特権等）に該当するかどうかを判断する必要があります。この作業をドキュメント・レビューといい、膨大なデータを対象に、多数の弁護士を動員して人海戦術で実施することになり、多額の費用が掛かるのが一般的です。

[3] 高橋郁夫ほか『デジタル証拠の法律実務Q＆A』（日本加除出版、2015）350頁。
[4] 訴訟のために作成した文書等は、ディスカバリの対象とならないという原則。

(3) 厳格な制裁

証拠保全、開示の義務に違反した場合、裁判所は、裁判所侮辱として、違反当事者に多様な制裁を科すことができます[5]。義務違反の典型は、不十分な訴訟ホールドにより証拠を滅失させた場合で、証拠隠滅（spoliation）と呼ばれます。2015年に改正された連邦民事訴訟規則（FRCP）では、故意に情報を喪失させた場合には「不利な推定の説示」（判事が陪審に対し、証拠隠滅がなされたこと、失われた証拠に何が記載されていたかは分からないこと、陪審は不利な事実を推定できる旨を説示すること）等の厳しい制裁手段が適用されることが、改めて明示されました。

前述の武田薬品事件でも、証拠隠滅の認定に基づき不利な推定の説示がなされており、苛酷な懲罰的損害賠償金の認定に影響したと考えられます。

このように、多様かつ厳格な制裁が科されることから、ディスカバリにおいて保全義務・開示義務を遵守することが、極めて重要になるのです。

[5] 費用の負担、弁論の時間の制限、専門家証人の制限等、様々な制裁を裁判所が裁量によって決定します。

(4) カルテル、FCPA等の手続

私人間における民事訴訟の他に、米国法で大きなリスクとなっているのが、カルテル規制やFCPA（海外腐敗行為防止法）等の法令に違反した際の、行政当局（米国司法省等）による刑事訴追や民事訴追のリスクであり、違反法人に対して数千万ドル～数十億ドルの罰金・制裁金等が課されたり、違反した個人に禁固／懲役刑が科されたりすることがあります。

行政当局が、刑事事件のために捜査をする際には、捜索・差押等の手続を利用することもありますが、刑事事件においても、文書提出等の命令（サピーナ：subpoena）を活用することが少なくありません。サピーナの手続は、民事事件でも、刑事事件でも、基本的な構造は同様です。

サピーナ（subpoena）により、文書等の作成／提出を命じられた場合、膨大なデータを対象としたドキュメント・レビューを会社が実施する必要があります。

サピーナが発付された時点で、全ての情報の保全が厳格に求められるのは、私人間における民事訴訟での訴訟ホールドと同様です（これに反した場合、捜査に非協力的だったとして、制裁金が増額され得ることになります）。

また、カルテルやFCPAの捜査や行政当局による訴追と並行して、私人による多くの民事訴訟（集団訴訟）が提起されることも少なくありません。

2　ディスカバリへの対応

このように、米国の民事訴訟（特に集団訴訟）や当局対応は、莫大な不利益を会社にもたらす可能性があるため、極めて慎重な対応が必要になります。

日本企業も、米国で事業を展開する以上、米国で集団訴訟等の民事訴訟を提起されるリスクは避けられません。例えばカルテルの事案で、日本国内で事業をしている自動車部品製造会社（自動車メーカーの下請）が、カルテルに関する米国の民事訴訟の対象となった事例もあります。FCPAについていえば、域外適用されるため、一見すると米国との関係性が薄いように見受けられる事例（米国以外の海外での賄賂事案）であっても、例えば賄賂の資金として米国の金融機関を介した送金手段を用いたなどを理由として多額の制裁金が課される可能性があります。

このようなリスクに対応するために、会社の事業に応じて、以下のような対応を検討するべきでしょう。

(1) 弁護士・依頼者間の秘匿特権の活用

厳しい開示義務と制裁のリスクに晒されている米国企業は、紙の文書にしてもメール等のデジタルデータにしても、文書を残すことのリスクを考慮して行動します。それに比べて、日本企業は、素朴に文書化することが多いようです。特に、紛争のリスクが生じた後については、弁護士とのコミュニケーションという形で文書化することにより、弁護士・依頼者間の秘匿特権によって開示を免れ得るようにしておくことが重要です。

(2) 訴訟ホールドの徹底

民事訴訟にしても、カルテル等の当局対応にしても、情報を保全することの重要性は、いくら強調しても強調しすぎることはありません。案件に関係する人物をリストアップして、訴訟ホールド通知と呼ばれる通知を直ちに送り、遵守させます（そのためのモニタリングも必須となります）。また、データを削除するプログラムを止め、バックアップされたデータを確保するといった技術的な措置も必要になります。

民事訴訟の場合は、上記の訴訟ホールドの措置を、訴訟が提起されてからではなく、訴訟が合理的に予測された時点で実施する必要があります。着手が遅れると、データの自動消去により、証拠隠滅を問われることになりかねません。

これらの保全措置を円滑に実施するためには、平時から、データの所在と管理責任者が明確にされていることが重要です。情報管理がいい加減であればあるほど、証拠隠滅とみなされるリスクとの関係で、訴訟ホールドの範囲が無限定に広がっていくことになりかねません。訴訟ホールドの範囲が広がると、後のドキュメント・レビューに必要となる費用が膨大となり、また、思わぬ不利益な証拠が出てくることにもつながりかねません。

(3) 平時の管理体制 ― データ・リテンション・ポリシー ―

このような苛酷な保全義務・開示義務が課されている米国では、データを合法的に消去することが、日本と比べて非常に重視されています。そのための仕組が、データ・リテンション・ポリシーといわれる社内ルールです。社内で保有するデータについて、保存期間を定め、保存期間が過ぎたデータはきちんと消去するという運用を適切に実行することが、訴訟等で無限定なリスクを負うことを避けるために、ぜひとも必要と考えられているのです。そのような合法的な消去は、Defensible Disposalと呼ばれています。

例えば、メールについては、従業員が特に指示しない限り、3～6カ月程度で自動消去されることが普通です。極端な例を挙げると、韓国のサムソン電子は、2週間でメールを自動消去する独自システムを運用していました（メールが残ることによる不利益を極めて大きいと見ているのでしょう）。このような短期間での自動消去は、業務に支障が生じかねないリスクもありますが、訴訟におけるリスクが重視されているということでしょう。

日本企業も、特に米国での訴訟等のリスクがある企業については、文書管理規程を見直し、適切にデータを消去する実務を確立する必要があるでしょう。もっとも、少なくとも日本国内については、文書開示義務は米国ほど苛酷なものではありませんから、米国流の短期間の保存期間をそのまま導入すべきかどうかは慎重に検討するべきでしょう。非現実的な保存期間を定めることは、ルールが徹底されないことにつながり、そのような会社が管理できないデータの存在は、それ自体がリスクとなりかねません。文書・データを洗い出して、リスクとメリットを考慮して適切な保存期間を定めた上で、その通りに実行するという姿勢が重要です。単に、文書管理規程の「文書」の定義に、「電磁的記録を含む」といった文言を加えただけでは不十分なのです。

Q5-19

EU一般データ保護規則（「GDPR」）及び英国GDPRの概要について教えてください。どのような場合にGDPR及び英国GDPRが適用されるのでしょうか？　例えば、EU及び英国に拠点のない日本企業にもGDPR及び英国GDPRが適用されるのでしょうか？

GDPR及び英国GDPRは、基本的に、(i) 欧州又は英国に自社又は委託先の拠点がある場合、(ii) 欧州又は英国に所在する個人に向けた商品/サービスを提供している場合、(iii) 欧州又は英国に所在する個人の活動の監視を行っている場合に適用されます。

執筆：笠松 航平、板倉 陽一郎

1　EU一般データ保護規則（GDPR）及び英国GDPRとは

EU一般データ保護規則（GDPR：General Data Protection Regulation）は、2018年5月25日から全面適用されました。英国GDPRは、英国が、2020年1月31日付でEUを離脱するにあたり、GDPRを英国の国内法化したもので、その内容はほぼGDPRと同様ですので[1]、以下の説明は、主としてGDPRを例にします。

GDPRの概要と日本の個人情報保護法との主な違いは**図表5-23**の通りです。

[1]　詳細については，日本貿易振興機構（ジェトロ）ロンドン事務所海外調査部「移行期間終了後の英国ビジネス関連制度　データ保護」（2021年3月）参照。

図表5-23 GDPRと個人情報保護法との比較

出所：個人情報保護委員会によるGDPRのまとめと、IT戦略本部第14回新戦略推進専門調査会・第10回官民データ活用推進基本計画実行委員会合同会議【資料2-2】個人情報保護委員会「国際的な個人データの移転について」(2018年5月11日）を基に筆者作成）

GDPR
「データ保護指令」に基づく各国法に代わり、2018年5月25日からは「一般データ保護規則」（GDPR：General Data Protection Regulation）がEU加盟国（及びEEA協定に基づきEU法の適用を受けるアイスランド、リヒテンシュタイン、ノルウェー）に直接適用されている。

【事業者の義務の例】

	GDPR	個人情報保護法 （2020年・2021年改正法）
センシティブデータ	取扱い禁止	取得と提供には本人の事前同意が必要
データポータビリティの権利	認められる	開示請求権あり（原則電磁的記録による開示請求可能）
データの取扱いの記録義務	全ての取扱いが対象	第三者提供時のみ対象
データ漏洩時の監督当局への通知義務	リスクをもたらす可能性が高い場合は72時間以内に通知する義務	個人の権利利益を害するおそれがある場合に通知する義務。速報は知った後速やかに、確報は原則30日以内
データ保護オフィサー	次の場合に任命義務あり。 ●定期的かつ体系的な大規模監視を必要とする場合 ●大規模のセンシティブデータを処理する場合	任命義務なし。但し、従業者の監督義務や安全管理措置を講じる義務あり

【EU域外の事業者にも適用される可能性：域外適用】
・EU域内の個人に向けた商品/サービスの提供（※）
・EU域内の個人の行動監視（追跡）に伴う個人データの取扱いに対しては、EU域外所在の事業者についてもGDPRが適用される
（当該EU域外所在事業者は、EU域内に拠点をもつ代理人を指定しなければならない）
※言語・通貨・消費者への言及等の事情によりEUに対する商品／サービスの提供の意図が明白か否かが基準

【違反時の制裁金】
・最大2,000万ユーロ又は全世界年間売上高の4％の制裁金

GDPRを一言で言うと、EU域内[2]の個人データの処理に関する自然人の保護に関する規律、及び個人データの移転に関する規律を定めるものです。個人データの取扱いを規律するという意味では、個人情報保護法が日本の国内法として対応する法律といえますが、GDPRについては、日本法より、違反のペナルティが厳しい点に留意が必要です。具体的には、GDPRに違反した事業者に対しては、最大で2,000万ユーロ、又は前会計年度の全世界年間売上高の4%のいずれか高い金額という、極めて高額な制裁金を課される可能性があります。また、これまでEU域内の当局は、日本の当局と比べても、運用上も積極的に法執行を行っているといえます。

GDPR適用開始後、英国当局が2020年10月16日にBritish Airways社の顧客約40万人の個人データ漏洩に関し2,000万ポンドの制裁金を、2020年10月30日にMarriot International社の宿泊客約3億3,900万件の個人データ漏洩に関し1,840万ポンドの制裁金を課すことを公表しています。また、フランス当局は2019年1月21日、Google社に対してアカウント作成時のパーソナライズド広告にかかる情報提供義務違反等に関して5,000万ユーロの制裁金を課しています。さらにフランス当局は2020年12月10日、Google社、Google Ireland社及びAmazon Europe Core社に対し、事前の同意なくクッキーによる情報取得を行ったこと等に関し、Googleの2社に合計1億ユーロ、Amazonに3,500万ユーロの制裁金を課しています。日本の個人情報保護委員会も2018年10月22日、Facebook社に対して「いいね！」ボタンの挙動（これは、クッキーによる情報取得と技術的に近似します）や不正アクセス事案の事後処理について行政指導を行っていますが、同じ巨大デジタルプラットフォームへの法執行としては対照的です。

GDPRは規定の内容が抽象的な内容にとどまっているものもあり、欧州データ保護ボード（European Data Protection Board、旧・欧州委員会29条作業部会）の作成する各ガイドラインが重要な解釈指針を示しています。例えば、地理的適用範囲（Territorial Scope）、同意（Consent）、データポータビリティ権（Right to data portability）、データ保護責任者（Data Protection Officer）等のガイドラインが欧州委員会のウェブサイト上で公表されており、一部については日本の個人情報保護委員会のウェブサイトで日本語仮訳も公表されています。

なお、日本の個人情報保護委員会のウェブサイトでは、本文及び前文の日本語仮訳も公表されています。

[2] 正確には、EU加盟国27カ国（英国は2020年1月31日付でEUを離脱）に、欧州経済領域（EEA）加盟国であるアイスランド、リヒテンシュタイン、及びノルウェーを加えた30カ国の域内。

2 適用範囲

GDPRは比較的広範な域外適用を認めていますので、EUに拠点を置く事業者に限らず、個人データを活用したビジネスを行う企業は注意を払う必要があるといえます。例えば、前述のフランス当局によるGoogleへの執行例の対象はGoogle社（米国法人）とGoogle Ireland社（アイルランド法人）です。域外適用、域外への執行は現実に行われていることになります。以下、適用対象となる行為を確認した上で、日本企業が留意すべき域外適用について見ていきます。

(1) 適用対象となる行為

GDPRの適用対象となる行為は、次のいずれかの行為とされています（GDPR2条）。

- 全部又は一部が自動的な手段による個人データの取扱い。
- 自動的な手段によらないものであっても、個人データがファイリングシステムを構成し、又は構成することを意図している場合の個人データの取扱い。

このように、GDPRは日本の個人情報保護法と異なり、「自動的な手段」によるデータ主体の個人データの処理に限定して適用されます。但し、個人データが「ファイリングシステム」を構成する場合は、この限りではありません。ここでの「ファイリングシステム」とは、機能的又は地理的に集約、分散、あるいは拡散されているかどうかにかかわらず、特定の評価基準に従ってアクセスすることができる個人データの全ての構築された集合を指します（GDPR4条6号）。例えば、顧客の氏名、住所、連絡先等をアルファベット順に並べた名簿は、「ファイリングシステム」に該当する可能性があると思われます。また、後に社内のデータベースで共有管理するような名刺については「…又は構成することを意図している」個人データに該当しますので、名刺の段階からGDPRの遵守義務が発生することに注意が必要です。

(2) 地理的範囲（直接適用／域外適用）

データ主体の個人データの処理が次のいずれかに該当する場合には、EU域内に拠点がない日本企業であっても、GDPRが適用されます（以下に示すGDPR3条を参照）。

GDPR3条

第1項　本規則は、その取扱いがEU域内で行われるものであるか否かを問わず、EU域内の管理者又は処理者の拠点の活動の過程における個人データの取扱いに適用される。

第2項　取扱活動が以下と関連する場合、本規則は、EU域内に拠点のない管理者又は処理者によるEU域内のデータ主体の個人データの取扱いに適用される。

(a) データ主体の支払いが要求されるか否かを問わず、EU域内のデータ主体に対する物品又はサービスの提供。又は (b) データ主体の行動がEU域内で行われるものである限り、その行動の監視。

第1項は、データの管理者（GDPR4条7号）か処理者（GDPR4条8号）の「拠点」がEU域内に所在し、当該拠点の活動に関連して（in the context of the activities）、データを処理する場合には、その処理がEU域外で行われるものであっても、GDPRの適用があるというものです（直接適用）。この「拠点」については、管理者と処理者がいる場合、それぞれ別々に判断されます。すなわち、EUの管理者から、日本の処理者が処理の委託を受けている場合、日本の処理者の拠点がEU域内になければ、EUの管理者にGDPR3条1項の適用があっても、日本の処理者にはGDPR3条1項の適用はないということになります。

第2項との関係では、EUに管理者又は処理者の拠点がない場合であっても、EU域内にいるデータ主体（EU市民権や居住地は問いません）の個人データについて、GDPRの適用される以下の2つのケース（域外適用）について規定しています。

第2項（a）の要件該当性の判断に当たっては、自社がEU域内の個人に対し商品／サービスの提供を想定していることが明らかであるか否かが確認されます。例えば、「企業のウェブサイト、電子メールアドレス等に、EU域内の者がアクセスできること」や、「企業が拠点を有する国で一般に使用される言語を（ウェブサイト等で）用いていること」だけでは該当しないと解されます。一方、「EU加盟国において一般に使用される言語又は通貨を使用することができ、かつ、当該言語を用いて商品／サービスの注文が可能な場合」又は「EU域内の消費者やユーザーについての言及がある場合」は、該当し得るとされています（GDPR前文23

項)。単に英語のグローバルサイトを運営しており、そこでたまたまEU在住の人からコンタクトがあるだけでは適用はありませんが、例えばドイツ在住の人向けに、ユーロでの決済を伴う、ドイツ語のコーナーを設けているような場合には、そこで取得する個人データへのGDPR該当性は肯定されやすくなるでしょう。

また、第2項(b)の要件該当性の判断に当たっては、当該個人のEU域内の行動についての追跡(トラッキング)をインターネット上で行っているか(プロファイリングを構成する個人データの取扱技術の事後の使用の可能性を含む)、特に、データ主体に関連する判断をするため、又は、データ主体の個人的な嗜好、行動及び傾向を分析若しくは予測するために追跡(トラッキング)しているかを確認することとされています(GDPR前文24項)。

以上の第2項(a)(b)の要件該当性の詳細について、地理的適用範囲に関するガイドラインが欧州委員会のウェブサイト上で公表されており、具体的な検討にあたってはガイドラインの内容を確認いただければと思います。

なお、第2項(a)(b)のいずれかに該当する場合、EU域外に拠点を置く企業は、一定の例外事由に該当しない限り、関連するEU加盟国のうち1カ国に代理人を選任する義務があります(GDPR27条。第1項の場合には適用はありません)。このように、GDPRが域外適用される場合、EU域内の監督機関と連絡が取れる体制を準備することが求められる場合がある点についても併せて留意する必要があります。

3　越境データ移転の規制

事業活動上、EU域内から、日本を含むアジア等、EU域外への個人データの移転が生じる場合について、GDPRは、一定の要件(以下の(1)から(3)のいずれか)を満たすことを求めています。

(1) 十分性認定国等への移転

欧州委員会が、個人データについて十分な保護を与えていると認定した国への移転は適法とされています(GDPR45条)。欧州委員会が十分な保護を与えていると認定した国は、日本、カナダ(民間部門)、スイス、ニュージーランド、イスラエル、アルゼンチン、ウルグアイ等の一部の国に限られています。なお、米国は、プライバシーシールドというスキームに十分性認定を得ていましたが、2020年7月16日の欧州司法裁判所の判決(SchremsII事件判決)により無効となっています。日本企業としては、十分性認定を根拠としてEU域内から日本へ移転を受けた個人データの取扱いについては（以下の（2）（3）を根拠とする場合と異なり）、日本の個人情報保護法に加えて、日本の個人情報保護委員会が定める十分性認定に関する補完的ルールが適用されることに注意が必要です。

(2) 適切な安全性確保措置

標準データ保護約款、拘束的企業準則、行動規範、又はデータ保護認証等、適切な安全性確保措置が整備されている場合、越境データ移転は適法とされています（GDPR46条）。但し、SchremsII事件判決が、標準データ保護約款についても「追加的な措置」の必要性に言及したことから、移転先の国又は地域によっては「追加的な措置」が必要になる可能性があります。この点についてはEDPBの「追加的な移転のためのツールについての勧告」（Recommendations 01/2020 on measures that supplement transfer tools to ensure compliance with the EU level of protection of personal data）を参照してください。

Q5
19

(3) その他の例外事由

その他の例外事由としては、移転についてデータ主体からの同意がある場合、契約に基づく債務の履行に必要な場合、公共の利益のために必要な場合、法的権利の行使に必要な場合等が挙げられています（GDPR49条）。このうち、データ主体からの同意については、（強制されず）自由に与えられ、特定され、情報提供を受けた上でなされ、かつ、不明確でないことが求められていることから（GDPR4条11号）、単に同意を取得するだけでは足りず、GDPRの求める要件を満たす形で同意を取得する必要がある点に留意が必要です（詳細は、EDPBの「規則第49条の例外に関するガイドライン」参照）。

4　GDPRが適用される場合の留意点

GDPR上の遵守すべき義務を確認し、対応を準備する必要があります。日本法上見られない規律もあり、例えば、次のような点に留意すべきです。

(1) データ保護責任者の選任

データ保護責任者（Data Protection Officer）とは、個人データの保護に関する全ての問題に適切に関与するために、管理者又は処理者の指名を受けて業務を行う者です。次の場合等に選任義務があります（GDPR37条。詳細は、ガイドライン参照）。

- 企業の中心的業務が、データ主体の定期的、体系的かつ大規模な監視を必要とする場合。
- 企業の中心的業務が、GDPR9条で規定される特別カテゴリーの個人データ、又はGDPR10条で規定される有罪判決及び犯罪に関する個人データを、大規模に取扱う場合。
- EU法又は加盟国法により選任が要求されている場合（例えば、ドイツ連邦データ保護法は一定の場合に選任を要求しています）。

選任義務のある企業は、GDPRが規定しているデータ保護責任者の適格性、地位の独立性、業務内容等について確認しつつ、組織体制を整備する必要があります。

(2) データポータビリティ権

データ主体は、一定の場合、管理者に提供した個人データについて、構造化され、一般的に使用され、機械によって読取れる形式で受取権利、及び管理者の妨害を受けることなく他の管理者に移行させる権利があります（GDPR20条。詳細は、ガイドライン参照）。このように、GDPRは、データ主体が自己に関する個人データをコントロールすることを可能としています。

管理者に当たる企業としては、データ主体が個人データをダウンロードできるツール、他の管理者へ個人データを提供可能なアプリケーション・プログラミング・インターフェース（API）等の手段を提供すること等により、対応する必要があります。

(3) データ侵害通知

管理者に当たる企業は、個人データの漏洩等、「個人データ侵害」（GDPR4条12号）が発生した場合で、一定の要件を満たす場合、監督当局、及びデータ主体に対して一定の事項を通知／連絡することが求められています（GDPR33条、34条。詳細はガイドライン参照）。監督当局への通知については、可能であれば個人データ侵害を把握してから72時間以内という期間制限も設定されています。管理者に当たる企業としては、ガイドラインの内容を確認し、事前に対応のフローを整備しておく必要があるといえます。

(4) その他

その他、個人データへのアクセス権（GDPR15条）、消去権（忘れられる権利）（GDPR17条）、プロファイリングを含む自動化された処理に基づいた決定に服しない権利（GDPR22条）等、データ主体の権利が広く規定されていること、データプロテクション・バイ・デザイン（GDPR25条）や、一定の場合に必要となるデータ保護影響評価（GDPR34条）等の概念を通して個人データ保護のための規律が規定されている点にも留意が必要といえます。

5 結語

以上で見てきた通り、EUに拠点がない企業であっても、EU域内の個人に対する商品／サービスの提供に関する個人データの処理を行っている場合や、EU域内の個人の行動の監視に関する個人データの処理を行っている場合には、GDPRが適用される可能性があります。まず自社でのデータの取得、利用方法の実態を確認し、GDPRが適用されそうか、当たりをつけてみましょう。

仮に、GDPRが適用される場合、違反により厳しい制裁金が課されるリスクもあり、日本法にはない規律も適用される点に留意が必要です。GDPRが適用される場合には、GDPR上の遵守すべき義務を確認し、法務部、コンプライアンス部、総務部、情報システム部、人事部等とも連携して、遵守できる体制を構築する必要があります。

Q5-20

中国の個人情報保護法の草案、その他個人情報に関連する法律（ネットワーク安全法、ガイドライン等）について、日本企業として留意すべき点について教えてください。

本書執筆時点（2021年7月）において、中国の個人情報保護法典の制定に向け草案が改訂中であり、その審議状況を見守る必要があります。なお、個人情報の保護に関しては様々な法令が企業の遵守すべきルールを定めており、現時点で施行されている、ネットワーク安全法等の法令に留意する必要があります。

執筆：松尾 剛行、胡 悦

1　総論

中国では、長期にわたり、個人情報に関する法令は個別法令に散在しており、本書執筆時点（2021年7月時点）でも、「個人情報保護法典」は存在しません。しかしながら、それは、決して中国では個人情報を保護していない、ということではなく、例えば、ネットワーク安全法等においては日本より厳しい国外移転規制や国内保管義務が課せられています。

2　ネットワーク安全法[1]について

（1）概要

中国の現行法上の個人情報保護制度において、最も重要といっても過言ではないのはネットワーク安全法です。ネットワーク安全法は、個人情報の流通媒体である「ネットワーク」を切り口として、「ネットワーク運営者[2]」を定義し、そのような対象者の実施する、個人情報の収集・使用・保存等の個人情報の取扱いの過程を規制する行政法です。逆に言うとネットワーク運営者でない者による個人情報の取扱いはネットワーク安全法では規律されませんが、ネットワーク運営者である限りネットワーク上に存在しない個人情報の取扱いについても同法の規制対象です。

[1]　中国語で「網絡安全法」であり、インターネット安全法、サイバーセキュリティ法等とも訳されるものの、ここでは「ネットワーク安全法」の訳語を用いる。

[2] ネットワークの所有者、管理者及びネットワークサービス提供者を指すところ、例えば、社内ネットワークを有する日系中国企業もこれに含まれる。

(2) 重要な規律と実務対応

個人情報に関し、ネットワーク安全法40条以下により、ネットワーク運営者は、主に次に掲げる措置を講じなければなりません。

- ネットワーク運営者は、自らが収集した利用者の情報について厳格に秘密を保持し、なおかつ利用者情報の保護制度を確立し、健全化しなければならないこと。
- ネットワーク運営者は、個人情報を収集、利用するにあたり、適法性、正当性及び必要性という原則を遵守し、収集及び利用に関する規則を公開し、情報収集及び利用の目的、方法及び範囲を明示し、なおかつ本人の同意を得なければならないこと。
- ネットワーク運営者は、自らが提供するサービスと関係のない個人情報を収集してはならず、法律及び行政法規の規定並びに当事者双方の合意に違反して個人情報を収集、使用してはならず、なおかつ法律及び行政法規の規定並びに本人との合意に基づき、自らが保存する個人情報を取り扱わなければならないこと。
- ネットワーク運営者は、自らが収集した個人情報を漏洩、改竄、毀損してはならないこと。本人の同意を得ずに、他人に対し個人情報を提供してはならない（但し、処理を経て特定の個人を識別する方法がなく、なおかつ復元不能である場合を除く）こと。
- いかなる個人及び組織も、個人情報を窃取し、又は、その他の不法な方法により、これを取得してはならず、個人情報を不法に販売したり、他人に対し不法に提供したりしてはならないこと。

中国の日系企業に対しては、既に日本本社の個人情報の取扱いのルールが、グローバルに適用されていることも多いのではないかと理解されます。上記の各規律は、そのような日本のルールと概ね一致しています。実務上は、利用者の情報のみならず、自社の従業員の個人情報についても、上記の措置を講じなければならないという点に留意し、個人情報を取り扱うべきことになります。

加えて、ネットワーク安全法31条は、重要情報インフラ運営者を定義し[3]、重要情報インフラ運営者に対して個人情報の国内保存義務及び外国へ持ち出す場合の安全評価義務を課しました。要するに、一定の対象者に対し、(個人情報に限られない)重要情報の国内保存義務及び外国へ持ち出す場合の安全評価義務を課したところ、その重要情報には(いわゆる国家安全に関する情報に加え)個人情報も含まれます。このような規制の目的は、「国の安全及び社会公共の利益」という点にあり、このような国家安全を強調するところは、中国の個人情報に関する法政策の重要な特徴と言えます。そして、これが国家安全と密接に結びついているからこそ、個人情報及び重要データ国外移転安全評価弁法のパブリックコメント募集案によれば、個人情報を外国へ持ち出す場合等の国外移転安全評価の際には所在地の省レベルのネットワーク情報管理当局に個人情報国外移転安全評価を申し出るとされており(同募集案3条)、行政の強い関与が規定されています。

[3] 公共通信及び情報サービス、エネルギー、交通、水利、金融、公共サービス、電子行政サービス等の重要業界及び分野や、いったん機能の破壊もしくは喪失又はデータ漏洩に遭遇すると、国の安全、国民の経済・生活及び公共の利益に重大な危害を及ぼす恐れおそれのある重要な情報インフラの運営者をいう。重要情報インフラ運営者の具体的な範囲について、ネットワーク安全法の下位法令により規定されると予想されているところ2021年7月段階でも未だに草案のみであって、確定していない。公共通信及び情報サービス、エネルギー、交通、水利、金融、公共サービス、電子行政サービス等に従事している日系中国企業が対象者になる可能性がある。例えば、日系銀行、証券会社等が挙げられる。

3 民法典

中国では、2020年に民法典が制定されました。民法典は民事関係における個人情報に関する基本的規律を規定しています。個人情報に関する主体としては、自然人である個人情報主体(日本の「本人」に相当)及び個人情報取扱者(日本の「個人情報取扱事業者」に相当)という2種類が規定されています。民法典1037条により、個人情報主体は、①閲覧・複製権、②訂正請求、③削除の請求という各権利を有します。また、個人情報取扱者について、民法典1038条は、①その収集、保存した個人情報を漏洩又は改ざんしてはならないこと、②自然人の同意を得せず他人に個人情報を不法に提供してはならないこと、③個人情報の安全性を確保する義務、④救済、告知及び報告の義務という4つの義務を定めています。さらに、民法典1036条は、個人情報の取り扱いの例外条項として、個人情報主体の同意範囲での合理的な取扱いが適法となるとしており、その以下2項と3項は、公開情報の合理的な使用及び公共の利益又は個人情報主体の権利利益を保護するための行為である場合に、個人情報の取扱いが適法となるとしています[4]。

[4] 但し、GDPRと異なり、この３つの場合のみにしか利用が許容されないとまでは解されていない。

4　個人情報保護法（草案）

第十三期全国人民代表大会常務委員会第22回会議の審議のため、2020年10月13日に個人情報保護法草案（初稿）が提出されました。また、2021年4月29日には、個人情報保護法草案（第二稿）が公布されました[5]。「個人情報保護法典」はこれまで制定する、制定すると言われながらも、制定されない期間が長く続いており、いつ制定されるかや、どのような内容で制定されるかは、今後の状況を注視する必要があります。但し、草案の公表は、中国の「個人情報保護法典」制定に対する本気度の高まりを示すものといえます。

個人情報保護法草案の大きなポイントとしては、①域外適用が明記されていること、②GDPR（一般データ保護規則）を意識したと思われる、同意に対する厳しい制約等を掛け、本人の権利を保障すると同時に、③中国特有のデータの国内保存義務等の域外移転規制等が挙げられます。今後の個人情報保護法制定に向けた展開に注目が必要です。

[5] 詳細は「中国個人情報保護法草案について」（https://www.mmn-law.gr.jp/download_news_pdf.php?id=436&type=）という著者らのニュースレター参照。

5　上記以外の重要法令

(1) 概要

上記のとおり、中国においては、個人情報保護法草案という草案段階のものは存在するものの、現行法という意味では、個人情報保護に関し、「個人情報保護法典」と言えるような包括的な法典はまだ存在しておらず、上記のネットワーク安全法を含む、分野毎のさまざまな法令が個人情報を保護している状況です。

（ア）公法

公法に関しては、中国現行憲法38条が規定する人格の尊厳及び40条が規定する通信自由及び通信秘密は、個人情報保護の憲法上の法源と言われます[6]。また、旅行業、測量製図、速達業、信用調査等の専門分野において、各法令で個人情報の保護義務が定められています。そして、中国政府は特にネットワークに関する個人情報の保護を重視する姿勢を示しています。法律である「ネットワーク情報保護の強化に関する決定」(2012年12月28日公布、同日施行)や行政法規である「電信及びインターネットユーザ個人情報保護規定」(2013年7月16日公布、同年9月1日施行)も、個人情報の保護を規定しています。近時、インターネット又は(モバイル)ネットワークに関わる個人情報の立法活動が活発になり、関連規定が相次いで制定されています[7]。

[6] 騰笛・林琳『ネットワーク経済法律問題研究』(中国鉄道出版社)124頁。

[7] 例えば、上記の「ネットワーク安全法」(2016年11月7日公布、2017年6月1日施行)、「インターネット個人情報安全保護ガイドライン」(2019年4月10日公布、同日施行)、「児童個人情報ネットワーク保護規定」(2019年8月22日公布、2019年10月1日施行)、「アプリによる個人情報の不法不正収集使用行為の認定方法」(2019年11月28日公布、同日施行)、「ネットワーク安全基準実践ガイドライン ― モバイルインターネットアプリによる個人情報収集・使用の自己評価ガイドライン」(2020年7月22に公布、同日施行)、「インターネット情報サービス管理弁法(意見募集案)」(2021年1月8日公布)、「一般的なモバイルインターネットアプリケーションの必要な個人情報の範囲に関する規定」(2021年3月12日公布、同年5月1日施行)、国家基準「情報安全技術　モバイルインターネットアプリケーション(APP)個人情報安全査定規範」(意見募集案)に関する通知(2021年4月19日公布)、「モバイルインターネットアプリケーション個人情報保護管理暫定規定(意見募集案)」(2021年4月26日公布)等が挙げられる。

(イ)私法

当初個人情報に関する私法上のルールは不明確であったものの中国最高人民法院は、「情報ネットワークを利用し人身権益を侵害する民事紛争事件を審理する際の法律適用の若干問題に関する規定」(2014年8月21日公布、同年10月10日施行)を公布し、はじめて司法解釈のレベルで、個人情報の法的内容、権利侵害の責任の所在を明らかにしました。その後、民法総則(2017年3月15日公布、同年10月1日施行)は、初めて民事基本法のレベルにおいて個人情報に対する権利を確立し、これは、前述の民法典(2020年5月28日公布、2021年1月1日施行)に引き継がれています。

なお、消費者権益保護法のような特別法(消費者法)においても、個人情報に関連する規定が定められています。2013年の消費者権益保護法(2013年10月25日公布、2014年3月15日施行)の改正においては、消費者はその個人情報が法により保護される権利を享受するという点が強調されており、かつ、個人情報の収集・使用にあたり、適法性、正当性、必要性の原則を尊重し、収集・利用の目的、方法及び範囲を明示し、消費者の同意を得なければならないと規定されています。これは、ネットワーク上の私人間の個人情報の侵害類型の中で、とりわけ、インターネットを利用するBtoC企業が、個人情報を勝手に売る等のトラブルを起こしていたことから、消費者を保護するため、特別の保護を図ったものです。

(ウ) 刑事法

中国の最初の刑法典は1979年であるところ、1979年刑法典はもちろん、その次の1997年刑法典が制定された時点においても、個人情報を保護する犯罪構成要件が存在しませんでした。2005年の刑法修正案（五）において初めて個人情報を保護する構成要件が規定されましたが、あくまでもクレジットカード情報に対する保護に限定されました。個人情報の保護を拡充するため、2009年の刑法修正案（七）は、郵便物の破棄隠匿等に関する犯罪を規定する253条の後に新しい条文を253条の一として設け、公民個人情報売却・不法提供罪及び公民個人情報不法取得罪を創設しました。その後、2015年の刑法修正案（九）は、253条の一を改正して、①犯罪主体の範囲を拡大すること、②職責の履行又はサービス提供の過程で情報を取得した者を重く処罰すること、③法定刑を加重すること、④公民個人情報売却・不法提供罪と公民個人情報不法取得罪を公民個人情報侵害罪に統合することにより、個人情報の保護範囲を拡大しました。それに加えて、刑法修正案（九）では、情報インターネット安全管理義務拒否罪（286条の一）が追加されました。このような刑法改正の過程は、個人情報の中国社会における重要性に応じて、構成要件の対象となる（法益として保護されるべき）情報の範囲を拡大し、主体の範囲を拡張し、法定刑を重くする等の対応がなされていく過程と評価することができます。

(エ) ガイドライン

このような法令に加え、中国における個人情報のベストプラクティスを示すGB/T 35273-2020「情報セキュリティ技術　個人情報安全規範」（2020年3月6日公布、2020年10月1日施行）は、いわゆる任意に適用される国家基準として、強制力はないものの、実務で頻繁に参照されます。その別紙に規定されるプライバシーポリシー雛形は、各企業の実情に合わせた修正が必要ですが、実務上有益です。

(2) 実務上の留意点

このように、中国では未だ個人情報保護法典が存在しない結果として、多数の法令に個人情報に関する規定が散在していますが、現行法令に基づく、個人情報の取扱に関する一般的な義務は、以下のとおり整理することが可能です。

(ア) 個人情報の収集について

個人情報の収集に係わる共通のルールとして、民法典及びネットワーク安全法等の主要法令に基づき、個人情報を収集、利用するにあたり、適法性、正当性及び必要性という原則を遵守しなければならず、窃取等その他の不法な方式により個人情報を取得したり、自らが提供するサービスと関係のない個人情報を収集したりしてはなりません。また、収集及び利用に関する規則を公開し、情報収集及び利用の目的、方法及び範囲、取扱のルールを明示し、かつ本人又は(未成年等であれば)その監護者の同意を得なければなりません。加えて、上記のGB/T 35273-2020「情報セキュリティ技術　個人情報安全規範」では、センシティブ情報の収集、生体認証情報の収集、(本人からの直接の取得ではない)間接的な個人情報の取得について、特別な要求が規定されていることにも留意ください。

(イ) 個人情報の取扱いについて

個人情報の使用に係わる共通のルールとして、民法典及びネットワーク安全法等主要法令に基づき、法律及び行政法規の規定並びに本人と個人情報取扱者間の約定により、自らが保存する個人情報を取り扱わなければなりません。情報取扱者は、かかる約定に違反して個人情報を使用してはならず、その収集した個人情報を漏洩、改竄、毀損してはならず、違法に他人の個人情報を利用し、加工し、伝達してはならず、違法に他人の個人情報を売買し、提供し又は公開してはなりません。

さらに、上記のGB/T 35273-2020「情報セキュリティ技術　個人情報安全規範」では、個人情報の使用について、特に個人情報の保存、利用、本人の権利、個人情報の委託処理・共有・譲渡・開示等について、詳しく規定されていますので参考になります。

(ウ) 本人の権利

民法典及びネットワーク安全法等の主要法令に基づき、本人は、個人情報の閲覧・謄写、是正、削除等を情報取扱者に対して請求することができます。

(エ) 個人情報の安全保護措置

ネットワーク安全法によれば、ネットワーク運営者は、自らが収集した利用者の情報について厳格に秘密を保持し、なおかつ利用者情報の保護制度を確立して健全化しなければなりません。また、ネットワーク運営者は、技術的な措置その他の必要な措置を講じ、自らが収集した個人情報の安全を確実に保証し、情報の漏洩、毀損及び紛失を防止しなければなりません。個人情報の漏洩、毀損又は紛失が発生するか、発生する恐れのある状況においては、直ちに救済措置を講じ、規定に従い遅滞なく利用者に告知し、なおかつ関係所管機関に対し報告しなければなりません。

上記の個人情報の取扱いに係わる共通のルールのほか、児童（14歳未満の未成年）の個人情報、電子商取引における個人情報の取扱い、アプリによる個人情報の収集及び使用等個別分野においては、特別な個人情報保護義務も求められていることにもご留意ください。

6　最後に

以上はあくまでも概観となりますが、中国政府は、近年、インターネットやアプリ等を用いて個人情報を取扱うことに対して厳しく規制する傾向が見られます。また、2021年6月10日にデータ安全法が成立し、個人情報を含むがこれに限られないデータの安全について、詳細な規定を置いています。このように、近時動きが活発な分野ですので、個人情報保護法の成立状況やガイドライン等による個人情報取扱ルールの明確化等、今後の動向に対して引き続き注視が必要です。

■編著者プロフィール

中崎 隆

中崎・佐藤法律事務所 代表弁護士。IT・データ事業、金融・決済の分野が専門。米国での8年の経験等を活かし、国際的な取引に多数関与。大手IT企業の広告法務部門 元責任者、経済産業省取引信用課 元課長補佐等。著書として『詳説特定商取引法・割賦販売法』『詳説犯罪収益移転防止法』『詳説外為法・貿易関係法』他多数。

安藤 広人

ファイ法律事務所 パートナー弁護士。情報処理安全確保支援士。個人情報、セキュリティ、知的財産権、情報公開等、情報関連の法務全般を取り扱う。データセンターへの出向経験からクラウドサービスに強みをもつほか、スタートアップ企業の知財戦略の立案等も行う。NISC『サイバーセキュリティ関係法令Q＆Aハンドブック Ver1.0』（ドラフト起草担当）。

板倉 陽一郎

ひかり総合法律事務所 パートナー弁護士。理化学研究所革新知能統合研究センター客員主管研究員、国立情報学研究所客員教授。法とコンピュータ学会理事、日本メディカルAI学会監事、総務省、経済産業省等の有識者委員歴任。著書に『AIがつなげる社会』（弘文堂、2018年）（共著）、『個人情報保護法のしくみ』（商事法務、2017年）（共著）等。

永井 徳人

光和総合法律事務所 パートナー弁護士・公認内部監査人・公認システム監査人。NTTコミュニケーションズ、総務省総合通信基盤局での勤務経験を活かし、IT・メディア業界等を中心に、ビジネス・行政の視点も踏まえたリーガルサービスを提供。主な著書に『詳解改正電波法の実務』（単著）、『ベーシック企業法務事典』（編著）、『契約書に活かす税務のポイント』（編著）他多数。

吉峯 耕平

田辺総合法律事務所 パートナー弁護士。第一東京弁護士会IT法研究部会部会長。医事法学会、医療情報学会、情報ネットワーク法学会所属。主な著作に『デジタル証拠の法律実務Q＆A』（日本加除出版・共編）、「次世代医療基盤法の構造と解釈問題」（論究ジュリスト24号、単著）ほか多数。Business Law Journal誌にて「実践！ヘルステック法務」を連載（2018年2月号より2019年2月号・編集代表）。

■著者プロフィール

今田 隆秀

株式会社データワイズ代表取締役。マイクロソフト社で仮想化技術のマーケティング、マッキンゼー社で製造業向けコンサルティング、AWS社で事業開発、ヤフー社で事業戦略等を経て、現職。ハーバード大学ビジネススクール卒（MBA）。

上野 陽子

NTTコミュニケーションズ株式会社における金融システム業務等を経て、弁護士登録。総務省総合通信基盤局電波部移動通信課 課長補佐・弁護士（任期付公務員）。株式会社ジャックス コンプライアンス統括部 法務課長等。専門分野は、貸金業法、割賦販売法、資金決済法、電波法、その他企業内で取扱う法務全般。

碓井 允揮

潮見坂綜合法律事務所 弁護士。著書に『令和2年改正　個人情報保護法の実務対応－Q＆Aと事例－』（新日本法規出版、2021年）（共著）、『初心者のための特許クレームの解釈』（日本加除出版、2020年）（共著）等。

笠松 航平

ヴァスコ・ダ・ガマ法律会計事務所 パートナー弁護士（日本、カリフォルニア州）。主な取扱分野は、IT（SaaS、E-commerce、SNS、Fintechなど）、スタートアップ・ベンチャーキャピタル、広告、メディア、エンターテインメント。

梶谷 篤

梶谷綜合法律事務所 弁護士 博士（医学）。信州大学 先鋭領域融合研究群　社会基盤研究所 特任教授。2017年度第一東京弁護士会副会長、同会総合法律研究所IT法研究部会 前部会長、同医事法研究部会 前副部会長。著書『デジタル証拠の法律実務Q＆A』（編著 日本加除出版）、『第三者委員会 設置と運用』（編著 金融財政事情研究会）他多数。

神庭 豊久

日本及び米国ニューヨーク州弁護士。外資系法律事務所及び米国ロースクール留学を経て現在は稲葉総合法律事務所のパートナー弁護士。第二東京弁護士会の国際委員会委員長。知的財産権、コンプライアンス、訴訟など幅広く取り扱う。

胡　悦

桃尾・松尾・難波法律事務所 フォーリンアトーニー。中国人民大学、九州大学　修士（法学）。中国及び日本の法律事務所における勤務経験を有し、中国情報法を含む中国法務を重要な業務分野とする。関連業績として『ICT・AI時代の個人情報保護』（きんざい、共著）。

木佐 優

弁護士。株式会社ワコム法務部／知的財産部Vice President。国内最大手コンピューターメーカー／システムインテグレーターの法務部に在職中に司法試験に合格し、弁護士資格取得後、米系大手弁護士事務所勤務を経て、現職。UCLA School of Lawにて、知的財産法に関するSpecialization in Media、Entertainment、and Technology Law and Policyを取得。

斎藤 綾

弁護士。株式会社ボストン・コンサルティング・グループ、シニア・リーガル・カウンセル。法律事務所、アクセンチュア株式会社を経て現職に。大型のシステム開発、アウトソーシング等のIT分野の業務、AIやIoT等に関連するデジタル技術やデータを活用する業務などを幅広く担当。著書には「デジタル法務の実務Q&A」（共編、日本加除出版・2018）、「即実践‼ 電子契約」（共編、日本加除出版・2020）がある。

櫻井 駿

光和総合法律事務所 弁護士。著書として、『ビジネス法文書の基礎知識と実務』（共著）他。電気通信事業・広告・派遣等に関する規制対応、訴訟・紛争解決のほか幅広く企業法務を取り扱う。

佐藤 裕子

中崎・佐藤法律事務所 弁護士。専門分野はIT事業、金融決済事業に関する法務全般。米系大手法律事務所勤務、国内大手IT企業勤務を経て、現職。

島﨑 政虎

半蔵門総合法律事務所 弁護士。東京簡易裁判所非常勤裁判官（調停官）。著書として『デジタル証拠の法律実務Q＆A』（日本加除出版株式会社・共著）、『労働事件にデジタル証拠はどう使われているか』（株式会社日本法令　月刊ビジネスガイド2016年2月号掲載）。

鈴木 正人

潮見坂綜合法律事務所 パートナー弁護士・ニューヨーク州弁護士登録。元金融庁・証券取引等監視委員会事務局課長補佐、専門検査官。主な業務は、金融・証券規制の助言、コンプライアンス対応、反社対応・AML/CFT対策、情報法対応、ガバナンス構築支援、金融関連訴訟等。主な著書は、『Q＆Aインターネットバンキング』(共編著)(きんざい)、『サイバーセキュリティ法務』(共著)(商事法務) 等。

関口 康晴

西村・町田法律事務所 パートナー弁護士。立教大学法学部兼任講師。著書として『逐条　破産法・民事再生法の読み方』(株式会社商事法務・共著)、『Q＆Aマンション管理紛争解決の手引き』(新日本法規出版株式会社・共著)、『最新　取締役の実務マニュアル』(新日本法規出版株式会社・編著) 他多数。

高橋 孝彰

たか法律事務所 弁護士。『最新　取締役の実務マニュアル』(新日本法規出版株式会社・共著)。

辻畑 泰喬

「国内大手IT企業在籍、弁護士 (2021年7月時点、登録抹消中)。大手IT企業における各種データプライバシー法務に従事。消費者庁 (内閣官房併任) で個人情報保護法を担当したほか、米国イリノイ大学で客員研究員としてデータ利活用社会におけるプライバシーを研究した経験も持つ。

平山 賢太郎

九州大学法学部准教授・平山法律事務所 代表弁護士。独占禁止法、特にプラットフォームビジネスを巡る独占禁止法問題を得意分野として取扱う。公取委にて知財権濫用事件等の主任担当官を勤めた。第二東京弁護士会経済法研究会幹事、日弁連独禁改正問題ワーキンググループ委員、日本ライセンス協会理事。

松尾 剛行

桃尾・松尾・難波法律事務所 パートナー弁護士 (第一東京弁護士会)・NY州弁護士。北京大学博士 (法学)、慶應義塾大学講師 (非常勤)。情報法と中国法務を重要な業務分野とする。主な関連業績として『入門中国法 (第2版)』(弘文堂、共著) や『ICT・AI時代の個人情報保護』(きんざい、共著) 等。

水田 哲郎

日立コンサルティング 理事。前職の日立製作所に入社以来、要件定義やシステム企画の方法論の開発・普及、コンサルティング業務に従事。ユーザー企業やITベンダーでの研修講師も務める。要件定義やシステム企画に関する著書多数。

村上 光明

多摩川あおぞら法律事務所 弁護士。システムエンジニアとして大手製造業の運用保守や公共放送のインフラ構築等、約7年の業務経験を持つ。システムアナリスト（現ITストラテジスト）等IT関連資格を多数保有。現在は主に一般民事を取扱っている。

持田 大輔

五常総合法律事務所 パートナー弁護士。早稲田大学法学学術院助手を経て現職。外資系金融機関からベンチャー・中小企業までIT分野を中心に企業法務全般に従事。著書として『出版をめぐる法的課題』、『デジタル証拠の法律実務Q＆A』、『財務・経理・人事ハンドブック』（いずれも共著）。

森 大輝

光和総合法律事務所 弁護士。財務省関東財務局(証券取引等監視官部門）への出向後、大手証券会社を経て現職。主な著書として『ベーシック企業法務事典』（日本加除出版株式会社・共著）、『逐条　破産法・民事再生法の読み方』（株式会社商事法務・共著）。

吉浦 洋一

ＫＳＩパートナーズ法律特許事務所　弁護士・弁理士。知的財産権などに関する各種鑑定、訴訟などの業務のほか、権利化業務にも携わる。また、ＩＴ関連を中心に、技術に関する各種法律問題や企業法務に従事。

吉田 秀平

よしだ法律事務所 マネージャー弁護士。得意分野は、IT法分野、AIの法律問題、仮想通貨の法律問題、Fintechの法律問題。

渡邊 涼介

光和総合法律事務所 弁護士。総務省総合通信基盤局専門職（2014年～2017年）を経

て、現在に至る。主な著書として、『データ利活用とプライバシー・個人情報保護』（青林書院）、『オンラインビジネスにおける個人情報&データ活用の法律実務』（ぎょうせい・編著）がある。

データ戦略と法律 攻めのビジネスQ&A　改訂版

2018年10月8日　第1版第1刷発行
2021年 8月2日　第2版第1刷発行

編 著 者　中崎 隆、安藤 広人、板倉 陽一郎、永井 徳人、吉峯 耕平
発 行 者　吉田 琢也
発　　行　日経BP
発　　売　日経BPマーケティング
〒105-8308　東京都港区虎ノ門4-3-12
装　　丁　bookwall
制　　作　マップス
編　　集　松山 貴之
印刷・製本　図書印刷

Printed in Japan
ISBN978-4-296-10992-0

本書籍に関するお問い合わせ、ご連絡は下記にて承ります。
https://nkbp.jp/booksQA